Das Geldstrafengesetz

Die Verordnung über Vermögensstrafen und Bußen vom 6. Februar 1924

mit der Begründung und den Ausführungsbestimmungen

erläutert von

Dr. Albert Hellwig
Landgerichtsdirektor in Potsdam

3. Auflage

1924
Verlag von H. W. Müller
München und Berlin

Druck von C. Schulze & Co., G. m. b. H., Gräfenhainichen

Meiner lieben Frau

Antonie, geb. Kade

meiner treuen Mitarbeiterin

Vorwort zur zweiten Auflage.

Mein Erläuterungsbuch zu dem bisherigen Geldstrafengesetz hat, wie ich aus gar mancherlei Zeichen zu meiner Freude ersehen kann, in rechtlicher Hinsicht seine Aufgabe erfüllt. Es hat hier und da wohl auch befruchtend und anregend auf die Neugestaltung des Geldstrafengesetzes eingewirkt. Leider sind aber die kriminalpolitischen Gedankengänge des Geldstrafengesetzes, deren Erörterung ich mir in ganz besonderem, weit über das sonst in Kommentaren Übliche hinausgehendem Maße hatte angelegen sein lassen, offenbar noch nicht in der wünschenswerten Weise Gemeingut aller Gerichte geworden. Es liegt das wohl im wesentlichen an der aus dem Studiengange und dem Gange der Ausbildung sich ergebenden Hinneigung der bei weitem meisten Juristen zur Erörterung und Lösung streng juristischer Probleme. Dagegen ist solange nichts zu sagen, als nicht über der Form die Sache übersehen wird oder doch zu kurz kommt. Das Gesetz richtig auslegen und richtig anwenden kann man nur, wenn man sich mit den ihm zugrunde liegenden kriminalpolitischen Gedankengängen hinreichend vertraut gemacht hat. Der Strafrichter muß allmählich lernen, daß er nicht nur, ja nicht einmal in erster Linie, Jurist ist, sondern Kriminalpsychologe, Kriminalist, Kriminalpolitiker. Die Einleitung, in der ich in die kriminalpolitischen Gedankengänge des Geldstrafengesetzes einzuführen versucht habe, ist daher ein wesentlicher Bestandteil des Buches. Sie will gelesen werden.

Sowohl die Einleitung als auch die Erläuterungen zu dem bisherigen Geldstrafengesetz habe ich fast durchweg wörtlich übernehmen können. Ich habe sie aber gründlich durchgearbeitet, vereinzelte Fehler ausgemerzt und sie durch Hineinarbeiten des Schrifttums und der Rechtsprechung zu dem bisherigen Geldstrafengesetz sowie der Begründung zu dem neuen Geldstrafengesetz beträchtlich erweitert. Das bisherige Geldstrafengesetz bildet den Kern des neuen Geldstrafengesetzes. Auch zweckmäßig bezeichnet werden muß. Hätten der Krieg und seine Folgeerscheinungen das in Angriff genommene Werk der Strafrechtsreform nicht unterbrochen, so würde vermutlich auch diese Reform, vor der wir jetzt stehen, schon durchgeführt sein.

Von größter Bedeutung ist es, daß die Gedanken des Gesetzes möglichst bald lebendes Recht werden. Es sollte mich freuen, wenn meine Erläuterungen mit dazu beitragen würden, dieses Ziel zu erreichen. Ich habe mich bemüht, auch den kriminalpolitischen Hintergrund der Bestimmungen des Gesetzes klarzustellen und in ausführlicherer Weise zu behandeln als dies sonst in Kommentaren üblich ist. Ich halte das für unerläßlich. Was unserer Strafrechtspflege vor allem not tut, dringender noch als alle Gesetzesreformen, das ist, daß weit mehr als bisher die lediglich formaljuristische Schulung ergänzt wird durch eine Einführung in die kriminalistischen Hilfswissenschaften. Erst dann wird der Strafrichter seine Aufgabe in vollem Umfange lösen können, erst dann auch wird sich mit voller Klarheit ergeben, wie verkehrt und unheilvoll die heutige Einrichtung der Schwurgerichte und der Gedanke eines möglichst weitgehenden Ersatzes von Berufsrichtern durch Laienrichter ist.

Sorau N.-L., am zweiten Weihnachtsfeiertag 1921.

Albert Hellwig.

Vorwort zur zweiten Auflage.

Mein Erläuterungsbuch zu dem bisherigen Geldstrafengesetz hat, wie ich aus gar mancherlei Zeichen zu meiner Freude ersehen kann, in rechtlicher Hinsicht seine Aufgabe erfüllt. Es hat hier und da wohl auch befruchtend und anregend auf die Neugestaltung des Geldstrafengesetzes eingewirkt. Leider sind aber die kriminalpolitischen Gedankengänge des Geldstrafengesetzes, deren Erörterung ich mir in ganz besonderem, weit über das sonst in Kommentaren Übliche hinausgehendem Maße hatte angelegen sein lassen, offenbar noch nicht in der wünschenswerten Weise Gemeingut aller Gerichte geworden. Es liegt das wohl im wesentlichen an der aus dem Studiengange und dem Gange der Ausbildung sich ergebenden Hinneigung der bei weitem meisten Juristen zur Erörterung und Lösung streng juristischer Probleme. Dagegen ist solange nichts zu sagen, als nicht über der Form die Sache übersehen wird oder doch zu kurz kommt. Das Gesetz richtig auslegen und richtig anwenden kann man nur, wenn man sich mit den ihm zugrunde liegenden kriminalpolitischen Gedankengängen hinreichend vertraut gemacht hat. Der Strafrichter muß allmählich lernen, daß er nicht nur, ja nicht einmal in erster Linie, Jurist ist, sondern Kriminalpsychologe, Kriminalist, Kriminalpolitiker. Die Einleitung, in der ich in die kriminalpolitischen Gedankengänge des Geldstrafengesetzes einzuführen versucht habe, ist daher ein wesentlicher Bestandteil des Buches. Sie will gelesen werden.

Sowohl die Einleitung als auch die Erläuterungen zu dem bisherigen Geldstrafengesetz habe ich fast durchweg wörtlich übernehmen können. Ich habe sie aber gründlich durchgearbeitet, vereinzelte Fehler ausgemerzt und sie durch Hineinarbeiten des Schrifttums und der Rechtsprechung zu dem bisherigen Geldstrafengesetz sowie der Begründung zu dem neuen Geldstrafengesetz beträchtlich erweitert. Das bisherige Geldstrafengesetz bildet den Kern des neuen Geldstrafengesetzes. Auch die neu hinzugekommenen Bestimmungen habe ich in gleicher Weise rechtlich und, soweit dazu Anlaß gegeben war, auch kriminalpolitisch zu erläutern versucht.

Der Kritik habe ich allen Anlaß für ihre wohlwollende Stellungnahme dankbar zu sein. Mit besonderer Freude würde ich es begrüßen, wenn mir von den Kollegen Zweifelsfragen mitgeteilt würden. Ich bin weit entfernt davon, anzunehmen, daß ich überall das Rechte getroffen habe. Ich habe mich aber nach Kräften bemüht, alle Zweifelsfragen, die auftauchen, könnten ausfindig zu machen und einen Lösungsversuch vorzuschlagen. Nirgends bin ich bewußt einer Schwierigkeit aus dem Wege gegangen.

Möchte auch diese neue Ausgabe sich in gleichem Maße des Wohlwollens der Praktiker erfreuen wie die erste, die trotz ihrer Höhe fast vergriffen ist. Möchte vor allem aber der Geist, aus dem das Geldstrafengesetz geboren ist, mehr noch als bisher in unsere Praxis eindringen und die Strafrechtspflege in den Stand setzen, die Verbrechensbekämpfung wirksam in die Hand zu nehmen!

Potsdam, Mitte Mai 1923.

Albert Hellwig.

Vorwort zur dritten Auflage.

Durch besondere Umstände hatte sich die Drucklegung der 2. Aufl. zuletzt erheblich verzögert. Als sie endlich erschien, war schon das in ihr noch nicht berücksichtigte Vermögensstrafengesetz in Geltung. Wenige Wochen später trat dann die alte Vermögensstrafenverordnung in Kraft, die eine weitere wesentliche Abänderung des geltenden Rechts mit sich brachte. Trotz dieser besonders ungünstigen Umstände ist der Absatz der 2. Aufl. über Erwarten befriedigend gewesen: Ein Beweis dafür, daß in der Praxis ein Bedürfnis nach einer eingehenderen Erläuterung des Geldstrafengesetzes besteht. Das haben mir auch viele Zuschriften von Praktikern gezeigt, die mir zweifelhafte, von mir noch nicht vorausgesehene Fälle vortrugen. Ganz besonders habe ich mich darüber gefreut, daß die kriminalpolitische Einstellung meines Kommenars, die insbesondere in der Einleitung zum Ausdruck kommt, in weiten Kreisen Widerhall gefunden hat. Ich sehe das als ein gutes Zeichen dafür an, daß wir Juristen in unserer großen Mehrzahl doch nicht so formalistisch sind, wie man uns schilt. Gerade in Zukunft, wenn die Strafkammern in ihrer alten Gestalt verschwunden sein werden, gilt es mehr denn je, daß nur den Besten von uns das verantwortungsvolle und immer schwieriger werdende Amt des Strafrichters anvertraut werden darf. Juristische und kriminalpolitische Schulung allein tun es freilich nicht, doch sind sie eine wesentliche Voraussetzung des Erfolges. Möchte mein kleines Buch zu seinem bescheidenen Teil mit dazu beitragen, den rechten Geist in unseren Strafrichtern lebendig zu erhalten! Ich habe die neue Auflage vollkommen durchgearbeitet; um eine leichtere Orientierung über das frühere Recht zu ermöglichen, habe ich die alten Ziffern der Anmerkungen unverändert gelassen.

Es ist so gut wie sicher, daß das Geldstrafengesetz oder, wie man formell sagen müßte, die neue Vermögensstrafenverordnung, bis zur endgültigen Strafrechtsreform unverändert bleiben wird. Da andererseits die Strafrechtsreform heute in weiterer Ferne liegt denn je, ist mit Sicherheit vorauszusehen, daß das jetzt geltende Recht wohl auf Jahre unverändert bleiben wird.

Potsdam, den 29. Februar 1924,
am Tage der 20. Wiederkehr meines Doktorexamens.

Albert Hellwig.

Inhaltsverzeichnis.

Verzeichnis der häufiger erwähnten Schriften.

Allfeld = Der Einfluß der Gesinnung des Verbrechers auf die Bestrafung, 1909.

Bamberger = Geldstrafe statt Gefängnis, 1917.

Binding (Grundriß) = Grundriß des Deutschen Strafrechts, Allgemeiner Teil, 7. Aufl. 1907.

Binding (Handbuch) = Handbuch des Strafrechts, I. Band 1885.

Birkmeyer (Schuld) = Schuld und Gefährlichkeit in ihrer Bedeutung für die Strafbemessung, 1914.

Birkmeyer (Studien) = Studien zu dem Hauptgrundsatz der modernen Richtung im Strafrecht „Nicht die Tat, sondern der Täter ist zu strafen", 1909.

Daude = Die Strafprozeßordnung und das Gerichtsverfassungsgesetz 10. Aufl. 1921.

Ebermayer = Die Strafrechtsreform. Das Ergebnis der Arbeiten der Strafrechtskommission, 1914.

Frank = Das Strafgesetzbuch für das Deutsche Reich, 5./7. Aufl. 1908.

Gutmann = Die Natur der Geldstrafe und ihre Verwendung im heutigen Reichsstrafrecht, Diss. 1909.

Hellwig (Altes Geldstrafengesetz) = Das Geldstrafengesetz vom 21. Dezember 1921, 1922.

Hellwig (Neues Geldstrafengesetz) = Das Geldstrafengesetz vom 23. April 1923, 1923.

Köhler = Deutsches Strafrecht, Allgemeiner Teil, 1917.

Lindemann = Preußische Strafgesetze, 2. Aufl. 1912.

Lindemann (Polizeiverordnungen) = Gesetzgebung über Polizeiverordnungen in Preußen, 2. Aufl. 1912.

v. Liszt (Aufsätze) = Strafrechtliche Aufsätze und Vorträge, Band 1 und 2, 1905.

v. Liszt = Lehrbuch des Deutschen Strafrechts, 19. Aufl. 1912.

Löbe = Das deutsche Zollstrafrecht. 4. Aufl.

Löwe = Strafprozeßordnung für das Deutsche Reich.

Mayer = Der Allgemeine Teil des Deutschen Strafrechts, 1915.

Meyer-Allfeld = Lehrbuch des Deutschen Strafrechts, 6. Aufl. 1907.

Mohr = Die Bemessung der Geldstrafe, 1913.

Müller = Die Preußische Justizverwaltung, 6. Aufl. 1910.

Olshausen = Kommentar zum Strafgesetzbuch für das Deutsche Reich 10. Aufl.

Oetker = Die Geldstrafe nach dem Strafgesetzentwurf von 1919 (Der Gerichtssaal Bd. 88 S. 161ff.).

Schwartz = Das Strafgesetzbuch für das Deutsche Reich, 1914.

Wunderer = Das neue Geldstrafengesetz (Leipziger Zeitschrift für Deutsches Recht, Jahrgang 1916 S. 41ff.).

Abkürzungen.

Alte VermStrVO. = Verordnung auf Grund des Gesetzes über Vermögensstrafen und Bußen vom 23. November 1923.

Altes GeldStrG. = Ges. zur Erweiterung des Anwendungsgebietes der Geldstrafe und zur Einschränkung der kurzen Freiheitsstrafe vom 21. Dezember 1921.

BayZ. = Zeitschrift für Rechtspflege in Bayern.

Begr. = Begründung.

DJZ. = Deutsche Juristen-Zeitung.

DRZ. = Deutsche Richter-Zeitung.

DStrZ. = Deutsche Strafrechts-Zeitung.

E. 1919 = Entwurf zu einem Deutschen Strafgesetzbuch von 1919.

GA. = Goltdammers Archiv für Strafrecht.

GE. = Gegenentwurf zum Vorentwurf eines Deutchen Strafgesetzbuchs.

GS. = Preußische Gesetzsammlung.

HGB. = Handelsgesetzbuch.

JM. = Justizminister.

JMBl. = Justizministerialblatt.

ItalienE. = Vorentwurf von 1921 zu einem italienischen Strafgesetzbuch.

JW. = Juristische Wochenschrift.

KE. = Entwurf der Strafrechtskommission 1913.

KG. = Kammergericht.

KO. = Konkursordnung.

MJKV. = Mitteilungen der Internationalen Kriminalistischen Vereinigung.

Neue VermStrVO. = Verordnung über Vermögensstrafen und Bußen vom 6. Februar 1923.

Neues GeldStrG. = Geldstrafengesetz vom 27. April 1923.

OLG. = Oberlandesgericht.

ÖsterrE. = Vorentwurf von 1909 zu einem österreichischen Strafgesetzbuch.

RG. = Reichsgericht.

RGBl. = Reichsgesetzblatt.

RGK. = Ebermayer, Lobe, Rosenberg, Das Reichsstrafgesetzbuch, 2. Aufl., 1922.

RV. = Reichsverfassung vom 11. August 1919.

SchweizerE. = Entwurf eines Schweizerischen Strafgesetzbuchs von 1918.

VE. = Vorentwurf zu einem Deutschen Strafgesetzbuch 1909.

VU. = Verfassungsurkunde des Freistaats Preußen vom 30. November 1920.

VermStrG. = Ges. über Vermögensstrafen und Bußen vom 13. Oktober 1923.

Einleitung.

Das Gesetz zur Erweiterung des Anwendungsgebietes der Geldstrafe und zur Einschränkung der kurzen Freiheitsstrafen vom 21. Dezember 1921 (GRBl. S. 1604) oder, wie man es kürzer nennen könnte, das Geldstrafengesetz, stellte den vorläufigen Abschluß einer langen Entwicklung dar, deren erste Anfänge in die Zeit der Aufklärung[1]), ja vereinzelt noch weiter zurückreichen.

Unser geltendes Recht, und zwar sowohl das Strafgesetzbuch selbst als auch — wenn auch weniger ausgeprägt — die sogenannten strafrechtlichen Nebengesetze, wurde bis dahin von dem Gedanken beherrscht, daß bei allen irgendwie erheblichen strafbaren Handlungen die Freiheitsstrafe als hauptsächliches Strafmittel in Frage komme. Zahlreiche Verbrechen und Vergehen, vereinzelt auch Übertretungen, sind lediglich mit Freiheitsstrafen bedroht, so daß der Richter nicht die Wahl hat, auf Freiheitsstrafe oder auf Geldstrafe zu erkennen. In zahlreichen Fällen aber, ganz besonders in den strafrechtlichen Nebengesetzen, ist neben der Freiheitsstrafe auch Geldstrafe angedroht, bald an erster Stelle, bald an zweiter Stelle. Mitunter ist die Verhängung einer Geldstrafe nur dann zulässig, wenn dem Angeklagten mildernde Umstände zugebilligt werden.

Während der Gesetzgeber bisher die Freiheitsstrafe als reguläre Strafe angesehen hat, ergibt die Kriminalstatistik, daß die Gerichte entgegen dieser Auffassung des Gesetzgebers immer mehr die Geldstrafe bevorzugt haben, soweit sie dazu in der Lage waren[2]). Die Gründe für diese Bevorzugung der Geldstrafe sind verschiedener Art.

---

[1]) Vgl. Günther, Archiv für Kriminalanthropologie Bd. 28 S. 183ff.

[2]) Übertreibend sagt Bamberger, „Geldstrafe statt Gefängnis" (Stuttgart 1917) S. 20: „Die Gerichte verschließen sich nicht der von der Wissenschaft erforschten Wahrheit, daß die kurzfristigen Gefängnisstrafen völlig nutzlos, dagegen unsäglich schädlich sind. Sie stellen deswegen gegen die Tendenz des Gesetzes die Geldstrafen in den Vordergrund und bringen auch auf dem Gebiete der Strafjustiz lebendes Recht zur Geltung gegenüber dem toten Buchstaben eines Gesetzes."

Nach der Reichskriminalstatistik wurden zu Geldstrafe verurteilt von je 100 Verurteilten:

1882/86	28,0	1892/96	36,9	1902/06	45,3	1882/11	39,8
1887/91	32,0	1897/01	40,5	1907/11	49,8	1912	51,4

Zum großen Teil ist wohl die Bevorzugung der Geldstrafe als der leichteren, weniger empfindlichen Strafe nicht anders zu bewerten als die Parallelerscheinung der zunehmenden Verhängung kurzzeitiger Freiheitsstrafen statt langjähriger. Beide Erscheinungen stehen in engem Zusammenhang mit der immer mehr zunehmenden Erkenntnis der Tragweite schwerer Strafen, nicht nur für den Verurteilten selbst und sein späteres Fortkommen, sondern auch für seine Angehörigen und letztes Endes für die Gesellschaft selbst. Das soziale Verantwortlichkeitsgefühl hat sich verschärft und namentlich empfindsame Naturen scheuen sich, die Verantwortung auf sich zu nehmen, die mit der Verhängung empfindlicher Strafen unbedingt gegeben ist. Die Erweiterung unserer Kenntnisse über die Entstehung des Verbrechens, die Erforschung der Persönlichkeit des Verbrechers, die Feststellung der Einwirkung der Umwelt, die Erkenntnis einer gewissen Mitschuld der Gesellschaft, die die traurigen sozialen Zustände duldet, die in so vielen Fällen fast notwendigerweise zu Verbrechen führen müssen, die Überzeugung, daß auch der Staat durch die Häufung von Strafandrohungen für Handlungen, die auch durchaus nicht verbrecherisch veranlagte wohlgesinnte Staatsbürger begehen können, mit zu der Flut von Verbrechen beiträgt, unter der wir leiden, alles dies hat sicherlich wesentlich mit dazu beigetragen, daß die Reaktion der Gerichte gegen das Verbrechen nicht mehr so streng ist wie vor Jahrzehnten. Es ist dies eine Erscheinung, die allen Kulturstaaten gemeinsam ist, wie die überall her ertönenden Klagen über zu große Milde der Gerichte erweisen.

Ein zweites Moment, das gerade zu der Bevorzugung der Geldstrafen vor der kurzzeitigen Freiheitsstrafe geführt hat, ist die Erkenntnis, daß die kurzzeitigen Freiheitsstrafen in sehr vielen Fällen nicht nützen, sondern schaden[3]), da von einer

Wie v. Mayr, „Statistik und Gesellschaftslehre" Bd. 3 (Tübingen 1917) S. 911, 914 bemerkt, läßt sich erkennen, daß sowohl die objektive Gestaltung der Kriminalität — Steigerung der mit Geldstrafen bedrohten Vergehen — als auch die subjektive richterliche Neigung zu milderer Strafanwendung das Gesamtergebnis herbeigeführt haben. Interessant ist auch die folgende bei v. Mayr S. 915 mitgeteilte Tabelle:

Jahre	Von je 10000 Personen der strafmündigen Zivilbevölkerung wurden (unter Ausschluß der Doppelstrafen und der Verurteilungen wegen Wehrpflichtverletzung) verurteilt		
	überhaupt	zu Gefängnisstr.	zu Geldstrafe
1882	996	718	221
1891	1073	628	319
1901	1223	673	493
1911	1182	544	590

[3]) Vgl. z. B. Appelius, „Die bedingte Verurteilung" (Cassel 1890) S. 21ff.; Rosenfeld, „Welche Strafmittel können an die Stelle der kurzzeitigen Freiheitsstrafe gesetzt werden?" (Berlin 1890) S. 49ff.; Wach, „Die Reform der Freiheitsstrafe" S. 17ff.; Bamberger, „Geldstrafe statt Gefängnis" (Stuttgart 1917) S. 11ff.; v. Liszt, „Strafrechtliche Aufsätze" (Berlin 1905) Bd. I S. 190ff., 468ff., 511ff.

Erziehung oder Unschädlichmachung des Verbrechers bei ihnen nicht die Rede sein kann und in der Regel auch der Abschreckungserfolg nicht eintritt, statt dessen eine Abstumpfung des Ehrgefühls, die zusammen mit der gesellschaftlichen Verfehmung des Vorbestraften, d. h. in erster Linie desjenigen, der gesessen hat, nur gar zu leicht zur Rückfälligkeit des Bestraften Anlaß gibt. Wenn man die Schädlichkeit der kurzzeitigen Freiheitsstrafen auch übertrieben[4]) und übersehen hat, daß ihre Schäden sich durch eine geeignete Ausgestaltung des Strafvollzuges jedenfalls bis zu einem gewissen Grade ausgleichen lassen, wenn man auch verkannt hat, daß jedenfalls bei in ihrem Ehrgefühl noch nicht Abgestumpften die Scheu, eine Freiheitsstrafe verbüßen zu müssen, groß ist und zweifellos abschreckend wirkt, so läßt sich allerdings auch nicht verkennen, daß es wünschenswert ist, die Androhung und die Vollstreckung der Freiheitsstrafen, soweit es irgend möglich und angängig ist, zugunsten anderer ebenso wirksamer und weniger schädlicher Maßnahmen zu beschränken[5]).

Es ist auch unverkennbar, daß dieses kriminalpolitische Reformprogramm in allen Kulturstaaten in immer größerem Umfange verwirklicht wird und es ist vielleicht der Tag nicht mehr allzu fern, an dem die Freiheitsstrafe ihre das Strafwesen beherrschende Stellung, die sie in den letzten drei Jahrhunderten sich nach und nach errungen hatte, zugunsten anderer Strafmittel und zugunsten von Sicherungsmaßnahmen abgeben muß.

Unter den verschiedenen Mitteln, die man zur Beseitigung oder doch zur möglichsten Einschränkung der kurzzeitigen Freiheitsstrafen vorgeschlagen hat, verdient eine besondere Erwähnung die sogenannte bedingte Verurteilung, die richtiger in der Regel als **bedingte Aussetzung der Vollstreckung von Freiheitsstrafen** zu bezeichnen ist. Sie ist seit der Revolution in verschiedenen Ländern, insbesondere auch in Bayern und in Preußen, in der Form eingeführt worden, daß die erkennenden Gerichte ermächtigt sind, dem Verurteilten eine Bewährungsfrist zu setzen und nach Ablauf der Bewährungsfrist bei guter Führung ihm die Strafe zu erlassen. Diese bedingte Aussetzung der Strafvollstreckung, die von allen Strafgesetzentwürfen vorgesehen ist, ist bisher noch nicht allgemein reichsrechtlich eingeführt. Da es sich auch bei ihr um ein bedeutsames Mittel zur Einschränkung der kurzzeitigen Freiheitsstrafe handelt, insofern als wenigstens ihre

---

[4]) Darauf verweist zutreffend **Gerland**, „Grundfragen des Strafrechts" (Berlin 1918) S. 69; vgl. auch **Heilborn**, „Die kurze Freiheitsstrafe" (1908) S. 20ff.; „Vorentwurf zu einem Deutschen Strafgesetzbuch". Begründung. Allgemeiner Teil (Berlin 1909) S. 49ff, Zu weitgehend **Vogel**, DRZ. 1921 S. 295.

[5]) **Birkmeyer**, „Die Stellung des Vorentwurfs gegenüber dem Streite der Strafrechtsschulen" (Leipzig 1910) S. 37ff., bemerkt mit Recht, daß die kurzzeitigen Freiheitsstrafen gänzlich weder beseitigt werden können noch sollen. — Auch der Entwurf von 1919 („Entwürfe zu einem Deutschen Strafgesetzbuch", Berlin 1920, Teil II S. 61) stellt sich nur die Aufgabe, die kurzzeitige Freiheitsstrafe „in möglichst weitem Umfang" entbehrlich zu machen. Vgl. auch **Mohr**, „Die Bemessung der Geldstrafe", Breslau 1913, S. 62ff.

Vollstreckung, die ja hauptsächlich die schädlichen Wirkungen im Gefolge hat, ausgeschaltet wird, hätte es nahe gelegen, auch diese Teilreform vorwegzunehmen und im Rahmen des Geldstrafengesetzes zu regeln[6]). Das ist aber nicht geschehen. Bis zum Inkrafttreten des Jugendgerichtsgesetzes vom 16. Februar 1923 (RGBl. I S. 135) war reichsrechtlich die bedingte Strafaussetzung im Anschluß an die entsprechenden preußischen Bestimmungen[7]) lediglich, soweit die Urteile der außerordentlichen Gerichte in Frage kommen, eingeführt[8]), nicht dagegen für die Rechtsprechung der ordentlichen Gerichte[9]). Durch das Jugendgerichtsgesetz ist die Aussetzung der Strafvollstreckung, soweit es sich um Angeklagte handelt, die zur Zeit der Tat jugendlich gewesen sind und in dem Sonderfalle des § 13 Abs. 1 des Jugendgerichtsgesetzes auch für Angeklagte, die zur Zeit der Tat schon erwachsen gewesen sind, reichsrechtlich geregelt worden[9a]).

Die Aussetzung der Strafvollstreckung ist allerdings keineswegs das Universalheilmittel gegen die Schäden der kurzzeitigen Freiheitsstrafe, als das man sie mitunter angepriesen hat. Es darf nicht verkannt werden, daß insbesondere eine übermäßige Anwendung der bedingten Strafaussetzung auch sehr unerwünschte kriminalpolitische Wirkungen auszuüben vermag[10]), Wirkungen, die an Gefähr-

---

[6]) Wenn man allerdings mit Gerland, „Deutsches Reichsstrafrecht", Berlin und Leipzig 1922 S. 543 schon bei dem alten Geldstrafengesetz tadelt, daß es nicht nur die Strafrahmen erhöht, sondern auch den Ersatz kurzzeitiger Freiheitsstrafen durch Geldstrafen eingeführt habe und dies für „eine bedenkliche Neuerung" hält, wird man anderer Meinung sein. Ich teile diese Auffassung aber nicht. Ich bin vielmehr mit Nöldeke, DStrZ. 1921 S. 36 und mit v. Hippel, ZfStrW. 42 S. 197f. der Meinung, daß eine reichsrechtliche Regelung der Frage dringend erwünscht sei. Die allgemeine Strafrechtsreform scheint überdies heute in weiterer Ferne zu liegen denn je.

[7]) Vgl. Hellwig, „Die bedingte Aussetzung der Strafvollstreckung in Preußen" (Berlin 1921). Die dort kommentierten Bestimmungen sind abgeändert und ergänzt durch die folgenden: Erlasse des preuß. Staatsministeriums vom 25. Mai 1921 und vom 24. Juni 1921 sowie Allg. Verf. des J.-M. vom 15. Juni 1921 und 29. Juni 1921 (JMBl. S. 349, 369). Die Erlasse und die Allg. Verf. vom 19. Okt. 1920 sind abgedruckt bei Hellwig, „Die bedingte Aussetzung der Strafvollstreckung in Preußen nach den am 1. Januar 1922 geltenden Bestimmungen" (Berlin 1922).

[8]) Vgl. Erlaß des Reichspräsidenten vom 24. April 1921, des Reichsministers der Justiz vom 10. Juni 1921 und Allg. Verf. des preuß. J.-M. vom 15. Juni 1921 (JMBl. S. 347). Die Bestimmungen sind abgedruckt bei Hellwig, „Die bedingte Aussetzung der Strafvollstreckung in Preußen nach den am 1. Januar 1922 geltenden Bestimmungen" (Berlin 1922).

[9]) Die reichsrechtlichen und die preußischen Bestimmungen über die bedingte Aussetzung werde ich unter Zusammenfassung, Ergänzung und Weiterführung meiner beiden bisherigen Schriften darüber demnächst eingehend rechtlich und kriminalpolitisch systematisch erläutern.

[9a]) Vgl. die Kommentare zu dem Jugendgerichtsgesetz von Francke, Kiesow, Hellwig zu den §§ 10ff.

[10]) Vgl. Hellwig S. 10f. Die bisherigen Erfahrungen (darüber Hartung in DStrZ. 1921 Sp. 221) sind zu kurz, als daß man daraus irgend welche Schlüsse ziehen könnte. Vgl. auch Buerschaper, DRZ. 1922 S. 144.

lichkeit und Schädlichkeit vielleicht noch die Nachteile der Vollstreckung kurzzeitiger Freiheitsstrafen, die sie auszuschalten bestimmt sind, übertreffen[10a]). Man hat insbesondere mit Recht darauf hingewiesen, daß die Aussetzung der Strafvollstreckung in ihrer Bedeutung vielfach verkannt werde, daß es außerordentlich schwer sei, dem Verurteilten, dem Bewährungsfrist bewilligt worden sei, klar zu machen, daß er verurteilt sei, daß er bestraft sei, auch wenn ihm die Vollstreckung der Strafe vorläufig und bei guter Führung während der Bewährungsfrist endgültig erlassen werde. Die Gefahr liegt sicherlich nicht nur theoretisch nahe, daß insbesondere Jugendliche, denen bei der ersten Straftat so gut wie immer und häufig genug auch noch bei der zweiten oder dritten eine Bewährungsfrist bewilligt wird, annehmen, sie seien ohne Strafe davongekommen und daß sie glauben, geradezu ein gutes Recht darauf zu haben, bei der ersten Straftat oder richtiger beim erstenmal, wo sie ertappt und überführt werden, ohne fühlbare Strafe davonzukommen. Wenn sich derartige Anschauungen bilden, muß notgedrungen die abschreckende Kraft der Strafandrohungen leiden; die Hemmungsvorstellungen, die die Strafandrohung erwecken soll und die sie, wenn sie gegen die Übeltäter regelmäßig zur Anwendung kommt, auch tatsächlich wachhält, verlieren an Wirksamkeit.

Aus dieser Erkenntnis heraus kam man dazu, denjenigen, dem Bewährungsfrist gewährt worden ist, gleichzeitig unter Schutzaufsicht zu stellen. Wird die Schutzaufsicht wirksam durchgeführt, so wird dem Verurteilten wenigstens klar werden, daß er eine Handlung begangen hat, für die er verantwortlich gemacht ist. Er wird dann nicht mehr denken können, daß seine Tat eine Mißbilligung durch da Gericht nicht gefunden habe und daß sich keinerlei für ihn unangenehme Rechtswirkungen an sie anknüpfen. Unter Umständen kann die Schutzaufsicht dem Verurteilten sogar unangenehmer sein als die Verbüßung einer Freiheitsstrafe von wenigen Tagen oder Wochen. Ein sittlich nicht Verdorbener wird allerdings die Schutzaufsicht der Strafverbüßung vorziehen. Die Anordnung einer Schutzaufsicht kommt aber, auch bei Jugendlichen, doch keineswegs in allen Fällen in Frage. Man wird sich im allgemeinen damit begnügen müssen, sie bei schwerer wiegenden Straftaten anzuordnen, wenn die Persönlichkeit des Verurteilten einer Stütze zu bedürfen scheint, um während der Bewährungsfrist nicht zu straucheln. Schon der Mangel an geeigneten Helfern, welche Schutzaufsichten zu übernehmen bereit und imstande sind, steht einer zu großen Ausdehnung der Schutzaufsicht entgegen.

Es gibt aber auch noch eine andere Weise, um die Aussetzung der Strafvollstreckung über ihre an und für sich rein negative Seite — die Bewahrung vor den schädlichen Folgen der Verbüßung insbesondere kurzzeitiger Freiheitsstrafen — auch positiv erziehlich auszugestalten. Man hat den Richter ermächtigt, dem Verurteilten besondere Pflichten aufzuerlegen, ihm etwa aufzugeben,

[10a]) Das gilt auch für die wahllose Aussetzung der Strafvollstreckung gegenüber Jugendlichen. Vgl. Hellwig, „Jugendgerichtsgesetz". Berlin 1924 Vorbemerkung 6 zu §§ 10 bis 15 (S. 136).

einem Abstinentenverein beizutreten, den Besuch von Lichtspielvorführungen zu unterlassen, ein Handwerk zu erlernen, Arbeit auf dem Lande anzunehmen usw. Der Gedanke, der dieser Auferlegung von Pflichten zugrunde liegt, ist der, daß eine geeignete Sphäre geschaffen werden soll, um eine bürgerliche Besserung des Verurteilten nach Möglichkeit zu erleichtern. Der Verurteilte muß wissen, daß er gefehlt hat, er muß den Willen haben, ein neues Straucheln zu vermeiden. Auferlegung besonderer Pflichten wie der oben erwähnten, sind in geeigneten Fällen wohl imstande, an der Verwirklichung dieses Zieles mitzuwirken.

Der Gedanke liegt nahe, in diesem Zusammenhang sich auch des der Geldstrafe zugrunde liegenden Grundgedankens zu bedienen, um die bedingte Aussetzung der Strafvollstreckung aus einer vielfach schädlichen rein negativen Maßnahme zu einer förderlichen positiven umzugestalten. Im meinem Kommentar zu den preußischen Bestimmungen wies ich[11]), wie auch schon vorher in einem Aufsatz[12]), darauf hin, daß es als zulässig erscheinen müsse, dem Verurteilten als eine besondere Pflicht auch die Zahlung einer Geldbuße an den Staat oder eine gemeinnützige Anstalt u. dgl. aufzuerlegen und daß dies in sehr vielen Fällen zweckmäßig sei. In der Praxis hat sich dann der Gedanke erfreulicherweise durchgesetzt. Um entstandene Zweifel über die rechtliche Zulässigkeit zu einer solchen Maßnahme zu beseitigen, hat dann der Justizminister auf diese Verbindung der Aussetzung der Vollstreckung von Freiheitsstrafen mit der Auferlegung einer geldstrafähnlichen Geldbuße aufmerksam gemacht[13]). Hiermit war den Gerichten tatsächlich auf dem Umwege der Übertragung des Gnadenrechts die Befugnis eingeräumt, auch dort, wo das Strafgesetzbuch nur Freiheitsstrafen androht, Geldstrafen an ihre Stelle zu setzen, indem sie die Vollstreckung der Freiheitsstrafe, auf die sie nach dem Gesetze erkennen müssen, aussetzen und gleichzeitig dem Verurteilten die Zahlung einer angemessenen Geldbuße auferlegen[14]). Das Jugendgerichtsgesetz gestattet, wie allgemein anerkannt, wenn es auch den Ausdruck „Geldbuße" nicht ausdrücklich gebraucht, trotzdem die Auferlegung derartiger

---

[11]) Hellwig S. 10 Anm. 3; ferner Anm. 74, 106.

[12]) Hellwig, DRZ. 1921 Sp. 25.

[13]) Allgemeine Verfügung vom 12. April 1921 (JMBl. S. 267) betr. die bedingte Strafaussetzung unter gleichzeitiger Auferlegung einer Geldbuße. Der preußische Justizminister vertritt allerdings die Ansicht, daß die Geldbuße nur zugunsten des Staates auferlegt werden darf (Verf. vom 12. April 1922 über die Auferlegung von Geldbußen bei der bedingten Aussetzung der Strafvollstreckung — JMBl. S. 126 —). Soweit die Aussetzung kraft Übertragung des Gnadenrechts erfolgt, sind die Gerichte an diese Anweisung gebunden. Soweit aber Aussetzung auf Grund des § 12 des Jugendgerichtsgesetzes in Frage kommt, kann die Geldbuße auch zugunsten von Vereinen für Jugendfürsorge und von anderen gemeinnützigen Organisationen auferlegt werden (vgl. Hellwig, Jugendgerichtsgesetz § 7 Anm. 8 und 13). Bei der Auswahl von öffentlichen oder privaten Verbänden, Organisationen, Vereinigungen usw. bedarf es allerdings besonderen Taktes, um einer mißverständlichen Auslegung dieser richterlichen Maßnahme nach Möglichkeit vorzubeugen.

[14]) Hellwig S. 13f.

Geldbußen, die rechtlich Strafcharakter nicht haben, in ihrer Wirkung auf den Verurteilten und im Wesentlichen auch auf die Allgemeinheit aber die gleichen psychischen Wirkungen wie eine Geldstrafe haben[14a]).

So erfreulich dieser Fortschritt war und so sehr er gerade von uns Richtern begrüßt wurde, die wir so oft unter dem Gewissenszwang gelitten haben, wenn uns der Buchstabe des Gesetzes zwang, auch in Fällen, in denen uns dies nicht angemessen, ja gänzlich unangebracht schien, auf eine Freiheitsstrafe zu erkennen, während wir eine Geldstrafe für weit angemessener und zweckdienlicher erachtet hätten, so war hier wie überhaupt bei der richterlichen Aussetzung der Strafvollstreckung das Bedenkliche doch das, daß diese Maßnahmen nur in einem Teile Deutschlands zulässig waren und auch in den Ländern, die sie eingeführt haben, in verschiedenem Umfange und unter verschieden geregelten Voraussetzungen. Die Rechtseinheit auf diesem wichtigen Gebiete des Strafrechts stand in Gefahr. Es war schier unerträglich, daß in dem einen Teile Deutschlands der Richter nach wie vor auf Freiheitsstrafen erkennen mußte, ohne rechtlichen Einfluß darauf zu haben, ob die Freiheitsstrafe vollstreckt oder aber ihre Vollstreckung ausgesetzt wurde oder ob im Gnadenwege die Freiheitsstrafe in eine Geldbuße umgewandelt wurde, während in dem anderen Teile Deutschlands der Richter zwar formell auch noch an das Gesetz gebunden war und auf bindend vorgeschriebene Freiheitsstrafen gleichfalls erkennen mußte, aber ermächtigt war, seinem Urteil die Schärfe zu nehmen, indem er die Aussetzung der Strafvollstreckung selbst bindend vorschrieb und durch Auferlegung einer Geldbuße in geeigneten Fällen im praktischen Endergebnis dasselbe Resultat erzielte, als wenn statt der bindend vorgeschriebenen Androhung einer Freiheitsstrafe wahlweise eine Geldstrafe angedroht wäre[15]).

Da vorauszusehen ist, daß die Reform des Strafgesetzbuchs doch nicht so reibungslos und so glatt vonstatten gehen wird, wie man es wünschen möchte und wie es möglich wäre, wenn lediglich sachliche Gründe für die Ausgestaltung der gesetzgeberischen Gedanken maßgebend wären, muß durch eine Teilreform die Verwirklichung der die Geldstrafe betreffenden Reformgedanken die sich im letzten Jahrzehnt herauskristallisiert hatten, wenigstens soweit sie im engen Zusammenhang mit dem Problem der kurzzeitigen Freiheitsstrafe stehen, vorweggenommen werden.

Dies ist die eine Wurzel der bedeutsamen Reform des Strafrechts, die durch das alte Geldstrafengesetz vom 21. Dezember 1921 in die Wege geleitet ist[16]).

[14a]) Vgl. Hellwig „Jugendgerichtsgesetz" § 7 Anm. 8.

[15]) Würde die Frage des Ersatzes kurzzeitiger Freiheitsstrafen in Geldstrafen nicht von Reichs wegen geregelt sein, so würden sich die Länder wohl durch eine entsprechend erweiterte Übertragung des Gnadenrechts auf die Gerichte geholfen haben. Die Hamburger Senatsverordnung vom 22. Dezember 1920 (Amtsblatt S. 1520) ermächtigte schon die Gerichte, zu gestatten, eine Freiheitsstrafe von nicht über 6 Wochen durch Zahlung einer Geldbuße binnen bestimmter Frist abzuwenden.

[16]) Für die richtige Beurteilung des Grundgedankens der Umwandlung der kurzen Freiheitsstrafe in eine Geldstrafe ist auch heute noch von Bedeutung, was

Die andere hat mit dem Problem der Freiheitsstrafe nur einen losen, mittelbaren Zusammenhang, geht vielmehr von einer kritischen Würdigung der Geldstrafe selbst aus, wie sie in unserem Strafgesetzbuch und in den sogenannten strafrechtlichen Nebengesetzen ausgestaltet ist.

Die Festsetzung der Höchstmaße der Geldstrafen, insbesondere im Strafgesetzbuch selbst, stammte aus einer Zeit, wo man nicht nur die kriminalpolitische Bedeutung der Geldstrafen noch nicht hinreichend erkannt und die Geldstrafe infolgedessen auch noch nicht genügend ausgebaut hatte, sondern vor allem auch aus einer Zeit, wo noch wenig Geld im Lande war, wo wir in der Hauptsache noch ein Agrarstaat, nicht aber ein Handels- und Industriestaat waren. Vor fünfzig Jahren war die Kaufkraft der Mark ein Vielfaches ihrer Kaufkraft im Herbst 1921 und auch vor dem Kriege schon waren die wirtschaftlichen Verhältnisse so weit entwickelt, daß die geringen Höchststrafen, die in dem Strafgesetzbuch selbst für erhebliche Vergehen angedroht waren, ganz unzulänglich erschienen. Das Mißverhältnis der Strafandrohungen wurde um so krasser, als viele der neueren strafrechtlichen Nebengesetze bedeutend höhere Geldstrafen androhten, auch für Vergehen, die als minder schwer zu bewerten sind.

Die Folge der unzulänglichen Strafandrohungen war, daß in allen einigermaßen erheblichen Fällen Freiheitsstrafen verhängt werden mußten, weil selbst die höchstzulässige Geldstrafe als ausreichende Strafe nicht in Betracht am[17]). Insbesondere machte der niedrige Höchstbetrag der Geldstrafandrohungen es auch unmöglich, die wirtschaftlichen Verhältnisse der Verurteilten in ausreichender Weise zu berücksichtigen. Man hat zwar die Behauptung aufgestellt, daß gerade auch aus der verhältnismäßig geringen Spannung zwischen dem Mindestmaß der Geldstrafandrohungen insbesondere des Strafgesetzbuchs uud den angedrohten Höchststrafen hervorgehe, daß die wirtschaftlichen Verhältnisse des Täters bei der

---

v. Liszt schon vor gut 30 Jahren in seinen Aufsätzen über „Kriminalpolitische Aufgaben" („Strafrechtliche Aufsätze und Vorträge" Bd. 1, Berlin 1905, S. 383f.) geschrieben hat: „Es handelt sich nicht um eine Milderung unseres Strafsystems. Der gegenwärtige Augenblick wäre herzlich schlecht gewählt dazu. Die beklagenswerte Milde unserer Strafgesetzgebung wird nur durch die noch beklagenswertere Milde unserer Strafgerichte übertroffen. Wir wollen die kurzzeitige Freiheitsstrafe nicht beseitigen, weil sie zu hart, sondern weil sie nutzlos und schädlich ist."

[17]) V. E. Begr. S. 115, Mohr S. 33. Mir ist z. B. ein Urteil der Strafkammer Bochum bekannt, durch das zwei Kinobesitzer wegen Vorführung von unzüchtigen „Aufklärungsfilmen" verurteilt sind. Der eine, der einen ganz gemeinen Film vorgeführt hatte, wurde zu der höchstzulässigen Geldstrafe von 1000 M. verurteilt, der andere, der einen weniger gemeinen Film vorgeführt hatte, zu 1000 M. Geldstrafe und drei Tagen Gefängnis mit der ausdrücklichen Begründung, daß bei seinen besonders guten Vermögensverhältnissen die Geldstrafe ihm nicht fühlbar gewesen wäre. Auch nach Erhöhung der Geldstrafen durch das alte Geldstrafengesetz kamen solche Fälle noch vor. Viele Gerichte halfen sich dadurch, daß sie statt der Freiheitsstrafe die erhöhte Geldstrafe gemäß StGB. § 2 Abs. 2 zur Anwendung brachten. Hierzu bemerkt Zeiler, LZ. für Deutsches Recht 1922 S. 476f.: „Ich könnte mir vorstellen, daß Gerichte von sich aus, ohne eigene Gesetzesvorschrift, ein

Zumessung der Geldstrafe überhaupt nicht berücksichtigt werden sollten[18]). Das war aber schon für das bisherige Recht durchaus verfehlt[19]), und die Praxis hat sich auch wohl überall über diese theoretischen Bedenken hinweggesetzt. Richtig ist nur soviel, daß die wirtschaftlichen Verhältnisse nicht allein ausschlaggebend für die Höhe der Geldstrafe sein dürfen, denn sonst dürfte weder für Übertretungen noch für Vergehen überhaupt ein Höchstmaß vorgeschrieben sein. Die wirtschaftlichen Verhältnisse sollen nur einen, allerdings sehr wichtigen, Strafzumessungsgrund abgeben. Deshalb bestimmte § 30 des Vorentwurfs: „Die Geldstrafe soll unter Berücksichtigung der Vermögensverhältnisse des Verurteilten bemessen werden[20]).“ In der Begründung wurde hierzu bemerkt, daß die Berün

---

Strafgesetz schließlich dahin auslegten, daß eine Strafdrohung von 1000 M. nach dem jeweiligen Stande des Geldwertes umzuwerten wäre. Aber wenn man sich hierzu nicht entschließen kann, geht es nicht an, mit einem Kunstgriff nachhelfen zu wollen, indem man, um kräftiger hineinlangen zu können, eine Gefängnisstrafe unterstellt und dann nach § 3 verfährt. Man fühlt Absicht und man wird verstimmt.“ Gegen die Grundanschauung Zeilers spricht StGB. § 2 Abs. 1 und RV. Art. 116. Dieses Bedenken besteht nicht gegen die Ausführungen von Mügel JW. 1921 S. 1279. Nach ihm bedürfte es nicht der Erhöhung des Strafrahmens durch Gesetz, wenn die Goldmark als Rechnungsfaktor bereits geltendes Recht wäre. Ob sich allerdings die Einführung der Goldmark als Rechnungsfaktor durchführen ließe, müsse als sehr zweifelhaft bezeichnet werden. Vgl. „Die Geldentwertung als Gesetzgebungsproblem des Privatrechts.“ Zwei Beiträge von Sobernheim und Ballin. (Sonderabdruck aus den „Beiträgen zur Erläuterung des Deutschen Rechts“, Jhg. 66), Berlin 1923.

[18]) So Gutmann, „Die Natur der Geldstrafe und ihre Verwendung im heutigen Reichsstrafrecht“ (Leipzig 1909) S. 63. — Binding, „Grundriß des deutschen Strafrechts. Allgemeiner Teil“ Bd. 1 (Leipzig 1885) S. 288f. und andere wollen dies aus dem Fehlen einer entsprechenden gesetzlichen Bestimmung entnehmen.

[19]) Zutreffend Mohr, „Die Bemessung der Geldstrafe“ (Breslau 1913) S. 18ff. Die ganze Frage ist in der DRZ. 1914 S. 633, 718, 796; 1915 S. 262 eingehend erörtert worden. Zeiler, Annalen des Deutschen Reichs 1918 S. 586; Oetker, Gerichtssaal 88 S. 189; Stooß Z. f. StrW. 37 S. 694, der allerdings die wirtschaftlichen Verhältnisse nicht als „Strafzumessungsgrund“ anerkennen will. Dazu Hellwig in Monatsschrift f. Kriminalpsychologie 12 S. 126 f. A. M. z. B. Gutmann S. 62f.; v. Bar, „Die Reform des Strafrechts“ (Berlin 1903) S. 10, der das für ein „Zerrbild“ der Strafrechtspflege erklärt. Wie Wahlberg in von Holtzendorffs „Handbuch des deutschen Strafrechts“ Bd. 2 (Berlin 1871) S. 52 treffend bemerkt, soll durch die Berücksichtigung der wirtschaftlichen Verhältnisse materielle Gleichheit durch ungleiche Behandlung des Ungleichen erzielt werden.

[20]) Schon die Aufklärungsschriftsteller verlangten Berücksichtigung der Vermögensverhältnisse bei der Geldstrafe (Günther, Archiv für Kriminalanthropologie Bd. 28 S. 186f.). — § 26 des preußischen StGB.-Entwurfs von 1843 lautete: „Bei Erkennung der Geldbußen ist, wenn sie im Gesetze nach einem höchsten und niedrigsten Betrag bestimmt sind, auf die Vermögensverhältnisse des Schuldigen Rücksicht zu nehmen“ (Rosenfeld in MSKV. 3 S. 167f.). — Vgl. den Schweizer Entwurf von 1918 Art. 45 Abs. 2 und den italienischen Entwurf von 1921 Art. 46 sowie den österreichischen Entwurf von 1909 § 43 Abs. 2. Der österreichische Entwurf von 1921, der aber nur eine Novelle darstellt, enthält keine derartige Bestimmung.

sichtigung der Vermögensverhältnisse nicht „besonders“ oder „in erster Linie“ erfolgen solle, sondern neben allen anderen Gründen der Strafzumessung, die der Einzelfall biete und immer nur mit derjenigen Betonung, welche nach Lage dieses Einzelfalls geboten erscheine. Daß sie erfolgen „soll“, bedeute, daß sie in der Regel stattzufinden habe, daß aber auch Ausnahmen zugelassen seien, in denen sie unterbleibe, nämlich dann, wenn andere Gründe so beherrschend hervorträten, daß neben ihnen die Besitz- und Erwerbsverhältnisse von keinem Gewicht seien. In der Regel müßten die wirtschaftlichen Verhältnisse bei der Strafzumessung berücksichtigt werden, damit die Strafe fühlbar sei. Dies dürfe aber nicht allein entscheidend sein für die Zumessung der Strafe: „Gerecht ist die Strafe dann bemessen, wenn sie dem Grade der Verschuldung des Täters und der Schwere seines rechtsverletzenden Eingriffs gemäß für ihn als Übel fühlbar ist. Die Fühlbarkeit des Übels kommt also nur neben anderen Faktoren in Betracht[21].“

Diese erheblichen Mängel bei der gesetzgeberischen Verwendung der Geldstrafe hatten schon seit Jahrzehnten zu der Forderung geführt, daß der Höchstbetrag der Geldstrafandrohungen den geänderten wirtschaftlichen Verhältnissen entsprechend und um eine bessere Berücksichtigung der wirtschaftlichen Verhältnisse des Täters zu ermöglichen, bedeutend erhöht werden müsse[22]).

Der Vorentwurf erhöhte auch bei den Einzelbestimmungen die bisher angedrohten Sätze nicht unerheblich, sah aber davon ab, im allgemeinen Teil ein allgemeines Höchstmaß festzusetzen mit Rücksicht auf die Vielgestaltigkeit der Tatbestände, die verhältnismäßig selten die Androhung dieses wegen der schwersten Delikte hoch zu greifenden Maximums gestatten würden; Einzelbestimmungen über das bei dem konkreten Tatbestand angemessene Höchstmaß würden dadurch in genügendem Umfange nicht gespart werden.

Der Kommissionsentwurf dagegen hielt diese Bedenken nicht mehr für ausschlaggebend und setzte im allgemeinen Teil für Verbrechen und Vergehen einen allgemeinen Höchstbetrag von 5000 M. fest.

---

[21]) Auch bei der Zumessung der Freiheitsstrafe wird übrigens die Fühlbarkeit des Übels zu berücksichtigen und deshalb die Strafe je nachdem verschieden zu bemessen sein. Wir tappen bei der Abschätzung der Wirkung der Freiheitsstrafe allerdings noch sehr im Dunkeln. Interessante Beobachtungen teilt Buerschaper, DRZ. 1922 S. 137ff. mit.

[22]) Vgl. Goldschmidt in Vergl. Darstellung des deutschen und ausländischen Strafrechts, Allgem. Teil Bd. 4 S. 405; Mohr S. 32ff.; Bamberger S. 23, 27. Vgl. auch Pr. Landesversammlung 1919/20 Nr. 2954 S. 18; Meyer in DStrZ. 1919 Sp. 242; v. Hentig, ebendort 1920 Sp. 46; Vorentwurf zu einem österreichischen StGB. von 1909, Begr. S. 60ff.; Vorentwurf zu einem schweizerischen StGB. von 1916 S. 36f. — Deutsch-Österreich hat schon durch ein Ges. vom 5. Dez. 1918 (Staatsgesetzbl. f. d. Staat Deutsch-Österreich 1918 S. 130 . Ziff. 9) die im StGB. angedrohten Geldstrafen wenigstens verdoppelt, und Frankreich soll nach Zeitungsnachrichten vom April 1920 die Geldstrafen auf das Dreifache erhöht haben. Ungarn hat 1921 die Geldstrafen im Durchschnitt auf das Zehnfache erhöht (Hacker in Blätter f. vergleichende Rechtswissenschaft 16 S. 286).

Der Entwurf von 1919 erhöhte diesen Betrag auf 20000 M. und für den Fall, daß wegen eines Verbrechens oder Vergehens, das auf Gewinnsucht beruhe, ausschließlich auf Freiheitsstrafe erkannt werde, auf 100000 M. Der Entwurf von 1919 dehnte ferner das Anwendungsgebiet der Geldstrafe beträchtlich aus. Zunächst unmittelbar dadurch, daß er zahlreiche Vergehen, auf die bisher lediglich Freiheitsstrafe angedroht war, auch mit Geldstrafe bedrohte. Weiter machte er es überall, wo Freiheitsstrafe und Geldstrafe zur Wahl stehen, dem Gericht zur Pflicht, von Freiheitsstrafe abzusehen, wenn der Strafzweck durch Geldstrafe erreicht werden kann (§ 108). Liegen mildernde Umstände vor, so kann auch bei den Vergehen, bei denen Geldstrafe nicht angedroht ist, gemäß § 115 Abs. 2 auf Geldstrafe erkannt werden, wenn Freiheitsstrafe von nicht mehr als einem Monat verwirkt ist und der Strafzweck durch eine Geldstrafe erreicht werden kann. Schließlich kann das Gericht allgemein, also auch bei Verbrechen, von Freiheitsstrafe zu Geldstrafe übergehen, wenn es die Strafe nach freiem Ermessen mildern darf.

Mit dieser Erweiterung des Anwendungsgebietes der Geldstrafe und der bedeutenden Erhöhung des Strafrahmens hängen verschiedene andere Vorschläge des Entwurfs von 1919 zusammen, die er auf Grund der bisherigen Vorarbeiten macht.

Da die Geldstrafe nur dann dazu beitragen kann, die kurzzeitige Freiheitsstrafe einzuschränken, wenn es mehr als bisher gelingt, auf ihre Zahlung hinzuwirken, ermächtigt der Entwurf in § 56 in weitem Umfange das Gericht Fristen und Teilzahlungen zu bewilligen. Über diese Vergünstigung ist nach dem Entwurf in der Regel im Urteil zu entscheiden, denn es handle sich um einen Teil der Strafzumessung, der mit der Höhe der Geldstrafe untrennbar zusammenhänge und deshalb auch nur gleichzeitig damit angefochten werden könne. Um dem Gericht aber die Möglichkeit zu geben, die wirtschaftlichen Verhältnisse des Verurteilten, namentlich eine Veränderung seiner Lage auch noch nachträglich zu berücksichtigen, gestattet der Entwurf, die Vergünstigungen auch nach dem Urteil zu gewähren zu erweitern oder einzuschränken. Um die Ersatzfreiheitsstrafe auch dann noch zu vermeiden, wenn die Geldstrafe nicht beigetrieben werden kann und auch mit der Gewährung von Fristen und Teilzahlungen nichts zu erreichen ist, sah § 58 des Entwurfs von 1919 vor, daß der Verurteilte eine uneinbringliche Geldstrafe durch freie Arbeit tilge. Den Spielraum für die Umwandlung einer Geldstrafe in Freiheitsstrafe erhöhte § 59 von 15 M. auf 30 M. Daneben wurden noch einige andere weniger wesentliche Änderungen gegenüber dem geltenden Recht vorgeschlagen.

Auf dieser Grundlage baute sich das Geldstrafengesetz vom 21. Dezember 1921 auf, das aber nicht eine endgültige Lösung aller mit dem Problem der Geldstrafe zusammenhängenden Fragen bezweckte — dies wird vielmehr zweckmäßigerweise der allgemeinen Strafrechtsreform überlassen —, sondern nur diejenigen Fragen regelte, die unbedingt geregelt werden müssen, wenn man das Anwendungsgebiet der Geldstrafe erweitern und eine Berücksichtigung der wirtschaftlichen Verhältnisse der Täter ermöglichen will[23]). Das Gesetz beschränkte sich, wie in der Begründung zu dem Entwurf ausgeführt wurde, darauf, das Höchstmaß der Geldstrafandrohungen heraufzusetzen und die Vorschriften über ihre Vollstreckung zweckmäßiger auszugestalten: „Hierdurch wird zugleich der dringend erwünschte Erfolg erzielt, daß die Geldstrafe mehr als bisher zum Ersatze der Freiheitsstrafe dienen kann.“ Außerdem wurde das Anwendungsgebiet der Geldstrafe insofern beträchtlich erweitert, als das Gericht angewiesen wurde, überall da, wo wegen Vergehens bisher auf eine Freiheitsstrafe erkannt werden mußte, auf eine Geldstrafe zu erkennen, wenn weniger als drei Monate[24]) verwirkt sind und der Strafzweck durch eine Geldstrafe erreicht werden kann: „Die seit langem erhobene Forderung, die kurzen Freiheitsstrafen einzudämmen, wird dadurch in der Hauptsache erfüllt. Die Tragweite der Neuerung geht daraus hervor, daß künftig z. B. in milder liegenden Fällen des einfachen Diebstahls auf Geldstrafe wird erkannt werden können[25]).“

Trotzdem das Gesetz vom kriminalpolitischen Standpunkt aus zweifellos einen bedeutsamen Fortschritt bedeutet und seine Neuerungen gerade zu einer vom sozialen Standpunkt aus erfreulichen Ausgestaltung des bisherigen Strafrechts zu führen geeignet sind, indem die Verhängung kurzzeitiger Freiheitsstrafen, insbesondere auch gegen Gelegenheitsdiebe u. dgl. sich vielfach erübrigen wird, indem ferner dem Verurteilten weit mehr als bisher Gelegenheit gegeben wird, die Geldstrafe auch zu bezahlen oder abzuverdienen und indem gegen die in guter wirtschaftlicher Lage Befindlichen die Verhängung entsprechend hoher fühlbarer Geldstrafen ermöglicht wird, fand der Entwurf, der in dem Reichsanzeiger veröffentlicht worden war, in der sozialdemokratischen Presse keine günstige Auf-

---

[23]) So ist nicht die Frage entschieden worden, ob die Strafe in den Nachlaß soll vollstreckt werden dürfen, wie es sich mit der Zahlung von Teilbeträgen verhält, die nicht einem vollen Tag Freiheitsstrafe gleichzuerachten sind, ob bedingte Aussetzung für einen Teilbetrag auch für die Geldstrafe eingeführt werden soll, ob nicht auch die Zwangsvollstreckung in das bewegliche Vermögen zugunsten des Abverdienens zu beschränken ist, ob arbeitsfähigen Personen gegenüber, die böswillig nicht abzahlen, Zwangsarbeit zulässig sein soll, oder ob eine Strafbestimmung gegen denjenigen eingeführt werden soll, der aus Böswilligkeit, Arbeitsscheu, Liederlichkeit oder Nachlässigkeit Geldstrafe nicht zahlt, usw.

[24]) Der Entw. des Geldstrafengesetzes vom 21. Dezember 1921 hatte wie E. 1919 als Höchstmaß einen Monat vorgeschlagen. Ob die durch den Reichstag vorgenommene Erhöhung auf fast drei Monate nicht zu hoch gegriffen ist, muß dahingestellt bleiben. M. E. bedeutet sie eine Überspannung des Gedankens, die der Sache mehr schaden als nützen wird. Ebenso Oetker im „Gerichtssaal“ Bd. 88 S. 175f.; Grosch, DStrZ. 1922 S. 343. Bamberger S. 27 tritt sogar für Beseitigung aller Freiheitsstrafen unter sechs Monaten ein.

[25]) Für die Zuwiderhandlungen gegen §9b des pr. Ges. über den Belagerungszustand vom 4. Juni 1851 (GS. S. 451), die während des Krieges sehr zahlreich waren, hatte schon das Reichsgesetz vom 11. Dezember 1915 (RGBl. S. 813) bei Vorliegen mildernder Umstände Geldstrafe für zulässig erklärt.

nahme[26]). Man hatte den Eindruck, daß entweder die Zweckbestimmung des Gesetzes und die Tragweite seiner Bestimmungen völlig verkannt werde oder aber, daß böswillig kritisiert werde, nur um den Klassenhaß von neuem aufzuschüren: Fürwahr, ein wenig erfreulicher Auftakt zur allgemeinen Strafrechtsreform, für deren Gelingen unbedingte Sachlichkeit bei den Erörterungen erste Vorbedingung ist!

Der dem Reichstag am 8. November 1921 vorgelegte Entwurf (Nr. 2966 der Drucks.) wurde nach der am 19. November erfolgten ersten Lesung (Stenogr. Berichte, 147. Sitzung S. 5116) dem 22. (Rechts-)Ausschuß überwiesen. Dieser nahm einige, bis auf die Erweiterung des Anwendungsgebietes der Geldstrafe nicht wesentliche, Änderungen vor (Drucks. 3204). Am 17. Dezember erfolgte die zweite und dritte Lesung (Stenogr. Berichte, 152. Sitzung, S. 5308ff.). Der Entwurf wurde in der vorgeschlagenen Fassung angenommen.

Das Gesetz wird segensreich wirken.

Der Richter wird in ganz anderem Maße, als es bisher geschah, darauf hingewiesen, die persönlichen Verhältnisse des Täters zu erforschen und wird in viel weitgehenderem Maße in den Stand gesetzt, seine Kenntnis der Persönlichkeit

---

[26]) „Alles zum Heile der Staatskasse und zur Steuerung der Zellennot in den Gefängnissen. Sehr demokratisch mutet die Vorlage nicht an, denn der arme Teufel brummt weiter. Man will allerdings auch etwas wie freiwillige Arbeit für den Staat als Ablösung für Unbemittelte einführen als Staatsfrondienst" („Neue Zeit" Nr. 407 vom 20. August 1921). Hiermit stimmt überein, daß bei dem Ersatz kurzer Freiheitsstrafen durch Geldstrafen nach der „Überzeugung" des Abg. Herzfeld (152. Sitzung, Stenogr. Ber. S. 5313) „bei der jetzigen Zusammensetzung unserer Richterschaft politische und soziale Erwägungen gegen die kleinen Leute, gegen die Arbeiter und Angestellten wirken werden. Wenn man schon einmal den Grundsatz aufstellen will, daß die kleinen Gefängnisstrafen schädlich sind — darüber ist man sich in der Mehrheit des Reichstags einig; und darüber ist auch der Reichsjustizminister mit mir einer Meinung —, sollte man auch unbedingt den Grundsatz aufstellen, daß auf Geldstrafe an Stelle von Freiheitsstrafe von weniger als drei Monaten in allen Fällen ohne jede Einschränkung zu erkennen ist." Ebenso Abg. Rosenfeld (ebendort S. 5316), der allerdings dem Entwurf im allgemeinen „durchaus freundlich" gegenüberstand. In der ersten Lesung waren die Zweifel stärker hervorgetreten. Das Gesetz ist schließlich einstimmig angenommen worden. Die Umwandlung der Geldstrafe in eine Freiheitsstrafe wird übrigens auch von ernsten Kriminalpolitikern verworfen. v. Liszt, „Das Verbrechen als sozialpathologische Erscheinung", Berlin 1899 (auch „Strafrechtliche Aufsätze und Vorträge" Bd. 2, Berlin 1905, S. 248) spricht von jenem „merkwürdigen ... Rechtssatz, daß für die Tat, die der Reiche mit einigen Talern abmacht, der Arme an seinem Körper, und ich darf wohl hinzufügen, an seiner Seele büßen muß", und Aschaffenburg, „Das Verbrechen und seine Bekämpfung", 3. Aufl., Heidelberg 1923 S. 308, erklärt, durch die Umwandlung werde die Geldstrafe eine Klassenstrafe. Er verweist auch auf Kräpelin („Die Abschaffung des Strafmaßes" S. 52), der die Umwandlung der nicht beitreibbaren Geldstrafe als eine eminente Immoralität bezeichne, sowie auf v. Hentig („Strafrecht und Auslese" S. 167), der sie „mehr als das, eine eminente gesetzliche Torheit" nenne.

des Täters bei der Wahl der Strafart sowie bei der Strafzumessung zu berücksichtigen. Dadurch wird die strafrichterliche Tätigkeit befriedigender und wird auch viele Kollegen, die bisher nur ungern Strafjustiz übten, anziehen[27]). Es wird sich immer mehr zeigen, daß das große Problem der Strafzumessung einer der Zentralpunkte der Strafrechtsreform ist. Die Bedeutung

---

[27]) Vortrefflich weist Lucas, „Anleitung zur strafrechtlichen Praxis" Teil I 4. Aufl. (Berlin 1913) S. 439 darauf hin, daß die strafrichterliche Tätigkeit zwar rein juristisch minder interessant sei als diejenige des Zivilrichters, aber darum nicht minder wertvoll und nach anderer Richtung auch besonders interessant. Die Strafrechtspflege stelle hohe Anforderungen an die „Menschenkenntnis, Lebenserfahrung, Festigkeit des Urteils und Willens, Mäßigung und nicht zuletzt auch Menschenfreundlichkeit, ohne welche sich ein guter Strafrichter nicht denken läßt, Eigenschaften, die zwar ein guter Zivilrichter ebenfalls besitzen muß, welche aber vermöge der grundlegenden Unterschiede im Prozesse der erstere mehr zu betätigen Gelegenheit hat als der letztere. Und was die Wichtigkeit der Tätigkeit betrifft, so wird der dem Strafrichter obliegende rechtliche Schutz der Gesellschaft gegen das Verbrechen immer zu den vornehmsten Aufgaben der Staaten gehören, von deren gerechter und energischer Handhabung unendlich viel für das allgemeine Wohl abhängt." Das Alpha und Omega jeder kriminalpolitischen Reform, auf das immer wieder mit Nachdruck hingewiesen werden muß, ist die Sorge dafür, daß möglichst nur solche Richter mit der Strafrechtspflege betraut werden, die ihrer Persönlichkeit nach sich hierfür eignen, die nicht nur Juristen sind, sondern auch über die erforderlichen kriminalwissenschaftlichen Kenntnisse verfügen. Es ist sehr erfreulich, daß in dem Eingang des Berichts des Ausschusses über den Jugendgerichtsgesetzentwurf unter II die Entschließung vorgeschlagen und im Reichstag bei der dritten Beratung am 1. Februar 1923 angenommen worden ist (Stenogr. Berichte S. 9584): „Die Reichsregierung zu ersuchen, dahin zu wirken, daß für das Amt des Jugendrichters wie überhaupt für das Amt des Strafrichters gerade die bestbefähigten Richter herausgezogen werden." Darauf habe ich seit fast zwei Jahrzehnten immer wieder hingewiesen, zuletzt in der „Monatsschrift für Kriminalpsychologie" 13 S. 86ff., 269. Ich verweise auch auf die vortreffliche Antrittsrede von Exner über „Strafrechtsreform und Richteramt" („Gerechtigkeit und Richteramt. Zwei akademische Antrittsreden", Leipzig 1922) S. 63.: „Künftig wird neben der spezifisch juristischen Denkarbeit auch in den alltäglichsten Fällen eine schwierige, ganz anders geartete Aufgabe zu lösen sein. Es gilt einen Menschen zu durchschauen, ihm die Prognose zu stellen und durch richtig gewählte Maßregeln seine Zukunft zu gestalten, — ohne dabei aber die Wirkung auf die Allgemeinheit zu übersehen; dem Individuum gerecht zu werden und doch dem Staate zu geben was des Staates ist. Dieses Strafrichteramt wird dankbarer sein, aber auch verantwortungsvoller. Es wird psychologischen und sozialen Verständnisses, es wird kriminalpolitischen Könnens bedürfen, um diese Verantwortung zu tragen. Da wird ein guter Jurist nicht nur Jurist sein dürfen." Das hat m. E. allerdings auch bisher schon gegolten. Es muß auch immer wieder darauf hingewiesen werden, daß die Laienrichter nicht nur bei der rechtlichen Würdigung der Straftat, sondern auch bei ihrer tatsächlichen Feststellung und ihrer kriminalpolitischen Würdigung dem Berufsrichter gegenüber die schlechteren Richter sind. In vollem Maße trifft dies allerdings nur dann zu, wenn nur ihrer Persönlichkeit und ihrer Ausbildung nach durchaus geeigneten Richtern strafrichterliche Tätigkeit anvertraut wird. Wem es ernst ist mit der Strafrechtspflege, der muß in erster Linie hierfür sorgen. Alle anderen Reformen kommen erst in zweiter Linie.

der Strafzumessung ist bisher weder von der Wissenschaft noch auch von der Praxis hinreichend gewürdigt worden[28]). Sollen nicht alle Reformen Stückwerk bleiben, so muß hier noch viel Arbeit geleistet werden. Es wäre dringend zu wünschen, daß das Geldstrafengesetz den Anlaß böte, daß uns die Strafrechtswissenschaft endlich die grundlegende umfassende Untersuchung über die Strafzumessung und ihre Grundlagen bescheren möchte, die der Praxis nötiger ist, als noch so geistvolle und bedeutende Untersuchungen über das Verbrechen und seine Erscheinungsformen.

Das Gesetz wird ferner hoffentlich dazu führen, daß mehr als bisher[29]) auf sowohl der Schwere der Straftat als auch den wirtschaftlichen Verhältnissen

---

[28]) Dies erkennt Gerland S. 71 an, der auch mit Recht darauf hinweist, daß die Ausbildung des juristischen Nachwuchses gerade an dieser Stelle entscheidend vertieft werden müsse. Erfreuliche Ansätze zu einer gründlicheren Darstellung als üblich bei M. E. Mayer, „Der allgemeine Teil des deutschen Strafrechts" (Heidelberg 1915) S. 486ff. Vgl. ferner die bedeutende Arbeit von Birkmeyer über „Schuld und Gefährlichkeit in ihrer Bedeutung für die Strafbemessung" (Leipzig 1914). Ich verweise auch auf Sauer, „Grundlagen des Strafrechts", Berlin und Leipzig 1921 S. 105 u. 645ff. „Die Strafzumessungslehre ist der Schluß- und Höhepunkt der Grundlagen des Strafrechts. Hier klingen die drei Zentralbegriffe zusammen: Unrecht, Schuld, Strafe; hier verbinden sie sich zu einer Einheit; hier bewähren sich jene hohen Abstrakte im konkreten Einzelfall; hier realisiert sich die Gerechtigkeit im Leben — wie auch der Angeklagte mit Spannung auf diesen wichtigsten Teil des Urteils wartet, und es ist unerhört, daß die Gerichte mitunter diese ihre höchste Aufgabe leicht nehmen (S. 648). In der Anm. gibt aber Sauer zu, daß der Hauptvorwurf die Wissenschaft trifft, die zu wenig vorgearbeitet habe. Für die Lehre von der Strafzumessung möchte ich noch verweisen auf die Aufsätze von Mannheim, ZStrW. 42 S. 90ff.; Bittinger, Archiv f. Rechts- und Wirtschaftsphilosophie Bd. 10 Heft 4; Sturm, ZStrW. 34 S. 64ff. und Monatsschrift f. Kriminalpsychologie 11 S. 77ff. — Kadecka („Der deutsche Strafgesetzentwurf. Berichte und Abänderungsvorschläge. Bei der I. Tagung der österreichischen kriminalistischen Vereinigung erstattet", herausgegeben von Gleispach, Leipzig 1921 S. 127) weist mit Recht darauf hin, daß auch die Unterweisung in den kriminalistischen Hilfswissenschaften nötig ist, wenn man eine sachgemäße Strafzumessung erreichen will.

[29]) Daß nicht nur die kurzen Freiheitsstrafen, sondern auch die kleinen Geldstrafen vorherrschen, ergibt die Reichskriminalstatistik für 1911 (v. Mayr S. 916).

Jahr	Von je 100 Geldstrafen entfielen auf									
	bis 6 Mk.	7 bis 10 Mk.	11 bis 15 Mk.	16 bis 30 Mk.	31 bis 60 Mk	61 bis 100 Mk.	100 bis 150 Mk.	151 bis 300 Mk.	300 bis 600 Mk.	600 Mk. u. mehr
1891/94	30,8	20	11,6	26,4	7,7	2,0	0,7	0,5	0,1	0,03
1911	28,4	18,7	10,9	27,9	10,5	2,8	0,7	0,6	0,2	0,05

Also noch 1911 betrug fast die Hälfte der Geldstrafen nicht mehr als 10 M. und nur 1,55% war höher als 100 M.! Berücksichtigt man die Änderung der wirtdes Täters entsprechend hohe Geldstrafen erkannt wird[30]). Man hat die Erfahrung gemacht, daß die Erhöhung des Strafrahmens dazu führt, daß doch auf angemessenere Geldstrafen erkannt wird als vordem. Die Geldstrafen müssen nicht nur so bemessen werden, daß der Arme sie bezahlen kann, sondern auch so, daß der Wohlhabende durch ihre Bezahlung ein empfindliches, der Schwere der

---

schaftlichen Verhältnisse von 1894 bis 1911 sowie die in dieser Zeit erfolgte Ausdehnung der Geldstrafe auch auf Fälle, in denen man früher Freiheitsstrafen zu verhängen pflegte, so wird man aus der kleinen Verminderung des Anteils der niedrigsten Geldstrafen und aus der kleinen Zunahme des Anteils der höchsten Geldstrafen kaum schließen können, daß die Strafrechtspflege bei der Verhängung von Geldstrafen energischer geworden sei. Während des Krieges und nachher hat die Verhängung höherer Geldstrafen allerdings zugenommen; in welchem Umfang und ob nur als vorübergehende Erscheinung im Gefolge der Kriegsverordnungen usw., muß dahingestellt bleiben. Auch ohne statistische Unterlagen dürfte feststehen, daß die Erhöhung der erkannten Geldstrafen nicht einmal mit der Entwertung der Mark in den letzten drei Jahrzehnten Schritt gehalten hat. — Über die zu große Milde der Gerichte vgl. auch Mohr S. 34. Es muß erwartet werden, daß künftig höhere angemessene Geldstrafen erkannt werden (Goldschmidt S. 402; vgl. auch Hellwig S. 14) sowie schon Hellwig in Monatsschrift f. Kriminalpsychologie 12 S. 126ff.). Leider hat sich die Hoffnung, daß nach dem Inkrafttreten des alten Geldstrafengesetzes die Gerichte nicht mehr auf Geldstrafen erkennen würden, die so niedrig sind, daß sie ein ernstliches Strafübel nicht darstellen, nicht erfüllt. Die preuß. Allgem. Verf. von 27. April 1923 zu dem neuen Geldstrafengesetz (JMBl. S. 349) führte unter II hierüber folgendes aus: „Die neuen Bestimmungen geben den Gerichten die Möglichkeit, bei der Bemessung aller Geldstrafen im weitesten Umfange der Geldentwertung Rechnung zu tragen. Die für das Jahr 1922 nunmehr vorliegende Statistik über die Anwendung des alten Geldstrafengesetzes zeigt, daß dies bisher noch nicht in dem erforderlichen Maße geschehen ist. Nach der Statistik haben von sämtlichen für Verbrechen und Vergehen erkannten Geldstrafen im ersten Halbjahre 1922 ein Fünftel weniger als 100 M. und weitere zwei Drittel 100 bis 999 M. betragen; im dritten Vierteljahre haben ein Siebentel aller wegen Verbrechen oder Vergehen erkannten Geldstrafen weniger als 100 bis 999 M. betragen, und selbst im letzten Vierteljahre 1922, in dem nach dem Durchschnitte der Inderziffer für die Lebenshaltungskosten 1000 Papiermark etwa zwei Friedensmark galten, haben immer noch mehr als die Hälfte aller wegen Verbrechen oder Vergehen erkannten Geldstrafen weniger als 1000 Papiermark betragen. Nur etwa 2 v. H. aller Geldstrafen haben im letzten Vierteljahre 1922 den Betrag von 20000 Papiermark (etwa 40 Friedensmark) erreicht. Derartig geringe Geldstrafen stehen nicht im richtigen Verhältnisse zu der Bedeutung der Straftat und den durch das Verfahren entstehenden Kosten, werden von weiten Kreisen der Bevölkerung nicht verstanden und sind geeignet, dem Ansehen der Gerichte und dem Gewichte der kriminellen Strafen Abbruch zu tun." Als Vorsitzender einer Berufungsstrafkammer habe ich noch bis in die letzte Zeit gleichartige Wahrnehmungen gemacht. Selbst die Einführung der Goldmarkstrafen hat das Übel bisher nicht radikal zu beseitigen vermocht.

[30]) Mohr S. 37f. zitiert eine Reihe von Äußerungen bekannter Fachmänner, die die Geldstrafe in ihrer heutigen Anwendung nicht mit Unrecht als „völlig unbrauchbar", als Strafe, die „wenig Bürgschaften für die Erreichung der Strafzwecke gewährt", als „Privilegium der Reichen", als „ungeeignet zur Vergeltung geeignetes Übel zu sein", als Strafe, die an dem Reichen „spurlos vorübergehe" usw charakterisieren.

Straftat entsprechendes Übel erleidet. Wenn auf Geldstrafen erkannt wird, die nach den persönlichen Verhältnissen des Täters für ihn ein Strafübel nicht darstellen und nicht darstellen können, so schadet eine solche Strafrechtspflege der Autorität des Staates vielleicht in höherem Grade, als dies die Straftat selbst getan hatte. Es muß mit allem Nachdruck darauf hingewirkt werden, daß Geldstrafen verhängt werden, die nach den wirtschaftlichen und sonstigen Verhältnissen des Täters eine der Schwere des Vergehens angemessene Sühne darstellen.

Vor allem aber wird das Gesetz dadurch kriminalpolitisch günstig wirken, daß viele Tausende von kurzzeitigen Freiheitsstrafen, deren Verbüßung mehr Schaden als Nutzen brachte[31]), künftig entbehrlich werden[32]). Es werden dadurch nicht nur erhebliche Kosten gespart, unmittelbar und mittelbar, sondern es wird vor allem auch verhütet, daß der Staat durch die Vollstreckung der Strafe, die abschrecken oder bessern sollte, vielfach aber dazu nicht geeignet ist, neue Ursachen des Verbrechens setzt, indem er das Ehrgefühl des Täters abstumpft, ihn vielleicht auch arbeitslos macht und dadurch ihn und seine Familie der wirtschaftlichen Not preisgibt[33]).

---

[31]) Es ist nicht richtig, wenn Lobe in dem Kommentar von Ebermayer, Lobe, Rosenberg zum StGB., 2 Aufl. S. 136 Anm. 1 zu § 1 des alten Geldstrafengesetzes ausführt, was gegen die kurzen Freiheitsstrafen gesagt werde, treffe nur die meist verfehlte Art ihrer Vollstreckung oder habe in der Verkennung des Strafzweckes (Besserung und Sicherung statt Vergeltung) ihren Grund

[32]) Es mag ausdrücklich darauf hingewiesen werden, daß die Geldstrafe auch Jugendlichen gegenüber, wenn sachgemäß verhängt, überaus erziehlich wirken kann. Vgl. von der Leyen („Die Jugendfürsorge" 1918 S 45). Sie weist mit Recht auf den großen Erziehungswert hin, den die Überwachung der Teilzahlungen vom eigenen Verdienst des Jugendlichen hat. Buerschaper, DRZ. 1922 S. 139 berichtet von einem dreizehnjährigen Schulknaben, der wegen Genußmittelentwendung vier Tage Haft verbüßt hatte und sagte, er habe sich aus der Strafanstalt nicht fortgesehnt, des Essens wegen bliebe er noch gern da; er habe nichts als unangenehm empfunden — er hatte in Einzelhaft gesessen —; er wolle aber nichts Dummes wieder machen, weil man manchmal auch Geldstrafe bekommen könne, und die zu bezahlen sei ihm unangenehm. Im übrigen vgl. über die Bedeutung der Geldstrafe für Jugendliche Hellwig, Jugendgerichtsgesetz, Berlin 1923 § 9 Anm. 11; a. M. Grosch, DStrZ. 1922 S. 343. Andererseits ist es kaum in allen Fällen tunlich, die kurzen Freiheitsstrafen ganz zu beseitigen (Ebermayer bei Dehnow, „Die Zukunft des Strafrechts", Berlin 1920, S. 103), ebenso der Reichsjustizminister bei der 2 u. 3. Beratung des alten Geldstrafenges. S. 5314.

[33]) Mit meiner Würdigung des Gedankenkreises des alten Geldstrafengesetzes vom 21. Dezember 1921 deckt sich die Schlußausführung des ausführlichen Aufsatzes von Wunderer (Leipz. Ztschr. f. Deutsches Recht 1922) S. 53f: „Das Gesetz ist ein Vorbau des großen Denkmals und Reformwerkes, an dem schon lange gearbeitet wird, ein Torso, der einstweilen oder versuchsweise aufgestellt wurde Das edle Ziel kann, auch wenn es kleiner abgesteckt ist, nicht früh genug erreicht werden. Mancher, der auf seiner Erdenfahrt entgleist ist, wird bewahrt vor den seelischen Qualen der Gefangenschaft, die in kurzer Dauer nicht zu läutern pflegt, aber viel Bitterkeit häufen kann. Nicht wenig Menschenkinder, auch solche, die nur die Sorgen der Angeklagten teilen, werden die Hand des Gesetzgebers segnen.

Das Geldstrafengesetz wird nicht nur kriminalpolitisch günstig wirken, sondern auch finanzpolitisch. Es werden erhebliche Kosten des Strafvollzugs gespart werden, welche der entbehrliche Teil der bisher verhängten kurzen Freiheitsstrafen verschlungen hat. Die wirtschaftliche Leistungsfähigkeit der mit Geldstrafen Bestraften wird weniger geschwächt werden als derjenigen, die Freiheitsstrafen, wenn auch von kurzer Dauer, verbüßen müssen. Die Geldstrafen, die an die Stelle der kurzen Freiheitsstrafen treten, werden dem Staate beträchtliche Einnahmen bringen und die durch die Erhöhung des Strafrahmens ermöglichten höheren Geldstrafen bei Tätern in guter wirtschaftlicher Lage werden nach der gleichen Richtung hin wirken.

Das ist bei der heutigen traurigen Finanzlage Deutschlands ganz gewiß eine sehr erfreuliche Nebenwirkung der Geldstrafenreform. Es kann aber nicht scharf genug betont werden, daß diese finanzpolitische Wirkung lediglich eine ungewollte, wenn auch sehr erwünschte Nebenwirkung der Reform darstellt, nichts weiter[34]).

Die Versuchung liegt heute ja besonders nahe, zu versuchen, auch die Strafrechtspflege unter finanzpolitischem Gesichtspunkt zu betrachten. Und es ist auch unbestreitbar, daß heute mehr als früher finanzpolitische Gesichtspunkte wesentlich die Gestaltung des Strafrechts, des Strafverfahrens und des Strafvollzugs beeinflussen werden. So wird insbesondere unsere Strafrechtsreform, namentlich

---

Bei allem aber muß festgehalten werden, daß die staatliche Ordnung zusammenbricht, wenn ihre Hüter schwach werden, wenn die Strafrechtspflege am notwendigen Ernst verliert. Sache der Richter wird es sein, in den unbestimmten Grenzen des neuen Gesetzes solchen Schaden abzuwenden. Wird die Freiheitsstrafe zur Geldstrafe veredelt, so wird immer der Gedanke leiten müssen, daß die Freiheit Goldes wert ist. Wer sie als das höhere Gut behält, obwohl er sie verwirkt hat, ist je nach Vermögen am Vermögen so hoch zu bestrafen, daß es als Last und Verlust schwer empfunden wird, daß der Geizhals, der sich wider das Recht bereichern wollte, durch Armut büßt, und wer den Staat kränkt, dafür seine Habe als Sühne geben muß . . .

Obacht ist der Ruf. Werden die Schutzgitter gegen leichtere Vergehen zu sehr gehoben, so können auch die Schutzdämme leiden, die gegen Verbrechen und schwere Vergehen errichtet sind, obwohl sie das Geldstrafengesetz unversehrt läßt. Es werden schwarze Propheten kommen, die mit dem Finger nach den finstern Wolken am Himmel zeigen und auf die wachsenden Scharen der Raben deuten, die flüstern und weissagen von bösen Dingen und von düsterer Zukunft. Wer frische Augen hat, wird sie nicht sehen und wer mutigen Sinnes ist, wird sie nicht hören, sondern den Geist der Hoffnung suchen und auf ihn horchen. Denn im Kampfe des Lebens ist die Hoffnung das Licht und das Licht ist Hoffnung."

[34]) So bemerkt die Begründung zum Allgemeinen Teil des Vorentwurfs zu einem deutschen Strafgesetzbuch S. 113 unter Hinweis auf Stenglein im „Gerichtssaal" Bd. 47 S. 272 mit Recht, „durch die Bemessung der Geldstrafen lediglich nach dem Einkommen mache man das Delikt gewissermaßen zu einem Steuerobjekt und erwecke den Verdacht der Verfolgung fiskalischer Interessen". — Mit Recht bezeichnet Göbel, DRZ. 1917 Sp. 404, es als unendlich bedenklich, bei Justizreformen fiskalische Gesichtspunkte in den Vordergrund zu schieben. — Auf die Ersparung von Kosten geht Bamberger S. 24 ein.

was die grundlegenden Vorschriften über sichernde Maßnahmen anbetrifft, sicherlich mehr, als vom kriminalpolitischen Gesichtspunkt aus erwünscht ist, unter den finanzpolitischen Hemmungen zu leiden haben. Doch handelt es sich hier nur um eine Einwirkung in der Richtung, daß wünschenswerte Reformen zurzeit zurückgestellt werden müssen, weil wir einfach nicht in der Lage sind, die erforderlichen Mittel aufzubringen[35]). Dagegen muß mit Nachdruck Verwahrung dagegen eingelegt werden, daß irgendwie für eine positive Maßnahme, sei sie gesetzgeberischer Art oder handle es sich um richterliche Tätigkeit wie bei der Strafwahl oder Strafzumessung, das finanzpolitische Interesse maßgebend sei. Mag man es vielleicht selbst noch dem Gesetzgeber zugestehen, daß er bei seinen Gesetzesvorlagen auch auf die finanzpolitische Seite der Frage Rücksicht nimmt, wenn er nur den kriminalpolitischen Gesichtspunkt als den beherrschenden und ausschlaggebenden behandelt[35a]), so muß doch jedenfalls mit allem Ernste davor gewarnt werden, dem Richter zuzumuten, irgendwelche finanzpolitischen Gesichtspunkte auch nur mitzuberücksichtigen, wenn er sich darüber schlüssig macht, ob eine Freiheitsstrafe am Platze ist oder eine Geldstrafe und wenn er die Gründe für die Zumessung der Höhe der Geldstrafe abwägt. Dies mit allem gebotenen Nachdruck zu betonen, ist um so mehr vonnöten, als schon wiederholt, insbesondere auch im Zusammenhang mit der Reform der Geldstrafe, von einem sonst auf diesem Gebiete sehr verdienten Schriftsteller, derartige Zumutungen an die Gerichte gestellt worden sind[36]). In

---

[35]) Vgl. Hofacker, „Die Staatsverwaltung und die Strafrechtsreform" (Berlin, Stuttgart, Leipzig 1919) S. 402.

[35a]) Leider geschieht das nicht immer. Die heutigen mehr als einschneidenden Sparmaßnahmen bei der Kriminalpolizei und der Strafrechtspflege sind zu einem guten Teile vom kriminalpolitischen Standpunkt aus einfach nicht zu verantworten. Sie müssen dazu führen, daß die Verbrechensbekämpfung minderwertiger wird. Was möglicherweise hierbei an unmittelbaren Ausgaben „erspart" wird, das müssen der Staat und die Gesellschaft durch das Anwachsen der Kriminalität mit Verminderung der erfolgreichen Verbrechensbekämpfung tausendfach wieder büßen. Finanzminister sind seit jeher schlechte Kriminalpolitiker gewesen. Sie schaden durch ihre verfehlte Stellungnahme aber auch finanzpolitisch in hohem Maße.

[36]) So sagt Bamberger S. 23. „Das Interesse der Staatskasse wird nach meinem Empfinden auf dem Gebiete der Strafjustiz von den Gerichten vielfach nicht berücksichtigt. Zumal im Hinblick auf die jetzige Lage der Dinge verdient aber die finanzpolitische Seite der Strafrechtspflege die größte Beachtung." Gegen dieses unberechtigte und gefährliche Hineintragen fremder, finanzpolitischer Gesichtspunkte in die Strafrechtspflege habe ich seinerzeit schon bei der Besprechung des Buches im „Literarischen Zentralblatt" Front gemacht. In seiner Besprechung des Entwurfes des alten Geldstrafengesetzes im roten „Tag" vom 26. August 1921 mutet Bamberger den Richtern wiederum zu, Finanzpolitik zu treiben: „Hoffentlich machen die Gerichte ausgiebig Gebrauch von den Befugnissen, die ihnen das neue Gesetz gewährt im Interesse der Rechtspflege und gleichzeitig der Staatsfinanzen. Mehr denn je können die Steuerzahler unter den traurigen Verhältnnisse der Gegenwart verlangen, daß zu ihrer Erleichterung auch die Justiz

der Begründung des Vorentwurfs ist demgegenüber wiederholt der allein richtige Standpunkt eingenommen worden: Die Strafgesetzgebung und die Strafrechtspflege haben nicht Finanzpolitik zu treiben, sondern Kriminalpolitik[37]). Entscheidend für die Wahl der Strafart und für die Höhe der Strafe darf nur der Strafzweck sein. Es wäre das Grab der Strafrechtspflege, wenn der Strafrichter zum Finanzmann würde. Der Strafrichter dient dem Staatswohl am besten dann, wenn er kriminalpolitisch denkt und handelt; dadurch fördert er letzten Endes auch am besten das finanzpolitische Interesse des Staates.

Hat sich nun das Geldstrafengesetz vom 21. Dezember 1921 bewährt und haben sich die Gerichte der ihnen übertragenen neuen schwierigen Aufgabe gewachsen gezeigt?

Diese Fragen sind schwer zu entscheiden, da zuverlässiges Material erst in Jahren vorliegen kann. Bisher läßt sich zwar feststellen, wie oft die Gerichte von den neuen Befugnissen, insbesondere von der Umwandlung von Freiheitsstrafen in Geldstrafen, Gebrauch gemacht haben und wie hoch die verhängten Geldstrafen gewesen sind. Soll aber ein Urteil darüber gefällt werden, ob sich das Geldstrafengesetz bewährt hat oder nicht, so darf man sich mit diesen äußerlichen Daten nicht begnügen, muß vielmehr zu ergründen suchen, in wievielen Fällen insbesondere Angeklagte, die statt zu einer Freiheitsstrafe zu einer Geldstrafe verurteilt worden sind, wieder rückfällig geworden sind, und aus welchen Gründen[38]).

---

die finanziellen Staatsinteressen so weit berücksichtigt, wie es mit den Aufgaben der Rechtspflege irgend zu vereinigen ist." Ich hoffe, daß sich auch künftig die Gerichte nicht von den fiskalischen Wünschen des Steuerzahlers werden beeinflussen lassen, sondern von den kriminalpolitischen Wünschen des Bürgers nach gerechter und zweckmäßiger Bestrafung der Verbrecher.

[37]) So sagt Träger („Gerichtssaal" Bd. 78 S. 247), daß die Geldstrafe den Staat bereichere, möge zwar als Nebenerfolg erwünscht sein, dürfe aber niemals zugunsten häufigerer Anwendung der Geldstrafe ins Gewicht fallen. Vgl. jetzt auch Oetker S. 185: „Die Strafjustiz hat nicht die Bestimmung, dem Staate Einnahmen zu schaffen; daß ein Teil ihrer Kosten durch Geldstrafen wieder eingebracht wird, ist nur erwünschte Nebenfolge dieser Bestrafungsweise" und S. 242: „Daß es niemals Ziel der Kriminalpolitik sein kann, die Geldstrafe zu einer ergiebigen Geldquelle zu machen, braucht kaum gesagt zu werden." Interessant ist § 95 des österreichischen Strafgesetzbuchs über Gefällsübertretungen (1835), der bei der Bemessung der Strafe Rücksichtnahme auch auf die persönlichen Verhältnisse des Täters verlangt. Hierzu bemerkt Rosenfeld in MJKV. Bd. 3 S. 167 Anm. 33, gerade diese Stellungnahme eines Steuergesetzes verdiene als ein seltenes Ereignis hervorgehoben zu werden: „Im allgemeinen kann die Betrachtung dieses Gebiets nur ziemlich trostlose Gedanken erwecken, denn alle unsere Reformen gehen hier, wo das fiskalische Interesse als vornehmste Pflanze üppig gedeiht, achtlos vorüber und werden wegen des numerischen Übergewichts gerade der Steuerkontraventionen zu einem guten Teil vernichtet."

[38]) Auch dann noch wird es sich übrigens nur um eine Mutmaßung handeln können, da insbesondere ein Vergleich mit den nach Vollstreckung kurzer Freiheitsstrafen Rückfälligen nicht streng durchführbar ist.

Immerhin geben bei vorsichtiger Verwendung doch auch schon die bisher bekannten Materialien einige Hinweise darauf, ob die Gerichte von den ihnen durch das Geldstrafengesetz übertragenen Befugnissen den rechten Gebrauch gemacht haben oder nicht.

Auf Wunsch des Reichsjustizministers ist eine Statistik über die Anwendung des Geldstrafengesetzes vom 21. Dezember 1921 aufgestellt worden[39]). Über das Ergebnis dieser Statistik, soweit sie damals vorlag, hat der Abg. Radbruch bei der zweiten Beratung des Geldstrafengesetzes vom 27. April 1923 folgende Zahlen mitgeteilt: Im ersten Halbjahr 1922 ist auf Grund des § 3 des alten Geldstrafengesetzes in 60924 Fällen statt der verwirkten Freiheitsstrafe unter drei Monaten auf Geldstrafe erkannt, im zweiten Halbjahr (abgesehen von Baden, für das die Ergebnisse noch nicht vorlagen) in 87936 Fällen. Kurze Freiheitsstrafen von weniger als drei Monaten wurden im ersten Halbjahr verhängt 45137, im zweiten Halbjahr (außer Baden) in 48442 Fällen. Im ersten Halbjahr wurden im ganzen 211585 Geldstrafen verhängt und 97452 Geldstrafen bezahlt; im zweiten Halbjahr waren die Zahlen (außer für Baden) 276942 und 208090)[40]).

Hiernach scheint es, als hätten die Gerichte in steigendem Maße von dem Ersatz kurzer Freiheitsstrafen durch Geldstrafen Gebrauch gemacht. Diejenigen Fälle, in denen nach der Überzeugung des Gerichts der Strafzweck durch eine Geldstrafe nicht erreicht werden konnte, betrugen im ersten Halbjahr noch etwa drei Viertel derjenigen Fälle, in denen die Umwandlung erfolgt ist und im zweiten Halbjahr immerhin noch gut die Hälfte. Ob es sich hier um eine nicht berechtigte und kriminalpolitisch schädliche zunehmende Milde der Gerichte handelt[41]) oder ob in dieser Entwicklung nur der Gedanke zum Ausdruck kommt, daß die Gerichte immer mehr sich in die neuen Gedankengänge des Geldstrafengesetzes hineingearbeitet haben und die Umwandlung jetzt auch in solchen Fällen vornehmen, in denen sie bisher, obwohl sie angebracht war, nicht vorgenommen wurde, das ist eine Frage, die zu entscheiden nicht möglich ist. Die Strafzumessung zu kritisieren ist stets schwer, ja fast unmöglich, wenn man nicht selbst den Angeklagten gesehen hat, ein Unding aber, wenn man nicht einmal die Akten und die über die Frage der Strafzumessung meist nur dürftige Auskunft gebenden Urteilsgründe kennt. So ist ein jeder auf seine immerhin doch sehr beschränkte eigene Erfahrung angewiesen, vermag aber keine allgemeingültigen Urteile abzugeben. Mit dieser Beschränkung möchte ich sagen, daß ich als Vorsitzender einer Berufungsstrafkammer

---

[39]) Vgl. Allgem. Verf. des pr. JM. vom 8. März 1922 (JMBl. S. 69) zu II. Durch Allgem. Verf. vom 24. November 1923 (JMBl. S. 728) ist diese Verfügung wieder aufgehoben worden, weil der mit der Statistik verfolgte Zweck im wesentlichen erfüllt sei, vor allem aber wohl mit Rücksicht auf die nach dem Beamtenabbau besonders dringlich gewordene Entlastung der Gerichte.

[40]) Radbruch in der 340. Sitzung des Reichstags vom 23. April 1923 S. 10685f.

[41]) Klee, DStrZ. 1922 S. 188 (Besprechung meines Kommentars) glaubt die Wahrnehmung gemacht zu haben, daß die Gerichte trotz Schwere der Straftat viel zu viel von der Umwandlung Gebrauch machten.

nicht die Wahrnehmung gemacht habe, daß von den Schöffengerichten vielfach auch in Fällen, in denen die Umwandlung offenbar nicht angebracht war, von ihr Gebrauch gemacht ist.

Dagegen ist mir oft aufgefallen, daß die Geldstrafen, auf die erkannt worden ist, ganz gleichgültig, ob es sich um primäre Geldstrafen oder aber um in eine Geldstrafe umgewandelte Freiheitsstrafe handelte, in sehr häufigen Fällen in keinerlei Verhältnis zu der Schwere der Straftat und zu den wirtschaftlichen Verhältnissen der Verurteilten stand, auch wenn man die zwischen der Verurteilung durch das Schöffengericht und die Verurteilung durch die Strafkammer eingetretene weitere Geldentwertung berücksichtigte. Derartige milde Geldstrafen wirken allerdings nicht im geringsten abschreckend, sondern geradezu aufmunternd. Die Folgen einer derartigen viel zu weit gehenden Milde bei der Bemessung der Geldstrafen muß gerade unter den heutigen, die Kriminalität sowieso schon in hohem Maße begünstigenden Verhältnissen, auf die Dauer kriminalpolitisch noch weit unheilvoller wirken als die früher üblichen zahllosen kurzzeitigen Freiheitsstrafen. Ganz besonders unerfreulich wirkten die mitunter lächerlich geringen Geldstrafen, wenn nur der Angeklagte, nicht aber auch die Staatsanwaltschaft Berufung eingelegt hatte, so daß das Berufungsgericht trotz der inzwischen durch die Geldentwertung herbeigeführten weiteren Verminderung des Wertes der erkannten Geldstrafe an das Strafmaß des Schöffengerichts gebunden war[42]). Ob sich diese vielfach zu milden Geldstrafen vieler Schöffengerichte mehr aus der üblichen Scheu der Schöffen vor irgendwie erheblichen Strafen erklären läßt, oder ob sie mehr auf die bedrängte wirtschaftliche Lage der Richter und ihre unzureichende kriminalpolitische Schulung zurückzuführen ist, entzieht sich meiner Beurteilung. Es handelt sich hier, wie aus der in der pr. Allgem. Verf. vom 27. April 1923 (JMBl. S. 349, zu ersehen ist, leider um eine allgemeine Erfahrung[43]). Es wäre zu wünschen) daß es in absehbarer Zeit gelingt, die Scheu mancher Gerichte vor hohen Zahlen zu überwinden, weil sonst die Hoffnung, die man mit Recht an die Änderung unseres Strafsystems durch das Geldstrafengesetz knüpfen konnte, sich nicht erfüllen, sondern in ihr Gegenteil verkehren würde!

Die seit dem Inkrafttreten des alten Geldstrafengesetzes vom 21. Dezember 1921 unaufhaltsam weiter fortgeschrittene Geldentwertung bewirkte, daß auch die im allgemeinen zulässige Höchstgrenze von 100000 M. vielfach auch nicht entfernt mehr ausreichte, um dem Verurteilten ein empfindliches Übel aufzuerlegen. In dem zur Anpassung der Geldstrafen an die Geldentwertung bestimmten Gesetzentwurf wurden nicht nur die übrigen Bestimmungen des bisherigen Geldstrafengesetzes hineingearbeitet und ergänzt, sondern auch die Ordnungsstrafen, Zwangsstrafen, Disziplinarstrafen und die anderen nicht kriminellen Geldstrafen, deren Erhöhung schon bei Verabschiedung des Geldstrafengesetzes

---

[42]) Hellwig, JW. 1923 S. 361 ff.
[43]) Vgl. oben Anm. 29.

vom 21. Dezember 1921 in Aussicht genommen war, gleichfalls erhöht. Die Erhöhung der Höchstbeträge wurde auch auf die Ermächtigungen einer Behörde, eines Beamten, einer Körperschaft oder deren Vorstandes zur Verhängung von Geldstrafen ausgedehnt, und die Geltung des Gesetzes auch für das Landesrecht, vorbehaltlich künftiger abweichender landesrechtlicher Bestimmungen festgelegt.

Der Entwurf eines Geldstrafengesetzes (Reichstag, I. 1920/23, Drucks. Nr. 5720) wurde am 28. März 1923 dem Reichstag vorgelegt, nach erfolgter 1. Lesung (330. Sitzung vom 11. April 1923, Verh. S. 10435) dem Rechtsausschuß überwiesen, der einen mündlichen Bericht (Reichstag I. 1920/23, Drucks. Nr. 5744) erstattete und dem Reichstag vorschlug, das Gesetz mit geringfügigen Änderungen anzunehmen. Am 23. April 1923 wurde der Entwurf in 2. und 3. Lesung (340. Sitzung, Verh. S. 10685) von dem Reichstag angenommen. Das neue Geldstrafengesetz vom 27. April 1923 (RGBl. I S. 254) ist am 1. Mai 1923 in Kraft getreten.

Die weitere starke Inflation und dadurch herbeigeführte weitere erhebliche Verschlechterung unserer Valuta bewirkte binnen kurzem, daß auch die in dem neuen Geldstrafengesetz vorgesehenen Strafrahmen durchaus unzulänglich waren. Am 4. Oktober 1923 wurde dem Reichstag der Entwurf eines Gesetzes über Vermögensstrafen und Bußen (Drucks. Nr. 6230) vorgelegt. Durch den Entwurf, der am 13. Oktober 1923 (RGBl. I S. 943) Gesetz geworden ist, wurde der Strafrahmen erheblich erhöht. Die Strafe wurde allerdings immer noch nach Papiermark bemessen, da es an einem wertbeständigen Zahlungsmittel damals noch fehlte, die übrigens auch manche Unzuträglichkeiten mit sich bringende Zerlegung der Geldstrafe in eine Grundzahl und in eine Teuerungszahl mit Rücksicht auf die bevorstehende Schaffung eines wertbeständigen Zahlungsmittels nicht ratsam erschien und die Möglichkeit der Einführung der „Goldmark" als Maßstab für die Strafe wohl übersehen wurde. Das Gesetz brachte u. a. einen wesentlichen Fortschritt dadurch, daß es die Aufwertung der erkannten Geldstrafen von ihrer Verhängung bis zu ihrer endgültigen Zahlung oder Beitreibung einführte. Es hatte sich nämlich[44]), wie die Begründung ausdrücklich bestätigt, die üble, kriminalpolitisch wie finanzpolitisch gleichermaßen unheilvolle Übung herausgebildet, Rechtsmittel lediglich zu dem Zweck einzulegen, den Eintritt der Rechtskraft zu verzögern und so die verspätete Zahlung der Geldstrafe mit entwertetem Gelde zu ermöglichen. Diesen kriminellen Nutznießern der Geldentwertung wurde durch die Einführung des wertbeständigen Strafurteils das Handwerk gelegt. Bis dahin hatte sich die Praxis vielfach dadurch geholfen, daß sie, soweit dies zulässig war, auf Freiheitsstrafe erkannte und die Vollstreckung der Freiheitsstrafe gegen Zahlung einer wertbeständigen Buße aussetzte[45]). Auch hierbei wurden allerdings mitunter lächerlich geringe Geldbußen festgesetzt. So ist es noch Ende

---

[44]) Hellwig, JW. 1923 S. 361ff.
[45]) Vgl. Hagemann, DJZ. 1923 S. 685f

vorigen Jahres bei einem Jugendgericht des Landgerichtsbezirkes Potsdam vorgekommen, daß gegen einen zur Zeit der Begehung der Tat fast 18 Jahre alten Jugendlichen, der mit einem anderen eine schwere Zinnfigur von einem Friedhof gestohlen und als Altmetall verkauft hatte, eine mehrmonatliche Gefängnisstrafe verhängt, diese aber gegen eine Buße im Werte eines Brotes ausgesetzt wurde.

Da man nach den Erfahrungen, die man bisher gemacht hatte, damit rechnen mußte, daß auch die neuerdings festgesetzten Strafrahmen sich als unzulänglich herausstellen würden, eine Anpassung des Strafrahmens aber ermöglicht werden sollte, ohne den zeitraubenden und schwerfälligen Weg der Gesetzgebung zu wählen, sah das Gesetz über Vermögensstrafen und Bußen in Art. V eine Ermächtigung für die Reichsregierung vor, die Beträge anderweit festzusetzen, insbesondere auch sie wertbeständig zu machen.

Auf Grund dieser Ermächtigung erging am 23. November 1923 die Verordnung auf Grund des Gesetzes über Vermögensstrafen und Bußen vom 23. November 1923 (RGBl. I S. 1117), deren Entwurf dem Reichsrat erst am 19. November 1923 (Drucks. Nr. 394) vorgelegt worden war. Diese Verordnung machte, nachdem Steuergesetze sowie auch einige andere Gesetze und Verordnungen auf diesem Wege schon vorangegangen waren, den entscheidenden Schritt des Übergangs zur Goldwährung, die sich auch im Wirtschaftsleben immer mehr durchgesetzt hatte.

Das Gesetz über Vermögensstrafen und Bußen hatte das neue Geldstrafengesetz nicht aufgehoben, sondern nur abgeändert. Noch verwickelter wurde die Rechtslage nach Erlaß der Verordnung auf Grund des Gesetzes über Vermögensstrafen und Bußen, da sie wieder einzelne Bestimmungen des neuen Geldstrafengesetzes und des Gesetzes über Vermögensstrafen und Bußen abänderte. Dieselbe Materie wurde also durch drei verschiedene Gesetze und Verordnungen geregelt, ohne daß klar erkennbar war, welche ältere Bestimmungen durch neuere abgeändert waren. Erschwert wurde die Erkenntnis des Rechts noch dadurch, daß die Gesetze und die Verordnung nach der bequemen, auch Druckkosten sparenden, für den Bürger und den Richter aber äußerst unbequemen, viel Zeitaufwand und erhebliche Kosten verursachenden Technik der Gesetzgebung die früheren Gesetze nur in einzelnen Worten oder Sätzen abänderten, den nunmehr geltenden Wortlaut aber nicht wiedergaben.

Diesem Übelstand hat dankenswerterweise die auf Grund des Ermächtigungsgesetzes vom 8. Dezember 1923 (RGBl. I S. 1179) von der Reichsregierung erlassene Verordnung über Vermögensstrafen und Bußen vom 6. Februar 1924 (RGBl. I S. 44) abgeholfen. Es sind in ihr die geltenden Vorschriften über Vermögensstrafen und Bußen zusammengefaßt. Gleichzeitig ist auch das lästige bisherige Nebeneinander von Goldmarkstrafen und Papiermarkstrafen dadurch beseitigt worden, daß die aus früherer Zeit noch vorhandenen unerledigten Papiermarkstrafen in Goldmarkstrafen umgewandelt oder aber, soweit sich die

Beitreibung wegen ihres geringfügigen Betrages nicht lohnt, niedergeschlagen werden.

Die rechtlichen Schwierigkeiten, die das Geldstrafengesetz in der Fassung, die es durch die Verordnung über Vermögensstrafen und Bußen erhalten hat, bringt, sind nicht gering, doch werden die Gerichte ihrer Herr werden. Die kriminalpolitischen Grundgedanken sind die gleichen wie die des bisherigen Geldstrafengesetzes. Möchte es den Gerichten immer mehr gelingen, sich in diese Gedankengänge einzuleben, um an der großen Reform unserer kriminalpolitischen Bestrebungen, an deren Anfang wir stehen tatkräftig und zielbewußt mitzuarbeiten!

Verordnung über Vermögensstrafen und Bußen.

Vom 6. Februar 1924 (RGBl. I S. 44).

Auf Grund des Ermächtigungsgesetzes vom 8. Dezember 1923 (RGBl. I S. 1179) verordnet die Reichsregierung nach Anhörung eines Ausschusses des Reichsrats und des Reichstags:

Die Vorschriften des Gesetzes zur Erweiterung des Anwendungsgebiets der Geldstrafe und zur Einschränkung der kurzen Freiheitsstrafen vom 21. Dezember 1921, des Geldstrafengesetzes vom 27. April 1923, des Gesetzes über Vermögensstrafen und Bußen vom 13. Oktober 1923 und der Verordnung auf Grund des Gesetzes über Vermögensstrafen und Bußen vom 23. November 1923 (RGBl. 1921 S. 1604; 1923 I S. 254, 943, 1117) werden durch folgende Vorschriften ersetzt:

Artikel I.

§ 1 Abs. 2, 3, §§ 27—29, § 70 Abs. 1 und § 78 des Strafgesetzbuchs lauten:

§ 1 Abs. 2 und 3. Eine mit Festungshaft bis zu fünf Jahren, mit Gefängnis oder mit Geldstrafe von mehr als einhundertfünfzig Goldmark oder mit Geldstrafe schlechthin bedrohte Handlung ist ein Vergehen.

Eine mit Haft oder Geldstrafe bis zu einhundertfünfzig Goldmark bedrohte Handlung ist eine Übertretung.

§ 27. Die Geldstrafe ist in Goldmark festzusetzen.

Sie beträgt

1. bei Verbrechen und Vergehen, soweit nicht höhere Beträge oder Geldstrafe in unbeschränkter Höhe angedroht sind oder werden, mindestens drei Goldmark und höchstens zehntausend Goldmark;
2. bei Übertretungen mindestens eine Goldmark, soweit nicht ein höherer Mindestbetrag angedroht ist oder wird und höchstens einhundertfünfzig Goldmark.

Die Vorschriften des Abs. 2 über Höchstbeträge gelten nicht, soweit die angedrohte Strafe in dem Mehrfachen, dem Einfachen oder dem Bruchteil eines bestimmten Betrags besteht. Ist dieser nicht auf Goldmark gestellt, so ist er für die Festsetzung der Geldstrafe in Goldmark umzurechnen.

§ 27a. Bei einem Verbrechen oder Vergehen, das auf Gewinnsucht beruht, kann die Geldstrafe auf einhunderttausend Goldmark erhöht und auf eine solche Geldstrafe neben Freiheitsstrafe auch in denjenigen Fällen erkannt werden, in denen das Gesetz eine Geldstrafe nicht androht.

§ 27b. Ist für ein Vergehen oder eine Übertretung, für die an, sich eine Geldstrafe überhaupt nicht oder nur neben Freiheitsstrafe zulässig ist, Freiheitsstrafe von weniger als drei Monaten verwirkt. so ist an Stelle der Freiheitsstrafe auf Geldstrafe (§§ 27, 27a) zu erkennen, wenn der Strafzweck durch eine Geldstrafe erreicht werden kann.

Die Vorschriften des Militärstrafgesetzbuchs bleiben unberührt.

§ 27c. Bei der Bemessung einer Geldstrafe sind die wirtschaftlichen Verhältnisse des Täters zu berücksichtigen.

Die Geldstrafe soll das Entgelt, das der Täter für die Tat empfangen und den Gewinn, den er aus der Tat gezogen hat, übersteigen. Reicht das gesetzliche Höchstmaß hierzu nicht aus, so darf es überschritten werden.

§ 28. Ist dem Verurteilten nach seinen wirtschaftlichen Verhältnissen nicht zuzumuten, daß er die Geldstrafe sofort zahlt, so hat ihm das Gericht eine Frist zu bewilligen oder ihm zu gestatten, die Strafe in bestimmten Teilbeträgen zu zahlen.

Das Gericht kann diese Vergünstigung auch nach dem Urteil bewilligen. Es kann seine Entschließungen nachträglich ändern. Leistet der Verurteilte die Teilzahlungen nicht rechtzeitig oder bessern sich seine wirtschaftlichen Verhältnisse wesentlich, so kann das Gericht die Vergünstigung widerrufen.

Auf die nach Abs. 2 zu treffenden Entscheidungen findet § 494 der Strafprozeßordnung Anwendung.

§ 28a. Soweit die Geldstrafe nicht gezahlt wird, ist sie beizutreiben.

Der Versuch, die Geldstrafe beizutreiben, kann unterbleiben, wenn mit Sicherheit vorauszusehen ist, daß sie aus dem beweglichen Vermögen des Verurteilten nicht beigetrieben werden kann.

§ 28b. Die Vollstreckungsbehörde kann dem Verurteilten gestatten, eine uneinbringliche Geldstrafe durch freie Arbeit zu tilgen.

Das Nähere regelt die Reichsregierung mit Zustimmung des Reichsrats. Soweit dies nicht geschieht, sind die obersten Landesbehörden ermächtigt, das Nähere zu regeln.

§ 29. An die Stelle einer uneinbringlichen Geldstrafe tritt bei Verbrechen und Vergehen Gefängnis oder, wenn neben der Geldstrafe auf Zuchthaus erkannt wird, Zuchthaus, bei Übertretungen Haft. Auch bei Vergehen kann die Geldstrafe in Haft umgewandelt werden, wenn Geltstrafe allein oder an erster Stelle oder wahlweise neben Haft angedroht ist.

Die Dauer der Ersatzstrafe ist mindestens ein Tag und bei Gefängnis und Zuchthaus höchstens ein Jahr, bei Haft höchstens sechs Wochen. Ist neben der Geldstrafe wahlweise Freiheitsstrafe von geringerer Höhe angedroht, so darf die Ersatzstrafe deren Höchstmaß nicht übersteigen. Die Ersatzstrafe darf nur nach vollen Tagen bemessen werden.

Im übrigen richtet sich das Maß der Ersatzstrafe nach freiem Ermessen des Gerichts.

In den Fällen des § 27 b ist Ersatzstrafe die verwirkte Freiheitsstrafe.

Der Verurteilte kann die Vollstreckung der Ersatzstrafe jederzeit dadurch abwenden, daß er den noch zu zahlenden Betrag der Geldstrafe entrichtet.

Kann die Geldstrafe ohne Verschulden des Verurteilten nicht eingebracht werden, so kann das Gericht anordnen, daß die Vollstreckung der Ersatzstrafe unterbleibt. § 494 der Strafprozeßordnung findet Anwendung.

§ 70 Abs. 1. Die Vollstreckung rechtskräftig erkannter Strafen verjährt, wenn

1. auf Tod oder auf lebenslängliches Zuchthaus oder auf lebenslängliche Festungshaft erkannt ist, in dreißig Jahren;
2. auf Zuchthaus oder Festungshaft von mehr als zehn Jahres erkannt ist, in zwanzig Jahren;
3. auf Zuchthaus bis zu zehn Jahren oder auf Festungshaft von fünf bis zu zehn Jahren oder Gefängnis von mehr aln fünf Jahren erkannt ist, in fünfzehn Jahren;
4. auf Festungshaft oder Gefängnis von zwei bis zu fünf Jahren erkannt ist, in zehn Jahren;
5. auf Festungshaft oder Gefängnis bis zu zwei Jahren oder auf Geldstrafe von mehr als einhundertfünfzig Goldmark erkannt ist, in fünf Jahren;
6. auf Haft oder auf Geldstrafe bis zu einhundertfünfzig Goldmark erkannt ist, in zwei Jahren.

§ 78. Sind mehrere Geldstrafen verwirkt, so ist auf jede gesondert zu erkennen.

Das gleiche gilt von den Freiheitsstrafen, die an die Stelle uneinbringlicher Geldstrafen treten. Ihre Gesamtdauer darf zwei Jahre nicht übersteigen; die Gesamtdauer mehrerer zusammentreffender Haftstrafen darf drei Monate nicht übersteigen.

Artikel II.

Geldstrafen, die nicht bei Verbrechen, Vergehen oder Übertretungen angedroht sind oder werden, insbesondere Zwangsstrafen und Ordnungsstrafen, sind in Goldmark festzusetzen.

Die Geldstrafe beträgt, soweit nicht höhere Beträge oder Geldstrafe in unbeschränkter Höhe angedroht sind oder werden, mindestens eine Goldmark und höchstens eintausend Goldmark.

Die Vorschrift des Abs. 2 über Höchstbeträge gilt nicht, soweit die angedrohte Strafe in dem Mehrfachen, dem Einfachen oder dem Bruchteil eines bestimmten Betrags besteht. Ist dieser nicht auf Goldmark gestellt, so ist er für die Festsetzung der Geldstrafe in Goldmark umzurechnen.

Soweit an die Stelle einer uneinbringlichen Geldstrafe eine Ersatzfreiheitsstrafe zu treten hat, darf die Geldstrafe nur in Haft von höchstens sechs Wochen umgewandelt werden; ist neben der Geldstrafe wahlweise Freiheitsstrafe von weniger als sechs Wochen angedroht, so darf die Ersatzstrafe deren Höchstmaß nicht übersteigen. Die Ersatzstrafe darf nur nach vollen Tagen bemessen werden. Im übrigen richtet sich ihr Maß nach freiem Ermessen der Behörde, die sie festsetzt.

Artikel III.

Ist oder wird eine Behörde, ein Beamter, eine Körperschaft oder deren Vorstand ermächtigt, Geldstrafen (§ 27 des Strafgesetzbuchs, Art. II dieser Verordnung) anzudrohen oder festzusetzen, so beträgt die zulässige Geldstrafe, soweit nicht eine Ermächtigung zur Androhung oder Festsetzung höherer Beträge oder von Geldstrafe in unbeschränkter Höhe besteht oder erteilt wird,

1. bei Geldstrafen der in § 27 des Strafgesetzbuchs bezeichneten Art für Vergehen mindestens drei Goldmark und höchstens zehntausend Goldmark, für Übertretungen mindestens eine Goldmark und höchstens einhundertfünfzig Goldmark;
2. bei Geldstrafen der in Art. II bezeichneten Art mindestens eine Goldmark und höchstens eintausend Goldmark.

Die Vorschriften des Abs. 1 über Höchstbeträge gelten nicht, wenn die anzudrohende oder festzusetzende Strafe in dem Mehrfachen, dem Einfachen oder dem Bruchteil eines bestimmten Betrags besteht. Artikel II Abs. 3 Satz 2 gilt entsprechend.

Artikel IV.

Bei einer an den Verletzten zu zahlenden Buße beträgt der Mindestbetrag drei Goldmark, der Höchstbetrag zehntausend Goldmark.

Artikel V.

Der in Goldmark festgesetzte Betrag einer Vermögensstrafe oder Buße ist in Reichswährung nach dem für den Tag der Zahlung oder Beitreibung maßgebenden Goldumrechnungssatz umzurechnen, den der Reichsminister der Finanzen auf Grund des § 2 Abs. 3 der Aufwertungsverordnung vom 11.—18. Oktober 1923 (RGBl. I S. 939, 979) festsetzt und fortlaufend veröffentlicht.

Die Zahlung kann auch in anderen als den gesetzlichen Zahlungsmitteln geleistet werden, soweit sie an den öffentlichen Kassen anzunehmen sind; den Umrechnungssatz bestimmt der Reichsminister der Finanzen. Maßgebend ist der für den Tag der Zahlung oder Beitreibung geltende Umrechnungssatz.

Vermögensstrafen im Sinne dieser Verordnung sind alle Geldstrafen (§ 27 des Strafgesetzbuchs, Art. II, III dieser Verordnung) und solche Geldbeträge, die mit Rücksicht auf eine begangene strafbare Handlung eingezogen, für verfallen erklärt oder sonst auferlegt werden.

Artikel VI.

Bei Vermögensstrafen und Bußen gilt als Tag der Zahlung:

1. bei Zahlung durch Postscheck oder Postüberweisung der Tag, der sich aus dem Tagesstempel des Postscheckamts auf dem dem Zahlungsempfänger ausgehändigten Abschnitt ergibt;
2. bei sonstiger Übermittelung der Zahlung durch die Post der aus dem Tagesstempel der Aufgabepostanstalt ersichtliche Tag der Einzahlung oder Einlieferung.

Im übrigen gilt als Tag der Zahlung der Tag des Zahlungseingangs.

Artikel VII.

Vermögensstrafen (Artikel V Abs. 3) und Bußen, die vor dem 8. Dezember 1923 in Reichswährung festgesetzt worden und noch nicht gezahlt sind, werden von der Vollstreckungsbehörde in Goldmark umgerechnet.

Die Umrechnung erfolgt in der Weise, daß zunächst der erkannte Betrag nach Maßgabe des Artikel IV des Gesetzes über Vermögensstrafen und Bußen vom 13. Oktober 1923 (RGBl. I S. 943) unter Zugrundelegung einer abgerundeten Reichsindexzahl von

1000 Milliarden umgewertet und sodann der umgewertete Betrag auf der Grundlage eine Billion Reichsmark gleich eine Goldmark in Goldmark umgerechnet wird. Soweit eine Umwertung des erkannten Betrags nach Artikel IV des genannten Gesetzes nicht zu erfolgen hat, wird der erkannte Betrag auf dieser Grundlage unmittelbar in Goldmark umgerechnet.

Der Betrag wird auf volle Goldmark nach unten abgerundet. Vermögensstrafen und Bußen, die auch nach der Umrechnung weniger als eine Goldmark betragen, werden niedergeschlagen.

Die Vorschriften der Abs. 1, 2 gelten entsprechend für Gerichtsgebühren bei Verurteilung zu einer Geldstrafe (§ 49 des Gerichtskostengesetzes vom 21. Dezember 1922 — RGBl. 1923 I S. 12). Der Betrag wird auf volle fünfzig Goldpfennige nach unten abgerundet. Gebühren, die auch nach der Umrechnung weniger als fünfzig Goldpfennige betragen, werden niedergeschlagen.

Artikel VIII.

Die Vorschriften der Artikel I—VII gelten für das gesamte Reichs- und Landesrecht.

Hinsichtlich der landesrechtlichen Geldstrafen, Ermächtigungen und Bußen kann durch das Landesrecht Abweichendes bestimmt werden.

Artikel IX.

In § 27 Nr. 2 des Gerichtsverfassungsgesetzes sind die Worte: „von höchstens sechshundert Mark" gestrichen.

Artikel X.

In dem Gesetz über beschränkte Auskunft aus dem Strafregister und die Tilgung von Strafvermerken vom 9. April 1920 (RGBl. S. 507) sind gestrichen

1. im § 2 Abs. 2 die Worte: „von höchstens fünfhundert Mark",
2. im § 6 Abs. 1 Nr. 1 die Worte: „bis zu fünftausend Mark",
3. im § 7 Abs. 1 Nr. 1 die Worte: „bis zu fünfhundert Mark".

Bei Geldstrafen, die schon vor dem 1. Mai 1923 in das Strafregister aufgenommen worden sind, berechnen sich die Fristen so, wie wenn das Gesetz vom 9. April 1920 in der Fassung des Abs. 1 schon zur Zeit der Aufnahme des Vermerks in das Register in Kraft gewesen wär .

Artikel XI.

Die Zivilprozeßordnung ist geändert wie folgt:

1. Im § 888 Abs. 1 sind die Worte: „bis zum Gesamtbetrage

von fünfzehnhundert Mark" gestrichen. Als Satz 2 ist folgende Vorschrift hinzugefügt:

Das Höchstmaß der Geldstrafe ist unbeschränkt.

2. Im § 890 Abs. 1 sind die Worte „bis fünfzehnhundert Mark" gestrichen. Als Satz 3 ist folgende Vorschrift hinzugefügt:

Das Höchstmaß der Geldstrafe ist unbeschränkt.

Artikel XII.

Die Rechtsanwaltsordnung ist dahin geändert, daß in § 6 Nr. 3, § 15 Nr. 1 und § 43 Abs. 3 Nr. 3 die Worte: „einhundertfünfzig Mark" jeweils durch die Worte: „fünfzig Goldmark" ersetzt sind.

Die Vorschrift des Abs. 1 findet jedoch keine Anwendung auf eine ehrengerichtliche Bestrafung, die vor dem 8. Dezember 1923 ausgesprochen worden ist.

Artikel XIII.

In § 26 Abs. 2 der Preistreibereiverordnung, § 6 Abs. 2 der Verordnung gegen verbotene Ausfuhr lebenswichtiger Gegenstände und § 30 Abs. 2 der Verordnung über Handelsbeschränkungen vom 13. Juli 1923 (RGBl. I S. 700, 705, 706) sind die Worte „eine Million Mark" jeweils durch die Worte: „fünfhundert Goldmark" ersetzt.

Artikel XIV.

Diese Verordnung tritt eine Woche nach der Verkündung in Kraft.

Außer den im Eingang der Verordnung genannten Gesetzen und der Verordnung vom 23. November 1923 sind aufgehoben:

1. die Vorschriften des Reichs- und Landesrechts, durch die für die Umwandlung einer uneinbringlichen Geldstrafe ein bestimmter Geldbetrag einem Tage Freiheitsstrafe gleichgesetzt wird;
2. die Festsetzungen von Mindestbeträgen und Höchstbeträgen der Geldstrafe bei Verbrechen und Vergehen sowie von Mindestbeträgen bei Übertretungen, soweit sie nicht im § 27 des Strafgesetzbuchs aufrechterhalten sind;
3. die Festsetzungen von Mindest- und Höchstbeträgen der Geldstrafen, die nicht bei Verbrechen, Vergehen und Übertretungen angedroht sind, insbesondere der Zwangsstrafen und Ordnungsstrafen, soweit sie nicht im Artikel II Abs. 3 dieser Verordnung aufrechterhalten sind;
4. die Festsetzungen von Mindestbeträgen und Höchstbeträgen der Geldstrafen, die eine Behörde, ein Beamter, eine Körper-

schaft oder deren Vorstand anzudrohen oder festzusetzen ermächtigt ist, soweit sie nicht im Artikel III Abs. 2 dieser Verordnung aufrechterhalten sind;

5. die Festsetzungen von Mindest- und Höchstbeträgen der an den Verletzten zu zahlenden Bußen.

Bei Übertretungen in reichs- und landesrechtlichen Vorschriften ist der bisherige Höchstbetrag der Geldstrafe durch den Betrag von einhundertfünfzig Goldmark ersetzt.

Die durch Artikel I—IV, VIII, XIII und Abs. 3 dieses Artikels bestimmten Strafrahmen gelten auch bei Taten, die vor dem Inkrafttreten dieser Verordnung begangen sind.

Erläuterungen zu der Verordnung über Vermögensstrafen und Bußen

Vom 6. Februar 1924 (RGBl. I S. 44).

Artikel I.

§ 1 Abs. 2, 3, §§ 27—29, § 70 Abs. 1 und § 78 des Strafgesetzbuchs lauten:

§ 1 Abs. 2 und 3. Eine mit Festungshaft bis zu fünf Jahren, mit Gefängnis oder mit Geldstrafe von mehr als einhundertfünfzig Goldmark oder mit Geldstrafe schlechthin bedrohte Handlung ist ein Vergehen.

Eine mit Haft oder Geldstrafe bis zu einhundertfünfzig Goldmark bedrohte Handlung ist eine Übertretung.

1. StGB. § 1 lautet jetzt folgendermaßen:

Eine mit dem Tode, mit Zuchthaus oder mit Festungshaft von mehr als fünf Jahren bedrohte Handlung ist ein Verbrechen.

Eine mit Festungshaft bis zu fünf Jahren, mit Gefängnis oder mit Geldstrafe von mehr als einhundertfünfzig Goldmark oder mit Geldstrafe schlechthin bedrohte Handlung ist ein Vergehen.

Eine mit Haft oder mit Geldstrafe bis zu einhundertfünfzig Goldmark bedrohte Handlung ist eine Übertretung.

2. Art. I § 1 entspricht dem Art. I Ziff. 1 des neuen GeldStrG. und dem § 2 Ziff. 1 des alten GeldStrG. Hier wie auch in den übrigen Bestimmungen des Art. I ist Geldstrafe im Sinne der kriminellen Geldstrafe genommen, während er in Art. II eine nichtkriminelle Geldstrafe bezeichnet und in Art. III sowohl kriminelle als auch nichtkriminelle Geldstrafen gemeint sind. Die „Vermögensstrafen" im Sinne dieser Verordnung umfassen außer bestimmten Geldbeträgen auch die kriminellen und die nichtkriminellen Geldstrafen (vgl. Art. V Abs. 3). Dieser Bedeutungswechsel ein und desselben Wortes in ein und demselben Gesetz ist höchst unerfreulich. Über die Scheidung der kriminellen Geldstrafen von den nichtkriminellen vgl. unten Anm. 7ff.

3. „Geldstrafe schlechthin" soll nicht heißen, „lediglich mit Geldstrafe" und auch nicht „mit Geldstrafe von unbeschränkter Höhe", sondern „mit Geldstrafe", ohne daß ein Höchstmaß angegeben ist. Das hängt damit zusammen, daß in Art. XIV Abs. 2 Nr. 2 der neuen VermStrVO. wie schon in Art. IX Abs. 2 Ziff. 3 des neuen GeldStrG. bei Verbrechen und Vergehen die Festsetzung von

Höchstbeträgen im allgemeinen aufgehoben wird, so daß es jetzt nur noch die Ausnahme ist, wenn bei einer bei einem Verbrechen oder Vergehen angedrohten Geldstrafe ein Höchstbetrag genannt ist (vgl. Begr. zu Art. I Ziff. 1 des neuen GeldStrG.).

3a. Wenn es in dem Jugendgerichtsgesetz vom 16. Februar 1923 (RGBl. I S. 135) § 40 Abs. 1 heißt: „In einer Strafverfügung darf gegen einen Jugendlichen nur Geldstrafe und Einziehung festgestellt werden", so ist damit natürlich nichts über den zulässigen Höchstbetrag gesagt und daher auch nichts darüber, ob es sich um Vergehen oder Übertretungen handelt. Das gleiche gilt für ähnliche Bestimmungen prozessualen Charakters (vgl. auch Kiesow, Jugendgerichtsgesetz, Mannheim 1923, § 40 Anm. 1c).

4. Zweifel können entstehen, welcher Höchstbetrag angedroht ist, wenn die angedrohte Strafe in dem Mehrfachen, dem Einfachen oder dem Bruchteil eines bestimmten Betrages, dessen Höhe wechseln kann, besteht. Wenn man davon ausgeht, daß der Grundbetrag der Strafandrohung unbegrenzt hoch sein kann, daher auch sein Mehrfaches, muß man diese Strafandrohungen als unbegrenzt hoch und die Zuwiderhandlungen gegen sie in allen Fällen als Vergehen ansehen. Nach der richtigen Meinung (KG. vom 17. Jan. 1907 in Jahrb. der Entsch. des KG. 33 C 23) ist aber maßgebend die im einzelnen Fall nach Maßgabe des in diesem Fall in Betracht kommenden Grundbetrages angedrohte absolute Strafe (ebenso Schwartz § 1 Anm. 2a; R.GK. § 1 Anm. 5; Becker, Reichsabgabenordnung, 2. Aufl. § 361).

Über Strafen, die in dem Mehrfachen, dem Einfachen oder dem Bruchteil eines bestimmten Betrages bestehen, vgl. unten Anm. 20.

4a. Diese Begriffsbestimmung ist auch maßgebend für das Landesrecht (Art. VIII), das allerdings in der Lage ist, künftig Abweichendes zu bestimmen. Bis dies aber geschehen ist, sind die mit Geldstrafe bis zu 150 Goldmark bedrohten Handlungen auch im Landesstrafrecht Übertretungen, die mit höherer Geldstrafe bedrohten Vergehen. Die Bestimmung des § 2 des zweiten Gesetzes zur Abänderung des pr. Feld- und Forstpolizeiges. vom 1. April 1880 (GS. S. 230), vom 13. Februar 1923 (GS. S. 42), wonach die im Feld- und Forstpolizeigesetz mit Strafe bedrohten Handlungen mit Ausnahme der in den §§ 20, 21 bezeichneten Vergehen als Übertretungen „gelten", könnte daher nicht bewirken, daß Handlungen, die tatsächlich mit mehr als 150 Goldmark bedroht sind, künftig Übertretungen sind. Es bedürfte dazu eines neues Gesetzes. Das gleiche gilt für die bayerischen Bestimmungen, in denen die Übertretungen abweichend von dem Reichsrecht abgegrenzt sind (vgl. Kallenbach, Ztschr. f. Rechtspflege in Bayern, 1922, S. 169).

§ 27.

Die Geldstrafe ist in Goldmark festzusetzen.

Sie beträgt

1. bei Verbrechen und Vergehen, soweit nicht höhere Beträge oder Geldstrafe in unbeschränkter Höhe angedroht sind oder werden, mindestens drei Goldmark und höchstens zehntausend Goldmark;
2. bei Übertretungen mindestens eine Goldmark, soweit nicht ein höherer Mindestbetrag angedroht ist oder wird und höchstens einhundertfünfzig Goldmark.

Die Vorschriften des Abs. 2 über Höchstbeträge gelten nicht, soweit die angedrohte Strafe in dem Mehrfachen, dem Einfachen oder dem Bruchteil eines bestimmten Betrags besteht. Ist dieser nicht auf Goldmark gestellt, so ist er für die Festsetzung der Geldstrafe in Goldmark umzurechnen.

4b. Die Einführung von Goldmarkstrafen ist allgemein schon durch die VermStrVO. erfolgt. Auch vorher waren vereinzelt schon einzelne Goldmarkstrafbestimmungen ergangen. So Devisenmaklerverordnung vom 17. Sept. 1923 (RGBl. I S. 902), §§ 10 und 11 (bis zu 10000 Goldmark); Verordn. des Reichspräsidenten auf Grund des Art. 48 Abs. 2 der Reichsverfassung, betreffend die zur Wiederherstellung der öffentlichen Sicherheit und Ordnung für das Reichsgebiet nötigen Maßnahmen vom 26. Sept. 1923 (RGBl. I S. 905), § 4 (bis zu 10000 Goldmark). Durchführungsbestimmungen zur Verordnung des Reichspräsidenten über Devisenerfassung vom 7. Sept. 1923 (RGBl. I S. 865), § 13 (bis zu 10000 Goldmark). Vgl. vor allem auch Art. XV der zweiten Steuerverordnung vom 19. Dez. 1923 (RGBl. I S. 1205) sowie die Verordnung des pr. Staatsministeriums über Aufwertung von Abgaben und Vereinfachungen im Besteuerungsverfahren (Landesaufwertungsverordnung) vom 7. Nov. 1923 (GS. S. 501). — Ohne ausdrückliche gesetzliche Regelung hätten die bisherigen auf „Mark" lautenden Strafandrohungen nicht auf „Goldmark" aufgewertet werden dürfen. Anderer Meinung anscheinend v. Hentig, DStrZ. 1920 Sp. 46f. Anders war die Rechtslage bei den Geldbußen, die nach dem Jugendgerichtsgesetz vom 16. Febr. 1923 (RGBl. I S. 135) und nach landesrechtlichen Bestimmungen als Erziehungsmaßregeln oder als Auflagen in Verbindung mit der Aussetzung der Strafvollstreckung ausgesprochen werden können. Bei ihnen handelt es sich weder um kriminelle noch um nichtkriminelle Geldstrafen. Die Gerichte haben hier vollkommen freie Hand (vgl. unten Anm. 171, 171a). Goldmarkbußen dieser Art sind von den Gerichten auch vielfach vor gesetzlicher Einführung der Goldmarkstrafen ausgesprochen worden. Vgl. auch Allgem. Verf. des preuß. JM. vom 24. Nov. 1923 (JMBl. S. 728) I 3 und vom 13. Febr. 1924 (JMBl. S. 69) II.

5. Während früher im allgemeinen Teil des StGB. nur das Mindestmaß der Geldstrafe bestimmt war, setzt § 27 StGB. jetzt auch das regelmäßige Höchstmaß fest, so daß sich die Festsetzung von Höchstmaßen in dem besonderen Teil des StGB. sowie in den reichsrechtlichen und landesrechtlichen strafrechtlichen Nebengesetzen erübrigt, soweit nicht ausnahmsweise von diesem normalen Höchst- oder Mindestmaß abgesehen werden soll, was zulässig ist (vgl. unten Anm. 173). Dadurch wird die durch das alte Geldstrafengesetz schon in weitem Umfange herbeigeführte Gleichmachung der Geldstrafvorschriften (Hellwig, Geldstrafengesetz 1. Aufl. Anm. 8) folgerichtig durchgeführt. Sowohl nach Erlaß des alten wie nach Erlaß des neuen GeldStrG. waren eine ganze Reihe von reichsrechtlichen und landesrechtlichen Strafbestimmungen ergangen, die den Strafrahmen abweichend von der normalen gesetzlichen Regelung bestimmten. Meistens bestimmten sie höhere Strafen, mitunter aber auch geringere. Die Androhung höherer Strafen erfolgte offenbar nur zum Teil mit Rücksicht auf die inzwischen wieder fortgeschrittene Geldentwertung, zum Teil aber auch, um die größere Strafwürdigkeit der betreffenden strafbaren Handlung zu kennzeichnen. Beispiele für solche abweichenden Strafbestimmungen sind: Reichsausgleichsgesetz in der Fassung der Verordnung zur zweiten Abänderung des Reichsausgleichsges. vom 28. Okt. 1923 (RGBl. I S. 1135) §§ 62, 64 Abs. 1 (50000 M.); § 63 (20000 M.)

§ 64 Abs. 2 (5000 M.); § 65 (15000 M.); pr. Ges. zur Bekämpfung der Tuberkulose vom 4. August 1923 (GS. S. 374) § 11 (1500 M.); Ges. über die Besteuerung der Betriebe vom 11. August 1923 (RGBl. I S. 769) Art. IV § 6 Abs. 2 (10 Milliarden; 5 Milliarden M.); Ges. zur Änderung der Bekanntmachung über Maßnahmen gegen Wohnungsmangel vom 26. Juli 1923 (RGBl. I S. 751) Art. I Ziff. 18 (20000 M.); Verordnung des Reichspräsidenten zur Wiederherstellung der öffentlichen Sicherheit und Ordnung vom 10. August 1923 (RGBl. I S. 768) § 5 (500 Millionen M.); Preistreibereiverordnung vom 13. Juli 1923 (RGBl. I S. 699) § 12 Abs. 1 (10000 M. bis zu 20 Millionen M.); § 12 Abs. 2 (von einer Million M. an, Höhe unbeschränkt); § 14 (mindestens 100000 M., Höchststrafe unbeschränkt); Verordnung des Reichspräsidenten über die vorläufige Unterbringung Ausgewiesener vom 14. Juni 1923 (RGBl. I S. 381) § 15 (100 Millionen M.); Ges. über die Ausgabe wertbeständiger Schuldverschreibungen auf den Inhaber vom 23. Juni 1923 (RGBl. I S. 407) § 2 (100 Millionen M.); Ges. über den Verkehr mit edlen Metallen, Edelsteinen und Perlen vom 11. Juni 1923 (RGBl. I S. 369) § 15 Abs. 1 (100 Millionen M.); § 15 Abs. 2 und § 17 20 Millionen M.). Es wäre zu wünschen, daß künftig die Androhung abweichender Geldstrafen nach Möglichkeit unterbleibt. Der Strafrahmen des § 27 StGB. in seiner jetzigen Fassung dürfte für alle denkbaren Fälle durchaus ausreichen, zumal er noch durch § 27a sowie § 27c Abs. 2 ergänzt wird. Die Gleichmachung der Geldstrafvorschriften ist eine Folge des Grundsatzes, daß bei der Bemessung der Geldstrafe die wirtschaftlichen Verhältnisse des Täters zu berücksichtigen sind (vgl. unten Anm. 80). Leider hat die Reichsgesetzgebung unmittelbar nach Erlaß der neuen VermStrVO. wieder damit begonnen, andere Strafrahmen festzusetzen und damit die erreichte Einheitlichkeit wieder unnötigerweise zu zerstören. So ist in § 10 der Börsensteuerverordnung vom 14. Febr. 1924 (RGBl. I S. 113) Geldstrafe bis zu 5000 Goldmark angedroht und in § 7 der Verordnung über die Außenhandelskontrolle vom 20. Dez. 1919 (RGBl. S. 2128) sowie in § 2 der Verordnung über die Regelung der Einfuhr vom 16. Jan. 1917 (RGBl. S. 41) in der Fassung der Verordnung vom 22. März 1920 (RGBl. S. 334) und des Ges. vom 3. Mai 1922 (RGBl. I S. 479), beide in der Fassung der Verordnung über Ein- und Ausfuhr vom 13. Febr. 1924 (RGBl. I S. 72) Geldstrafe bis zu 50000 Goldmark.

Ob es kriminalpolitisch zweckmäßig ist, auch in dem allgemeinen Teil des StGB., in den Geldstrafandrohungen Summen zu nennen, die gerade bei der Berücksichtigung der wirtschaftlichen Verhältnisse der Täter praktisch nur außerordentlich selten zur Anwendung kommen können, darf bezweifelt werden. Richtiger wäre es gewesen, durch allgemeine Androhung einer unbeschränkt hohen Geldstrafe bei Vergehen und Übertretungen das, was tatsächlich erfolgt ist, auch beim rechten Namen zu nennen.

5a. Es könnte vielleicht zweifelhaft sein, ob § 27 StGB. in seiner jetzigen Fassung sich nur auf diejenigen Strafandrohungen beziehen soll, welche einen Strafrahmen enthalten, oder auch die absoluten Strafandrohungen. Da die Bestimmung aber ganz allgemein gefaßt ist und zum mindesten die Erhöhung der Strafe auf das jetzige gesetzliche Höchstmaß kriminalpolitisch als zweifellos gewollt anzunehmen ist, die Ausnahme in Abs. 2 sich auch nur auf einen bestimmten Teil der absoluten Strafandrohungen — wenn auch nicht nur auf sie — beschränkt, wird man annehmen müssen, daß auch die absoluten Strafandrohungen abgeändert sind. Sie sind also in relativ bestimmte Strafandrohungen verwandelt worden, da nicht nur die Bestimmungen über die Höchststrafe, sondern auch die Bestimmungen über die Mindeststrafe auf sie Anwendung finden müssen. Im Ergebnis ebenso Kallenbach, Ztschr. f. Rechtspflege in Bayern 1922 S. 169.

5b. Die jetzigen Bestimmungen stimmen in ihrem Mindestbetrag mit dem Mindestbetrag des StGB. in seiner ursprünglichen Fassung überein, gehen aber mit dem Höchstbetrag, auch wenn man von den Sonderbestimmungen der §§ 27a und 27c Abs. 2 StGB. absieht, über das früher fast allgemein übliche Höchstmaß sehr erheblich hinaus. Aber auch der Mindestbetrag ist unter den heutigen wirtschaftlichen Verhältnissen eine empfindlichere Strafe als er es vor dem Kriege gewesen ist. Da Teilzahlungen bewilligt werden können, sind Härten aber vermeidbar. Die Erhöhung der Höchststrafe ist nicht etwa durch finanzpolitische Erwägungen bestimmt worden, sondern geht auf schon vor dem Kriege lebhaft erörterte kriminalpolitische Bestrebungen zurück.

6. Geldstrafe ist hier im Sinne von krimineller Geldstrafe gebraucht. Über die nichtkriminellen Geldstrafen, deren Höchstbetrag gleichfalls erhöht worden ist (Art. II), vgl. unten Anm. 158ff.

Erhöht werden die kriminellen Geldstrafandrohungen, sowohl im Justizstrafrecht als auch im Verwaltungsstrafrecht, insbesondere dem Polizeistrafrecht. Erhöht werden die Strafandrohungen bei Verbrechen, Vergehen und Übertretungen, sowohl die allein angedrohten als auch die zusammen oder wahlweise mit Freiheitsstrafen angedrohten. Erhöht sind nicht nur die in Gesetzen, sondern auch die in Polizeiverordnungen, Steuerordnungen usw. angedrohten kriminellen Strafen, vorausgesetzt, daß es sich um Übertretungen handelt (vgl. unten Art. XIV Abs. 3). Gleichgültig ist es, ob sie von dem Richter oder von einem Verwaltungsbeamten verhängt werden.

6a. Durch § 27 StGB. in seiner jetzigen Fassung werden die Geldstrafrahmen des besonderen Teils des StGB., aber auch diejenigen der reichsrechtlichen und landesrechtlichen strafrechtlichen Nebengesetze unmittelbar abgeändert. Der Wortlaut aller Geldstrafbestimmungen des geltenden Rechts ist daher in der Weise zu berichtigen, daß zunächst auf Grund der bisherigen Strafandrohungen geprüft wird, ob die Handlung eine Übertretung, ein Vergehen, oder ein Verbrechen ist. Handelt es sich um eine Übertretung, so ist die Mindeststrafe, wenn sie eine Goldmark nicht übersteigt, zu streichen und der Höchstbetrag durch die Zahl „150 Goldmark" zu ersetzen; bei Vergehen ist die Mindeststrafe, wenn sie 3 Goldmark nicht übersteigt, zu streichen, desgleichen die Höchststrafe, wenn sie nicht 10000 Goldmark übersteigt (ebenso Schäfer, JW. 1923 S. 437).

6b. Der Urteilstenor hat auf Goldmark zu lauten, nicht etwa auf Rentenmark. Über die Berechnung der Goldmark vgl. unten Art. V.

7. Die kriminellen Strafandrohungen sind zu scheiden von den Geldstrafandrohungen als Ordnungsstrafen, Disziplinarstrafen, Zwangsstrafen, ehrengerichtlichen Strafen. Das alte Geldstrafengesetz bezog sich nur auf die kriminellen Geldstrafen. Für die Ordnungsstrafen usw. war eine besondere Regelung in Aussicht genommen (v. Rehbinder in der 152. Sitzung des Reichstags, Stenogr. Ber. S. 5309). Für einzelne von ihnen war inzwischen auch eine Erhöhung erfolgt. Sie sind dann durch Art. II des neuen GeldStrG. gleichfalls erhöht worden und jetzt durch Art. II der neuen VermStrVO. den kriminellen Geldstrafen weitgehend angepaßt worden. Die Scheidung zwischen kriminellen und anderen Strafandrohungen ist nicht überall sicher. Zu den kriminellen Strafandrohungen sind jedenfalls alle Strafandrohungen im StGB. zu rechnen, nicht nur soweit es sich um Strafandrohungen gegen kriminelles Unrecht handelt, sondern auch soweit polizeiliches Unrecht (Olshausen § 1 Anm. 3) in Frage kommt. Desgleichen sind die bei weitem meisten Strafandrohungen der strafrechtlichen Nebengesetze sowie diejenigen der Polizeiverordnungen kriminelle Strafandrohungen.

Während kriminelle Strafen und Disziplinarstrafen, ehrengerichtliche Strafen und Ordnungsstrafen Reaktion auf ein in der Vergangenheit liegendes Verhalten sind, soll die Zwangsstrafe den Willen des Täters beugen und für die Zukunft ein der Rechtsordnung gemäßes Verhalten erzwingen. Unter dem Begriff der Ordnungsstrafen im weiteren Sinn (die Disziplinarstrafen und die ehrengerichtlichen Strafen mitumfassend) werden Strafen verschiedener Art verstanden, deren Rechtsgrund, nicht lediglich Anlaß, ein in der Vergangenheit liegendes dem Rechte nicht entsprechendes Verhalten ist. Den Ordnungsstrafen ist gemeinsam, daß sie nicht, wie in der Regel die Kriminalstrafe, wegen Verletzung oder doch Gefährdung von Rechtsgütern, sondern wegen einfachen Ungehorsams gegen gesetzliche, statutarische und obrigkeitliche Anordnungen oder wegen Nichterfüllung besonderer Pflichten eintreten (Georg Meyer bei Stengel-Fleischmann, Wörterbuch d. deutsch. Staats- u. VerwaltR., 2. Aufl. Bd. 3 S. 38f.). Wie es aber, namentlich in Polizeiverordnungen, kriminelle Strafandrohungen gibt, die weder eine Verletzung noch eine Gefährdung von Rechtsgütern zur Voraussetzung haben, so gibt es auch „Ordnungsstrafen", als Ordnungsstrafen bezeichnete Strafen, die kriminelle Geldstrafen sind. Es gibt andererseits als Geldstrafen bezeichnete „Geldstrafen", die nicht kriminelle Geldstrafen sind, sondern nur Ordnungsstrafen. Auch die neue Verm.StrVO. gebraucht das Wort „Geldstrafe" in mehrfachem Sinn (vgl. oben Anm. 2). Bei diesem Schwanken der Terminologie des Gesetzes wird es in jedem einzelnen Falle einer Untersuchung darüber bedürfen, ob es sich um (kriminelle) Geldstrafen handelt oder um Ordnungs- oder Zwangsstrafen. Dabei ist von dem Grundsatz auszugehen, daß im Zweifel eine kriminelle Geldstrafe anzunehmen ist, gleichgültig, in welche Kasse sie fließt (vgl. z. B. Ges. über Beurk. d. Personenstandes vom 6. Febr. 1875 — RGBl. S. 23 — § 70; Ges. betr. den Verkehr mit Nahrungsmitteln vom 14. Mai 1879 — RGBl. S. 145 — § 17; Seemannsordnung vom 2. Juni 1902 — RGBl. S. 175 — § 132; pr. Ges. betr. den Forstdiebstahl vom 15. April 1878 — GS. S. 222 — § 34; ferner Gutmann S. 85ff.).

8. Die Bezeichnung als Geldstrafe oder Ordnungsstrafe im Gesetz ist für ihren Charakter gleichgültig. Nicht jede „Geldstrafe" ist eine kriminelle Geldstrafe, z. B. nicht StPO. § 69; ZPO. § 380; Reichsbeamtenges. vom 17. Mai 1907 — RGBl. S. 245 — §§ 74, 81; Ges. über die Beurk. des Personenstandes § 68 Abs. 3; Gewerbeordnung §§ 92c, 103n; Ges. über die Regelung der Kohlenwirtschaft vom 21. Aug. 1919 — RGBl. S. 1449 — § 124; Ges. über die allgemeine Landesverwaltung vom 30. Juli 1883 (GS. S. 195) § 132; Zündwarensteuerges. vom 10. Sept. 1919 — RGBl. S. 1629 — § 33; Spielkartensteuerges. vom 10. Sept. 1919 — RGBl. S. 1643 — § 23; Tabaksteuerges. vom 12. Sept. 1919 — RGBl. S. 1667 — § 71; Reichsabgabenordnung vom 13. Dez. 1919 — RGBl. S. 1993 — § 202; Bekanntmachung betr. Bestimmungen zur Ausführung des Ges. über den vaterländischen Hilfsdienst vom 21. Dezember 1916 (RGBl. S. 1411) § 5; Verordnung über Tarifverträge vom 23. Dezember 1918 S. 1456 § 23. Disziplinarstrafordnung für das Reichsheer vom 11. Nov. 1921 (abgedruckt bei Fuße, Militärstrafgesetzbuch, Berlin 1923, Anhang). In § 18 des pr. Ges. betreffend die Abänderung von Bestimmungen der Disziplinargesetze vom 9. April 1879 (GS. S. 345) werden für Disziplinarstrafen die Bezeichnungen Ordnungsstrafe und Geldstrafe unterschiedslos gebraucht.

Die „Geldsumme", auf die nach dem bayer. Ges. betr. die Erhebung einer Abgabe von Salz vom 16. Nov. 1869 §§ 11, 16 zu erkennen ist, hat den Charakter einer Geldstrafe (RG. 11, 139; Olshausen EG. zum StGB. § 6 Anm. 3). — Die in der Preuß. Pachtschutzordnung vom 3. Juli 1920, in der Neufassung vom 25. Jan. 1921 (GS. S. 125) § 14 in Verb. mit § 5 der Bekanntm. vom 21. Dez. 1916 (RGBl. S. 1411) angedrohte Geldstrafe bis 500 M. ist eine Ordnungsstrafe, während die in § 8 der Bekanntmachung angedrohte von 300 M. eine kriminelle Strafandrohung ist (Wagemann, Die Preuß. Pachtschutzordnung, Berlin 1921, äußert sich über diese Frage nicht). Die „Geldstrafen" der §§ 1487, 1488, 1489 der Reichsversicherungsordnung vom 19. Juli 1910 (RGBl. S. 509) sind nur Ordnungsstrafen (Begr. S. 4 zum alten GeldStrG.), ebenso aber auch § 1495 Abs. 1 und 2; dagegen handelt es sich in §§ 1490, 1491, 1495 Abs. 3 und 1499 um kriminelle Strafen. Nur zum Teil ergibt sich dies daraus, daß die Geldstrafen gleichzeitig auch als Ordnungs- oder Zwangsstrafen bezeichnet werden, im übrigen aus ihrer Zweckbestimmung. Dagegen sind kriminelle Geldstrafen die in HGB. §§ 82, 103, 312ff.; KO. §§ 240ff.; Ges. betr. die Erwerbs- und Wirtschaftsgenossenschaften §§ 146ff. angedrohten Geldstrafen.

Mitunter sind umgekehrt im Gesetz als „Ordnungsstrafen" bezeichnete Geldstrafen in Wirklichkeit kriminelle Geldstrafen. Dies gilt insbesondere für die in §§ 151, 152, 160, 161 des Vereinszollgesetzes vom 1. Juli 1869 (BundesGBl. S. 355) und in neueren Steuergesetzen vielfach angedrohten Ordnungsstrafen (Reichsabgabenordnung § 377; Zündwarensteuerges. § 32; Spielkartensteuerges. § 22; Tabaksteuerges. § 70; Biersteuerges. vom 26. Juli 1918 — RGBl. S. 810 — § 51; Ges. über das Branntweinmonopol vom 26. Juli 1918 — RGBl. S. 887 — § 180; Weinsteuerges. vom 26. Juli 1918 — RGBl. S. 831 — § 29; Ges. betr. die Besteuerung von Mineralwassern vom 26. Juli 1918 — RGBl. S. 849 — § 20). Als Ordnungswidrigkeiten werden in den Zoll- und Steuergesetzen die minder schweren, insbesondere nicht in Absicht der Zoll- oder Steuerhinterziehung erfolgten, Zuwiderhandlungen bezeichnet, so in dem Vereinszollges. die nicht zur Konterbande oder Defraudation gehörenden, in den Steuergesetzen diejenigen, die weder Steuerhinterziehung noch Steuerhehlerei sind. Die auf ihre Übertretung angedrohten Geldstrafen werden als Ordnungsstrafen bezeichnet, ohne daß dadurch ihr krimineller Charakter in Frage gestellt wird. Für das Vereinszollgesetz ist das fast allgemein anerkannt (vgl. Löbe, Das deutsche Zollstrafrecht, 4. Aufl. S. 22, 29f., 184, 187; Havenstein, „Die Zollgesetzgebung des Reichs", Berlin 1892, S. 146; RG. vom 25. Juni 1891 Bd. 22 S. 91; Gutmann S. 3 Anm. 1; Georg Meyer S. 38; a. A. offenbar v. Liszt, Lehrbuch 19. Aufl. S. 255). Dasselbe muß für die in den Steuergesetzen angedrohten Ordnungsstrafen gelten (vgl. Olshausen § 27 Anm. 5aβ).

Die in dem Börsenges. vom 8. Mai 1908 — RGBl. S. 215 — § 71 angedrohten Ordnungsstrafen bis zu 10000 M. sind wirkliche Ordnungsstrafen; beim zweiten Rückfall wird aber statt der Ordnungsstrafe eine kriminelle Strafe (Gefängnis und Geldstrafe bis zu 10000 M.) verhängt (§ 91).

Daß sogenannte Ordnungsstrafen mitunter in Wirklichkeit kriminelle Geldstrafen sind und daß in ein und demselben Gesetz zwischen Geldstrafe und Ordnungsstrafe nur nach der Erheblichkeit der Rechtsverletzung unterschieden wird, z. B. in dem Brausteuerges. vom 31. Mai 1872 (RG. 22, 90), ist allgemein anerkannt (Krakenberg, Die rechtliche Natur der Ordnungsstrafe, Breslau 1922 und Lobe im RGK. § 27 Anm. 8). Anläßlich des alten GeldStrG. ist über die Frage, ob die Ordnungsstrafe des § 377 der Reichsabgabenordnung eine kriminelle oder eine nichtkriminelle Strafe ist, viel gestritten worden. In meinem Kommentar zum alten GeldStrG. Anm. 3 hatte ich ausgeführt, daß es sich um eine kriminelle Geldstrafe handle. Denselben Standpunkt vertreten Beck, Steuerarchiv Bd. 25 S. 56 und Fischer, ebendort S. 97 (der allerdings die Erhöhung fälschlich auf 5000 M. statt auf 100000 M. angab), Popitz, Kommentar zum Umsatzsteuergesetz S. 677, Ball, Einführung in das Steuerrecht, 2. Aufl., Mannheim 1922 S. 171, mittelbar auch Breunig und Lewinski, Kommentar zum Gesetz über das Reichsnotopfer, Berlin 1921 S. 378: „Die Bezeichnung ‚Ordnungsstrafe' in § 377 schließt an die in direkten und indirekten Steuergesetzen hergebrachte Ausdrucksweise für Strafen bei leichteren, aber immer noch kriminellen Tatbeständen an. Daher ist jedenfalls nun nicht mehr zutreffend, daß solche Ordnungsstrafen ‚reine Verwaltungsstrafen' seien (z. B. Juliusburger, Steuerstrafrecht, Berlin 1919, S. 21, dagegen an anderer Stelle [S. 14]) richtig." Man spreche in Steuergesetzen vielfach von Ordnungsstrafen im Gegensatz zu den übrigen vorgesehenen Strafen; diese Unterscheidung sei aber nur eine ungenaue Ausdrucksweise. Vgl. auch Gnad, Steuerstrafrecht S. 18.

Gleichfalls auf diesem Standpunkt, aber immerhin zweifelnd, stehen Heinrich, JW. 1922 S. 281 und Dehning, Zeitgemäße Steuerfragen 1922 S. 47 Anm. Heinrich führt aus die Ordnungswidrigkeiten seien genau so gut wie die Steuerhinterziehung usw. Steuervergehen und unterschieden sich von jenen nur dadurch, daß sie, wie Mrozek, Kommentar zur Reichsabgabenordnung Vorbemerkung 2 zu § 355 und Anm. 1 zu § 377 ausführe, der Feststellung eines Verschuldens nicht bedürfen. Für die Natur der Ordnungsstrafe als einer kriminellen Geldstrafe auch Heinrich in Zeitgemäße Steuerfragen 3 S. 101f. unter Berufung auf Ball in Ztschr. f. Zölle u. Verbrauchssteuern 122 S. 70 sowie in seinem Handbuch des Steuerstrafrechts, Berlin 1923, § 377 Anm. 1, 2, 5. Dehning, JW. 1922 S. 896f. bezeichnet die Frage ausdrücklich als zweifelhaft, meint aber, die kriminellen Ordnungsstrafen seien wohl doch als Geldstrafen im Sinne des § 1 des alten GeldStrG. aufzufassen, da in der Begründung des Gesetzes eine Einschränkung nicht gemacht worden sei.

Dagegen wird die Frage verneint von Dörr (wenn auch zweifelnd). Falsch auch, ohne Begründung, Juliusberger, Steuerstrafrecht und Steuerstrafverfahren Band I, 2. Aufl., Berlin 1923, S. 82, der trotz des inzwischen erfolgten Inkrafttretens des Art. II des neuen GeldStrG. die Höchststrafe sogar noch auf 500 M. bestimmt. Ferner unrichtig von Boethke, Deutsches Steuerblatt 1922 S. 319, dem sich Lindemann, Umsatzsteuergesetz, 3. Aufl., Berlin und Leipzig 1923 § 43 Anm. 5 und Nieberl, Reichsabgabenordnung, Berlin und Leipzig 1922 § 355 Schlußbemerkung anschließen. Boethke begründet seinen Standpunkt folgendermaßen: Zu den Steuerzuwiderhandlungen der Reichsabgabenordnung gehörten die Steuerhinterziehung und die Steuergefährdung — übersehen ist die Steuerhehlerei — und die Ordnungszuwiderhandlungen: „Erstere beiden sind krimineller Art, sie können Vergehen oder Übertretungen sein, fallen also unter das neue Gesetz. Die Ordnungszuwiderhandlungen sind mit Ordnungsstrafen bedroht, bleiben also unberührt." Dies gelte auch für diejenigen Ordnungsstrafen, die außerhalb der Reichsabgabenordnung in anderen Steuergesetzen angedroht seien, so etwa in dem Vereinszollgesetz § 152. Schierhold, Neue Steuerrundschau 4 S. 173 meint, man müsse nach dem Wortlaut des § 377 der Reichsabgabenordnung und des Art. II des neuen GeldStrG. annehmen, daß mit dem in beiden Gesetzen gebrauchten Ausdruck „Ordnungsstrafe" der gleiche Begriff verknüpft werde. Diese Argumentation ist aber nicht ausschlaggebend, da die tägliche Erfahrung zeigt, daß der Gesetzgeber — wenn auch vom gesetzestechnischen Standpunkt aus höchst unzweckmäßiger Weise nicht nur in verschiedenen Gesetzen, sondern sogar in ein und demselben Gesetz mit demselben Wort verschiedene Begriffe verknüpft.

Diese Ausführungen sind nicht überzeugend. Nach § 355 der Reichsabgabenordnung gilt für Steuerzuwiderhandlungen des StGB., soweit die Steuergesetze nichts Abweichendes vorschreiben. Daß die Ordnungswidrigkeiten kriminell strafbare Handlungen nicht sein sollen und daß die auf ihre Begehung angedrohte Ordnungsstrafe eine Strafe im Sinne des StGB. nicht sein solle, kommt in keiner Weise zum Ausdruck. Vielmehr spricht gerade auch die geschichtliche Entwicklung dafür, daß auch die sogenannte Ordnungsstrafe in diesen Fällen eine kriminelle Geldstrafe sein soll; gerade bezüglich des Zollstrafrechts ist die durchaus herrschende Meinung seit je dafür eingetreten, daß die Ordnungsstrafe eine kriminelle Ordnungsstrafe sei. Hätte die Reichsabgabenordnung für das Steuerstrafrecht etwas anderes bestimmen wollen, so hätte es gegenüber dem § 355 der Reichsabgabenordnung einer unzweideutigen Bestimmung bedurft.

9. „Geldbußen" sind häufig kriminelle Geldstrafen. So §§ 134, 135 des Vereinszollges. (a. A. bezüglich § 134 Wunderer S. 44); Ges. über das Mobiliarfeuerversicherungswesen vom 8. Mai 1837 (GS. S. 102) §§ 26, 28 (§§ 27 und 30, 32, 33 sprechen richtig von „Geldstrafe"); dagegen in § 34 Abs. 3 für die Umwandlung ganz allgemein Geldbußen; preuß. StGB. vom 14. April 1851 (GS. S. 101) § 271 (in dem preuß. StGB. wurden die Geldstrafen im allgemeinen als „Geldbußen" bezeichnet; vgl. §§ 1, 17, 18 und den besonderen Teil; in § 20 findet sich dagegen die Bezeichnung „Geldstrafe"); Ges. über die Bestrafung unbefugter Gewinnung oder Aneignung von Mineralien vom 26. März 1856 (GS. S. 203) §§ 1, 2, 3; Ges. betr. Schutzwaldungen und Waldgenossenschaften vom 6. Juni 1875 (GS. S. 416) § 53 sowohl Geldstrafe als auch Geldbuße; Seemannsordnung vom 2. Juni 1902 § 91; dagegen sind die Geldbußen in §§ 15, 19, 21, 57, 59 des Ges. betr. die Dienstvergehen der nichtrichterlichen Beamten vom 21. Juli 1852 (GS. S. 405) Ordnungsstrafen. Die „Geldbußen" als Ungehorsamsfolgen, die § 203 der Reichsabgabenordnung „Sicherungsgelder" nennt, wurden früher auch Konventionalstrafen genannt (Nieberl, Reichsabgabenordnung, Berlin und Leipzig 1922, § 203 Anm. 1); sie sind aber nicht öffentlichrechtliche Vertragsstrafen, sondern nichtkriminelle Geldstrafen. (Vgl. unten Anm. 159; anders Hellwig, GeldStrG. 2. Aufl. Anm. 9). In der Allg. Verf. des JM. vom 19. Okt. 1920 über die bedingte Aussetzung der Strafvollstreckung (JMBl. S. 564) §§ 9, 13 sowie in §§ 3a, 3b der abändernden Allg. Verf. vom 15. Juni 1921 (JMBl. S. 349) ist die Bezeichnung Geldbuße gewählt, um zum Ausdruck zu bringen, daß es sich um keine Geldstrafe handelt (Hellwig, Die bedingte Aussetzung der Strafvollstreckung in Preußen und im Reich, 3. Aufl., Berlin 1923). In demselben Sinne spricht § 1 Abs. 4 des Ges. über Straffreiheit für politische Straftaten vom 21. Juli 1922 (RGBl. S. 595) von „Geldbußen" und § 5 des pr. Ges. über die Gewährung von Straffreiheit vom 26. Juli 1922 (GS. S. 192) von „Bußen". Soweit sich in Gesetzen der Ausdruck „Buße" findet, handelt es sich nicht um eine Geldstrafe — wie nach dem Entw. eines Schweizerischen StGB. vom 23. Juli 1918 Ziff. 45ff. — sondern — von obiger Ausnahme abgesehen — in der Regel um eine Entschädigung an den Verletzten. Vgl. darüber Anm. 170. Der Ausdruck „Buße" zur Bezeichnung einer Ordnungsstrafe und einer Zwangsstrafe findet sich in dem Hausarbeitsgesetz vom 27. Juni 1923 (RGBl. I S. 472) § 37. § 46 derselben Ges. spricht dagegen von einer „Ordnungsstrafe".

Auch in § 53 Abs. 1 des pr. Ges. betr. die Besteuerung von Schutzwaldungen und Waldgenossenschaften vom 6. Juli 1875 (GS. S. 416) ist von Geldstrafe die Rede, in Abs. 2 von Geldbuße, ohne daß irgend ein Unterschied zwischen beiden zu erkennen ist. Klee bemerkt in der Besprechung meines Kommentars DStrZ. 1922 S. 188, auch in modernen Gesetzen finde sich die Buße mitunter als Strafe. Ein neueres deutsches Gesetz, für das dies zutrifft, ist mir nicht bekannt. Angedroht sind Bußen allerdings in § 18 der Verordnung über die Einstellung und Entlassung von Arbeitern und Angestellten während der wirtschaftlichen Demobilmachung vom 12. Februar 1920 (RGBl. S. 218), in § 20 der Verordnung über die Freimachung von Arbeitsstellen während der Zeit der wirtschaftlichen Demobilmachung vom 25. April 1920 (RGBl. S. 708) und in den §§ 18, 26 des Ges. über die Beschäftigung Schwerbeschädigter in der Fassung vom 12. Jan. 1923

(RGBl. I S. 58). Diese Buße ist aber, wie in der Begr. zu Art. II bis IV Abs. 1 des neuen GeldStrG. ausdrücklich bemerkt wird, keine kriminelle Strafe (so auch schon pr. Allgem. Verf. vom 1. März 1923 betr. Mitteilung zum Strafregister, JMBl. S. 168).

10. Eine Geldstrafe liegt auch nicht in folgenden Fällen vor: Der Wertersatz (Ges. über den Forstdiebstahl vom 15. April 1878 — GS. S. 222 — § 9) ist keine Nebenstrafe, sondern ein auf den Wert des Entwendeten beschränkter Schadensersatz (Kammergericht vom 17. Nov. 1884 in Jahrb. der Entsch. des KG. 5 S. 331). Der Wertersatz wird also von dem Strafrahmen des § 27 StGB. schon deshalb nicht erfaßt, weil es sich bei ihm nicht um eine kriminelle Geldstrafe handelt. Der Ansicht von Schäfer und Hartung, Strafgesetzbuch für das Deutsche Reich, Berlin 1922 S. 272 Anm. 6, die erst aus der analogen Anwendbarkeit des § 27 Abs. 3 die Nichtanwendung des Abs. 2 erschließen, kann ich daher nicht beitreten. Der Wertersatz ist auch keine Buße. Vgl. Anm. 9. Über den Wertersatz nach § 435 der Reichsabgabenordnung vgl. Anm. 20 am Ende, über den Wertersatz des Vereinszollges. Anm. 9 am Ende. Die Verfallerklärung des Wertes des Empfangenen oder seines Wertes bei der Bestechung gemäß StGB. § 335 (Mohr S. 11f.; Köhler, Deutsches Strafrecht S. 119f.; Olshausen § 335 Anm. 5; RG. vom 13. Juli 1891 Bd. 37 S. 171; a. M. Binding, Handb. des StrR. Bd. 1 S. 343 und Grundriß S. 287; Meyer-Allfeld, Lehrb. des deutschen StrR. 7. Aufl. § 60 Anm. 20; Gutmann S. 11f.; Deumer im Gerichtssaal Bd. 75 S. 299 u. a.). Das gleiche gilt für die Verfallerklärung gemäß § 16 des Ges. über die Presse sowie gemäß § 15 des Spionagegesetzes (Köhler S. 619). Die Einziehung des übermäßigen Gewinns oder Verdienstes oder des über den Höchstpreis erzielten Erlöses gemäß § 7 der Verordnung gegen Preistreiberei vom 13. Juli 1923 (RGBl. I S. 699) werden zwar bei der Beitreibung, bei der gnadenweisen Stundung und sonstigen Gnadenerweisen wie Geldstrafen behandelt, sind aber keine eigentlichen Geldstrafen. Wohl aber gehören Wertersatz usw. zu den Vermögensstrafen im Sinn des Art. V. (Vgl. VermStrG. Art. IV Begr. Abs. 5.)

Nicht erweitert sind die delegierten Gnadenbefugnisse, in denen für die Ausübung des delegierten Gnadenrechts, so bei Forststrafsachen, eine bestimmte Geldstrafe (30 M.) als Grenze gesetzt ist (vgl. pr. Allgem. Verf. vom 14. März 1917, JMBl. S. 85, § 35). Da diese Höchststrafe schon unter der jetzigen Mindeststrafe lag, habe ich in der 2. Aufl. die Auffassung vertreten, daß die Übertragung des Gnadenrechts tatsächlich gegenstandslos geworden sei. Da aber jetzt die Strafen auf Goldmark abgestellt sind, bei der Übertragung des Gnadenrechts es seinerzeit aber auch auf Goldmark abgestellt war, möchte ich die Bestimmungen jetzt dahin auslegen, daß statt 30 M. zu lesen ist „30 Goldmark", denn die Bedenken, die gegen eine Umwandlung von Papiermarkstrafbestimmungen in Goldmarkstrafen ohne gesetzliche Ermächtigung sprechen, scheiden hier aus.

11. Die Erhöhung der Geldstrafandrohungen in dem alten GeldStrG. bezog sich nur auf diejenigen Geldstrafen, die zur Zeit des Inkrafttretens des alten Geldstrafenges. schon angedroht waren oder bezüglich deren Androhung zu diesem Zeitpunkt eine Ermächtigung bereits ausgesprochen war (Hellwig, GeldStrG. 2. Aufl. Anm. 6). Dagegen bezog sich die Erhöhung der Geldstrafen in dem neuen GeldStrG. zweifellos nicht nur auf die schon bestehenden, sondern auch auf diejenigen, die künftig erlassen werden. Das ergibt sich aus Art. V Abs. 2 sowie aus der Aufnahme der Bestimmungen des Art. I in den allgemeinen Teil des StGB., der, soweit Abweichendes in den Gesetzen nicht bestimmt wird, für das gesamte Strafrecht Geltung hat. Das gleiche gilt für das neue VermStrG.

Auch bisher schon galt der Grundsatz, daß das Landesrecht befugt war abweichende Bestimmungen zu treffen (Hellwig, Geldstrafengeſ. 2. Aufl. Anm. 6; Boethke im Deutschen Steuerblatt 1922 S. 459); dieser Grundsatz war dann in Art. V Abſ. 2 ausdrücklich anerkannt worden. Von dieser Befugnis machte beispielsweise das pr. Geſ. über die Erhöhung von landesrechtlich festgelegten Geldbeträgen vom 28. März 1922 (GS. S. 77) § 5 Gebrauch, indem es die durch das Geldstrafengeſ. herbeigeführte Erhöhung der Strafen in dem Geſ. vom 26. Aug. 1921 zur Änderung des Kommunalabgabengeſ. vom 14. Juli 1893 (GS. S. 495) ausschloß. Andererseits wurden durch das Geſ. vom 4. Aug. 1922 über die Regelung des Körwesens und des Pferderennwesens durch Polizeiverordnungen (GS. S. 225) § 2 in Polizeiverordnungen Strafen von 10000 M. und 5000 M. festgesetzt. Jetzt gilt gemäß Art. VIII dasselbe.

12. Nach dem alten Geldstrafengeſ. gab es eine ganze Reihe von Strafbestimmungen, in denen höhere oder niedrigere Beträge angedroht waren, als sie das Geldstrafengeſ. vorsah (vgl. Hellwig, Altes Geldstrafengeſ. Anm. 8). Auch bei dem neuen GeldStrG. und dem VermStrG. kam es vor. Vgl. z. B. Verordnung des Reichspräsidenten auf Grund des Art. 48 Abſ. 2 RV. vom 3. März 1923 (RGBl. I S. 159) § 2, wo neben der Freiheitsstrafe eine Geldstrafe bis zu 500 Millionen Mark angedroht ist und Verordnung vom 8. Mai 1923 auf Grund des Notgesetzes (Maßnahmen gegen die Valutaspekulation (RGBl. I S. 275), in der Geldstrafe bis zu 100 Millionen Mark angedroht ist.

13. Eine Geldstrafe in unbeschränkter Höhe ist angedroht in der Preistreibereiverordnung vom 13. Juli 1923 (RGBl. I S. 699) §§ 12 Abſ. 2, § 14); Verordnung des Reichspräsidenten zur Wiederherstellung der öffentlichen Sicherheit und Ordnung vom 15. Sept. 1923 (RGBl. I S. 879) §§ 1, 2; Durchführungsbestimmungen zur Verordnung des Reichspräsidenten über die Ablieferung ausländischer Vermögensgegenstände vom 30. August 1923 (RGBl. I S. 837) § 35. § 1 in dem Geſ. zum Schutz der Republik vom 21. Juli 1921 (RGBl. I S. 585) § 9, in dem Notgesetz vom 24. Febr. 1923 (RGBl. I S. 147) Art. III § 5 Ziff. 2 und in der Verordnung auf Grund des Notgesetzes (Schutz der Finanzen und der Währung) vom 16. März 1923 (RGBl. I S. 188) § 3.

Es kann die Frage aufgeworfen werden, ob eine Geldstrafe in unbeschränkter Höhe mit StGB. § 2 Abſ. 1, der durch RV. Art. 116 trotz seines abweichenden Wortlautes inhaltlich übernommen worden ist (Anschütz, Die Verfassung des Deutschen Reichs, Berlin 1921, Art. 116 Anm. 1; Lobe bei Ebermayer § 2 Anm. I 1 und die dort Angeführten; a. M. Giese, Die Verfassung des Deutschen Reichs, Berlin 1921, Art. 116 Anm. 2) vereinbart ist. Diese Frage verneint Lobe, Die Gesetzgebung des Reiches und der Länder zum Schutze der Republik, Berlin 1922, S. 62: „Die Bestimmung, daß die Höhe der Geldstrafe nicht beschränkt ist, bedeutet einen Bruch mit dem Rechtsgrundsatz des § 2 des StGB., daß jede Strafdrohung eine gesetzlich bestimmte sein muß, daß unbestimmte Strafen ausgeschlossen sind. An dieser magna charta des Staatsbürgers hat auch Art. 116 RV. nichts geändert. Es ist eine schwere Durchbrechung dieses für die Rechtssicherheit geschaffenen Grundsatzes, wenn im § 9 die Geldstrafe in unbeschränkter Höhe zugelassen wird. Dies könnte zu einer im Gesetz nicht vorgesehenen Konfiskation führen, wenn nicht sinngemäß, da die Konfiskation eben nicht vorgesehen ist, gleichwohl für die Geldstrafe die Grenze so gezogen werden müßte, daß eine solche Konfiskation nicht stattfindet." Daß die Konfiskation dem geltenden Recht als Strafe nicht bekannt ist, trifft zwar zu, und aus der geschichtlichen Entwicklung ergibt sich auch, daß die Geldstrafe nicht tatsächlich zu einer Konfiskation des gesamten Vermögens führen darf. Als Leitsatz ist also der Schlußsatz der Ausführungen Lobes als richtig anzuerkennen. Es besteht aber zwar begrifflich, doch nicht tatsächlich ein unbedingter Gegensatz zwischen Geldstrafe und Konfiskation bezüglich der wirtschaftlichen Folgen für den Verurteilten; überdies führen die in vielen Steuergesetzen vorgesehenen Strafen, die in dem Mehrfachen eines bestimmten Betrages bestehen, ohne daß die wirtschaftlichen Verhältnisse des Täters berücksichtigt werden können, in ihrem Ergebnis in zahlreichen Fällen gleichfalls zu einer Konfiskation des Vermögens. Wenn auch zuzugeben ist, daß die geschichtliche Entwicklung, wie sie Lobe bei Ebermayer § 2 Anm. II kurz darstellt, dafür spricht, daß eine ziffermäßige Begrenzung in StGB. § 2 Abs. 1 verlangt wird, so ist diese Auslegung durch den Wortlaut doch nicht zwingend vorgeschrieben. Eine Strafe ist im Sinne des § 2 Abs. 1 StGB. auch dann vorher bestimmt, wenn in dem Gesetze, auf Grund dessen sie verhängt wird, eine Strafe dieser Art überhaupt angedroht ist. Ob eine Geldstrafe von 10 Millionen, 100 oder 5000 Millionen oder eine unbeschränkt hohe Geldstrafe angedroht wird, ist im praktischen Ergebnis so gut wie immer das gleiche. Bei einer einengenden Auslegung des § 2 Abs. 1 StGB. würde man übrigens wohl die gleichen Bedenken gegen die Androhung lebenslänglicher Strafen hegen können.

13a. Zweifel entstanden nach dem alten Geldstrafengeſ., ob eine Erhöhung der Geldstrafe stattfinden könnte, bei der noch gültigen Strafbestimmung der Allgemeinen Gerichtsordnung für die Preuß. Staaten vom 6. Juli 1793 Teil III Tit. I § 442 wegen Querulierens. Angedroht sind 14 Tage bis 4 Wochen Gefängnis, Arbeits- oder Besserungshaus (jetzt Haft), im Wiederholungsfalle das Doppelte, Dreifache usw. Nach Abs. 4 wird „bei Vermögenden" „eine verhältnismäßige Geldstrafe" festgesetzt (Lindemann S. 13). Ob und in welcher Weise diese „verhältnismäßige" Geldstrafe als ziffermäßig zu begrenzt anzusehen ist, läßt sich nicht feststellen. Dagegen kann es jetzt keinem Zweifel unterliegen, daß der Querulant, da es sich um ein Vergehen handelt, mit Geldstrafe bis zu 10 Millionen Mark bestraft werden kann. Es liegt hier keiner der Fälle vor, in denen die Strafe nicht gesetzlich „bestimmt" ist (vgl. Olshausen § 2 Anm. 7).

13b. Das Höchstmaß gilt auch dann, wenn ein Ges. beim Vorliegen mildernder Umstände einen besonderen, von der normalen Strafandrohung abweichenden Strafrahmen aufstellt, so z. B. bei § 53a Abs. 1 Satz 2 des Einkommensteuerges. (So Beck, Steuerarchiv Bd. 25 S. 56 schon für das alte GeldStrG., für das die Entscheidung aber zweifelhaft sein konnte.)

14. StGB. § 27 in der jetzigen Fassung enthält nur den ordentlichen Strafrahmen. In den Fällen der §§ 27a oder 27c Abs. 2 StGB. in der jetzigen Fassung kann über die Höchstgrenzen des § 27 hinausgegangen werden.

15. Die Bestimmungen des § 27 gelten sowohl für den Fall, daß allein Geldstrafe angedroht ist als für den Fall, daß Geldstrafe neben einer Freiheitsstrafe zwangsweise oder wahlweise angedroht ist als auch für den Fall, daß die Geldstrafe an die Stelle einer verwirkten Freiheitsstrafe von weniger als drei Monaten tritt. In dem alten GeldStrG. war für diesen Fall eine höhere Geldstrafe vorgesehen und auch im übrigen waren die Geldstrafen einander nicht in dem gleichen Maße gleichgemacht.

16. Eine Besonderheit gilt gemäß Jugendgerichtsges. vom 16. Febr. 1923 (RGBl. I S. 135) § 9 Abs. 3. Hiernach ist bei Jugendlichen die Strafe zwischen dem gesetzlichen Mindestbetrage der angedrohten Strafart und der Hälfte des Höchstbetrages der angedrohten Strafe zu bestimmen. Diese Bestimmung entspricht dem bisherigen § 57 Nr. 3 StGB.

Auch die Bestimmung des § 44 StGB. über den besonderen Strafrahmen für den Versuch bleibt in Kraft, da der neue § 27 ein Bestandteil des allgemeinen

Teils des StGB. ist und diejenigen Bestimmungen, die er nicht ausdrücklich aufhebt oder an deren Stelle er tritt, unberührt läßt.

Dagegen sind die besonderen Strafrahmen des besonderen Teils und der Nebengesetze beseitigt. Dies gilt auch für den durch das Ges. zum Schutz der Republik vom 21. Juli 1922 (RGBl. S. 585) § 25 geschaffenen § 29b StGB., der ebenso wie der § 49a StGB. (RGK. § 49a Anm. 2) seinem Wesen nach in den besonderen Teil des StGB. gehört.

17. Im Falle der Realkonkurrenz (StGB. § 78 Abs. 1) können die Höchstbeträge überschritten werden. Das gilt auch bezüglich der Höchstbeträge für Jugendliche.

18. Während das alte GeldStrG. nur die Höchstbeträge, aber nicht auch die Mindestbeträge der Strafdrohungen beseitigte, sind schon durch das neue GeldStrG. die Mindestbeträge erhöht. Bei Jugendlichen kann es zweifelhaft sein, ob der Mindestbetrag bei Vergehen gleichfalls drei Goldmark oder nur eine Goldmark ist. Nach der herrschenden Meinung (vgl. Lobe bei Ebermayer § 57 Anm. 3c) ist der Mindestbetrag für Jugendliche bei Vergehen mit dem Mindestbetrag der für Erwachsene angedrohten Mindeststrafe identisch, soweit nicht im Einzelfall ein höherer Mindestbetrag als dieser gegen Erwachsene angedroht ist. Danach würde der Mindestbetrag gegen Jugendliche bei Vergehen künftig drei Goldmark betragen. Ich halte diese Ansicht aber nicht für richtig. Die Geldstrafe ist eine einheitliche Strafart; es macht keinen Unterschied, ob sie bei Vergehen oder bei Übertretungen angedroht ist. Der gesetzliche Mindestbetrag der angedrohten Geldstrafe ist eine Goldmark; dies ist auch bei Vergehen für Jugendliche die Mindeststrafe (vgl. Hellwig, Das Jugendgerichtsgesetz, Berlin 1923, § 9 Anm. 6, anderer Meinung, aber ohne Begründung, Kiesow, Jugendgerichtsgesetz, Mannheim 1923 § 9 Anm. 9d).

Nicht nur die Bestimmungen über die Höchstbeträge, sondern auch über die Mindestbeträge gelten gemäß Art. VIII für das gesamte Reichs- und Landesrecht. Früher waren namentlich in strafrechtlichen Nebengesetzen vielfach abweichende Mindestbeträge festgesetzt (Mohr S. 9f.), bisher wohl durchweg höhere als die ordentlichen Mindestbeträge. Dagegen sind die bisher weniger als eine oder drei Goldmark betragenden Mindestbeträge jetzt auf diese Beträge erhöht. Nach dem neuen GeldStrG. waren umgekehrt aber auch die in neueren Steuergesetzen sich mitunter findenden höheren Mindeststrafen bei Vergehen auf drei Goldmark herabgesetzt. Für Übertretungen bestimmt dagegen § 27 Abs. 1 Ziff. 2 des neuen GeldStrG. ausdrücklich, daß höhere Mindestbeträge, die angedroht seien oder angedroht würden, in Kraft bleiben sollten. Das gilt nach der jetzigen Fassung auch für Vergehen.

19. Eine Höchst- oder Mindeststrafe liegt aber nur dann vor, wenn es sich um eine unmittelbare Strafandrohung gegen den Täter handelt, nicht auch dann, wenn die Verhängung einer Geldstrafe bis zu einer bestimmten Höhe oder unter einer bestimmten Höhe lediglich Voraussetzung dafür ist, daß außer der Geldstrafe noch auf eine Freiheitsstrafe oder auf eine sonstige Strafe erkannt werden muß oder erkannt werden kann oder Voraussetzung für irgendeine sonstige Folge ist. Deshalb z. B. der Betrag der Geldstrafe von 10 M. in § 8 des pr. Gesetzes betr. den Forstdiebstahl vom 13. April 1878 (GS. S. 222) in der Fassung des Ges. vom 1. Juli 1923 (GS. S. 291) nicht erhöht worden (Hellwig, Preußische Strafgesetze, München 1923 S. 59; Schäfer und Hartung, Strafgesetzbuch für das Deutsche Reich, Berlin 1922, S. 272, bei denen allerdings der Betrag der Zusatzstrafe nicht richtig angegeben ist; zweifelnd noch Hellwig, Altes GeldStrG. Anm. 12). § 8 ist jetzt folgendermaßen zu lesen: „Neben der Geldstrafe ist auf Gefängnis bis zu zwei Jahren zu erkennen, wenn der Täter sich im dritten oder ferneren Rückfalle befindet. Beträgt die Geldstrafe weniger als zehn Mark, so kann statt der Gefängnisstrafe auf eine Zusatzstrafe bis zu 10000 Goldmark erkannt werden." Da Geldstrafen unter 10 M. künftig überhaupt nicht mehr erkannt werden können, ist infolgedessen künftig von dem dritten Rückfall an stets auf eine Gefängnisstrafe als Zusatzstrafe zu erkennen. StGB. § 27b findet aber Anwendung.

20. Nach dem neuen GeldStrG. galten die Vorschriften des Abs. 1, also die Bestimmungen über Höchstsätze und diejenigen über Mindestbeträge, nicht für Strafb stimmungen, in denen das Mehrfache, das Einfache oder ein Bruchteil eines bestimmten Betrages angedroht wird (vgl. schon altes GeldStrG. § 1 Abs. 2). Nach der Begr. gilt dies aber nicht, soweit ein fester Mindestbetrag bestimmt ist; dieser Mindestbetrag bleibe bestehen, falls er höher als 1000 M. sei; andernfalls erhöhe er sich nach Abs. 1 auf 1000 M., so in § 145a StGB. Diese Absicht des Gesetzgebers sollte durch das Wort „soweit" zum Ausdruck kommen. Da „soweit" auch in dem Sinne von „wenn" gebraucht wird — vgl. z. B. § 362 der Reichsabgabenordnung und dazu Nieberl, Reichsabgabenordnung, Berlin und Leipzig 1922 Anm. 2 zu § 362 sowie Gnad, Das Steuerstrafrecht und das Steuerstrafverfahren, Berlin 1922, S. 17 —, war der Wille des Gesetzgebers allerdings nicht unzweideutig zum Ausdruck gekommen. Man konnte aber Abs. 2 in dem Sinne der Begr., die sich mit dem Wortlaut verträgt, auslegen. Ebenso Heinrich, Deutsche Steuer-Zeitung 1923 S. 248 und im Handbuch des Steuerstrafrechts, Berlin 1923 § 367 Anm. 2. Schäfer, JW. 1923 S. 437; Schierholt, Neue Steuerrundschau Bd. 4 S. 173. Nach der jetzigen Fassung kann kein Zweifel mehr bestehen, daß derartige Strafvorschriften nur bezüglich der Höchstbeträge eine Ausnahme machen. Deshalb gilt auch bei den auf ein Mehrfaches usw. Abgestellten Strafbestimmungen jetzt grundsätzlich der Mindestbetrag des § 27 StGB. Abs. 1. Da nach der richtigen Ansicht es sich nach der in dem konkreten Fall verwirkten Strafe bestimmt, ob eine derartige strafbare Handlung ein Vergehen oder eine Übertretung ist (vgl. oben Anm. 4), muß als Mindestbetrag, falls nicht ausnahmsweise eine höhere Mindeststrafe schon angedroht ist, die für Übertretungen bestimmte Mindeststrafe angenommen werden. Das Landesrecht und ebenso das Reichsrecht kann aber künftig nicht nur eine höhere Mindeststrafe festsetzen, sondern ebenso auch die zurzeit geltende Mindeststrafe herabsetzen. Es wird das allerdings kaum je praktisch werden.

Das Mehrfache eines bestimmten Betrages ist vielfach angedroht, insbesondere in Zoll- und Steuergesetzen, vereinzelt auch in anderen Gesetzen. So Ges. betr. Schutzwaldungen und Waldgenossenschaften vom 6. Juni 1875 (GS. S. 416) § 53 Abs. 1; Ges. über gemeinschaftliche Holzungen vom 14. März 1881 (GS. S. 261) § 9; Ges. über das Postwesen des Deutschen Reichs vom 28. Oktober 1871 (RGBl. S. 347) §§ 27, 28, 29; Gewerbesteuerges. vom 24. Juni 1891 (GS. S. 205) § 70; Vereinszollges. vom 1. Juli 1869 §§ 134, 135, 140, 141, 144; Erbschaftssteuerges. vom 10. Sept. 1919 (RGBl. S. 1453) § 68; Zündwarensteuerges. vom 10. Sept. 1919 (RGBl. S. 1629) §§ 23, 26; Spielkartensteuerges. vom 10. Sept. 1919 (RGBl. S. 1643) §§ 14, 18; Tabaksteuerges. vom 12. Sept. 1919 (RGBl. S. 1667) §§ 56, 60, 63; Verordnung über die Ausfuhr von Kunstwerken vom 11. Dez. 1919 (RGBl. S. 1961) § 6; über das Branntweinmonopol vom 8. April 1922 (RGBl. S. 405) § 155; Weinsteuerges. vom 26. Juli 1918 (RGBl. S. 831) §§ 22, 25; Verordnung auf Grund des Notgesetzes (Maßnahmen gegen die Valutaspekulation) vom 8. Mai 1923 (RGBl. I S. 275) § 11. Vgl. ferner pr. Ges. betr. die Erweiterung der Berufs-(Fortbildungs-)Schulpflicht vom 31. Juli 1923 (GS. S. 367) § 9; Verordnung über den Handel mit ausländischen Zahlungsmitteln zum Einheitskurs vom 22. Juni 1923 (RGBl. I S. 401) § 3; Verordnung über den Handel mit ausländischen Zahlungsmitteln und Dollarschatzanweisungen zum Einheitskurse vom 22. Okt. 1923 (RGBl. I S. 991) § 7. Über bayerische Bestimmungen vgl. Bleicher in Ztschr. für Rechtspflege in Bayern 1923 S. 119.

Gleichgültig ist es, ob das Mehrfache eines bestimmten Grundbetrages absolut bindend vorgeschrieben ist wie in der Regel oder ob ausnahmsweise nur der Höchstbetrag nach dem Mehrfachen eines bestimmten Grundwertes bemessen wird. So § 43 Abs. 1 des Umsatzsteuerges. vom 24. Dez. 1919 (RGBl. S. 2157) in der Fassung des Ges. vom 8. April 1922 (RGBl. S. 373): „Die Hinterziehung der Umsatzsteuer wird mit einer Geldstrafe bis zum zwanzigfachen Betrage der hinterzogenen Steuer oder mit Gefängnis bestraft." Der gesetzgeberische Grund, der zur Ausnahme des § 1 Abs. 2 geführt hat, ist hier der gleiche wie in den Regelfällen. Ebenso z. B. Ges. betr. die Hinterziehung und Überhebung von Verkehrsabgaben vom 2. Mai 1900 (GS. S. 123) §§ 1, 3; Kommunalabgabenges. vom 14. Juli 1893 (GS. S. 152) in der Fassung vom 26. Aug. 1921 (GS. S. 495) § 79; Verordnung über die Ausfuhr von Kunstwerken vom 11. Dez. 1919 (RGBl. S. 1961) § 6; Ges. über das Reichsnotopfer vom 31. Dez. 1919 (RGBl. S. 2189) § 58; Körperschaftssteuerges. vom 30. März 1920 (RGBl. S. 393) § 30; Forstdiebstahlsges. vom 15. April 1878 (GS. S. 222) in der Fassung des Ges. vom 14. Dez. 1920 (GS. 1921 S. 103) §§ 2, 3, 5, 7. Dasselbe gilt auch für den Fall, daß die Geldstrafe nach dem Mehrfachen eines Grundbetrages bemessen wird, daß aber ein Höchstbetrag festgesetzt ist, über den die Strafe nicht hinausgehen darf. Die Voraussetzung des Abs. 2 liegt auch vor in den Fällen der §§ 18 und 20 des pr. Ges. betr. die Besteuerung des Gewerbebetriebes im Umherziehen vom 3. Juli 1876 (GS. S. 247) in der Fassung des Ges. vom 4. Januar 1922 (GS. S. 1), wo Geldstrafen in Höhe des doppelten Jahresbetrages des Jahressteuersatzes angedroht sind.

In dem Mehrfachen eines bestimmten Betrages bestehen die Geldstrafandrohungen auch dann, wenn die untere und die obere Grenze durch das Mehrfache eines bestimmten Betrages gefunden wird. So, wenn in dem Ges. betr. Hinterziehung und Überhebung von Verkehrsabgaben vom 2. Mai 1900 (GS. S. 123) § 1 Geldstrafen angedroht werden, die dem vier- bis zwanzigfachen Betrag der hinterzogenen Abgabe gleichkommen, mindestens aber 1 M. und in § 3 solche, die dem zehn- bis zwanzigfachen Betrage des zuviel erhobenen Betrages gleichkommen, mindestens aber 10 M. Die Mindestbeträge sind jetzt in beiden Fällen auf eine Goldmark erhöht.

Zweifelhaft kann sein, wie es sich mit den Strafandrohungen des § 76 der pr. Jagdordnung vom 15. Juli 1907 (GS. S. 207) verhält. Hier sind für das Erlegen von Wild während der Schonzeit absolute Strafen zwischen 2 und 150 M. je nach der Art des Wildes angedroht. Der gesetzgeberische Grund, der der Bestimmung des § 27 Abs. 2 zugrunde liegt, der innere Zusammenhang zwischen der Höhe der Strafandrohung und dem erlangten oder erstrebten Vermögensvorteil, trifft jedenfalls unter den heutigen wirtschaftlichen Verhältnissen bei diesen absoluten Strafandrohungen nicht mehr zu. Trotzdem wird man nach dem klaren Wortlaut des § 27 StGB. Abs. 2 auch diese Fälle von den Strafdrohungen des § 27 Abs. 1 StGB. ausnehmen müssen. Durch das alte GeldStrG. sind diese Beträge auf das Zehnfache der ursprünglichen Strafandrohung erhöht worden. Da aber das neue GeldStrG. Art. IX Abs. 1 Ziff. 1 das alte GeldStrG. aufhebt, ohne nach dieser Richtung eine Ausnahme zu machen, wird man jetzt wieder die ursprünglichen Strafandrohungen als gültig ansehen müssen.

Während in dem alten GeldStrG. nur von den auf das Mehrfache eines bestimmten Betrages lautenden Strafandrohungen die Rede war, sprach schon das neue GeldStrG. auch von den auf das Einfache oder den Bruchteil eines bestimmten Betrages lautenden Strafandrohungen. Dadurch wird klargestellt, daß diese Fälle, die früher nur mit Hilfe der Analogie den auf das Mehrfache eines bestimmten Betrages lautenden Strafandrohungen gleichgestellt werden konnten (Hellwig, Altes GeldStrG. Anm. 15), ebenso zu behandeln sind.

Hierher gehören z. B. folgende Fälle: StGB. § 145a, wo eine Geldstrafe angedroht ist, „die dem fünften Teile des Nennwertes der ausgegebenen Schuldverschreibungen gleichkommen kann, mindestens aber dreihundert Mark beträgt". Der Mindestbetrag ist jetzt auf eine Goldmark erhöht worden. Seemannsordnung vom 2. Juni 1902 (RGBl. S. 175), § 95, wo Geldstrafe bis zum Betrag einer Monatsheuer angedroht ist.

Analog anzuwenden war die Bestimmung schon nach dem alten GeldStrG. auch in denjenigen Fällen, in denen nicht das Mehrfache, sondern ein Bruchteil eines bestimmten Grundbetrages angedroht ist (Hellwig, Altes GeldStrG. Anm. 15). Jetzt ist auch in diesen Fällen unmittelbare Anwendung vorgeschrieben. Vgl. z. B. Ges. betr. die Inhaberpapiere mit Prämien vom 8. Juni 1871 (RGBl. S. 210) § 6 (ein Fünftel des Nennwertes, mindestens eine Goldmark); Vereinszollges. § 93 VIII (die Hälfte des Zolls).

20a. Zweifelhaft könnte sein, ob bezüglich der Strafe des Ersatzes des Wertes nicht einziehbarer Sachen gemäß § 435 der Reichsabgabenordnung vom 13. Dezember 1919 (RGBl. I S. 1993) Abs. 1 oder Abs. 2 des § 27 StGB. zur Anwendung zu kommen hat. Heinrich, Deutsche Steuer-Zeitung 1923 S. 250 wendet ohne nähere Begründung Abs. 1 an; Schierholt, Neue Steuerrundschau Bd. 4 S. 173 bezeichnet die Frage als zweifelhaft. Er geht von der richtigen Erwägung aus, daß die Einziehung selbst eine Nebenstrafe ist, schließt daraus mit Recht, daß auch die Zahlung der Ersatzsumme Strafcharakter hat und folgert daraus, daß auch für die Strafe des Wertersatzes der erhöhte Strafrahmen in Frage komme. Juliusberger, Steuerstrafrecht und Steuerstrafverfahren, 2. Aufl., Berlin 1923, erwähnt den § 435 der Reichsabgabenordnung überhaupt nicht. Ich stimme Heinrich und Schierholt grundsätzlich darin bei, daß es sich um eine Strafe handelt und daß daher die Erhöhung durch § 27 StGB. Abs. 1 zur Anwendung kommen muß, falls man nicht den Fall des Abs. 2 für vorliegend erachtet. Dem Wortlaute nach trifft StGB. § 27 Abs. 2 allerdings nicht zu; wohl aber wird analoge Anwendung geboten sein. (So schon Hellwig, Neues Geldstrafengesetz Anm. 20 am Ende.) Zu den Vermögensstrafen im Sinne des Art. V Abs. 3 gehört die Strafe des Wertersatzes zweifellos. (Vgl. VermStrG. Begr. zu Art. IV Abs. 5.)

21. Nicht anwendbar dagegen ist die Ausnahmebestimmung in folgenden Fällen: HGB. § 318 droht beim unberechtigten Gebrauch einer Aktie für jede Aktie eine Geldstrafe von 10 bis 30 M., jedoch nicht unter 1000 M. an. Hier ist nicht das Mehrfache eines bestimmten Betrages angedroht. Die Strafandrohung ist nach dem alten GeldStrG. 10 bis 300 M. für den Gebrauch jeder Aktie, mindestens 1000 M. (Hellwig, Altes GeldStrG. Anm. 16). Sie beträgt jetzt 10 Millionen, mindestens 1000 M. Ein Mehrfaches eines bestimmten Betrages ist ferner nicht angedroht in der Seemannsordnung vom 2. Juni 1902 (RGBl. S. 175) § 105 in Verb. mit §§ 103, 104. In §§ 103 und 104 ist Geldstrafe bis 600 M. angedroht; in dem Falle des § 105 kann die Strafe bis auf das Doppelte des in den §§ 103, 104 angedrohten Höchstbetrages erhöht werden, wenn die Handlung von mehreren Schiffsleuten auf Verabredung gemeinschaftlich begangen wird. Die Höchststrafandrohung der §§ 103 und 104 betrug nach dem alten GeldStrG. 100000 M., die des § 105 gleichfalls 100000 M. (das Zehnfache von 1200 = 12000, erhöht auf den Mindestbetrag der Erhöhung bei Vergehen von 100000 =), nicht etwa 200000 M. (Hellwig, ebendort). Jetzt beträgt der Höchstbetrag in beiden Fällen 10000 Goldmark, der Mindestbetrag 3 Goldmark.

21a. Bei den Steuergesetzen lautet der Grundbetrag schon jetzt vielfach auf Goldmark, und soweit das noch nicht der Fall ist, werden die Steuergesetze demnächst entsprechend geändert werden, In den übrigen Fällen, in denen ein Mehrfaches usw. angedroht ist, wird aber nur ausnahmsweise der Grundbetrag auf Goldmark lauten. Lautet er auf Papiermark, auf ausländische Wertpapiere, Devisen usw., so ist er für die Bemessung der Strafe zunächst in Goldmark umzurechnen (§ 27 StGB. Abs. 3, letzter Satz). Vgl. dazu Art. V.

22. Viele Gesetze, in denen die Bemessung der Geldstrafe nach dem Mehrfachen eines bestimmten Betrages vorgeschrieben ist, enthalten für den Fall, daß der Wert nicht festgestellt werden kann, eine subsidiäre Strafandrohung dahin, daß dann auf Goldstrafe zu einem angegebenen bestimmten Betrage zu erkennen sei. So z. B. Ges. betr. die Hinterziehung und Überhebung von Verkehrsabgaben vom 2. Mai 1900 (GS. S. 123) § 1 Abs. 2, § 3; Zündwarensteuergeſ. vom 10. Sept. 1919 (RGBl. S. 1629) §§ 27, 29; Spielkartensteuerges. vom 10. Sept. 1919 (RGBl. S. 1643) § 18; Tabaksteuerges. vom 12. Sept. 1919 (RGBl. S. 1617) § 61; Biersteuerges. vom 26. Juli 1918 (RGBl. S. 863) § 47; Weinsteuerges. vom 26. Juli 1918 (RGBl. S. 831) § 26; Verordnung zur Änderung der VO. über die Regelung der Einfuhr vom 16. Jan. 1917 (RGBl. S. 41) vom 22. März 1920 (RGBl. S. 334) Art. I § 2. Bei diesen subsidiären Strafandrohungen handelt es sich nicht mehr um Geldstrafen, die in dem Mehrfachen eines bestimmten Betrages bestehen. Abs. 2 findet daher nicht Anwendung. Die angedrohte Höchststrafe ist infolgedessen gemäß Abs. 1 zu erhöhen. Einer ausdrücklichen Bestimmung hierüber, die Kronecker, DStrZ. 1921 S. 219 Anm. 2 für erforderlich hält, bedurfte es nicht.

22a. Über die Frage, ob bei den auf ein Mehrfaches usw. lautenden Strafbestimmungen auch § 27a StGB. Anwendung nicht findet, vgl. unten Anm. 25a.

§ 27a.

Bei einem Verbrechen oder Vergehen, das auf Gewinnsucht beruht, kann die Geldstrafe auf einhunderttausend Goldmark erhöht und auf eine solche Geldstrafe neben Freiheitsstrafe auch in denjenigen Fällen erkannt werden, in denen das Gesetz eine Geldstrafe nicht androht.

23. Das alte GeldStrG. nahm den Gedanken des E. 1919, den Strafrahmen grundsätzlich zu erhöhen, wenn die Tat auf Gewinnsucht beruhte, nicht auf. Doch war schon nach bisherigem Recht es selbstverständlich, daß das gewinnsüchtige Motiv bei der Verhängung einer Geldstrafe neben einer Freiheitsstrafe, wo sie zugelassen ist, sowie für die Höhe der Geldstrafe wesentlich mit in Betracht zu ziehen ist (Hellwig, Altes GeldStrG. Anm. 9). Durch das neue GeldStrG. ist für diese Fälle ein außerordentlicher Strafrahmen geschaffen worden. Doch nur für Verbrechen und Vergehen, nicht für Übertretungen, trotzdem auch sie aus Gewinnsucht geschehen können.

Wird schon das Höchstmaß des § 27 StGB. nur in einer verschwindend geringen Zahl von Fällen auch nur annähernd erreicht werden, so wird noch weit seltener Anlaß gegeben sein, das Höchstmaß zu überschreiten. Die Vorschrift ist auf vereinzelte Fälle zugeschnitten, in denen reiche Leute aus gewinnsüchtigen Gründen eine Straftat begehen. Sie mag insbesondere auch bei Ausländern aus valutastarken Ländern Anwendung finden.

24. Auf Gewinnsucht beruht eine Tat, wenn der Täter sich durch sie Vermögensvorteile verschaffen oder erhalten oder sich Ausgaben ersparen will, also auch dann, wenn Geiz den Beweggrund seiner Tat bildet. Auch eine fahrlässige

Straftat kann unter Umständen auf Gewinnsucht beruhen (Begr. zu E. 1919 S. 61, a. A. Heinrich, Deutsches Steuerblatt 1923 S. 250 und Handbuch des Steuerstrafrechts, Berlin 1923 Anm. 2 zu § 367). Über das Motiv bei fahrlässigen Handlungen vgl. Elsa von Bonin, „Die Verwertbarkeit des Motivs im materiellen Strafrecht", Greifswalder Diss. 1916 S. 20f. Gewinnsucht ist nicht dasselbe wie Eigennutz. Die Gewinnsucht ist auf die Erlangung eines rechtswidrigen Vermögensvorteils gerichtet, während Eigennutz das nur auf den eigenen Nutzen gerichtete Bestreben ist (RG. 41, 225) und auf Erlangung von Vorteilen jeder Art zielt (Heinrich, Handbuch des Steuerstrafrechts, Berlin 1923 Anm. 3 zu § 376). Die meisten Steuerzuwiderhandlungen beruhen auf Gewinnsucht, was Juliusberger, Steuerstrafrecht und Steuerstrafverfahren, 2. Aufl. Berlin 1923 S. 82 verkennt. Vgl. über die Frage, ob StGB. § 27a auch bei Steuervergehen zur Anwendung kommt, unten Anm. 25a. „Aus Gewinnsucht" geschieht ein Vergehen jedenfalls auch dann, wenn es „in gewinnsüchtiger Absicht" geschehen ist. Diese gewinnsüchtige Absicht ist mitunter Tatbestandsmerkmal (so in StGB. §§ 301, 302), mitunter auch qualifizierendes Moment (so in StGB. § 133 Abs. 2). Es könnte zweifelhaft sein, ob sich § 27a nur auf solche Strafandrohungen beziehen soll, die nicht schon selbst Gewinnsucht zur Voraussetzung für ihre Anwendbarkeit haben. Stellt man sich auf den Standpunkt, daß derartige Strafandrohungen ausscheiden, so muß man auch diejenigen Strafandrohungen ausnehmen, in denen, wie in §§ 253, 263 die Absicht, sich einen rechtswidrigen Vermögensvorteil zu verschaffen, verlangt wird. Zweifelhaft könnte es sein, soweit die Absicht rechtswidriger Zueignung wie in § 242 verlangt wird. Man würde dann wohl auch die Folgerung ziehen müssen, daß in diesen Fällen auch, wenn die Voraussetzungen des § 27b StGB. in der neuen Fassung gegeben sind, nur auf eine Geldstrafe bis zu 10000 Goldmark erkannt werden darf. In Fällen, in denen das Gesetz bei gewinnsüchtiger Absicht nur Gefängnisstrafe nicht unter drei Monaten androht (so § 133 Nr. 2 StGB.), käme aber Verhängung einer Geldstrafe neben der Gefängnisstrafe, wie sie § 27a allgemein vorsieht, überhaupt nicht in Frage. Diese Folgen, die mit dem gesetzgeberischen Gedanken, dem § 27a sein Dasein verdankt, unvereinbar sind, deuten m. E. darauf hin, daß § 27a sich auch auf solche Fälle zu erstrecken hat. Ist mit Rücksicht auf die gewinnsüchtige Absicht allerdings schon eine schärfere Mindestfreiheitsstrafe angedroht, wie in § 133 Abs. 2 StGB., so wird im Einzelfall allerdings auch bei der Frage, ob und in welcher Höhe daneben auf eine Geldstrafe erkannt werden soll, zu berücksichtigen sein, in welchem Verhältnis die erkannte Mindestfreiheitsstrafe zu der Schuld des Täters steht.

25a. Die Frage, ob der Strafrahmen des § 27a StGB. auch auf Steuervergehen, die ja in der Regel aus Gewinnsucht begangen werden, zur Anwendung kommt, ist streitig. Soweit das Steuerstrafrecht Strafen kennt, die nicht nach dem Mehrfachen usw. eines bestimmten Grundbetrages bemessen sind, konnte es allerdings auch bisher schon nicht zweifelhaft sein, daß die Strafdrohungen entsprechend den allgemeinen Bestimmungen des StGB. in der Fassung des Geldstrafengesetzes, insbesondere auch des § 27a StGB., erhöht worden waren. Dies galt z. B. für § 362 Reichsabgabenordnung (Heinrich, Handbuch des Steuerstrafrechts § 362 Anm.). Das gleiche muß auch jetzt noch gelten. Zweifel aber entstehen, wenn die Strafandrohungen nach dem Mehrfachen usw. eines bestimmten Grundbetrages bemessen sind. Heinrich vertritt auch bezüglich dieser Strafandrohungen die Auffassung, daß auf sie § 27a StGB. zur Anwendung gelange, sodaß auf eine Strafe bis zu 100000 Goldmark auch dann erkannt werden kann, wenn der Strafrahmen, den das Steuergesetz für den konkreten Fall aufstellt, in seinem Betrage oder seinem Höchstbetrage weniger als 100000 Goldmark beträgt (Heinrich, Deutsche Steuer-

Zeitung 1923 S. 249). Für den Fall der Steuergefährdung, bei der die Strafe im Höchstbetrage halb so hoch sein darf wie bei der Steuerhinterziehung, erklärt Heinrich (Handbuch des Steuerstrafrechts Anm. 2 zu § 367) es für zweifelhaft, ob hier die Hälfte des ordentlichen Höchstbetrages, also jetzt 5000 Goldmark, zulässig sei oder aber die Hälfte des in § 27a StGB. angedrohten Höchstbetrages, also 50000 Goldmark. Er scheint sich mehr der Ansicht zuzuneigen, daß bei der Steuergefährdung 5000 M. die höchste Geldstrafe sei, da die nach § 27a StGB. eintretende besondere Erhöhung der Geldstrafe im Falle der Gewinnsucht hier unberücksichtigt zu bleiben habe, weil diese Erhöhung nur zu dem Zweck eingeführt sei, bei Taten, die auf Gewinnsucht beruhen — was, wie er irrigerweise annimmt, für die Steuergefährdung nicht in Frage komme — den Täter besonders empfindlich an seinem Vermögen zu treffen. Von dem von Heinrich aus grundsätzlich eingenommenen Standpunkt aus möchte ich diese Ansicht für unrichtig halten. Diese Erwägungen sind rechtspolitische Gedanken, die aber im Gesetz keinen genügenden Ausdruck gefunden haben würden. Nach dem Wortlaut des § 367 der Reichsabgabenordnung ist die zulässige Höchststrafe halb so hoch wie die für die Steuerhinterziehung angedrohte Geldstrafe. Es ist also nicht auf den seltenen Fall abgestellt, daß die Steuerhinterziehung nicht aus Gewinnsucht erfolgt. Für die Steuerhinterziehung aus Gewinnsucht ist aber nach Heinrich eine Geldstrafe von 100000 Goldmark angedroht. Demgegenüber vertritt aber Schierholt, Neue Steuerrundschau Jhg. 4 S. 173 Anm., mit Recht die Ansicht, daß der grundsätzliche Standpunkt Heinrichs nicht richtig sei. Soweit die Steuerstrafen in dem Mehrfachen usw. eines bestimmten Grundbetrages beständen, würden sie durch das Geldstrafengesetz überhaupt nicht berührt. StGB. § 27a erweitere nur den Strafrahmen des § 27 StGB.; dieser aber gelte nach der ausdrücklichen Bestimmung des Abs. 3, nicht für die auf ein Mehrfaches usw. lautenden Strafdrohungen.

Dem ist beizutreten. § 27a lautet zwar ganz allgemein und macht seinem Wortlaut nach keine Ausnahme für die auf ein Mehrfaches usw. lautenden Strafdrohungen. § 27a und § 27 bilden aber eine organische Einheit. Durch § 27 Abs. 3 mußte klargestellt werden, daß bei den auf das Mehrfache usw. lautenden Strafandrohungen das sonst zulässige Höchstmaß überschritten werden darf. Nachdem diese Unabhängigkeit der Strafdrohung in ihrem Höchstbetrag einmal festgestellt war, bedurfte es für § 27a nicht einer Wiederholung der Bestimmung. Es ist daher bei den auf das Mehrfache usw. abgestellten Strafandrohungen zweifellos zulässig, und — wenn es sich um eine absolute Strafdrohung handelt — sogar notwendig, auch den in § 27a bestimmten Höchstbetrag zu überschreiten. Die Unabhängigkeit der auf ein Mehrfaches usw. lautenden Strafandrohungen in ihrem Höchstmaß von den in § 27 und § 27a bestimmten absoluten Grenzen ist aber auch deshalb durchgeführt, um die Besonderheiten der absoluten Strafandrohungen, nämlich das zahlenmäßige Verhalten zu einem bestimmten Grundbetrag, zu erhalten. Dieses Verhältnis würde aber zerstört werden, wenn man § 27a StGB. für anwendbar halten würde. Gegen die Richtigkeit der Ansicht von Heinrich spricht endlich das eigenartige Ergebnis, zu dem man käme: Ist die Steuerzuwiderhandlung, die mit dem Mehrfachen usw. eines bestimmten Grundbetrages bedroht ist, nicht aus Gewinnsucht begangen, so ist das Höchstmaß in keiner Weise von der Strafdrohung des § 27 StGB. abhängig; ist sie aus Gewinnsucht begangen, der nach der Strafdrohung der Steuergesetze zulässige Höchstbetrag aber unter 100000 Goldmark, so kann die Geldstrafe bis auf 100000 Goldmark erhöht werden; ist die nach den Steuergesetzen zulässige Strafe höher als 100000 Goldmark, so tritt wieder der Strafrahmen der Steuergesetze in Kraft. Eine derartige Verworrenheit könnte nur dann von dem Gesetz als gewollt angesehen werden, wenn der Wortlaut des Gesetzes eine andere Auslegung nicht zuließe. In dem zweiten

Fall könnte es übrigens auch noch zweifelhaft sein, ob die Strafdrohung dann nicht von der Strafandrohung des Steuergesetzes ganz unabhängig gemacht werden müßte, die auf ein Mehrfaches usw lautende Strafandrohung also in die von einem Grundbetrag unabhängige des § 27a StGB umgewandelt werden müßte.

25. Zweifelhaft konnte es bisher sein, ob die Erhöhung des Strafrahmens für Verbrechen und Vergehen aus Gewinnsucht auch für solche Vergehen galt, für die im besonderen Teil des StGB. oder in den strafrechtlichen Nebengesetzen nur Freiheitsstrafe (mit einem geringeren Mindestmaß als 3 Monate) angedroht ist. Ich habe diese Frage schon in der 2. Aufl. Anm. 25 mit folgender Begründung bejaht. Bei diesen Vergehen kann unter den Voraussetzungen des § 27b StGB. statt der verwirkten Freiheitsstrafe von weniger als 3 Monaten eine Geldstrafe bis zu 10000 Goldmark erkannt werden. Da § 27a keinen Unterschied macht, ob die Geldstrafe primär angedroht ist oder nur als Ersatzstrafe, da ferner in diesen Fällen Geldstrafe bis zu 100000 Goldmark sogar neben der Freiheitsstrafe zulässig ist und da es überdies lediglich auf gesetzestechnischen Gründen beruht, daß die Geldstrafe, auf die auf Grund des § 27b StGB. erkannt werden darf, im allgemeinen Teil und nicht bei jeder einzelnen Strafandrohung des besonderen Teils oder der strafrechtlichen Nebengesetze angedroht ist, wird man den § 27a auch auf die Fälle des § 27b zu beziehen haben. Wie schon durch VermStrG. Art. I Ziff. 4 ist jetzt durch die Verweisung in § 27b auf §§ 27, 27a klargestellt, daß dies auch die Auffassung des Gesetzes ist.

26. § 27a erweitert ferner den Kreis der Geldstrafandrohungen ungemein, noch weit über den Kreis des § 27b hinaus. Es darf danach bei jedem Verbrechen und Vergehen, auch wenn eine Geldstrafe in dem besonderen Teil oder in den strafrechtlichen Nebengesetzen nicht angedroht ist, auf eine Geldstrafe bis zu 100000 Goldmark neben einer Freiheitsstrafe erkannt werden. Ein Mindestmaß der Freiheitsstrafe, auf die erkannt ist, ist nicht vorgeschrieben. Es kann auch dann, wenn auf eine Freiheitsstrafe von unter drei Monaten erkannt wird, ohne daß von der Umwandlung in eine Geldstrafe gemäß § 27b StGB. Gebrauch gemacht wird, neben dieser Freiheitsstrafe auf eine Geldstrafe bis 100000 Goldmark erkannt werden. Die bisher von mir in Anm. 26 vertretene Ansicht, daß in denjenigen Fällen, in denen eine Umwandlung auf Grund des § 27b in Frage kommen kann, zwar eine Geldstrafe angedroht sei, § 27a Halbsatz 2 sich aber nur „auch" auf solche Fälle beziehe, in denen eine Geldstrafe nicht angedroht sei, also auch auf diejenigen, in denen sie angedroht sei, halte ich nicht mehr aufrecht. Ich hatte übersehen, daß Voraussetzung für die Verhängung der kumulativen Geldstrafe in den Fällen des § 27a stets ist, daß auf Freiheitsstrafe erkannt wird. Über die Zulässigkeit der kumulativen Geldstrafe bei militärischen Verbrechen und Vergehen vgl. unten Anm. 71 am Ende.

27. Bei Realkonkurrenz kann auf eine höhere Geldstrafe erkannt werden. Desgleichen, wenn der Fall des § 27c Abs. 2 vorliegt.

§ 27b.

Ist für ein Vergehen oder eine Übertretung, für die an sich eine Geldstrafe überhaupt nicht oder nur neben Freiheitsstrafe zulässig ist, Freiheitsstrafe von weniger als drei Monaten verwirkt, so ist an Stelle der Freiheitsstrafe auf Geldstrafe (§§ 27, 27a) zu erkennen, wenn der Strafzweck durch eine Geldstrafe erreicht werden kann.

28. § 27b entspricht — von dem Strafmaß abgesehen — wörtlich dem § 27b des neuen GeldStrG. Dieser entsprach in seinem Abs. 2 dem § 9 des alten GeldStrG., in seinem Abs. 1 dem § 3, von dem er sich aber in zwei Punkten unterscheidet: das eine Mal nur sprachlich, das zweite Mal auch sachlich.

Die sachliche Änderung besteht darin, daß § 27b auch bei Übertretungen Anwendung findet, während § 3 des alten GeldStrG. auf Vergehen beschränkt war. Diejenigen wenigen Fälle, in denen bei Übertretungen reichsrechtlich zwangsweise Haftstrafe angedroht ist (reichsrechtlich StGB. §§ 361 Ziff. 1 bis 8; vgl. auch Mohr S. 60), wurden nicht für geeignet gehalten, mit einer Geldstrafe belegt zu werden (Hellwig, Altes GeldStrG. Anm. 31). Dieser Standpunkt wurde noch in dem Entwurf eines Jugendgerichtsges. vom 24. Oktober 1922 (Reichstag, I. Wahlperiode 1920/22, Drucks. Nr. 5171) in der Begr. zu § 9 vertreten; es wurde davon abgesehen, für Jugendliche Abweichendes zu bestimmen. Auch in verschiedenen Landesrechten gibt es vereinzelte Übertretungen, bei denen nur Haft angedroht ist, so in dem badischen Polizeistrafgesetzbuch §§ 48, 50, 68 Abs. 3, § 76 Abs. 3, § 86 Abs. 2, in dem hessischen Polizeistrafgesetzbuch Art. 99, 219, 252, 365, in dem sächsischen Zollstrafgesetz vom 3. April 1838 (GVBl. S. 337) verbunden mit § 4 Abs. 1 Nr. 2 des Ges. vom 5. Juli 1904 (GVBl. S. 305). Desgleichen in Bayern. Hier hat sich mitunter ein Bedürfnis dafür ergeben, statt der Haftstrafe auf eine Geldstrafe zu erkennen. (Vgl. auch Henle in Zeitschrift für Rechtspflege in Bayern 1922 S. 118.) Es gibt aber auch immerhin so leichte Fälle des Bettelns, Landstreichens und der Gewerbsunzucht, daß die Verhängung einer Geldstrafe dem Strafzweck durchaus genügen würde. Nach E. 1919 gibt es keine Übertretungen, bei denen ausschließlich Haft angedroht ist. Betteln usw. ist nach E. 1919 ein Vergehen, so daß nach ihm auch beim Betteln usw. Umwandlung in eine Geldstrafe grundsätzlich zulässig ist (Hellwig, JW. 1922 S. 994). Bei einer Besprechung der Schöffenrichter Groß-Berlins wurde die Anregung, daß die Bestimmung auch auf Übertretungen ausgedehnt werden möge, nur mit geringer Mehrheit abgelehnt (Mitt. des pr. Richtervereins 1922 S. 38). Nach der Begr. soll durch die Ausdehnung auf Übertretungen dem in einigen Ländern hervorgetretenen Bedürfnis genügt werden. Zulässig ist die Umwandlung in eine Geldstrafe auch bei den Übertretungen des StGB. Doch ist hier mit besonderer Sorgfalt zu prüfen, ob der Strafzweck tatsächlich durch eine Geldstrafe erreicht werden kann.

Die sprachliche Änderung besteht darin, daß an Stelle der Worte „für das nach den bestehenden Vorschriften Geldstrafe überhaupt nicht oder nur neben Freiheitsstrafe zulässig ist" die Worte getreten sind „für die an sich Geldstrafe nicht oder nur neben Freiheitsstrafe zulässig ist". Diese Fassung ist nach der Begründung zu dem neuen GeldStrG. gewählt, um klarzustellen, daß es sich um einen allgemeinen, auch für künftig erst zu erlassende Strafgesetze wirksamen Grundsatz handelt (Begr.). Gegenüber der früheren Fassung waren solche Zweifel allerdings verständlich (vgl. Hellwig, Altes GeldStrG. Anm. 32 sowie JW. 1922 S. 994). Durch die jetzige Fassung sind solche Zweifel ausgeschlossen. Sie hätten übrigens auch ohnedies jetzt kaum mehr entstehen können, da es sich um eine auch auf die Zukunft berechnete Bestimmung des StGB. handelt, nicht mehr um eine in einem Sondergesetz enthaltene Vorschrift.

Über die durch das VermStrG. herbeigeführte Änderung gegenüber dem neuen GeldStrG. durch Einfügung der Verweisung auf §§ 27, 27a vgl. unten Anm. 64.

29. Der in E. 1919 § 108 aufgestellte allgemeine Rechtssatz ist zwar nicht ausdrücklich aufgenommen, aber aus dem Sinne der Vorschrift des § 27c StGB., wie auch früher schon aus der Bestimmung des § 3 Abs. 1 alten GeldStrG. (Hellwig, Altes GeldStrG. Anm. 52) in analoger Anwendung als geltendes Recht anzusehen. E. 1919 § 108 bestimmt: „Wo das Gesetz Geldstrafe und Freiheitsstrafe zur Wahl stellt, darf das Gericht auf Freiheitsstrafe nur erkennen, wenn der Strafzweck durch eine Geldstrafe nicht erreicht werden kann.“ Das gilt für alle Fälle, in denen Geldstrafe und Freiheitsstrafe wahlweise angedroht sind, gleichgültig, ob Freiheitsstrafe oder Geldstrafe an erster Stelle angedroht ist. Dagegen gilt dies nicht für diejenigen Fälle, in denen Geldstrafe nur beim Vorliegen mildernder Umstände angedroht ist. Wird hier das Vorliegen mildernder Umstände verneint, so kommt die analoge Anwendung des § 108 E. 1919 nicht in Frage. Vgl. auch Anm. 32.

Auch Wunderer (S. 46) und Strauß (JW. 1922 S. 280) treten dafür ein, daß sich aus der Bestimmung des § 27b StGB. ohne weiteres auch der Grundsatz des § 108 E. 1919 ergebe, letzterer allerdings mit der falschen Schlußfolgerung, daß sich daraus auch die Anwendbarkeit des — durch Art. IX Ziff. 1 des neuen GeldStrG. aufrechterhaltenen — § 10 Abs. 2 des alten GeldStrG. auf solche Fälle ergebe. Vgl. auch Oetker S. 173, nach dem sich die Verhängung einer Freiheitsstrafe verbietet, wenn der Strafzweck auch durch eine Geldstrafe erreicht wird.

30. Die Vorschrift bildet in gewisser Hinsicht ein Seitenstück zu StGB. § 20. Es ist aber nicht auf die Gesinnung des Täters abgestellt, sondern nur auf die Erreichung des Strafzwecks. Dies ist zu billigen, nicht nur, weil die Gefängnisstrafe als solche nach dem Gesetz entehrende Wirkung nicht hat, wenngleich das Volk sie ihr beilegt, sondern vor allem auch, weil es schwierig, ja fast unmöglich in vielen Fällen ist, festzustellen, ob die Gesinnung des Täters ehrlos war oder nicht. (Vgl. die beachtenswerten Ausführungen von Guckenheimer, „Der Begriff der ehrlosen Gesinnung im Strafrecht“, Hamburg 1921, besonders S. 102ff.; dagegen van Calker in Vergleichende Darstellung des deutschen und ausländischen Strafrechts, Allgem. Teil Bd. 3 S. 173ff., 184ff., Elsa von Bonin, „Das Motiv im Strafrecht“, Diss. S. 26f., Max Ernst Mayer in Verh. JKV. 1921 S. 19). Bei den Eigentumsvergehen würde überdies ehrlose Gesinnung wohl in der Regel angenommen werden und dadurch die Wirksamkeit der Vorschrift stark eingeschränkt werden. Der Strafzweck wird in vielen Fällen auch dann durch eine Geldstrafe erreicht werden können, wenn der Täter aus ehrloser Gesinnung gehandelt hat, andererseits sind auch Fälle denkbar, in denen trotz nicht ehrloser Gesinnung des Täters die Erreichung des Strafzwecks eine Freiheitsstrafe erforderlich macht. In der Regel wird allerdings bei festgestellter nicht ehrloser Gesinnung des Täters davon auszugehen sein, daß der Strafzweck auch durch eine Geldstrafe erreicht werden kann.

31. Nur bei Vergehen und Übertretungen kommt die Umwandlung in Geldstrafe in Frage, nicht bei Verbrechen. Bei Verbrechen kann eine Freiheitsstrafe von weniger als drei Monaten — abgesehen von dem Fall, daß der Täter ein Jugendlicher ist oder daß es sich um Versuch oder Beihilfe handelt — nur in Frage kommen, wenn das Verbrechen mit Festungshaft von mehr als 5 Jahren bedroht ist. Diese Fälle eignen sich aber nicht für die Verhängung einer Geldstrafe.

Auch für Jugendliche ist keine Ausnahme gemacht. Es darf daher auch bei Verbrechen Jugendlicher die Freiheitsstrafe nicht in eine Geldstrafe umgewandelt werden, trotzdem gegen Jugendliche auch bei Verbrechen auf eine Freiheitsstrafe von weniger als drei Monaten erkannt werden kann. Nach der Begr. zum Jugendgerichtsgesetz vom 16. Februar 1923 (RGBl. I S. 135) ist der Gedanke, für Jugendliche das Anwendungsgebiet des § 3 des alten GeldStrG. — des jetzigen § 27 StGB. — über den Kreis der Vergehen zu erweitern, bewußt abgelehnt worden, weil man den Gedanken nicht aufkommen lassen wollte, daß Handlungen, die der Gesetzgeber als Verbrechen werte und daher grundsätzlich für zuchthauswürdig halte, mit einer geringen Geldstrafe gesühnt werden könnten; eine Freiheitsstrafe von einem Tage werde, falls überhaupt eine Bestrafung geboten sei, auch für Jugendliche nicht zu hart sein, zumal die Vollstreckung der Strafvollstreckung ausgesetzt werden könne. (Hellwig, Jugendgerichtsgesetz, Berlin 1923, § 9 Anm. 10.) Ob diese Stellungnahme vom Standpunkte des Jugendgerichtsgesetzes aus, das auch bei Verbrechen ein völliges Absehen von Strafe für zulässig hält, wenn Erziehungsmaßregeln ausreichen (§ 6), sachlich begründet ist, kann zweifelhaft sein, denn wenn es auf die Wirkung der Strafe auf den Jugendlichen selbst oder auf die Allgemeinheit abgestellt wird, ist das völlige Absehen von Strafe gegenüber der Bestrafung mit einer Geldstrafe das kleinere Übel. Wenn man das Absehen von Strafe bei Verbrechen Jugendlicher kriminalpolitisch für angängig hält, wird man deshalb wohl auch gegen die Verhängung von Geldstrafen gegen Jugendliche bei Verbrechen berechtigte Bedenken nicht haben können.

Bei Übertretungen aber und bei Vergehen, bei denen nicht eine höhere Mindeststrafe als zwei Monate Gefängnis angedroht sind, kommt die Umwandlung grundsätzlich stets in Frage. Dies gilt aber kraft der ausdrücklichen Bestimmung des Abs. 2 nicht, soweit die Vorschriften des MStGB. zur Anwendung kommen. Auch Landesgesetze drohen mitunter eine dreimonatliche Gefängnisstrafe als Mindeststrafe an und schließen dadurch die Anwendung des § 27b aus, so das pr. Ges. über die Bestrafung der unbefugten Gewinnung von Bernstein vom 11. Februar 1924 (GS. S. 106), § 3 in Verb. mit § 2.

Praktisch besonders bedeutsam sind folgende Fälle aus dem StGB.: Widerstand gegen Forst- oder Jagdbeamte (§ 117); vorsätzliche Gefangenenbefreiung (§§ 120, 121); Falscheid (§ 163); falsche Anschuldigung (§ 164); Religionsvergehen (§ 166); Ehebruch (§ 172); widernatürliche Unzucht (§ 175); Kuppelei (§ 180); Verführung (§ 182); Zuhälterei (§ 181a); fahrlässige Tötung (§ 222); Schlägerei mit Todesfolge (§ 227); Entführung (§ 237); Diebstahl (§ 242); Erpressung (§ 253); Begünstigung (nach § 258 Nr. 1); Hehlerei (§ 259); Untreue (§ 266); Urkundenfälschung (§ 367); Wucher (§ 302a); Amtsvergehen (§ 348). Ferner Preistreiberei in der Fassung der Verordnung zur Ausführung des Art. VI Abs. 3 des Notgesetzes vom 13. Juli 1923 (RGBl. I S. 699). Von den Übertretungen des StGB. kommen in Betracht StGB. § 361 Nr. 1 bis 8.

§ 27 findet auch Anwendung auf § 8 des Ges. zum Schutze der Republik (vom 21. Juli 1922 (RGBl. I S. 585). Ebenso Lobe, Die Gesetzgebung des Reiches und der Länder zum Schutze der Republik, Berlin 1922, S. 60.

32. Ist in Gesetzen Geldstrafe nur beim Vorhandensein von mildernden Umständen angedroht — z. B. StGB. §§ 187 Abs. 2, 246 Abs. 2, 263 Abs. 2; HGB. §§ 313, 314, 315, 316 — so kommt § 27b nicht zur Anwendung, da man nicht sagen kann, daß für das betreffende Vergehen Geldstrafe überhaupt nicht oder nur neben Freiheitsstrafe zulässig sei. Ebenso OLG. Dresden DStrZ. 1922 S. 317; JW. 1922 S. 1055; BayObLG. DJZ. 1922 S. 328; RG. LZ. f. Deutsches Recht 1922 S. 476f.; KG. in ZStrW. 43 S. 457f. und in JW. 1922 S. 1049 Anm. zu 2A und DStrZ. 1922 S. 359; OLG. Dresden, DStrZ. 1922 S. 367; RG. in JW. 1923 S. 386; Alsberg und Fuchs ebendort in der Anm. Ebenso die Begr. zu dem neuen GeldstrG. Wenn sich theoretisch auch denken läßt, daß mildernde Umstände (vgl. Köhler S. 682f.) nicht vorliegen, trotzdem aber der Strafzweck durch eine Geldstrafe erreicht werden kann, so daß bei Versagung von mildernden Umständen gemäß § 27b auf eine Geldstrafe erkannt werden müßte, wenn § 27b anwendbar wäre, so wird sich doch die Praxis damit helfen, daß sie auch in solchen Fällen mildernde Umstände annimmt, um auf eine Geldstrafe erkennen zu können, wie sie dies auch heute schon tut.

33. Freiheitsstrafe im Sinne des § 27 ist Gefängnis, Festungshaft oder Haft. Anders der Begriff der Freiheitsstrafe im Sinne von StGB. § 19 und im Sinn von MStGB. § 16.

34. Drei Monate haben höchstens 92 Tage (31 + 30 + 31) und wenigstens 89 Tage (28 + 31 + 30). Falls die verwirkte Strafe nach Tagen bemessen ist, wird man 3 Monate mit 89 Tagen anzunehmen haben. Die für die Verbüßung von nach Monaten bemessenen Freiheitsstrafen gegebene Regel des § 19 Abs. 1 StGB. kann hier nicht zur Anwendung kommen, weil zur Zeit der Urteilsfällung noch nicht bestimmt werden kann, in welchem Monat die eigentlich verwirkte Freiheitsstrafe zu verbüßen wäre. § 3 Abs. 1 findet daher nur dann Anwendung, wenn die verwirkte Strafe höchstens 88 Tage beträgt.

Dagegen vertritt Hettner, LZ. f. D. R. 1922 S. 425 die Ansicht, daß im Anschluß an RG. 43 S. 320 auch hier die Durchschnittsdauer eines Monats von 30 Tagen anzusetzen sei und deshalb 89 Tage weniger als 3 Monate seien. Ich kann dem nicht beitreten. Hettner hat aber Recht, wenn er der Frage praktische Bedeutung abspricht. Das KG. (JW. 1922 S. 1050) weist übrigens mit Recht darauf hin, daß es sich empfiehlt, die Geldstrafe, auf die an Stelle der verwirkten Freiheitsstrafe erkannt wird, nicht auf eine beliebige runde Summe festzusetzen, sondern so zu bemessen, daß sie durch die Zahl der Tage der verwirkten Freiheitsstrafe zuzuteilen ist. Zweifelhaft kann sein, ob eine Freiheitsstrafe von mehr als 88 Tagen dann verwirkt ist, wenn zwar auf eine höhere Strafe, etwa auf 4 Monate Gefängnis, erkannt werden würde, davon aber ein Teil — etwa 5 Wochen — durch die Untersuchungshaft für verbüßt erklärt werden würde (StGB. § 60), so daß der noch zu verbüßende Teil der Strafe 88 Tage oder weniger betragen würde. Die Zweckbestimmung des Gesetzes, die kurzen Freiheitsstrafen bis zu drei Monaten tunlichst einzuschränken, würde dafür sprechen, daß es auf die zu verbüßende Strafe abgestellt werden müsse. Dagegen spricht aber ebenso wie bei der Beschränkung des § 3 des alten GeldStrG. auf diejenigen Freiheitsstrafen, die weniger als drei Monate betragen, die Auffassung, daß bei Vergehen, die im konkreten Fall so schwer wiegen, daß eine Freiheitsstrafe von drei Monaten oder mehr als angemessen in Frage kommt, von der Vergünstigung ausscheiden sollen. Dieses gesetzgeberische Motiv für die Sonderbestimmung in § 3 muß gegenüber dem allgemeinen gesetzgeberischen Motiv vorgehen. Es kommt daher nicht darauf an, welche Freiheitsstrafe der Täter noch zu verbüßen hätte, sondern lediglich darauf, auf welche Freiheitsstrafe gegen ihn erkannt worden wäre. Für diese Auslegung spricht auch der Wortlaut, da verwirkt auch die durch die Untersuchungshaft für verbüßt erklärte Strafe ist (vgl. auch pr. Allg. Verf. vom 8. März 1922, JMBl. S. 69 Ziff. 1).

35. Gleichgültig ist es, ob schon nach dem ordentlichen Strafrahmen eine Freiheitsstrafe unter 3 Monaten verwirkt werden kann oder ob dies nur bei einem herabgesetzten Strafrahmen (auf Grund des § 43 StGB. oder des § 9 des Jugendgerichtsgesetzes vom 16. Februar 1923 (RGBl. I S. 135) geschehen kann (Wunderer S. 45). Doch gilt dies nur bei Vergehen, nicht bei Verbrechen. So kann bei versuchtem schweren Diebstahl niemals auf eine Geldstrafe erkannt werden, desgleichen nicht, wenn ein Jugendlicher einen schweren Diebstahl begeht. Sobald eine Freiheitsstrafe von weniger als 3 Monaten verwirkt ist, kommt StGB. § 27b zur Anwendung. Dagegen genügt es nicht, daß nur eine Freiheitsstrafe von weniger als 3 Monaten zu verbüßen wäre; sobald eine Freiheitsstrafe von wenigstens 3 Monaten verwirkt ist, scheidet seine Anwendung aus, mag auch der nach Aussetzung der Strafvollstreckung eines Teilbetrages übrig bleibende Restbetrag weniger als 3 Monate betragen (pr. Allg. Verf. vom 8. März 1922, JMBl. S. 69 Ziff. 1) oder mag auch ein entsprechender Teilbetrag durch die erlittene Untersuchungshaft für verbüßt erklärt sein.

36. Verwirkt ist eine Freiheitsstrafe dann, wenn sie zu erkennen gewesen wäre, falls entsprechende Geldstrafe nicht zulässig oder doch nicht ausreichend gewesen sein würde (vgl. auch v. Liszt S. 124 und StGB. § 74). OLG. Dresden (DStrZ. 1922 S. 367) meint dagegen, daß die Verurteilung auch zu der verwirkten Freiheitsstrafe erfolgt; die Ersatzgeldstrafe im Sinne des § 27b bestehe niemals selbständig wie eine ordentliche Geldstrafe, sondern setze stets die Verurteilung zu einer bestimmten Freiheitsstrafe voraus und trete im Urteil als eine andere Form des verwirkten Strafübels mit der gleichen Wirkung für den Verurteilten in die Erscheinung. Dem vermag ich nicht beizutreten. Die Verurteilung zu einer Geldstrafe auf Grund des § 27b unterscheidet sich in keiner Weise von der Verurteilung zu einer ordentlichen Geldstrafe; in beiden Fällen erfolgt die Verurteilung zwar auch zu einer Freiheitsstrafe, in beiden Fällen aber nur subsidiär, nämlich für den Fall, daß die an erster Stelle erkannte Geldstrafe nicht beigetrieben werden kann. Es ist irreführend, wenn in dem Fall des § 27b die erkannte Geldstrafe als Ersatzgeldstrafe bezeichnet wird. In manchen anderen Bestimmungen wird allerdings auf die „verwirkte" Strafe auch tatsächlich erkannt (vgl. z. B. StGB. § 353a; pr. Fischereigesetz vom 11. Mai 1916 [GS. S. 55] § 129).

Der entscheidende Teil des Urteils kann zwar neben der Geldstrafe, auf die erkannt wird, auch die an sich verwirkte Freiheitsstrafe anführen, doch ist es auch zulässig in dem entscheidenden Teil des Urteils lediglich die Geldstrafe bezeichnen, auf die tatsächlich erkannt wird (vgl. auch v. Rehbinder in der 152. Sitzung des Reichstags S. 5309). Die verwirkte Freiheitsstrafe, an deren Stelle die erkannte Geldstrafe getreten ist, soll dagegen in den Urteilsgründen angeführt werden (StPO. § 266 Abs. 3 Satz 1; Hellwig, Altes GeldStrG. Anm. 36). Es muß dann aber die Ersatzstrafe, deren Gesamtbetrag — von StGB. § 78 Abs. 2 abgesehen — mit der verwirkten Freiheitsstrafe übereinstimmt (vgl. jetzt auch StGB. § 29 Abs. 4), angegeben werden.

Demgegenüber ist vielfach die Auffassung vertreten worden, die verwirkte Freiheitsstrafe müsse auch im Urteilstenor angeführt werden (Wunderer S. 48; KG. in JW. 1922 S. 1049; Doerr in der Anm. dazu). Dagegen bemerkt das OLG. Dresden (JW. 1923 S. 421f.) beiläufig, die verwirkte Freiheitsstrafe sei in dem Urteilstenor oder in den Urteilsgründen zu bezeichnen und die pr. Allg. Verf. vom 8. März 1922 (JMBl. S. 69) I 2 sagt, es müßten „wenigstens" die Urteilsgründe sich über die verwirkte Freiheitsstrafe aussprechen, da diese an die Stelle der Geldstrafe zu treten habe, soweit sie nicht beigetrieben werden könne; die Erwähnung in den Urteilsgründen sei auch um deswillen geboten, weil sonst die höhere Instanz nicht in der Lage sei nachzuprüfen, ob das Gesetz richtig angewendet worden sei. Das KG. faßt den Urteilstenor folgendermaßen: „Das Urteil wird nur hinsichtlich des Strafmaßes dahin abgeändert, daß der Angeklagte statt zu der verwirkten Gefängnisstrafe von 80 Tagen zu einer Geldstrafe von 20000 M. und zu den Kosten des Verfahrens verurteilt wird. Soweit die Geldstrafe nicht beigetrieben werden kann, tritt an die Stelle von je 250 M. ein Tag Gefängnis." Diejenigen, die für die Erwähnung in der Urteilsformel eintreten, gehen von dem Gedanken aus, daß aus dem Urteilstenor ersichtlich sein müsse, welche Ersatzstrafe an die Stelle der erkannten Geldstrafe tritt, wenn diese uneinbringlich ist (vgl. Wunderer S. 48). Dem ist beizustimmen. Es ist aber gleichgültig, ob dies in dem Urteilstenor dadurch zum Ausdruck kommt, daß ausdrücklich die verwirkte Freiheitsstrafe nach ihrem Gesamtbetrage angeführt wird oder ob statt dessen wie bei sonstigen Geldstrafen angegeben wird, welcher Geldsumme ein Tag Freiheitsstrafe im Falle der Umwandlung gleichzusetzen ist. Das gilt auch jetzt noch troß der Bestimmung des StGB. § 29 Abs. 4 in neuer Fassung. Wenn das KG. sowohl die verwirkte Freiheitsstrafe als auch den Umwandlungsmaßstab nennt, so ist eines davon überflüssig (Doerr in der Anm. zu diesem Urteil, JW. 1922 S. 1049); übrigens ist sich auch das KG. dessen bewußt gewesen; es hat den letzten Satz nur hinzugefügt, um die Rechtslage auch für den Angeklagten klarzustellen und den Gedanken abzulehnen, daß die verwirkte Freiheitsstrafe in vollem Umfange auch dann eintrete, wenn nach Teilzahlungen auf die Geldstrafe ein Rest nicht beizutreiben sei.

37. Viel erörtert worden ist die Frage, ob eine Freiheitsstrafe unter 3 Monaten auch dann verwirkt ist, wenn mehrere Einzelstrafen verwirkt sind, von denen jede einzelne weniger als 3 Monate beträgt, die aber, wenn die Umwandlung in eine Geldstrafe nicht erfolgen würde, zu einer Gesamtstrafe von mindestens 3 Monaten zusammengezogen werden müßten.

In meinem Kommentar zu dem alten GeldStrG. Anm. 36 hatte ich folgende Ansicht vertreten:

Wenn zwei Einzelstrafen au eine Gesamtstrafe von mehr als 88 Tagen zusammengezogen werden, so würde § 27b an sich Anwendung nicht zu finden haben, da als verwirkt nicht die in die Gesamtstrafe aufgegangenen Einzelstrafen angesehen werden können, sondern nur die Gesamtstrafe. Die Anwendung dieses Grundsatzes würde aber zu Unbilligkeiten führen. Denn wenn die Vorschriften über die Zuerkennung einer Gesamtstrafe versehentlich nicht beachtet worden sind und bei einer der Einzelstrafen, die zu einer Gesamtstrafe hätten zusammengezogen werden müssen, von der Ermächtigung des § 27b Gebrauch gemacht worden ist, so kann die nachträgliche Bildung einer Gesamtstrafe gemäß § 492 StPO. nicht mehr in Frage kommen, weil nicht auf eine Freiheitsstrafe, sondern auf eine Geldstrafe erkannt ist. Es geht nicht an, ein rechtskräftiges Urteil, das auf Geldstrafe lautet, nachträglich in eine Verurteilung zu einer Freiheitsstrafe zu verwandeln. § 74 StGB. beabsichtigt, denjenigen, der mehrere zeitige Freiheitsstrafen verwirkt hat, günstiger zu stellen; durch die nachträgliche Anwendung des § 74 auch auf solche Fälle, in denen statt auf eine Freiheitsstrafe auf eine Geldstrafe erkannt ist, würde aber die Lage des Verurteilten nachträglich sich ungünstiger gestalten. Wenn aber von einer nachträglichen Anwendung des § 74 StGB. nicht die Rede sein kann, so erscheint es unbillig, in denjenigen Fällen die Anwendung des § 27b auszuschließen, in denen zwar die verwirkten Einzelstrafen nicht mehr als 88 Tage betragen, wohl aber die Gesamtstrafe, auf die zu erkennen gewesen wäre, wenn § 27b des GeldStrG. nicht zur Anwendung kommen könnte. Der Zweckbestimmung des Gesetzes wird man nur gerecht, wenn man die Anwendung des § 27b in allen Fällen für zulässig hält, in denen die Einzelstrafen nicht mehr als 88 Tage betragen, gleichgültig, ob auch die verwirkte Gesamtstrafe, auf die sonst zu erkennen gewesen wäre, mehr als 88 Tage beträgt oder nicht. Falls die Einzelstrafen nicht mehr als 88 Tage betragen, ist daher, wenn bei jeder Einzelstrafe — unter Berücksichtigung der anderen Straftaten — der Strafzweck durch eine Geldstrafe erreicht werden kann, entgegen dem Wortlaut des § 74 StGB. auf eine Gesamtstrafe gar nicht zu erkennen, vielmehr jede Einzelstrafe in eine Geldstrafe umzuwandeln.

Dieser Auffassung hat sich auch das RG. in drei Entscheidungen („Das Recht" 1922 S. 412; JW. 1923 S. 401 f.) angeschlossen: Es sei zu prüfen, ob die einzelne mit Freiheitsstrafe bedrohte Straftat mit einer Freiheitsstrafe von weniger als 3 Monaten zu belegen sei und insoweit die Voraussetzungen für die Umwandlung in eine Geldstrafe gegeben seien, während die Höhe einer für mehrere Vergehen verwirkten Gesamtfreiheitsstrafe nicht maßgebend sei. Auf den gleichen Standpunkt hat sich auch die bad. Allg. Verf. vom 15. Febr. 1922 (bad. JMBl. S. 15) Ziff. 1 und die herrschende Meinung in der Literatur gestellt. Oetker S. 174f.; Wunderer in Leipziger Ztschr. f. Deutsches Recht 1922 S. 48f.; v. d. Pfordten in Ztschr. f. Rechtspflege in Bayern 1922 S. 147 Anm.; Bretzfelder in ebendort 1923 S. 29ff.; Hettner in Leipziger Ztschr. f. Deutsches Recht 1922 S. 426f.; a. M. Reuß ebendort 1922 S. 146f. Die herrschende Ansicht vertritt auch der Berichterstatter zu dem alten GeldStrG. Abgeordnete v. Rehbinder (Reichstag, 152. Sitzung vom 17. Dez. 1921 S. 5309f.), aber mit der unzutreffenden Begründung, daß sie aus dem Wortlaut („Ist für ein Vergehen") hervorgehe, da das Wörtchen „ein" nicht der unbestimmte Artikel, sondern das Zahlwort sei. Ob sich aus der Natur der Gesamtstrafe die richtige Lösung entnehmen läßt, will mir zweifelhaft erscheinen. Dagegen möchte ich allerdings annehmen, daß Sinn und Zweck des GeldStrG. für die Lösung sprechen, denn die Bestimmungen über die Gesamtstrafe bezwecken eine Besserstellung des Verurteilten; sie würden aber bei der anderen Auffassung hier zu einer Schlechterstellung führen. Zweck des § 27b, alle vermeidbaren kurzen Freiheitsstrafen zu vermeiden. Wie schon frühere Verurteilungen zu Freiheitsstrafe es unter Umständen ausschließen können, daß der Strafzweck durch eine Geldstrafe erreicht werden kann, so kann dies auch der der Fall sein, wenn gleichzeitig noch eine oder mehrere weitere kurze Freiheitsstrafen verwirkt wären (Hellwig, Altes GeldStrG. Anm. 36), stets wird es der Fall sein, wenn gleichzeitig auf eine längere Freiheitsstrafe erkannt würde (Wunderer S. 49), es sei denn, daß ihre Vollstreckung bedingt ausgesetzt würde. Für jedes einzelne Vergehen, auf das gemäß § 27b StGB. auf eine Geldstrafe erkannt wird, kann auf das Höchstmaß der nach § 27 StGB. zulässigen Geldstrafe erkannt werden (Wunderer S. 49), d. h. bei Vergehen in der Regel bis auf 100000 Goldmark, bei Übertretungen stets bis auf 150 Goldmark. Liegen die Voraussetzungen des § 27a StGB. vor, so kann für jedes einzelne Vergehen auf eine Geldstrafe bis zu 10000 Goldmark erkannt werden.

Durch StGB. § 78 in der Fassung des neuen GeldStrG. ist die Frage nicht erledigt; die Bedeutung dieser Bestimmung ist eine andere. Vgl. unten Anm. 154, 154a.

38. Bestritten ist auch die Frage, ob in dem Falle der Umwandlung mehrerer verwirkter Freiheitsstrafen in Geldstrafen die verwirkten Freiheitsstrafen, wenn die Geldstrafe nicht beigetrieben werden kann, in eine Gesamtstrafe zusammenzuziehen sind oder nicht. Die herrschende Meinung (Wunderer S. 49; von der Pfordten in Bayr. Ztschr. f. Rechtspflege 1922 S. 147 Anm.; Hellwig in JW. 1923 S. 401f. Anm.; Verf. des Vorstands der Hamburger Justizverwaltung vom 13. April 1922, Hamburger Justizverwaltungsblatt Nr. 5 S. 20 Ziff. 2; a. M. Oetker S. 174f.; Bretzfelder, Bayr. Ztschr. f. Rechtspflege 1922 S. 29ff.; Reuß ebendort S. 146f.) ist dafür eingetreten, daß Zusammenziehung zu einer Gesamtstrafe ebensowenig in Frage komme wie auch sonst bei Ersatzfreiheitsstrafen.

Die Ansicht von Reuß, daß die auf Grund des § 27 StGB. erkannte Geldstrafe nur eine Ersatzstrafe sei, ist nicht zutreffend, da Ersatzstrafe nur eine solche Strafe ist, die an die Stelle einer anderen Strafe tritt, die nicht vollstreckt werden kann, trotzdem sie vollstreckt werden darf. Nicht die Geldstrafe ist die Ersatzstrafe, sondern die zwar verwirkte, aber erst im Falle der Nichtbeitreibbarkeit der Geldstrafe an ihre Stelle tretende Freiheitsstrafe. Es ist daher Reuß auch nicht beizutreten, wenn er die nachträgliche Bildung einer Gesamtstrafe für den Fall für zulässig und notwendig erklärt, daß der auf Grund des § 27 StGB. Verurteilte später vor Bezahlung der Geldstrafe wegen eines vor diesem Vergehen begangenen Verbrechens zu Freiheitsstrafe verurteilt wird. Durch § 78 StGB. in der Fassung des neuen GeldStrG. ist jetzt die Frage in dem Sinne der herrschenden Meinung entschieden.

39. Erkannt wird auf die Geldstrafe, nicht auf die eigentlich verwirkte Freiheitsstrafe. Deshalb ist es selbstverständlich, daß die Gebühr nach der Höhe der bekannten Geldstrafe und nicht nach der verwirkten Freiheitsstrafe sich richtet. Nur um Zweifel auszuschließen, ist dies in § 59 des Gerichtskostenges. in der Fassung des Ges. zur Änderung des Gerichtskostenges. vom 21. Dez. 1922 (RGBl. I S. 1) ausgesprochen worden. Dieser Paragraph, der sich seinem Wortlaut nach nur auf § 3 des alten GeldStrG. bezieht, ist deshalb unmittelbar auch auf § 27b StGB. in der Fassung des neuen GeldStrG. und der neuen Verm.StrVO. anwendbar, ohne daß es einer Gesetzesänderung bedarf.

40. Wenn die erkannte Geldstrafe nicht beigetrieben werden kann, tritt im Falle des § 27b ohne weiteres die verwirkte Freiheitsstrafe an ihre Stelle (so jetzt, um jeden Zweifel auszuschließen, StGB. § 29 Abs. 4). Es braucht daher eine besondere Ersatzstrafe im Sinne des § 29 StGB. gar nicht ausgeworfen zu werden. Geschieht dies aber, so muß diese mit der verwirkten Freiheitsstrafe genau übereinstimmen. Die verwirkte Freiheitsstrafe muß, da sie als Ersatzstrafe zu dienen hat, zweckmäßigerweise in dem Urteilstenor angegeben sein (vgl. oben Anm. 36). In der bad. Allg. Verf. vom 15. Febr. 1922 (bad. JMBl. S. 15) Ziff. 2 wird bemerkt, daß die „an Stelle der erkannten Geldstrafe verwirkte Freiheitsstrafe" im Urteil oder Strafbefehl bestimmt werden müsse und empfohlen, dies etwa in folgender Weise zu tun: „Als Ersatzfreiheitsstrafe ist für je x M. ein Tag Gefängnis (Haft) verwirkt." Ist ein Teil der Geldstrafe bezahlt, so tritt selbstverständlich nicht die gesamte verwirkte Freiheitsstrafe an ihre Stelle, sondern nur derjenige Teil, der der nicht bezahlten Geldstrafe entspricht. Der Verurteilte ist auch jederzeit in der Lage, die weitere Vollstreckung der Freiheitsstrafe durch Zahlung der Geldstrafe abzuwenden.

41. Die Umwandlung in eine Geldstrafe ist auch dann zulässig, wenn neben der verwirkten Freiheitsstrafe noch auf eine Geldstrafe erkannt wird (Wunderer S. 48; OLG. Dresden, JW. 1923 S. 422). Auf diese Geldstrafe ist besonders zu erkennen, desgleichen auf die an ihre Stelle im Falle der Nichtbeitreibung tretende Freiheitsstrafe.

42. Auf Geldstrafe ist zu erkennen, wenn der Strafzweck durch eine Geldstrafe erreicht werden kann. Was Strafzweck ist, sagt der Gesetzgeber nicht. Das geltende Recht kennt viele Fälle, in denen nur Freiheitsstrafe angedroht ist. In allen diesen Fällen hat der Gesetzgeber bis zum Inkrafttreten des alten GeldStrG. geglaubt, daß der Strafzweck eine Bestrafung lediglich mit einer Geldstrafe ausschließe. Dies auch dann, wenn neben der zwangsweisen Freiheitsstrafe auf Geldstrafe erkannt werden mußte oder konnte. Soweit als zwangsweise Freiheitsstrafen nicht mindestens drei Monate oder mehr angedroht sind, ist künftig — von der Ausnahme des Abs. 2 abgesehen — auf Geldstrafe zu erkennen, wenn der Strafzweck durch sie erreicht werden kann. Der Gesetzgeber ist also jetzt grundsätzlich der Ansicht, daß auch in diesen Fällen möglicherweise durch Verurteilung zu einer Geldstrafe der Strafzweck erreicht werden kann. Der Gesetzgeber hat nun entweder seine Ansicht über den Strafzweck geändert, oder aber er hält die tatsächlichen Voraussetzungen, von denen das Gesetz bisher ausging, für irrig.

Es hat nicht lediglich theoretisches Interesse festzustellen, was der Gesetzgeber als Strafzweck ansieht, auch abgesehen davon, daß irrige Auffassung des Gerichtes von dem Strafzweck einen Revisionsgrund abgeben kann (vgl. Anm. 59). Die Bestimmung wird nur dann im Geiste des Gesetzes zur Anwendung kommen, wenn der Strafzweck richtig aufgefaßt wird; sonst wird von dem Ersatz der Freiheitsstrafe durch Geldstrafe entweder zu häufiger oder — was näher liegt — zu selten Gebrauch gemacht werden.

Da sich der Gesetzgeber weder in dem Gesetz noch in der Begründung des alten oder des neuen GeldStrG. über den Strafzweck im Sinne dieser Vorschrift ausgesprochen hat, können nur die, soweit erkennbar, für den Gesetzgeber maßgebenden Gesichtspunkte dargelegt werden.

43. Nach StPO. § 488 Abs. 1 kann auf Antrag der Verurteilten die Vollstreckung aufgeschoben werden, sofern durch die sofortige Vollstreckung dem Verurteilten oder seiner Familie erhebliche „außerhalb des Strafzwecks liegende" Nachteile erwachsen. Darüber, wann diese Voraussetzung gegeben ist, äußern sich Löwe und die andern Kommentare zur StPO. nicht. Als Strafzweck im Sinne dieser Vorschrift kann nur der Zweck der Strafvollstreckung in Frage kommen. Ob dieser Strafzweck mit dem Zweck der Strafverhängung identisch ist (so Nagler, „Die Strafe. Eine juristisch-empirische Untersuchung", 1. Hälfte, Leipzig 1918, S. 69ff.; Sauer, „Grundlagen des Strafrechts", Berlin und Leipzig 1921 S. 154ff.; a. M. in Monatsschrift für Kriminalpsychologie Bd. 6 S. 391ff.; Mayer S. 419) kann dahingestellt bleiben.

44. Nach der Allg. Verf. vom 19. Okt. 1920 (JMBl. S. 564) in der Fassung der Allg. Verf. vom 15. Juni 1921 (JMBl. S. 349) und vom 29. Juni 1921 (JMBl. S. 369) § 3b wird es als „Strafzweck", d. h. in diesem Zusammenhang als Zweck der Strafverbüßung, hingestellt, daß der Verurteilte sich in Zukunft straffrei führen werde. Wenngleich diese Bestimmung durch Erlasse des Reichspräsidenten und des Reichsjustizministers auch auf die von den außerordentlichen Gerichten Verurteilten für anwendbar erklärt worden ist, so erscheint es doch bedenklich, sie als eine maßgebende Auslegung des von dem Gesetzgeber verfolgten Strafzwecks anzusehen.

45. Bei der Wahl der Strafart handelt es sich um Strafzumessung. Diese ist Fortsetzung der gesetzgeberischen Tätigkeit (Birkmeyer, Schuld S. 12f.). Es ist daher notwendig zu erforschen, von welchen Grundsätzen der Gesetzgeber ausgegangen ist. Ein ausdrücklicher Ausspruch des Gesetzes, was es unter Strafzweck versteht, wie ihn noch Kloß auf der 17. Versammlung der deutschen Landesgruppe der JKV. im Mai 1921 gefordert hat („Strafensystem und Strafzumessung sowie Maßregeln der Besserung und Sicherung nach dem Entwurf zu einem Deutschen Strafgesetzbuch von 1919", Göttingen 1921 S. 28), ist zwar möglich aber nicht üblich, auch nicht erforderlich. Es wäre aber erwünscht gewesen, daß wenigstens die Motive sich darüber ausließen (Birkmeyer, Schuld S. 2, 13; Studien S. 152; Hafter auf der 17. Versammlung der deutschen Landesgruppe der JKV. a. a. O. S. 20); dies ist aber nicht geschehen. StGB. § 27b in der neuen Fassung geht auf § 3 des alten GeldStrG. zurück. Das alte GeldStrG. steht aber im engen Zusammenhang mit dem E. 1919, der wiederum auf den VE. zurückgeht; der VE. hat seine Grundlage in dem geltenden StGB. Aus einer geschichtlichen Betrachtung, was von dem geltenden StGB. und dem Entwurf als Strafzweck angesehen wird, mag sich daher eine ausreichende Grundlage zur Bestimmung des Begriffs ergeben. Es ist nicht zu verkennen, daß die Gefahr besteht, „daß die von dem Gesetzgeber ohne Richtlinien gelassene Praxis den Strafzweck nicht immer richtig auslegt." Es bedeutet aber eine Überschätzung des Wertes derartiger Richtlinien für die Strafrechtspflege, wenn Gerland, „Deutsches Reichsstrafrecht", Berlin und Leipzig 1922, S. 544 Anm. 4 bei dieser Gelegenheit darauf hinweist, daß der Gesetzgeber „die ungeheure Gefahr" zu verkennen scheine, die „die Verwendung bloßer Phrasen im Gesetz" für die Praxis mit sich bringe.

46. Das geltende StGB. hat sich bemüht, die Strafe in das richtige Verhältnis zu der Tat zu setzen, hat aber nicht versucht ihr einen Zweck zu setzen; es will nicht mehr, als daß die Strafe den Schuldigen treffe. Die Strafrechtstheorie des geltenden Rechts ist die Verbrechensvergeltung; die Strafe muß der Schuld entsprechen, die Strafe soll gerechte Vergeltung sein, zwischen Schuld und Strafe muß Proportionalität bestehen (Mayer S. 452ff., 492ff.). Diese Auffassung des positiven Rechts überläßt aber der Tätigkeit der Strafvollzugsorgane ein weites Feld, das schon längst im Sinne der Verbrechensbekämpfung ausgebaut ist (Mayer S. 454 Anm. 2). Für den Strafvollzug trifft die Lehre von Liszt zu, daß die Strafe bezwecke, den Augenblicksverbrecher abzuschrecken, den besserungsfähigen Zustandsverbrecher zu bessern, den unverbesserlichen Zustandsverbrecher unschädlich zu machen (Aufsätze I S. 165f., II S. 173, 208; Radbruch, Einführung in die Rechtswissenschaft 3. Aufl. Leipzig 1919 S. 87ff.; Birkmeyer, Studien S. 50ff.). Wenn auch die Strafverbüßung keineswegs ausschließlich von dem Gedanken der Spezialprävention beherrscht sein darf, sondern daneben auch auf die Generalprävention Rücksicht genommen werden muß, so gilt dies doch noch in weit höherem Maße von der Strafverhängung. Für sie trifft es nach geltendem Recht zu, daß der Zweck der Strafe die Bewährung der Rechtsordnung ist, daß die Strafe der Schuld entsprechen muß, daß nur innerhalb dieser Grenzen Besserung, Abschreckung, Sicherung zulässig ist (Allfeld, Der Einfluß der Gesinnung des Verbrechers auf die Bestrafung, Leipzig 1909 S. 56ff.; Beling, „Methodik der Gesetzgebung, insbesondere der Strafgesetzgebung", Berlin-Grunewald 1922 S. 50ff.; vgl. ferner Kohlrausch bei Aschrott und von Liszt, Die Reform des Strafgesetzbuches, Berlin 1910 I S. 184 und Coenders, Richtlinien aus den Lehren Feuerbachs für die moderne Strafrechtsreform, Tübingen 1914 S. 5 Anm. 1).

47. VE. S. IX spricht sich folgendermaßen über den Zweck der Strafe aus: „Die Zwecke der Strafe lassen sich nicht lediglich aus einem Gesichtspunkt erfassen, sondern wie fast alle menschlichen Einrichtungen aus mehreren; Vergeltung, Besserung, Schutz der Gesellschaft, General- und Spezialprävention liegen zusammen in ihr beschlossen. Allen diesen Zwecken hat der Gesetzgeber Beachtung zu schenken." S. X wird gesagt, daß der Entwurf zwar im allgemeinen auf dem Boden der klassischen Strafrechtsschule stehe, jedoch insbesondere durch die Aufnahme des bedingten Strafaufschubs und der sichernden Maßnahmen der modernen Schule Zugeständnisse gemacht habe. Auch Mayer S. 424 bemerkt, daß die Strafe immer mehreren Zwecken gedient habe. Wenn es auch zutreffend ist, daß bald der Vergeltungsgedanke und bald der Sicherungsgedanke bestimmte Einrichtungen des Strafrechts beherrschen kann, daß insbesondere auch bei der Strafbemessung, zu der ja auch die Wahl der Strafart gehört, beide Gesichtspunkte berücksichtigt werden können, so ist andererseits doch nicht zu verkennen, daß beide Gedanken in ihrer strengen Durchführung in vielen Fällen zu entgegengesetzten Ergebnissen führen. Dies hat Birkmeyer, Schuld, in der Kritik des § 43 des österreichischen VE. dargetan. Es ist infolgedessen erforderlich, daß einer der beiden Gedanken der beherrschende ist. Dies ist aber für den VE. wie auch für den österreichischen und den schweizerischen VE. — im Gegensatz zu dem italienischen — der Vergeltungsgedanke.

48. E. 1919 betont in stärkerem Maße den Sicherungsgedanken. Er spricht S. 11 von dieser Auffassung, daß die Strafe nach Art und Maß der Persönlichkeit anzupassen sei. S. 26 wird bemerkt, der Entwurf stehe auf dem Standpunkt, daß der Täter und nicht die Tat zu bestrafen sei, wenngleich auch die verschuldeten und unverschuldeten Folgen der Tat bei der Strafzumessung berücksichtigt werden müssen, wenn das Gericht zu einem dem Rechtsempfinden des Verletzten und der

Allgemeinheit entsprechenden Urteil gelangen wolle. Auch E. 1919 steht noch auf dem Vergeltungsstandpunkt (vgl. dazu Beling, „Methodik der Gesetzgebung, besonders der Strafgesetzgebung", Berlin-Grunewald 1922 S. 55), berücksichtigt aber weitgehender den Sicherungszweck.

49. Aus diesem Gedankenkreis ist zu entnehmen, was Strafzweck im Sinne des § 3 des alten GeldStrG., des jetzigen § 27b StGB. bedeutet. Wenn auch die Begr. zu dem alten GeldStrG. S. 3 erklärt, das Verhältnis von Geldstrafe zu Freiheitsstrafe von Grund auf neu zu ordnen, müsse der allgemeinen Reform des Strafrechts vorbehalten bleiben, so dient diese Bestimmung doch der möglichsten Einschränkung der kurzzeitigen Freiheitsstrafen, einer aus Gründen der Spezialprävention erhobenen Forderung der modernen Strafrechtsschule. Man wird daher davon auszugehen haben, daß als Strafzweck in diesem Sinne zu verstehen ist die Spezialprävention durch Abschreckung — Besserung oder Unschädlichmachung kommen hier nicht in Frage. Wie aber auch Anhänger der Spezialprävention insbesondere auch von Liszt, Aufsätze I S. 399, zugeben, daß jedenfalls die Strafart mit Rücksicht auf das Rechtsbewußtsein der Bevölkerung nach der Schwere des Verbrechens bestimmt werden muß, und wie auch in E. 1919 auf ein dem Rechtsempfinden des Verletzten und der Allgemeinheit entsprechendes Urteil Gewicht gelegt wird, so wird man auch hier nicht stets dann, wenn der Täter durch Verhängung einer Geldstrafe anstatt der verwirkten Freiheitsstrafe hinreichend abgeschreckt werden würde, eine Geldstrafe verhängen dürfen. Daß auf den Abschreckungszweck der Strafe nicht verzichtet werden darf, betont richtig auch Ellger, „Der Erziehungsgedanke im Strafvollzug" (Halle 1923) S. 14.

50. Daß diese Auslegung zutreffend ist, dafür spricht auch die Begründung des Jugendgerichtsgesetzentwurfs vom 24. Oktober 1922 (Reichstag I. 1920/22 Drucks. Nr. 5171) zu §§ 5 und 6. Nach § 5 des Jugendgerichtsgesetzes vom 16. Febr. 1923 (RGBl. I S. 135) hat das Gericht, wenn ein Jugendlicher eine mit Strafe bedrohte Handlung begeht, zu prüfen, ob Erziehungsmaßregeln erforderlich sind. In dem Entwurf war noch hinzugefügt, wozu die Erziehungsmaßregeln erforderlich sein müssen, nämlich erforderlich, um den Jugendlichen an ein gesetzmäßiges Leben zu gewöhnen. Dieser Zusatz ist weggefallen, weil man diese Zweckbestimmung der Erziehungsmaßregeln für selbstverständlich hielt (vgl. Hellwig, Das Jugendgerichtsgesetz, Berlin 1923, § 5 Anm. 3). Nach § 6 ist von Strafe abzusehen, wenn das Gericht Erziehungsmaßregeln für ausreichend hält, d. h. für ausreichend, um den Jugendlichen an ein gesetzmäßiges Leben zu gewöhnen (Hellwig, Jugendgerichtsgesetz § 6 Anm. 6). Hiernach muß es also scheinen, als verfolge die Strafe bei Jugendlichen lediglich den Zweck der Spezialprävention. Und doch geht aus der Begründung zu §§ 5 und 6 hervor, daß auch Jugendlichen gegenüber die Frage, ob Erziehungsmaßregeln angeordnet oder Strafe verhängt werden soll, nicht ausschließlich unter dem Gesichtspunkte der Spezialprävention betrachtet werden soll. Es heißt da, es werde „zwar auch in erster Linie auf die Persönlichkeit des Täters und den Eindruck Rücksicht zu nehmen sein, den die Anordnung und Durchführung der Erziehungsmaßregeln auf ihn voraussichtlich machen werden. Wie bei der Zumessung der Strafe können aber diese Erwägungen nicht allein entscheiden. Es wird der Eindruck mit in Betracht zu ziehen sein, den ein Absehen von Strafe und der Ersatz der Strafe durch eine Erziehungsmaßregel auf die Allgemeinheit macht; auch auf einen berechtigten Anspruch des Verletzten auf Genugtuung wird das Gericht Rücksicht zu nehmen haben". (Vgl. auch Kiesow, Jugendgerichtsgesetz, Mannheim 1923, § 6 Anm. 1; Francke, Das Jugendgerichtsgesetz, München 1923, § 6 Anm. II; unrichtig dagegen Kohlrausch in Verhandlungen des 5. deutschen Jugendgerichtstages in Jena 1920, Berlin 1922, S. 9.)

50a. Der Strafzweck ist nicht identisch mit dem Zweck der Strafvollstreckung. Wenn auch die Mängel der kurzzeitigen Freiheitsstrafe, die vor allem den Anlaß zu ihrem Ersatze durch Geldstrafen gegeben haben, fast ausschließlich erst bei der Strafvollstreckung hervortreten, so erschöpft sich der Strafzweck im Sinne des § 27b StGB. doch nicht in dem Zweck der Strafvollstreckung. Es ist auch der Zweck der Strafandrohung und der Strafverhängung ohne Rücksicht auf die Vollstreckung der Strafe zu berücksichtigen. Es ist deshalb durchaus zulässig, z. B. wegen eines Vergehens auf eine Freiheitsstrafe von einem Monat zu erkennen, durch gleichzeitigen Beschluß aber die Vollstreckung der Freiheitsstrafe gegen Zahlung einer Geldbuße von 3000 Goldmark auszusetzen. Dadurch, daß das Gericht trotz der zwingenden Vorschrift des § 27b StGB. nicht auf eine Geldstrafe erkannt hat, hat es zum Ausdruck gebracht, daß der Strafzweck durch eine Geldstrafe nicht erreicht werden kann. Wenn das Gericht trotzdem gleichzeitig die Vollstreckung der Freiheitsstrafe aussetzt gegen Zahlung einer Geldbuße, deren Wirkung auf den Verurteilten derjenigen einer Geldstrafe völlig oder fast völlig gleichkommt, erklärt es keineswegs, daß der Strafzweck auch durch eine Geldstrafe hätte erreicht werden können. Selbst über die Frage, ob nicht Vollstreckung der Freiheitsstrafe erforderlich sein wird, hat das Gericht, das die Vollstreckung aussetzt, ein endgültiges Urteil noch nicht abgegeben. Das Gericht ist also noch gar nicht zu der Überzeugung gelangt, daß der Strafzweck im Sinne des Zweckes der Strafvollstreckung, durch eine Geldstrafe erreicht werden könne. Aber auch davon abgesehen, ist die Wirkung eines auf Freiheitsstrafe lautenden Erkenntnisses auf die Allgemeinheit und wünschenswerterweise auch auf den Angeklagten — auch von der Frage der möglichen Vollstreckung abgesehen — eine andere als die eines auf Geldstrafe lautenden Urteils: Die Tat wird dadurch als eine weit schwerere gekennzeichnet. Auch die für Geldstrafe und Freiheitsstrafe verschiedenen Bestimmungen des Ges. über beschränkte Auskunft aus dem Strafregister vom 9. April 1920 (RGBl. S. 507) in der Fassung des Jugendgerichtsges. vom 27. Februar 1923 (RGBl. I S. 135) sowie der neuen VermStrVO. Art. X und die Bestimmungen der Strafregisterverordnung vom 12. Juni 1920 in der Fassung der Verordnung vom 24. November 1923 (Reichsministerialblatt S. 1091) zeigen, daß auch der Zweck der Strafverhängung als selbständiger Strafzweck anerkannt werden muß.

51. In der Literatur zu dem alten GeldStrG. ist die Frage des Strafzwecks mehrfach erörtert worden.

Lobe, RGK. S. 137 in Anm. 4 zu § 3 des alten GeldStrG. legt das Hauptgewicht auf die Berücksichtigung der Persönlichkeit und der wirtschaftlichen Verhältnisse des Täters. Es komme darauf an, welchen Zweck der Gesetzgeber, nicht die zahlreichen Theorien über die Strafe, mit der Strafzufügung verfolgten: „Vor allem muß die Strafe ein empfindliches Übel für den Täter bleiben, nicht nur ein Geschäftsverlust, den er wie andere Geschäftskosten in seine allgemeinen Spesen einrechnet. Es muß ferner die Geldstrafe als ein gleichwertiges Übel wie die verwirkte Freiheitsstrafe vom Täter empfunden werden und danach insbesondere ihre Höhe bemessen werden." Im übrigen verweist Lobe auf die Einleitung S. 16, wo die Vergeltung als eigentlicher Zweck der Strafe dargestellt und ausgeführt wird, daß die Strafe nach geltendem Recht daneben auch der Abschreckung, Besserung und Sicherung diene. Hiernach scheint auch Lobe, soweit der Strafzweck im Sinne des GeldStrG. in Frage kommt, das Hauptgewicht auf die Spezialprävention zu legen, daneben aber auch der Generalprävention einen erheblichen Einfluß zuzugestehen.

Liepmann führt bei einer Besprechung meines Kommentars in Z. f. StrW. 43 S. 707f. aus, mit meiner Formel sei wenig erreicht, da sie im Gegensatz zu dem

Singular des Gesetzes mit einer Mehrheit von Strafzwecken arbeite. Ebensowenig helfe die Auslegung Lobes: „In Wahrheit ist die gesetzliche Anweisung nicht zu erfüllen, weil es eben nicht einen, sondern sehr viele Strafzwecke gibt. Daher hat es hier noch weniger als sonst einen Sinn, den ‚Willen des Gesetzgebers' zu erforschen. Darüber aber kann kein Zweifel sein, daß der Sinn des GeldStrG. aus dem Mißtrauen gegen die kurze Freiheitsstrafe und der Überzeugung von der kriminalpolitischen Überlegenheit der Geldstrafe gegenüber einer Freiheitsstrafe bis zu drei Monaten zu entwickeln ist. Im Zweifel ist daher gemäß diesem Grundmotiv die Geldstrafe vorzuziehen. Ausnahmsweise erscheint sie ungenügend, wenn nämlich eine Geldstrafe dem Täter keinen Eindruck machen würde — er verdient so leicht sein Geld, daß er unempfindlich bliebe auch gegen eine hohe Geldstrafe."

Während es Liepmann anscheinend ausschließlich auf die Spezialprävention abstellt, will Oetker S. 169ff. vorwiegend, aber nicht ausschließlich, die Generalprävention berücksichtigen. Auf dem gleichen Standpunkt steht auch Klee in der Besprechung meines Kommentars in DStrZ. 1922 S. 188.

Ich kann demgegenüber nur bei meinen früheren Ausführungen, die mir die rechte Mitte innezuhalten scheinen, verbleiben.

32. In der Rechtsprechung zu dem alten und zu dem neuen GeldStrG. ist der Strafzweck meines Wissens nur von dem OLG. Dresden (JW. 1923 S. 421f.) erörtert worden. Das Urteil führt nach dieser Richtung folgendes aus:

„Nach § 3 ist vom Richter an Stelle der verwirkten Freiheitsstrafe auf Geldstrafe zu erkennen, wenn der Strafzweck durch eine Geldstrafe erreicht werden kann. Was unter Strafzweck zu verstehen ist, darüber ist weder im Gesetz selbst noch in der Begründung etwas gesagt. Die Erörterung der von den Strafrechtstheorien verschieden beantworteten Frage nach dem Grund und Zweck des Strafrechts überhaupt, also nach dem vernunftmäßigen Wesen der Strafe wird immer nur gewisse allgemeine Anhaltspunkte bieten können. Wird die Strafe vom Gesetzgeber ausschließlich oder in erster Linie als Rechtsfolge des strafrechtswidrigen Handelns und damit als das dem Täter als gerechte Vergeltung seiner Straftat vom Staate im öffentlichen Interesse auferlegte äußere (die äußeren Lebensgüter ergreifende) Strafübel aufgefaßt (Begr. z. Vorentwurf StGB. v. J. 1909 S. IX und S. 113, Denkschrift z. StGB.-Entwurf von 1919 S. 5 und S. 5, 96), so kann als Zweck der Strafe in § 3 Abs. 1 des GeldStrG. begrifflich nur die Vorstellung von der zukünftigen Wirkung der Strafe auf den Täter als Bestimmungsgrund für die Zufügung des Strafübels gedacht werden. Die Strafe hat als Ursache der von ihr bezweckten Vollstreckungswirkung zeitlich vorauszugehen, die Wirkung der Strafe der Verhängung des Strafübels zeitlich nachzufolgen."

„Die nicht den Schuld sondern nur den Strafausspruch angehende Frage nach der Erreichbarkeit des Strafzwecks kann füglich vom Richter stets nur unter Würdigung aller Umstände des konkreten Einzelfalles entschieden werden und ihre Beantwortung wird insbesondere davon abhängen, ob die Geldstrafe im Einzelfalle auf den Täter nach jeder Richtung hin in Zukunft die gleiche Wirkung ausüben kann wie die an sich verwirkte Freiheitsstrafe ... Zu § 3 des GeldStrG. die Frage so zu stellen, ob durch eine Geldstrafenverhängung an Stelle der Freiheitsstrafenverhängung der Strafzweck erreicht werden könne, ist nicht angängig und es ist dementsprechend nicht zulässig, den Gesichtspunkt der Vollziehbarkeit und der Vollstreckungswirkung hier auszuscheiden. Mag zu anderen Gesetzen über die Erreichbarkeit des Strafzwecks schon durch die Verhängung einer (vielleicht nicht vollziehbaren) Strafe gestritten werden, so läßt sich jedenfalls zu § 3 des GeldStrG. die bejahende Rechtsmeinung nicht vertreten, wird doch die Freiheitsstrafe hier durch Geldstrafe nicht ausgeschaltet, vielmehr wird die Freiheitsstrafe, sei es in der Urteilsformel, sei es in den mitzuverkündenden Urteilsgründen, nach wie vor als verwirkt bezeichnet (§ 3 Abs. 2 Satz 1 des GeldStrG.)."

In diesem Urteil kommt zum Ausdruck, daß die Spezialprävention der beherrschende Gesichtspunkt ist, daß aber daneben doch dem Gedanken der Generalprävention Beachtung zu schenken ist.

53. Der Strafzweck im Sinne des § 27b StGB. in der jetzigen Fassung ist derselbe wie der Strafzweck im Sinne des § 3 des alten GeldStrG. Auch künftig wird man also dem Gedanken der Spezialprävention den maßgebenden, wenn auch nicht unbeschränkten Einfluß gewähren müssen, wenn man dem Gedanken des Gesetzes gerecht werden will. Es geht nicht an, aus der Tatsache, daß es sich seit dem Inkrafttreten des neuen GeldStrG. nicht mehr um die Bestimmung eines modernen Sondergesetzes, sondern um einen formellen Bestandteil des StGB. handelt, zu schließen, daß die Gedankengänge, die dem StGB. in seiner ursprünglichen Fassung zugrunde liegen, auf diese Bestimmung zu übertragen seien und von diesem Gedankengange aus die Generalprävention stärker zu betonen sei. Im Gegenteil ist durch die Aufnahme des bisherigen § 3 des GeldStrG. in das StGB. stärker als bisher der Gedanke zum Ausdruck gekommen, daß die neuere Auffassung der Strafe auch über den unmittelbaren Kreis des § 27b StGB. hinaus von entscheidendem Einfluß auf die Auslegung der sonstigen Strafbestimmungen des StGB. und der strafrechtlichen Nebengesetze zu sein hat.

54. Dafür, wann der Gesichtspunkt der Spezialprävention gegenüber dem Gedanken der Generalprävention zurückzutreten hat, lassen sich allgemeine Gesichtspunkte kaum angeben. GE. § 84 hat die Anwendung der Vorschrift auf Personen beschränkt, die wegen eines Verbrechens oder Vergehens noch nicht verurteilt sind und von dem Grundsatz daß bei ihnen, wenn das Gesetz die Wahl zwischen Freiheitsstrafe und Geldstrafe gestattet, auf Geldstrafe zu erkennen sei, für den Fall eine Ausnahme gemacht, daß die Geldstrafe außer allem Verhältnis zu der besonderen Schwere des Falles (§ 89) oder der Ehrlosigkeit der bekundeten Gesinnung stehen würde. Ein besonders schwerer Fall liegt nach ihm vor, wenn die verschuldeten Folgen der Tat bedeutend sind, oder der verbrecherische Wille des Täters besonders stark und verwerflich erscheint Diese Gesichtspunkte werden nur in vorsichtiger Weise zur Auslegung des § 27b StGB. verwertet werden dürfen.

55. Aus der positiven Fassung („wenn der Strafzweck durch eine Geldstrafe erreicht werden kann") ergibt sich, daß das Gericht die positive Überzeugung erlangen muß, daß der Strafzweck in dem betreffenden Fall tatsächlich durch eine Geldstrafe erreicht werden kann. Kann das Gericht diese Überzeugung nicht erlangen, so hat es bei der ursprünglich vom Gesetzgeber als angebracht gehaltenen Freiheitsstrafe zu verbleiben. Man kann also nicht sagen, daß eine Vermutung zugunsten der Erreichung des Strafzwecks durch eine Geldstrafe spreche (a. M. Liepmann, ZfStrW. 43 S. 707). Das Gegenteil ist der Fall. Diese grundsätzliche Vermutung zugunsten der Freiheitsstrafe wird allerdings in der Praxis bei sorgsamer Prüfung der Umstände im einzelnen Fall in der Regel entkräftet werden, so daß in der Regel das Gericht sich für die Geldstrafe entscheiden wird. Es kommt das aber immer auf den einzelnen Fall an. Im Zweifel hat die Umwandlung jedenfalls zu unterbleiben. Der Grundsatz, daß im Zweifel zugunsten des Angeklagten zu entscheiden sei, kann hier nicht zur Anwendung kommen, schon um deswillen nicht, weil es sich bei der Bestimmung des § 27b StGB. im wesentlichen gar nicht um eine zugunsten des Angeklagten gegebene Bestimmung handelt.

56. Aus Abs. 2 ergibt sich, daß der Gesetzgeber meint, daß die besonderen Zwecke, denen die Vorschriften des MStG. dienen, namentlich die Aufrechterhaltung der Manneszucht, eine Verhängung von Geldstrafen stets ausschließe. Ob dieser Grundsatz ausnahmslos richtig ist — man denke an besonders leichte Vergehen gegen §§ 114, 137, 138, 144, 146, 147, 150 — mag dahingestellt bleiben. Vgl. auch Anm. 71.

Im übrigen lassen sich keine allgemeinen Grundsätze aufstellen. Es sind nach dem VE. S. 109 viele strafbare Handlungen ihrer Natur nach selbst in leichteren Fällen so schwerwiegend für die Rechtsordnung, daß sie aus Gründen der General- und Spezialprävention mit Geldstrafe nicht geahndet werden können. Ebenso Mohr S. 57, nach dem die Geldstrafe, abgesehen von den Delikten aus Gewinnsucht, nur bei Delikten mit denkbar leichten Begehungsformen eine erweiterte Anwendung finden kann, also von vornherein bei den schwereren, eine schimpfliche und ehrlose Gesinnung verratenden Delikte auszuscheiden hat. Über die Abgrenzung der schwereren Delikte wird allerdings nicht in allen Fällen Übereinstimmung zu erzielen sein. Mohr nennt beispielsweise Sittlichkeitsverbrechen, Meineid, Ehebruch, hält dagegen S. 68f. bei der einfachen Kuppelei und insbesondere bei dem Diebstahl Geldstrafen unter Umständen für angebracht. Das wird im allgemeinen wohl zutreffen, immerhin sind auch bei den Sittlichkeitsverbrechen (§ 175), bei dem Meineid (§§ 159, 160), bei dem Ehebruch wohl immer Fälle denkbar, in denen die Verhängung einer Geldstrafe ausreicht. Auch beim Betteln, Landstreichen und bei der Gewerbsunzucht wird in der Regel die Verhängung einer Geldstrafe nicht in Frage kommen. Desgleichen nicht bei Münzvergehen. § 27b kommt zwar auch für Steuerstrafsachen in Betracht (Boethke, Deutsches Steuerblatt Bd. 4 S. 320), hat aber für sie nur geringe Bedeutung (Beck, Steuerarchiv Bd. 25 S. 57). Heinrich, „Handbuch des Steuerstrafrechts", Berlin 1923, S. 20ff. druckt StGB. § 27b zwar ab, erörtert ihn aber nicht. Oetker S. 202 macht mit Recht darauf aufmerksam, daß für die Wahl der Strafart in erster Linie entscheidend sein müsse das Wesen des Rechtsbruchs, wie es gesunder Volksanschauung erscheine und die von ihr geforderte Reaktionsart. Von diesem Gesichtspunkt tadelt er die zu weitgehende Verwendung der Geldstrafe in E. 1919 und führt S. 207ff. eine Reihe von Straftaten an, bei denen im allgemeinen eine Geldstrafe nicht angebracht ist. Als Richtlinien können diese Ausführungen berücksichtigt werden; doch kann im Einzelfall auch bei solchen Straftaten, die im allgemeinen einer Bestrafung durch eine Geldstrafe nicht zugänglich erscheinen, der Strafzweck durch eine Geldstrafe tatsächlich erreicht werden. Es kann nur im einzelnen Fall unter Würdigung aller Umstände entschieden werden, ob der Strafzweck auch durch Verhängung einer Geldstrafe erreicht werden kann oder nicht.

Rechtlich zulässig ist die Verhängung einer Geldstrafe jedenfalls bei allen Übertretungen, allen Vergehen, bei denen keine höhere Mindeststrafe als zwei Monate Festungshaft oder Gefängnis angedroht ist. Sie ist nicht nur bei erstmalig Verurteilten zulässig (anders Mohr S. 61) auch dann, wenn der Verurteilte schon Freiheitsstrafe verbüßt hat (Goldschmidt S. 401 Anm. 1), auch dann, wenn eine früher verwirkte Geldstrafe nicht bezahlt ist und nicht beigetrieben werden konnte (Goldschmidt S. 401 und Anm. 3). Dem Sinn nach ebenso der Reichsjustizminister in der 152. Sitzung des Reichstags, Stenogr. Ber. S. 5314.

Für die Entscheidung der Frage, ob der Strafzweck durch eine Geldstrafe erreicht werden kann, wird es vor allem darauf ankommen, ob auch bei Verhängung einer Geldstrafe künftiges Wohlverhalten des Täters erwartet werden kann und erst in zweiter Linie darauf, ob durch die Verurteilung zu einer Geldstrafe dem Vergeltungsbedürfnis des Verletzten und der Allgemeinheit genügt ist. Für die erste Frage werden die Persönlichkeit des Täters, die Motive, sein Vorleben, aber auch die Verhältnisse, unter denen er lebt, sein Verhalten nach der Tat usw. eine Rolle spielen.

Wunderer S. 46 bemerkt richtig, das Gesetz gehe offenbar davon aus, daß grundsätzlich bei keiner Vergehensart, soweit die sonstigen Voraussetzungen gegeben seien, der Strafzweck die Verhängung einer Geldstrafe ausschließe. Doch sei alles dem Richter und der Praxis anheimgegeben. Manche Delikte, so § 181a StGB. seien wenig für eine Geldstrafe geeignet, so daß bei ihnen die Geldstrafe nur höchst selten fähig sein werde, ihren Zweck zu erfüllen. Bei anderen sei dies leichter der Fall: „Es kommt ganz auf die Lage des Einzelfalles an. Was wird die Regel, was die Ausnahme? Niemand weiß es. Für den Anfang wird der gute Arzt die neue Arznei mit besonderer Vorsicht geben nach gründlicher Untersuchung des Patienten und seines Leidens. Der Wille des Gesetzgebers wird sein, daß reichlich Gebrauch gemacht wird. Es soll die Geldstrafe als Sühne mehr in den Vordergrund treten und das Gefängnis von vielen Häftlingen, die nur kurz verweilen, befreien."

57. Die Frage, ob der Strafzweck erreicht werden kann oder nicht, gehört nicht zur Schuldfrage, sondern zur Straffrage; es genügte daher bisher; vom 1. April 1924 ab ist nach der Verordnung vom 4. Januar 1924 über Gerichtsverfassung und Strafrechtspflege (RGBl. I S. 15) § — auch bei der Straffrage für jede dem Angeschuldigten nachteilige Entscheidung Zweidrittelmehrheit erforderlich. Bei der Strafkammer in der Besetzung mit drei Richtern und zwei Schöffen sind also die beiden Schöffen in der Lage gegen die Ansicht der drei Richter die Anwendung des § 27b StGB. herbeizuführen, einfache Stimmenmehrheit (GVG. § 198 in Verbindung mit StPO. § 262). Es handelt sich bei der Entscheidung, ob § 27b Abs. 1 anwendbar ist, weder um mildernde Umstände, noch um Gründe, welche die Strafbarkeit vermindern oder erhöhen. StPO. §§ 297 und 295 finden daher keine Anwendung.

58. Ist in erster Instanz auf Freiheitsstrafe erkannt, so bedeutet es keine reformatio in pejus, wenn das Berufungsgericht auf Geldstrafe erkennt, auch wenn die Freiheitsstrafe kurz war, die Geldstrafe hoch ist. Denn da die Freiheit ein höheres Gut ist als das Vermögen, ist die Freiheitsstrafe im allgemeinen als die schwerere Strafart anzusehen (Olshausen § 12 Anm. 6; § 27 Anm. 1; zweifelnd Gutmann S. 146). Selbstverständlich darf aber die Ersatzfreiheitsstrafe nicht höher sein als die in erster Instanz erkannte Freiheitsstrafe.

Auf demselben Standpunkt stehen OLG. Hamm (JW. 1923 S. 423) und RG. in JW. 1923 S. 386. Dagegen Fuchs in einer Anm. zu dem Urteil des RG. unter Berufung insbesondere auf Träger, Gerichtssaal Bd. 78: Als mildere Strafart gegenüber der Freiheitsstrafe werde die Geldstrafe nur dann bezeichnet werden können, wenn das Mindestmaß der Freiheitsstrafe durchweg schwerer empfunden werde als das gesetzliche Höchstmaß der Geldstrafe; dies werde aber kaum jemals der Fall sein. Dabei wird übersehen, daß es für den rechtlichen Wert der Strafarten nicht darauf ankommt, wie sie von den von ihnen Betroffenen gewertet werden, sondern darauf, wie der Gesetzgeber sie einschätzt. Andernfalls würde man beispielsweise auch die Erziehungsmaßnahme der Anordnung der Fürsorgeerziehung, die nach dem Jugendgerichtsgesetz vom 16. Februar 1923 (RGBl. I S. 135) §§ 5, 7 durch das erkennende Gericht angeordnet werden kann, weit mehr als Strafe gewertet werden müssen als eine, wenn auch empfindliche, Geldstrafe.

Eingehender hat das OLG. Dresden seine abweichende Stellungnahme begründet, und zwar aus der Zweckbestimmung des § 3 des alten GeldStrG. heraus: „Die Vorschrift in § 3 des Gesetzes zur Erweiterung des Anwendungsgebietes der Geldstrafe und zur Einschränkung der kurzen Freiheitsstrafen beruht, wie die Bezeichnung des Gesetzes besagt, auf der rechtspolitischen Erwägung, daß dem Zwecke des Strafrechts unter Umständen auch genügt werden kann, wenn an Stelle einer an sich verwirkten Freiheitsstrafe von weniger als drei Monaten auf Geldstrafe bis zu 150000 M. erkannt wird. Damit soll jedoch nicht eine Strafmilderung ganz allgemeiner Art eingeführt werden, sondern es ist gegebenenfalls auf die Geldstrafe als auf ein der Art nach verschiedenes, der Wirkung nach aber gleichwertiges Strafübel zu erkennen. Gemäß § 3 Abs. 2 tritt an Stelle der Geldstrafe, soweit sie nicht beigetrieben werden kann, wiederum die verwirkte Freiheitsstrafe, ohne daß das Gericht bei der Umwandlung an den Maßstab des § 29 StGB. gebunden ist. Hieraus folgt zunächst, daß die sonst gültige Auffassung, die Geldstrafe sei gegenüber einer Freiheitsstrafe unter allen Umständen als das geringere Strafübel anzusehen (vgl. RGK. zu § 2 unter Vb und RG. Bd. 51 S. 327 und die dort angeführten Entscheidungen), bei der Beurteilung der Frage, ob durch Anwendung von § 3 eine reformatio in pejus i. S. von § 372 StPO. bewirkt werden kann oder ob nicht, völlig auszuscheiden hat, weil sich in solchen Fällen die an sich verwirkte Freiheitsstrafe und die erkannte Geldstrafe immer nur als ihrer Wirkung nach gleichwertige Strafübel gegenüberstehen" (JW. 1923 S. 421 f.). Diese Ausführungen erscheinen mir nicht zuzutreffen. Wenn es auch richtig ist, daß der bisherige § 3 des alten GeldStrG. nicht in erster Linie beabsichtigt, mildere Strafen einzuführen (so schon Hellwig, Altes GeldStrG. Anm. 48; ebenso RGK. S. 136 Anm. 1 zu § 3), sondern die Frucht der Erkenntnis der Nachteile kurzzeitiger Freiheitsstrafen gerade auch vom Standpunkte des öffentlichen Interesses ist, und wenn es auch ferner richtig ist, daß die Geldstrafe „an Stelle" der Freiheitsstrafe tritt, also in gewisser Hinsicht mit ihr gleichbewertet wird, so folgt daraus doch noch keineswegs, daß das Gesetz die Wirkung der Geldstrafe und der Freiheitsstrafe, an deren Stelle sie tritt, gleich wertet. Um die verwirkte Freiheitsstrafe durch eine Geldstrafe zu ersetzen, ist nur erforderlich, daß die Freiheitsstrafe mindestens so wirksam ist wie die Geldstrafe, durch sie ersetzt wird, und daß schon die Geldstrafe ausreicht, um den Strafzweck zu erfüllen. Auch dem entsprechenden Fall, daß schon auf Grund einer Strafandrohung des besonderen Teils auf eine Geldstrafe erkannt wird und an ihre Stelle im Falle der Nichtbeitreibbarkeit eine Freiheitsstrafe tritt, liegt nicht die Anschauung zugrunde, daß die Freiheitsstrafe genau die gleichen Wirkungen habe wie die Geldstrafe, an deren Stelle sie tritt. Dann würde es auch als zulässig erachtet werden müssen, daß der Verurteilte wählt, ob er die Geldstrafe bezahlen oder die Freiheitsstrafe verbüßen will. Freiheitsstrafe und Geldstrafe sind im Grunde nicht vergleichbare Größen. Sie unterscheiden sich auch in diesen Fällen nicht nur der Art, sondern auch der Wirkung nach. Die Freiheitsstrafe hat für den Verurteilten, für seine Familie und für die Allgemeinheit weitergehende, schwerwiegendere Folgen als die Geldstrafe. Daß im Falle der Nichtbeitreibbarkeit der Geldstrafe auf die Freiheitsstrafe zurückgegriffen werden muß, ist nichts als ein, vielleicht notwendiger, vielleicht aber auch wie §§ 28b und 29 Abs. 6 StGB. in der neuen Fassung und die ihm gleichlaufenden modernen Bestrebungen zeigen, vermeidbarer Versuch, das eine Strafübel, dessen Vollstreckung undurchführbar ist, durch ein andersgeartetes, über dessen ungleichartige Wirkung sich der Gesetzgeber auch klar ist, zu ersetzen. Deshalb wird man m. E. sehr wohl davon ausgehen dürfen, daß die Geldstrafe der Freiheitsstrafe gegenüber grundsätzlich das geringere Strafübel darstelle (Hellwig in JW. 1923 S. 421 f. Anm.).

In dem Fall, mit dem sich das OLG. Dresden zu befassen hatte, hatte das Schöffengericht den Angeklagten wegen Vergehens gegen § 1 der Schleichhandelsverordnung vom 7. März 1918 zu 3 Wochen Gefängnis und zu 600 M. Geldstrafe verurteilt, im Falle der Uneinbringlichkeit für je 15 M. zu einem Tag Gefängnis. Die Gefängnisstrafe wurde durch die Untersuchungshaft für verbüßt erklärt. Auf die Berufung des Angeklagten hob die Strafkammer das Urteil auf. Der Angeklagte wurde unter Anwendung des alten GeldStrG. zu 600 M. Geldstrafe und außerdem zu 25000 M. Geldstrafe verurteilt. Von den 25000 M. wurden 10000 M. durch die Untersuchungshaft für verbüßt erklärt. „Im Falle der Uneinbringlichkeit des Restes tritt an seine Stelle der Teil von drei Wochen Gefängnis, der dem Verhältnis von 25000 M. zu 21 Tagen entspricht. Diese Ersatzstrafe ist aber nicht vollstreckbar." Hierin liegt eine reformatio in pejus. Die Geldstrafe, auf die gemäß § 3 des alten GeldStrG. erkannt ist, tritt an die Stelle der verwirkten Freiheitsstrafe. Verwirkt ist aber auch die durch die Untersuchungshaft für verbüßt erklärte Freiheitsstrafe, mithin drei Wochen Gefängnis, an deren Stelle 25000 M. Geldstrafe traten. Die Anrechnung der Untersuchungshaft mußte sowohl auf die Geldstrafe als auch auf die Ersatzfreiheitsstrafe erfolgen. Es hätte zweifellos eine reformatio in pejus bedeutet, wenn nicht die ganzen drei Wochen Ersatzfreiheitsstrafe für verbüßt erklärt worden wären, sondern nur ein Teil von ihnen. Es bedeutet eine solche reformatio in pejus aber gleichfalls, wenn ein Teil der Geldstrafe, die an die Stelle der drei Wochen Gefängnis getreten ist, nicht für verbüßt erklärt ist (Hellwig in Leipziger Zeitschr. f. Deutsches Recht 1922 S. 311ff.). Auch das OLG. Dresden hielt das Verbot der reformatio in pejus für verletzt: „Unter Zugrundelegung der vorstehenden Erwägungen ist davon auszugehen, daß vom Vorderrichter bei der Entscheidung der Straffrage der Begriff des Strafzwecks und seiner Erreichbarkeit im vorligenden Falle verkannt und durch unrichtige Anwendung des § 3 des GeldStrG. zugleich im untrennbaren Zusammenhange damit gegen das Verbot der reformatio in pejus (§ 372 StPO.) verstoßen worden ist. Zwar hat das Landgericht auch seinerseits neben der obligatorischen Geldstrafe von 2500 M. die schon vom Schöffengericht ausgeworfene dreiwöchige Gefängnisstrafe als verwirkt bezeichnet und an ihrer Stelle aus § 3 des GeldStrG. auf 25000 M. Geldstrafe als auf ein den Beschwerdeführer gleich schwer treffendes Strafübel erkannt, zugleich aber unter Verletzung des Grundsatzes der sog. reformatio in pejus durch die erlittene Untersuchungshaft nur den kleineren Teil (zwei Fünftel) der erkannten Ersatzgeldstrafe als getilgt erachtet sowie im Hinblick auf § 372, aber entgegen der Vorschrift in § 3 Abs. 2 des GeldStrG. dem Geldstrafenreste von 15000 M. für den Fall seiner Uneinbringlichkeit die Vollstreckbarkeit in Form eines verhältnismäßigen Teiles der an sich verwirkten Freiheitsstrafe wieder abgesprochen und insofern im Endergebnis die Erreichbarkeit des Strafzwecks verneint. Wie der Revision zugegeben werden muß, ist der Beschwerdeführer, obwohl das erstinstanzliche Urteil nur von ihm allein angefochten war und zu seinem Nachteile nicht abgeändert werden durfte, durch diese Entscheidung der Straffrage tatsächlich schlechter gestellt und insofern härter bestraft, als er vordem nur noch 600 + 2500 M., nach dem angefochtenen Urteile aber noch 15000 + 2500 M. Strafe zur Zahlung oder Beitreibung auferlegt erhalten hat."

Eine reformatio in pejus liegt dann nicht vor, wenn in erster Instanz auf eine Freiheitsstrafe erkannt worden ist, diese aber unter Auferlegung einer Geldbuße (Hellwig, Jugendgerichtsgesetz, Berlin 1923 § 7 Anm. 8; Die bedingte Aussetzung der Strafvollstreckung in Preußen und im Reich, 2. Aufl. Berlin 1922 im Sachverzeichnis) oder ohne Auferlegung einer Buße ausgesetzt worden ist, während die zweite Instanz auf Grund des § 27b StGB. auf eine Geldstrafe erkennt.

Es macht dabei keinen Unterschied, ob die Aussetzung der Strafvollstreckung durch das Gericht kraft gesetzlicher Ermächtigung (Jugendgerichtsgesetz vom 16. Februar 1923, RGBl. I S. 135) oder aber kraft Übertragung des Gnadenrechts (so auf Grund der pr. Allgem. Verf. vom 19. Okt. 1920, JMBl. S. 564 in der Fassung der Allgem. Verf. vom 15. Juni 1921, JMBl. S. 349, und vom 19. Juni 1921, JMBl. S. 369) erfolgt. Die Entscheidung ergibt sich aus dem Grundsatz, daß die Geldstrafe der Freiheitsstrafe gegenüber stets die mildere Strafart ist.

Das Verbot der reformatio in pejus hat in Zeiten steigender Geldentwertung zu höchst unerfreulichen Ergebnissen geführt. Selbst wenn das Schöffengericht auf eine zur Zeit der Urteilfällung genügende Geldstrafe erkannt hat, ist diese Geldstrafe, wenn die Berufungsstrafkammer entscheidet und erst recht dann, wenn sie vollstreckt wird, bei weitem schon nicht mehr ausreichend, um als empfindliches Strafübel zu wirken (Hellwig, JW. 1923 S. 361ff.; GeldStrG., 2. Aufl. Anm. 58 am Ende). Um diesen Übelstand zu beseitigen, führte VermStrG. Art IV das wertbeständige Geldstrafenurteil ein. Vgl. dazu jetzt Art. VII der neuen VermStrVO. Für die seit dem 8. Dez. 1923 erkannten Strafen bedarf es einer derartigen Bestimmung nicht, da sie auf Goldmark lauten.

59. Ebenso wie im E. 1919 § 115 Abs. 2 handelt es sich hier um eine Mußvorschrift. (Ebenso OLG. Dresden, JW. 1923 S. 421f.; RGK. S. 136 Anm. 4 zu § 3.) Kronecker, DStrZ. 1921 S. 219, der dies für E. 1919 § 115 Abs. 2 bestreitet, übersieht den Zusammenhang mit § 108). Das Gericht ist nicht nur berechtigt, sondern verpflichtet, in allen Fällen zu prüfen, ob die Voraussetzung zur Anwendung des § 27b Abs. 1 gegeben ist. Bejaht das Gericht das Vorliegen der Voraussetzung, so muß es auf Geldstrafe erkennen.

Hat das Gericht den § 27b Abs. 1 nicht angewendet, so ist dies Revisionsgrund (StPO. § 376). (So auch Liepmann, ZStrW. 43 S. 708; Bovensiepen, Preußisches Verwaltungsblatt 43 S. 388.) Revision ist möglich, wenn das Gericht das GeldStrG. übersehen und geglaubt hat, auf Freiheitsstrafe erkennen zu müssen, ebenso, wenn es irrigerweise angenommen hat, daß bei bestimmten Vergehen der Strafzweck allgemein die Geldstrafe stets ausschließe; nicht dagegen, wenn es angenommen hat, daß unter den von ihm als erwiesen angenommenen konkreten Umständen der Strafzweck durch eine Geldstrafe nicht erreicht werden könne, selbst wenn es sich bei Würdigung dieser Umstände offenbar geirrt hat. Wohl aber ist Revision möglich, wenn das Gericht den Strafzweck falsch aufgefaßt hat (vgl. auch Daude StPO. § 376 Anm. 6; OLG. Dresden, JW. 1923 S. 421f.). Über die Frage der Zulässigkeit der Revision vgl. jetzt auch RG. in Leipziger Ztschr. f Deutsches Recht 1923 S. 326 und RG. im „Recht" 1923 S. 274. Hiernach ist zulässig die Beschränkung der Revision darauf, ob bei der im übrigen richtigen Gesetzesanwendung auch § 3 des alten GeldStrG. (jetzt § 27b StGB.) anwendbar ist oder nicht (vgl. auch RG. 47 S. 228). Verneint das Revisionsgericht diese Frage, weil beispielsweise versehentlich Geldstrafen an die Stelle von Freiheitsstrafen getreten sind, die wegen Verbrechen erkannt worden sind, so sind die Geldstrafen aufzuheben und es ist im Revisionsurteil einfach wieder die aus dem Urteil ersichtliche Freiheitsstrafe auszusprechen.

Ob es sich um eine Rechtsnorm handelt, die lediglich zugunsten des Angeklagten gegeben ist, deren Verletzung daher von der Staatsanwaltschaft nicht zum Zweck geltend gemacht werden kann, um eine Aufhebung des Urteils zum Nachteil des Angeklagten herbeizuführen (StPO. § 378), kann zweifelhaft sein. Die Frage dürfte ebenso wie bezüglich der Vorschrift über die Öffentlichkeit des Verfahrens (RG. vom 30. Jan. 1880 E. 1 S. 90) und bezüglich § 232 StPO. (RG. 7. Juli 1896 E. 29 S. 44) zu verneinen sein. Denn wenngleich die Vorschrift auch zugunsten des Angeklagten gegeben ist, so doch nicht lediglich zu seinen Gunsten, ja nicht einmal in erster Linie. Maßgebend war vielmehr die Erkenntnis der Nachteile kurzzeitiger vermeidbarer Freiheitsstrafen für die Allgemeinheit.

60. Da es sich um Umstände handelt, welche für die Zumessung der Strafe bestimmend gewesen sind, sollen die Urteilsgründe sie anführen (StPO. § 266 Abs. 3 Satz 1) und zwar in allen Fällen, in denen die Anwendung der Vorschrift des § 27b Abs. 1 überhaupt in Frage kommt, gleichgültig, ob ein entsprechender Antrag von der Staatsanwaltschaft oder dem Angeklagten gestellt ist, gleichgültig auch, ob die Anwendbarkeit des § 27b Abs. 1 bejaht ist oder nicht. Dagegen ist StPO. § 266 Abs. 3 Satz 2 auch in analoger Weise nicht anzuwenden. Es genügt daher, anders wie bei der Zubilligung oder Nichtzubilligung mildernder Umstände (RG. in „Recht" VII S. 109 und in GA. 56 S. 70), Festsetzung der Strafe auf Grund des § 27b Abs. 1 und ihre Begründung.

Wenn in Ansehung der erkannten Strafe der Tenor und die Gründe in Widerspruch stehen, so bedingt eine solche Unklarheit die Aufhebung (RG. in GA. 42 S. 37).

Über die Frage, ob es erforderlich ist, daß sich die Urteilsgründe über die Anwendbarkeit des § 3 des alten GeldStrG. aussprechen, hat das Bayerische Oberste Landesgericht (Zeitschr. f. Rechtspflege in Bayern 1922 S. 155, auch DJZ. 1922 S. 328) folgendes ausgeführt in einem Fall, in welchem sich die Strafkammer mit der Feststellung begnügt hatte, daß die von dem Schöffengericht erkannten Strafen nicht zu hoch gegriffen seien. Nicht ersichtlich war, ob die Strafkammer auch den § 3 des alten GeldStrG., der zur Zeit der Fällung des Urteils des Schöffengerichts noch nicht in Kraft gewesen war, wohl aber schon zur Zeit der Entscheidung der Strafkammer berücksichtigt hatte. Die Nichtbeachtung dieser Bestimmung würde einen Verstoß gegen § 2 Abs. 2 StGB. begründen. Ein Hinweis auf dieses Gesetz wäre schon deshalb geboten gewesen, weil die in erster Linie verhängte Freiheitsstrafe weniger als drei Monate betrage. Wenn nun auch bei Verurteilungen wegen Schleichhandels die Rechtsvoraussetzung, daß der Strafzweck auch durch eine Geldstrafe erreicht werden könne, in der Regel nicht zutreffen würde (vgl. Entscheidungen des Obersten Landesgerichts in Strafsachen Bd. 19 S. 169), so sei es doch nicht ausgeschlossen, daß sich die Strafkammer der Möglichkeit nicht bewußt gewesen sei, an Stelle der Freiheitsstrafe auf Geldstrafe zu erkennen. Aus diesen Gründen sei das Urteil im Strafausspruch aufzuheben gewesen. Vgl. auch das Urteil des RG. vom 20. Mai 1923 („Zeitgemäße Steuerfragen" 1923 S. 94). In ihm wird ausgeführt, § 3 des alten GeldStrG. fände auch auf die vor seinem Inkrafttreten begangenen Straftaten Anwendung. Das Urteil der Strafkammer wurde aufgehoben, da bei Beachtung dieses Grundsatzes möglicherweise statt der Gefängnisstrafe von 2 Monaten und 15 Tagen nur auf Geldstrafe erkannt worden wäre. Der Angeklagte sei aber auch benachteiligt, trotzdem die ganze erkannte Strafe durch die Untersuchungshaft für verbüßt erklärt worden sei, denn die Verurteilung zu einer Freiheitsstrafe enthalte für sich allein schon einen dem davon Betroffenen anhaftenden Makel erheblicherer Art als die Verurteilung zu einer Geldstrafe und sei außerdem nach dem Gesetz über die Tilgung von Strafvermerken vom 9. April 1920 nicht ohne erhebliche Bedeutung. Zwei Urteile des RG. über die Rückwirkung: „Recht" 1923 S. 32.

Diesen Urteilen ist im Ergebnis beizustimmen. Es ist aus ihm aber nicht zu entnehmen, daß es entgegen StPO. § 266 Abs. 3 Satz 1 zwingend vorgeschrieben sei, daß die Frage der Anwendbarkeit des § 27b StGB. im Urteil erörtert werde. Wenn sich beispielsweise daraus, daß das Gericht gleichzeitig wegen eines anderen Vergehens, bei dem wahlweise Geldstrafe angedroht ist, auf Freiheitsstrafe erkannt, ohne daß dies mit Rücksicht auf die Verurteilung wegen der anderen Tat zu einer Freiheitsstrafe geschieht oder aus sonstigen Gründen ergibt, daß die Frage geprüft, aber verneint worden ist, so führt die Nichterwähnung in den Urteilsgründen nicht zu einer Aufhebung des Urteils. Dies ist wohl auch die Ansicht von David, Leipziger Zeitschr. f. Deutsches Recht, Jahrg. 1916 S. 146f., nach dem die Verletzung des § 27b StGB. nur dann gerügt werden kann, wenn sich aus dem Urteilsinhalt der Verdacht ergibt, daß der Richter die von ihm erforderte pflichtmäßige Prüfung unterlassen hat oder daß er sie von unrichtigen rechtlichen Gesichtspunkten aus vorgenommen hat. Je mehr sich der Gedankengang des § 27b StGB. in die Gerichtspraxis eingelebt hat desto seltener wird aus der Nichterwähnung in den Urteilsgründen zu schließen sein, daß er möglicherweise übersehen worden ist. Es empfiehlt sich aber in allen Fällen, in denen seine Anwendung überhaupt in Frage kommt, in den Urteilsgründen darauf einzugehen.

Die Ansicht von Wunderer S. 48 daß die Revision kaum in Betracht komme, dürfte zu weit gehen. Der Umwandlungsmaßstab braucht in den Urteilsgründen nicht angegeben zu werden (Hettner, Leipziger Zeitschrift f. Deutsches Recht 1922 S. 427), da er sich ohne weiteres aus dem Gesetz ergibt. Anders natürlich, wenn der entscheidende Teil des Urteils ausnahmsweise die an sich verwirkte Freiheitsstrafe nicht erwähnt (vgl. oben Anm. 36).

61. Es ist kein Wiederaufnahmegrund gemäß § 399 Ziff. 5 StPO. wenn die Anwendbarkeit des § 27b Abs. 1 verneint ist und neue Tatsachen oder Beweismittel beigebracht werden, welche die Auffassung des Gerichts, daß der Strafzweck durch die Geldstrafe nicht erreicht werden kann, zu erschüttern geeignet sind (ebenso Bovensiepen, Preuß. Verwaltungsblatt 43 S. 388). Liepmann, ZStW. 43 S. 708 stellt die Ansicht auf, daß unrichtige Auslegung des § 27b StGB. ein Wiederaufnahmegrund sei; er begründet aber diese Ansicht nicht.

62. § 27b Abs. 1 ist auch im Strafbefehlsverfahren zu beachten, es muß aber darauf geachtet werden, daß die Vorermittlungen hinreichende Anhaltspunkte für die Frage geben. Ist dies nicht der Fall, so muß der Amtsrichter die Sache zur Hauptverhandlung bringen (StPO. § 448 Abs. 2), es sei denn, daß die Staatsanwaltschaft auf Anregung des Amtsrichters sich nachträglich mit der Anwendung des § 27b Abs. 1 einverstanden erklärt (vgl. Hellwig, JW. 1920 S. 27). Gegen Jugendliche darf nach dem Jugendgerichtsges. vom 16. Febr. 1923 (RGBl. I S. 135) § 39 im Strafbefehl nur Geldstrafe, die an Stelle der Geldstrafe tretende Freiheitsstrafe sowie Einziehung ausgesprochen werden. Auf Geldstrafe wird auch dann erkannt, wenn die Geldstrafe in Anwendung des § 27b StGB. verhängt ist. Es ist daher gegen Jugendliche ein Strafbefehl auch wegen solcher Straftaten zulässig, die im besonderen Teil des StGB. oder in den Nebengesetzen lediglich mit Freiheitsstrafe bedroht sind.

62a. Urteile, in denen in Anwendung des § 27b StGB. auf eine Geldstrafe an Stelle einer an sich verwirkten Freiheitsstrafe erkannt worden ist, sind im Sinne der §§ 33, 46 der Verordnung über Gerichtsverfassung und Strafrechtspflege vom 4. Januar 1924 (RGBl. I S. 15) Entscheidungen, in denen ausschließlich auf Geldstrafe erkannt worden ist.

62b. Da bei Entscheidungen, die auf Grund des § 27b ergehen, nur eine Geldstrafe erkannt wird, ist eine Verurteilung auf Grund des § 27b wegen vorsätzlicher Preistreiberei usw. im Sinne des § 14 der Preistreiberei-Verordnung vom 13. Juli 1923 (RGBl. I S. 700) nicht rückfallbegründend, da § 14 voraussetzt, daß der Täter früher schon „mit Freiheitsstrafe bestraft worden ist" (Schäfer, Preistreibereirecht, Mannheim 1924 S. 52 Anm. 2).

63. Verwirkt ist diejenige Freiheitsstrafe, auf welche hätte erkannt werden müssen, wenn nicht auf Grund des § 27b Abs. 1 auf Geldstrafe erkannt worden wäre. Nach § 60 StGB. kann eine erlittene Untersuchungshaft bei Fällung des Urteils auf die erkannte Strafe ganz oder teilweise angerechnet werden. Erkannt wird bei Anwendung des § 27b StGB. auf die Geldstrafe. Die Anrechnung von Untersuchungshaft auf eine Geldstrafe ist zulässig (Olshausen § 60 Anm. 8; Schwartz § 60 Anm. 7). Ist auf Geldstrafe erkannt, so hat die Anrechnung nicht bloß auf die Ersatzfreiheitsstrafe, sondern auf beide Strafen zu erfolgen (Olshausen § 60 Anm. 18; Schwartz § 60 Anm. 7). Ist die Freiheitsstrafe durch die erlittene Untersuchungshaft für verbüßt erklärt worden, so kann die Frage der Erreichbarkeit des Strafzwecks durch eine Geldstrafe nicht mehr aufgeworfen werden (OLG. Dresden JW., 1923 S. 421f.).

64. Es ist an Stelle der verwirkten Freiheitsstrafe auf Geldstrafe zu erkennen. Nach dem neuen GeldStrG. war auf Geldstrafe bis zu 10 Millionen Mark zu erkennen. Dieses Höchstmaß entsprach dem regelmäßigen Höchstmaß für Vergehen. Es durfte auch bei Übertretungen bis auf 10 Millionen Mark erkannt werden, trotzdem § 27 StGB. des neuen GeldStrG. bei Übertretungen nur Geldstrafe bis zu 300000 M. androhte. (Schäfer, JW. 1923 S. 437.) Zweifelhaft konnte sein, ob, wenn die Voraussetzungen der § 27a StGB. vorlagen, auf Geldstrafe bis zu 100 Millionen erkannt werden durfte oder ob auch für diesen Fall das Höchstmaß des § 27b galt. Ich habe in der 2. Aufl. die Anwendbarkeit des § 27a bejaht (Hellwig, GeldStrG. 2. Aufl. Anm. 64).

Durch die auf das VermStrG. zurückgehende Bezugnahme auf die §§ 27 und 27a ist jetzt einmal festgestellt, daß im Fall des § 27a die Geldstrafe entsprechend erhöht werden kann, andererseits aber auch, daß bei Übertretungen nicht mehr auf eine höhere Geldstrafe als auf die in § 27 für Übertretungen angedrohte Höchststrafe von 150 Goldmark erkannt werden darf. Dagegen besagt die Verweisung auf § 27 StGB. nicht, daß, wenn die Geldstrafandrohungen des betreffenden Gesetzes stets auf das Mehrfache usw. eines bestimmten Grundbetrages lauten, nun auch die auf Grund des § 27b StGB. erkannte Geldstrafe auf das Mehrfache usw. eines bestimmten Grundbetrages lauten muß. Zweifelhaft kann sein, ob auch § 27c Abs. 2 Satz 2 anwendbar ist. Ich möchte diese Frage trotz des Zitates der §§ 27, 27a in § 27b StGB. annehmen, da § 27c lediglich die Strafandrohungen der §§ 27, 27a ergänzt und daher durch den Hinweis auf sie ohne weiteres mitumfaßt wird. Auf diesen Höchstbetrag kann erkannt werden, gleichgültig, ob 89 Tage, 30 Tage oder nur ein Tag Freiheitsstrafe verwirkt ist. Bei der Umwandlung ist es zweckmäßig darauf zu achten, daß die erkannte Geldstrafe durch die Zahl der verwirkten Freiheitsstrafe geteilt werden kann. Ist z. B. eine Freiheitsstrafe von 30 Tagen verwirkt und wird auf eine Geldstrafe von 600 Goldmark erkannt, so tritt bei der Umwandlung an die Stelle von je 20 Goldmark ein Tag Freiheitsstrafe. Wären von den 30 Tagen, die eigentlich verwirkt waren, 15 Tage durch Untersuchungshaft für verbüßt erklärt, so wird in diesem Fall nur auf eine Geldstrafe von 300 Goldmark erkannt werden dürfen, indem die anderen 300 Goldmark durch die Untersuchungshaft gleichfalls für verbüßt zu erklären sind.

65. Eine teilweise Umwandlung der verwirkten Freiheitsstrafe in eine Geldstrafe ist nicht möglich. Entweder kann durch Umwandlung der ganzen Freiheitsstrafe, die verwirkt ist, in eine Geldstrafe der Strafzweck erreicht werden oder nicht erreicht werden. Es geht aber nicht an, einen Teil der Strafe, auch wenn die gesamte Strafe weniger als drei Monate beträgt, in eine Geldstrafe umzuwandeln, die Reststrafe aber als Freiheitsstrafe zu erkennen, gleichgültig, ob sie vollstreckt werden oder ihre Vollstreckung ausgesetzt werden soll.

66. Auf eine Geldstrafe auf Grund des § 27b StGB. kann auch dann erkannt werden, wenn der Angeklagte gemäß StPO. § 232 vom Erscheinen in der Hauptverhandlung entbunden ist. Es ist dabei greichgültig, ob die eigentlich verwirkte Freiheitsstrafe und damit auch die Ersatzfreiheitsstrafe mehr als 6 Wochen — seit der Verordnung vom 4. Jan. 1924 über Gerichtsverfassung und Strafrechtspflege (RGBl. I S. 15) ist diese Grenze beseitigt — betragen, vorausgesetzt nur, daß sie 3 Monate nicht erreichen. Denn nicht die verwirkte Freiheitsstrafe wird erkannt, sondern nur die an ihre Stelle getretene Geldstrafe, die daher auch im Sinne des § 232 StPO. zu erwarten steht.

67. Die Urteilsformel wird zweckmäßig folgendermaßen zu fassen sein: „Der Angeklagte ist des Diebstahls schuldig und wird deshalb an Stelle einer verwirkten Gefängnisstrafe von 20 Tagen zu einer Geldstrafe von 200 Goldmark verurteilt." Wären in diesem Fall, wenn der Angeklagte zu Freiheitsstrafe verurteilt worden wäre, vier Tage Untersuchungshaft auf die erkannte Strafe angerechnet worden, so würde die Urteilsformel lauten: „Der Angeklagte ist des Diebstahls schuldig und wird deshalb an Stelle einer verwirkten Gefängnisstrafe von 20 Tagen zu einer Geldstrafe von 200 Goldmark verurteilt. Von der Geldstrafe wird ein Betrag von 40 Goldmark durch die erlittene Untersuchungshaft für verbüßt erklärt." Die verwirkte Freiheitsstrafe ist im Urteil oder im Strafbefehl zu bestimmen (Bad. Erlaß vom 15. Febr. 1922, bad. JMBl. S. 15 Ziff. 2). Aus § 29 Abs. 4 StGB. der neuen Fassung ergibt sich, wie früher auch schon aus § 3 des alten GeldStrG., daß die verwirkte Freiheitsstrafe Ersatzstrafe für die nicht beitreibbare Geldstrafe ist (vgl. auch Dorn, JW. 1922 S. 1049 Anm.). In § 3 Abs. 2 Satz 2 des alten GeldStrG. war, um jeden Zweifel auszuschließen noch ausdrücklich gesagt worden, daß das Gericht bei der Umwandlung an den Maßstab des bisherigen § 29 StGB. nicht gebunden sei. Dieser Zusatz war an sich überflüssig (Hettner S. 427f.). Da jetzt in § 29 Abs. 4 ausdrücklich bestimmt ist, daß in den Fällen des § 27b die verwirkte Freiheitsstrafe die Ersatzstrafe ist, wird man der auch bisher schon von Oetker S. 174 und andern vertretenen Meinung beitreten müssen, daß die verwirkte Freiheitsstrafe als solche in der Urteilsformel zu nennen ist. Einer Erwähnung der Ersatzstrafe dagegen bedarf es nicht, da sie sich ohne weiteres aus dem Gesetz ergibt. Nur wenn ein Teil der erkannten Geldstrafe durch Untersuchungshaft für verbüßt erklärt wird, empfiehlt es sich, um Zweifel auszuschließen, auch die Ersatzstrafe, soweit sie noch vollstreckbar werden kann, in der Urteilsformel anzuführen.

Hettner S. 428 hat die Anm. 55 der ersten Auflage meines Kommentars zu dem alten GeldStrG. falsch verstanden.

68. Wird neben der verwirkten aber nicht erkannten Freiheitsstrafe von nicht mehr als drei Monaten, die gemäß § 27b Abs. 1 in eine Geldstrafe umgewandelt wird, noch auf eine weitere Geldstrafe erkannt, so kann der erkannte Gesamtbetrag der erkannten Geldstrafen 150 Goldmark oder 10000 Goldmark oder, wenn StGB. § 27a in Frage kommt, den Betrag von 100000 Goldmark übersteigen. So auch Schäfer, Preistreibereirecht, Mannheim 1924 S. 49 Anm. 2 und 3.

Während in § 3 des alten GeldStrG. für die an Stelle einer verwirkten Freiheitsstrafe tretende Geldstrafe ein höherer Betrag als im allgemeinen für die ordentliche Geldstrafe vorgesehen war, ist dies jetzt nicht mehr der Fall. Mit Rücksicht auf die Höhe der Geldstrafandrohungen bedarf es eines besonderen Strafrahmens für die Fälle des § 27b StGB. auch nicht mehr.

Nach der ausdrücklichen Vorschrift des § 78 StGB. in der neuen Fassung sind die mehreren Geldstrafen, auf die erkannt wird, nicht zu einer Gesamtsumme zusammenzuziehen, sondern auf jede Geldstrafe besonders zu erkennen (vgl. unten Anm. 154). Dies gilt auch für den Fall, daß wegen ein und derselben Straftat auf mehrere Geldstrafen erkannt wird, nämlich einmal auf eine neben einer zwangsweise vorgeschriebenen Freiheitsstrafe angedrohte Geldstrafe und sodann an Stelle der verwirkten Freiheitsstrafe auf eine weitere Geldstrafe. Das ist erforderlich, weil der Umwandlungsmaßstab der mehreren Geldstrafen verschieden bemessen sein kann. So auch schon bezüglich des alten GeldStrG. David, Leipziger Ztschr. f. Deutsches Recht, Jahrg. 1916 S. 147 f., der aber mit Recht auch darauf hingewiesen hat, daß sich aus der Verschiedenheit der Ersatzfreiheitsstrafen Schwierigkeiten ergeben, die vermieden werden können, wenn ein einheitlicher Umwandlungsmaßstab genommen wird.

69. Auf die Rückfallvergehen des StGB. hat § 3 Abs. 1 des alten GeldStrG. keinen Einfluß (StGB. §§ 244, 250 Nr. 5, 261, 264; § 369 der Reichsabgabenordnung vom 13. Dez. 1919 — RGBl. S. 1993 —). Es kommt bei ihnen nur darauf an, daß der Angeklagte als Dieb usw. „bestraft" ist; ob die Strafe eine Freiheitsstrafe oder eine Geldstrafe ist, ist gleichgütig. Auch eine Geldstrafe kann „verbüßt" werden (StGB. § 245). Nach der Strafregisterverordnung vom 12. Juni 1920 (Zentralblatt für das Deutsche Reich S. 909, auch JMBl. 1920 S. 321) § 2 waren Verurteilungen wegen Rückfallsvergehens dem Strafregister auch dann mitzuteilen, wenn eine Geldstrafe unter 150 M. verhängt war. Wenn statt einer Freiheitsstrafe bis zu einem Monat auf Geldstrafe erkannt wurde, konnte sogar bewirkt werden, daß die Verurteilung länger als rückfallbegründend in Betracht zu ziehen war, als wenn auf die eigentlich verwirkte Freiheitsstrafe erkannt wäre. Gemäß § 5 Abs. 2 des Gesetzes über beschränkte Auskunft aus dem Strafregister vom 9. April 1920 (RGBl. S. 507) gilt die Verurteilung nicht mehr als rückfallbegründend, wenn der Vermerk über sie im Strafregister getilgt worden ist. Der Vermerk über eine Gefängnisstrafe über einen Monat ist nach §§ 6 und 7 nach 15 Jahren zu tilgen, über eine Gefängnisstrafe von nur einer Woche nach 10 Jahren, dagegen über eine Geldstrafe von mehr als 5000 M. erst nach 20 Jahren. Liegt die letzte verbüßte Strafe länger als 10 Jahre zurück, so greift allerdings StGB. § 245 ein, anders dagegen, wenn nur die vorletzte Strafe mehr als zehn Jahre vor der letzten zurückliegt (vgl. RG. 4. März 1880 E. 1 S. 246; Hellwig, altes GeldStrG. Anm. 57). Diese unerfreuliche Lage ist durch Art. VI des neuen GeldStrG., der dem Art. X der neuen VermStrVO. entspricht, geändert worden. Hiernach kommen die kurzen Fristen für Auskunftsbeschränkung und Tilgung für Geldstrafen ohne Rücksicht auf ihre Höhe in Betracht. Dadurch, sowie durch die Änderung des § 2 des Ges. über beschränkte Auskunft wird in Verbindung mit § 27b StGB. in zahlreichen Fällen bewirkt werden, daß die Voraussetzungen des Rückfalls, wo sie bisher vorlagen, jetzt nicht mehr gegeben sind. Ich erklärte in der 2. Aufl. meines Kommentars Anm. 69 am Ende, daß eine entsprechende Änderung der Strafregisterordnung erforderlich sein werde. Diese Änderung ist inzwischen durch Verordnung des Reichsmin. d. Justiz vom 24. Nov. 1923 zur Abänderung der Strafregisterverordnung (Reichsministerialblatt S. 1091) erfolgt. Vgl. darüber unten Anm. zu Art. X.

70. Die auf Grund des § 27b erkannte Geldstrafe kann, genau wie jede andere Geldstrafe, in den Nachlaß des Verurteilten vollstreckt werden, wenn das Urteil zu seinen Lebzeiten rechtskräftig geworden ist (StGB. § 30). Ebenso Wunderer S. 48, aber zweifelnd, weil § 30 StGB. nur die ordentliche Geldstrafe im Auge gehabt habe.

71. § 27b Abs. 2 übernimmt inhaltlich den § 9 des alten GeldStrG. Nach der Begr. zu dem alten GeldStrG. erschien eine Übertragung der Neuerungen des GeldStrG. auf Vergehen gegen das MStGB., das die Geldstrafe als Strafmittel nicht anwendet, nach den besonderen Zwecken, denen die Vorschriften des MStGB. dienen, nicht angängig (Begr. S. 5) Nach der Auffassung des Gesetzgebers kann also bei militärischen Vergehen (MStGB. § 1 Abs. 2) der Strafzweck durch Verurteilung zu einer Geldstrafe niemals erreicht werden.

Der Ausschluß des MStGB. hat zur Folge, daß auch, wenn ein militärisches Vergehen nicht vorliegt, vielfach auch bei Anwendung des StGB. und seiner Nebengesetze, § 27b StGB. nicht zur Anwendung kommen darf. Gemäß § 29 MStGB. nämlich auch in Fällen, in denen die allgemeinen Strafgesetze „Geldstrafe und Freiheitsstrafe wahlweise androhen", auf Geldstrafe nicht erkannt werden, wenn durch die strafbare Handlung zugleich eine militärische Dienstpflicht verletzt worden ist. Bezüglich des § 9 des alten GeldStrG. konnte es dem Wortlaut des § 29 MStGB. nach vielleicht als fraglich erscheinen, ob sich § 29 MStGB. auch auf § 3 des alten GeldStrG. erstrecken sollte, da in § 3 eine Geldstrafe überhaupt nicht angedroht war, oder, falls man sie doch als angedroht ansieht, sie jedenfalls nicht wahlweise, sondern obligatorisch an Stelle der in dem Gesetze angedrohten Freiheitsstrafe von weniger als 3 Monaten angedroht ist. Dem Sinne des § 9 des alten GeldStrG. entsprechend mußte man aber die Bestimmung dahin auslegen, daß auch bei Anwendung der allgemeinen Strafgesetze auf Geldstrafe nicht erkannt werden durfte, wenn durch die strafbare Handlung zugleich eine militärische Dienstpflicht verletzt worden war (Hellwig, Altes GeldStrG. Anm. 108). Nach dem neuen GeldStrG. und jetzt nach dem neuen VermStrGB. muß diese Frage in dem gleichen Sinne entschieden werden; es kann jetzt auch nicht mehr zweifelhaft sein, daß nach der jetzigen Fassung des § 27b Abs. 1 StGB. in allen Fällen, in denen wegen eines Vergehens oder einer Übertretung auf Freiheitsstrafe unter drei Monaten erkannt werden kann, auch Geldstrafe angedroht ist. Zweifelhaft könnte allerdings nach wie vor sein, ob diese Geldstrafe wahlweise angedroht ist. Angedroht ist die Geldstrafe nur für den Fall, daß der Strafzweck auch durch sie erreicht werden kann. Für diesen Fall ist sie aber nicht wahlweise, sondern ausschließlich angedroht. Es ließe sich also die Ansicht vertreten, daß MStGB. § 29 auf solche Fälle nicht anwendbar sei, ebensowenig wie auf andere Fälle, in denen ausschließlich Geldstrafe angedroht ist. In den letzterwähnten Fällen kann auch, wenn zugleich eine militärische Dienstpflicht durch die Handlung verletzt worden ist, auf eine Geldstrafe erkannt werden. Die Verletzung einer militärischen Dienstpflicht schließt also nicht in allen Fällen die Verhängung einer Geldstrafe aus. Hinzu kommt noch, daß bei der Annahme des § 9 des alten GeldStrG. für den Ausschuß anscheinend maßgebend war, daß nach dem MStrGB. vielfach auch auf Arrest erkannt werden kann (v. Rehbinder in der 152. Sitzung des Reichstags, Stenogr. Ber. S. 5311). Gerade in den Fällen des § 29 MStGB. kommt aber die Verurteilung zu Arrest nicht in Frage, da diese Strafart den allgemeinen Strafgesetzen nicht bekannt ist. Auch das scheint dafür zu sprechen, daß in den in MStGB. § 29 erwähnten Fällen trotz StGB § 27b Abs. 2 auf eine Geldstrafe erkannt werden darf, ja muß, wenn der Strafzweck durch eine Geldstrafe erreicht werden kann. Das würde zu dem Ergebnis führen, daß § 29 MStGB. zwar im allgemeinen die Geldstrafe, sofern nicht lediglich Geldstrafe angedroht ist, ausschließen will, soweit durch die strafbare Handlung zugleich eine militärische Dienstpflicht verletzt worden ist, daß aber gemäß § 27b Abs. 1 StGB. in diesen Fällen, in denen mithin „Geldstrafe überhaupt nicht zulässig" ist, ausnahmsweise doch auf Geldstrafe erkannt werden muß, wenn im Einzelfall der Strafzweck doch durch eine Geldstrafe erreicht werden kann. MStGB. § 29 würde aus Gründen der Generalprävention zu erklären sein, die Anwendung des § 27b Abs. 1 StGB. aus Gründen der Spezialprävention. Ich möchte aber trotzdem bei meiner Ansicht bleiben, daß nach dem Willen des Gesetzes auch in den Fällen des § 29 MStGB. Geldstrafe stets ausgeschlossen werden soll.

Eine andere Frage ist, ob die Annahme zutreffend ist, daß in allen Fällen, in denen das MStGB. zur Anwendung kommt, der Strafzweck durch eine Geldstrafe niemals erreicht werden kann. Diese Frage hatte ich schon früher als zweifelhaft bezeichnet unter Hinweis insbesondere darauf, daß das MStGB. auch gegen entlassene Heeresangehörige zur Anwendung kommt (Hellwig, Altes GeldStrG. Anm. 108; ebenso JW. 1922 S. 994; a. M. ohne Anführung von Gründen Lobe im RGK. Anm. zu § 9 des alten GeldStrG.). Ich möchte noch hinzufügen, daß die Stellungnahme des Gesetzes mir insbesondere auch in den Fällen des § 29 MStGB. nicht begründet erscheint. Wenn die Vollstreckung der Freiheitsstrafen auch entgegen der Stellungnahme der Disziplinarvorgesetzten unter Auferlegung einer Geldbuße oder gar ohne eine solche durch das Gericht ausgesetzt werden darf, soweit den Gerichten durch das Jugendgerichtsgesetz — das z. B. für Schiffsjungen oder im Fall des § 13 Abs. 1 des Jugendgerichtsgesetzes für Militärpersonen, die zur Zeit der Tat nicht mehr jugendlich waren, zur Anwendung kommen kann — oder durch Übertragung des Gnadenrechts diese Befugnis gegeben worden ist, so ist nicht einzusehen, weshalb die Gerichte nicht auch die Befugnis haben sollen, von vornherein auf eine Geldstrafe zu erkennen, falls ausnahmsweise der Strafzweck auch durch eine Geldstrafe erreicht werden kann. Ob der grundsätzliche Standpunkt des Gesetzes begründet ist, muß unter den heutigen Verhältnissen um so mehr bezweifelt werden, als ja die kumulative Geldstrafe des § 27a jetzt auch, soweit das MStGB. anwendbar ist, zulässig ist (vgl. unten Anm. 71a), und als auch die in dem Kommentar zum Militärstrafgesetzbuch von Fuße S. 228ff. abgedruckte Disziplinarstrafordnung für das Reichsheer vom 11. November 1921 in den §§ 4, 5, 43 Geldstrafen als Disziplinarstrafen kennt. Soweit es sich um Disziplinarvergehen handelt, d. h. um Straftaten, die leichtere Fälle der im § 3 d. EG. zum MStGB. aufgeführten militärischen Straftaten sind (Disziplinarstrafordnung § 1) kommt Geldstrafe allerdings nicht in Frage, da der Disziplinarvorgesetzte gemäß § 5F insoweit an die im MStGB. angedrohten Strafen gebunden ist.

71a. Wie sich aus der Stellung des § 27b Abs. 2 ohne weiteres ergibt, gilt die Bestimmung, daß die Vorschriften des MStGB. unberührt bleiben, nur für den Fall des § 27 MStGB. Abs. 1. Wie schon in der 2. Aufl. in Anm. 71 am Ende unter Hinweis auf Schäfer, JW. 1923 S. 437 ausgeführt, gilt daher § 27a StGB. auch für den Bereich des MStGB., sodaß jetzt auch bei militärischen Verbrechen und Vergehen neben einer Freiheitsstrafe auf eine Geldstrafe erkannt werden kann. Der Satz, daß das MStGB. eine Geldstrafe nicht mehr kennt, ist daher nach geltendem Recht nicht mehr richtig. Nach dem alten GeldStrG., das in einem besonderen § 9 die Vorschriften des MStGB. aufrecht erhielt, hätte die Entscheidung anders ausfallen müssen. In dieser Allgemeinheit ist es also nicht zutreffend, wenn Fuße, Militärstrafgesetzbuch, Berlin 1923 Anm. 3a zu § 1; Anm. 4 zu § 16; Anm. zu § 29 bemerkt, bei militärischen Vergehen gebe es keine Geldstrafe und auch bei nichtmilitärischen Vergehen sei Geldstrafe ausgeschlossen, wenn durch die Handlung zugleich eine militärische Dienstpflicht verletzt worden sei. Die Besonderheit in dem letzten Fall ist vielmehr die, daß es gemäß MStGB. § 29 nicht zulässig ist, ausschließlich auf Geldstrafe zu erkennen; wohl aber ist es, wenn die Tat aus Gewinnsucht begangen ist, zulässig, neben der Freiheitsstrafe noch auf eine Geldstrafe bis zu 100000 Goldmark auf Grund des § 27a StGB. zu erkennen.

§ 27c.

Bei der Bemessung einer Geldstrafe sind die wirtschaftlichen Verhältnisse des Täters zu berücksichtigen.

Die Geldstrafe soll das Entgelt, das der Täter für die Tat empfangen und den Gewinn, den er aus der Tat gezogen hat, übersteigen. Reicht das gesetzliche Höchstmaß hierzu nicht aus, so darf es überschritten werden.

72. Abs. 1 entspricht wörtlich dem § 4 des alten GeldStrG.; Abs. 2 ist durch das neue GeldStrGB. neu aufgenommen.

73. Ob die wirtschaftlichen Verhältnisse des Täters bei der Strafbemessung zu berücksichtigen sind oder nicht, war früher bestritten. Die herrschende Meinung ist aber für ihre Berücksichtigung eingetreten und die Praxis hat wohl durchweg den gleichen Standpunkt eingenommen (Einleitung S. 9; a. M. Förster, „Schuld und Sühne", München 1911, S. 37 Anm. 2). Wenn trotzdem die wirtschaftlichen Verhältnisse des Täters nicht immer so berücksichtigt worden sind, wie es erwünscht gewesen wäre, so ging dies zum großen Teil darauf zurück, daß die meist geringe Höhe der angedrohten Geldstrafen eine einigermaßen ausreichende Berücksichtigung der wirtschaftlichen Verhältnisse der Angeklagten nicht ermöglichte, sowie zum Teil auch darauf, daß die wirtschaftlichen Verhältnisse der Angeklagten nicht hinreichend festgestellt wurden, so daß eine ausreichende Grundlage für ihre Berücksichtigung fehlte.

Man hatte deshalb fast allgemein den Wunsch ausgesprochen, daß die Geldstrafenandrohung erhöht werde und der Richter durch eine ausdrückliche Bestimmung auf die Berücksichtigung der wirtschaftlichen Verhältnisse hingewiesen werde. Schon EV. § 30 bestimmte, daß die Geldstrafe „unter Berücksichtigung der Vermögensverhältnisse" des Verurteilten bemessen werden solle. KE. § 66 Abs. 2 ersetzte den Ausdruck „Vermögensverhältnisse" durch den zutreffenderen weiteren Begriff „wirtschaftliche Verhältnisse". Ebenso E. 1919 § 109.

Die Bemerkung von Lobe im RGK. Anm. zu § 4 des GeldStrG., der frühere § 4 des alten GeldStrG. spreche eine Selbstverständlichkeit aus und könne daher fehlen, mag zwar theoretisch zutreffen; dennoch ist mit Liepmann ZStrW. 43 S. 708 davon auszugehen, daß aus praktischen Gründen die Aufnahme dieser Bestimmung erfreulich ist. Ob die wirtschaftlichen Verhältnisse des Täters im strengen Sinne des Wortes ein Strafzumessungsgrund sind oder nicht, kann allerdings zweifelhaft sein (Stooß, ZStrW. 37 S. 694ff. und dazu Hellwig, Monatsschrift f. Kriminalpsychologie 12 S. 126ff.), über ihre Berücksichtigung bei der Bemessung der Geldstrafen herrscht in der Theorie aber nahezu Einmütigkeit. Dagegen werden in der Praxis selbst seit dem Inkrafttreten des alten GeldStrG. leider noch immer die wirtschaftlichen Verhältnisse bei weitem nicht immer in ausreichender Weise als Strafzumessungsgründe verwertet (vgl. Hellwig in Monatsschrift f. Kriminalpsychologie 12 S. 127f.; pr. Allgem. Verf. vom 27. April 1923 [JMBl. S. 349] zu II; Hellwig in JW. 1923 S. 362f.). Es ist deshalb erfreulich, daß das Gesetz selbst mit Nachdruck den Richter auf seine Pflicht hinweist. Wenn auch zuzugeben ist, daß die Aufzählung einzelner Strafzumessungsgründe im Gesetz stets die Gefahr mit sich bringt, daß die im Gesetz benannten Strafzumessungsgründe zu hoch bewertet und die nicht aufgezählten unterschätzt oder übersehen werden, so überwiegen doch die Vorteile einer Aufzählung im Gesetz erheblich ihre Nachteile (vgl. über diese Frage Lammasch, Gerichtssaal 44 S. 198ff.; Finger, Lehrbuch des Deutschen Strafrechts Bd. I, 1904 S. 513; Sichart, ZStrW. 17 S. 389; Kahl, DJZ. 1906 S. 898; Hoegel, Die Einteilung der Verbrecher in Klassen, Leipzig 1908 S. 44ff.; Hellwig, Monatsschrift f. Kriminalpsychologie 12 S. 129f.). Dies gilt auch dann, wenn unter den verschiedenen hauptsächlichen Strafzumessungsgründen, wie in dem GeldStrG., nur ein einzelner herausgegriffen wird.

74. Zur Begründung dieser Vorschrift führt E. 1919 S. 97 folgendes aus: „Gegenwärtig wird die Geldstrafe vielfach nur nach der Schwere der Tat bemessen. Dieses Verfahren nimmt nicht genügend Rücksicht darauf, daß die Strafe ein Übel für den Täter sein soll. Deshalb ist in der Öffentlichkeit seit langem gefordert worden, daß die Gerichte durch eine besondere Vorschrift angewiesen werden, bei der Bemessung der Geldstrafe den wirtschaftlichen Verhältnissen des Täters entscheidende Bedeutung einzuräumen. Dieser Forderung, die in ausländischen Gesetzen und Entwürfen (vgl. Begründung zum Vorentwurf S. 111 ff. und neuestens Artikel 45 des Schweizer Entwurfs von 1918) schon verwirklicht worden ist, kommt der Entwurf nach dem Vorgange der früheren Entwürfe entgegen. Der allgemeine Ausdruck „wirtschaftliche Verhältnisse" statt des vom Vorentwurf gebrauchten Wortes „Vermögensverhältnisse" ist gewählt, um klarzustellen, daß neben Vermögen und Einkommen auch die Verbindlichkeiten des Täters, z. B. gesetzliche Unterhaltspflichten und ähnliche Lasten, zu berücksichtigen sind. Selbstverständlich kann es nicht Aufgabe des Gerichtes sein, jedesmal besondere Ermittlungen über die wirtschaftliche Lage des Täters anzustellen; das Verfahren würde dadurch zum Schaden aller Beteiligten unnötig belastet. Der Entwurf schreibt daher die Berücksichtigung der wirtschaftlichen Verhältnisse nicht zwingend vor, sondern überläßt es dem pflichtgemäßen Ermessen des Gerichtes zu entscheiden, wieweit es in besondere Ermittlungen über die wirtschaftlichen Verhältnisse des Täters eintreten will."

75. Der Entwurf des alten GeldStrG. enthielt keine derartige Bestimmung. Die jetzige Vorschrift ist erst durch den Ausschuß in den Entwurf des alten GeldStrG. hineingebracht worden.

Im Gegensatz zu E. 1919 hat das GeldStrG. aus der Sollvorschrift eine Mußvorschrift gemacht. Die Berücksichtigung der wirtschaftlichen Verhältnisse ist jetzt also zwingend vorgeschrieben. Es ist zu billigen, daß die Berücksichtigung der wirtschaftlichen Verhältnisse zwingend vorgeschrieben ist und das Gesetz sich nicht mit einer bloßen Sollvorschrift begnügt hat (Oetker S. 182 Anm. 2; Gerland, Kritische Bemerkungen zum allgemeinen Teil des Strafgesetzentwurfs 1919 S. 99 f.). Es wird daraus aber nicht die Folgerung zu ziehen sein, daß nunmehr in jedem einzelnen Fall besondere eingehende Ermittlungen über die wirtschaftlichen Verhältnisse des Täters angestellt werden müssen. In leichteren und einfacher liegenden Sachen wird es vielmehr genügen, wenn durch Befragen des Angeklagten und etwaiger Zeugen das Gericht sich einen ungefähren Einblick in die wirtschaftlichen Verhältnisse des Angeklagten verschafft. Bei allen Sachen von Belang aber, bei denen nach den Umständen des Falles möglicherweise eine erhebliche Geldstrafe in Frage kommt, werden schon bei den Vorermittlungen die wirtschaftlichen Verhältnisse des Täters künftig weit eingehender aufgeklärt werden müssen, als es bisher im allgemeinen üblich gewesen ist (ähnlich pr. Allgem. Verf. vom 22. Dez. 1921 — JMBl. S. 665 — II 5; württ. Allgem. Verf. vom 29. Dez. 1921 — Amtsblatt des württ. JM. S. 275 — Ziff. 3; sächs. Ausführungsverordnung vom 2. Febr. 1922 — Sächs. JMBl. S. 7 — Ziff. II; Erlaß des bad. JM. vom 28. Dez. 1921 — JMBl. für Baden S. 343 — Ziff. II 5). Vgl. jetzt auch Bekanntmachung des bayer. JM. vom 27. April 1923 (bayer. JMBl S. 16) Ziff. 4. Es hat sich seit dem Inkrafttreten des GeldStrG. gezeigt, daß auf die Ermittlung der wirtschaftlichen Verhältnisse im Vorverfahren bei weitem noch nicht genügendes Gewicht gelegt wird. Man findet nach meinen Erfahrungen so gut wie niemals auch nur einigermaßen ausreichende Feststellungen im Vorverfahren, so daß die Berücksichtigung der wirtschaftlichen Verhältnisse nur auf Grund der unzureichenden Feststellungen in der Hauptverhandlung möglich ist.

76. Die wirtschaftlichen Verhältnisse können nicht berückichigt werden, wenn, wie meistens in den Steuergesetzen, eine absolute Strafe angedroht ist. Soweit aber in Steuergesetzen nicht absolute Strafen angedroht sind, gilt der Grundsatz auch für sie (Beck, Steuerarchiv 25 S. 57). Doch ist zu beachten, daß die wirtschaftlichen Verhältnisse weder den einzigen noch auch den unbedingt ausschlaggebenden Strafzumessungsgrund bilden (vgl. unten Anm. 82). Es läßt sich daher rechtfertigen, wenn bei Steuervergehen unter Berücksichtigung der Tatsache, daß aus der regelmäßig nach dem Mehrfachen eines bestimmten Betrages bemessenen Höhe der Strafandrohungen hervorgeht, daß der Gesetzgeber durch hohe Geldstrafendrohungen von Zuwiderhandlungen gegen Steuergesetze abschrecken will, auf verhältnismäßig hohe Geldstrafen erkannt wird.

77. Das Gesetz hat sich auf den allgemeinen Grundsatz beschränkt und nicht den Maßstab festgelegt, nach dem die wirtschaftlichen Verhältnisse bemessen werden sollen, trotzdem dies vielfach angeregt worden ist (neuerdings vgl. z. B. Zeiler, Annalen des Deutschen Reichs 1918 S. 586ff.; Oetker S. 189ff.). Dieser Standpunkt des Gesetzes ist auch zu billigen, da bisher jedenfalls ein gangbarer Weg noch nicht gezeigt worden ist, alle festen Maßstäbe vielmehr zu Unzuträglichkeiten führen müssen. Daß durch den von dem Gesetz aufgestellten Grundsatz „eine das soziale Gewissen befriedigende Reform der Geldstrafe" nicht erreicht wird, es vielmehr ganz den Gerichten überlassen bleibt, wie sie die gesetzliche Richtschnur auf den gegebenen Tatbestand in Anwendung bringen werden (so Oetker S. 189f.), ist zuzugeben. Die Abhilfe kann aber nur in einer Erziehung der Richter zu einer sachgemäßen Handhabung des ihnen eingeräumten freien Ermessens gefunden werden.

78. § 27 gilt ganz allgemein, nicht nur für Vergehen, sondern auch für Übertretungen und für Verbrechen. Daß § 27c auch für Übertretungen gilt, ist zu betonen, weil in der Reformliteratur diese Forderung vielfach absichtlich nicht aufgestellt worden ist (dagegen Zeiler, Annalen des Deutschen Reichs 1918 S. 594ff.). Die Vorschrift gilt sowohl für die in dem besonderen Teil des StGB. und in den Nebengesetzen angedrohten Geldstrafen als auch für die auf Grund des §27bStGB. in Geldstrafen umgewandelten Freiheitsstrafen. Die Vorschrift gilt nicht nur für das Reichsrecht, sondern auch für das Landesrecht (Art. V).

79. Der Grundsatz des Abs. 1 kann scheinbar zu anderen Ergebnissen führen als die Berücksichtigung des Grundsatzes des Abs. 2 Satz 1, nämlich dann, wenn das Entgelt oder der Gewinn sehr hoch gewesen sind, die wirtschaftliche Lage der Täter aber ungünstig ist. Es fehlt an einer Richtlinie dafür, welcher Grundsatz nach dem Willen des Gesetzes dann vorgehen soll. Soviel steht jedenfalls fest, daß weder der Grundsatz des Abs. 1 noch der des Abs. 2 ohne Rücksichten auf andere Umstände durchgeführt werden kann und durchgeführt werden soll (vgl. unten Anm. 82). Es wird auf den Einzelfall ankommen, ob und in welchem Maße der eine der beiden Grundsätze gegenüber dem anderen zurücktreten muß. Aus der Fassung des Abs. 1 als einer Mußvorschrift gegenüber dem Abs. 2 als einer Sollvorschrift wird man nicht herleiten können, daß stets der Grundsatz des Abs. 1 der beherrschende sein muß, da eine ausschließliche Berücksichtigung der wirtschaftlichen Verhältnisse des Täters als Strafzumessungsgrund sowieso nicht in Frage kommt (vgl. unten Anm. 82). Geht man davon aus, daß Abs. 2 nur dann Anwendung findet, wenn der Täter sich noch im Besitze des Gewinns oder Entgeltes befindet (vgl. unten Anm. 86) und berücksichtigt man, daß die Geldstrafe, soweit sie nur den Gewinn oder das Entgelt dem Täter wieder entzieht, im Grunde gar keinen Strafcharakter, sondern die Funktion der Einziehung hat sowie daß die Geldstrafe diesen Gewinn usw. zwar übersteigen soll, über das Maß des Übersteigens aber nichts vorgeschrieben ist, so wird man zu dem Ergebnis kommen, daß wohl stets nur scheinbar ein Widerspruch zwischen den Grundsätzen der Abs. 1 und 2 bestehen kann.

80. Die Berücksichtigung der wirtschaftlichen Verhältnisse des Täters und die sich aus ihr ergebende äußerlich ungleichartige Behandlung gleichartiger Fälle bringt es mit sich, daß das Volk, das noch auf lange hinaus mit Unrecht lediglich aus der Höhe der Geldstrafe auf die Schwere der Straftat schließen wird, infolgedessen die Straftaten, die Angeklagte in guter wirtschaftlicher Lage begangen haben, schwerer einschätzen wird als sie es verdienen (VE. S. 113 Anm. 6; Mohr S. 47). Diese im Interesse der Verurteilten bedauerliche Wirkung muß mit in den Kauf genommen werden. Das Volk muß allmählich dazu erzogen werden, bei der Bewertung von Geldstrafen daran zu denken, daß ungleiche wirtschaftliche Verhältnisse auch eine verschiedene Höhe der erkannten Geldstrafe bedingen.

81. Unter den Begriff der wirtschaftlichen Verhältnisse, die zu berücksichtigen sind, kommen außer dem vom E. 1919 S. 97 erwähnten Vermögen, Einkommen und Verbindlichkeiten des Täters beispielsweise noch in Betracht seine Erwerbsfähigkeit, seine Erwerbsaussichten (EV. S. 115) sowie sein Alter und seine Gesundheit (Schweizer E. Art. 45). Der italienische E. Art. 46 stellt es auf die wirtschaftlichen Verhältnisse des Verurteilten und seiner Familie ab. Auch ohne eine solche ausdrückliche Bestimmung werden aber die wirtschaftlichen Verhältnisse der Familie des Täters, mit der er zusammenlebt und für deren Unterhalt er zu sorgen hat, zu berücksichtigen sein.

In § 27c kommt es auf die wirtschaftlichen Verhältnisse des Täters zur Zeit der Verhängung der Strafe an, nicht wie im Falle des E. 1919 § 106 auf seine wirtschaftlichen Verhältnisse zur Zeit der Tat (Kadecka bei Gleispach, „Der deutsche Strafgesetzentwurf. Berichte und Abänderungsvorschläge bei der 1. Tagung der österr. Kriminalistischen Vereinigung", Leipzig 1921 S. 117). Deshalb ist auch zu berücksichtigen, daß es viele Beschäftigungen gibt, bei denen Erwerb und Einkommen bei gewissen Gelegenheiten gesteigert oder verringert werden, so bei den sogenannten Saisonarbeitern, Zieglern, Maurern, Erdarbeitern usw. (VE. Begr. S. 116 Anm. 3). Hierauf wird allerdings weniger bei der Bemessung der Geldstrafe als bei der Bewilligung von Stundung oder Teilzahlungen zu achten sein.

Es ist Koehler, „Studien zum Vorentwurf eines Deutschen Strafgesetzbuches", Nürnberg und Leipzig 1910, S. 10 zuzugeben, daß der dehnbare Grundsatz der Bemessung der Geldstrafen nach den wirtschaftlichen Verhältnissen des Täters die Gefahr ungleicher Rechtsanwendung mit sich bringt, da der eine Richter das Vermögen, der andere das flüssige Kapital der dritte das Einkommen, der vierte das fundierte Einkommen heranziehen kann und zwar bald unter Berücksichtigung gesetzlicher Unterhaltspflichten, bald ohne sie, und ihre Berücksichtigung ferner in ganz verschiedener Progression erfolgen kann. Das muß aber mit in den Kauf genommen werden, solange ein brauchbarer Maßstab für die Berücksichtigung der wirtschaftlichen Verhältnisse nicht gefunden ist. Da auch schon vor dem GeldStrG. die Berücksichtigung der wirtschaftlichen Verhältnisse des Täters, wenn auch nicht vorgeschrieben war, so doch mit Recht als selbstverständlicher Grundsatz angesehen wurde, ist dem früheren Recht gegenüber zum mindesten keine Verschlechterung eingetreten.

82. Wenn bei der Bemessung der Geldstrafe lediglich die wirtschaftlichen Verhältnisse des Täters maßgebend oder doch ausschlaggebend sein sollten, so müßten die Strafmaxima überhaupt abgeschafft werden. Diese Folgerung hat der Schweizer E. Art. 45 gezogen. Unser geltendes Recht kennt, von den Geldstrafenandrohungen, die in dem Mehrfachen eines bestimmten Betrages bestehen, abgesehen, nur einige unbeschränkt hohe Geldstrafandrohungen (vgl. oben Anm. 13). Schon hieraus muß man folgern, daß nach wie vor die wirtschaftlichen Verhältnisse des Täters weder den einzigen noch den unbedingt ausschlaggebenden

Strafzumessungsgrund bilden sollen (vgl. auch Goldschmidt, in Vergl. Darstellung des deutschen und ausländischen Strafrechts, Allgem. Teil Bd. 4 S. 405; Mohr S. 46). VE. S. 114 betont demgemäß ausdrücklich, daß die Berücksichtigung der wirtschaftlichen Verhältnisse nicht „besonders" oder „in erster Linie" erfolgen solle, sondern neben allen anderen Gründen der Strafbemessung, die der einzelne Fall biete, und immer nur mit derjenigen Betonung, welche nach Lage dieses Einzelfalles geboten erscheine (vgl. v. Rehbinder in der 152. Sitzung des Reichstags, Stenogr. Ber. S. 5310). Daß es nicht nur auf die wirtschaftlichen Verhältnisse des Täters ankommt, ergibt sich auch aus Abs. 2. Es kann bei der Bemessung der Geldstrafe auch berücksichtigt werden, daß der Täter schon durch andere Folgen der Tat, so insbesondere durch eine erfolgte Einziehung oder durch den Verlust des Kaufpreises für die durch Hehlerei erworbene Sache oder durch Verlust seiner Stellung, wirtschaftlichen Schaden erlitten hat (vgl. auch Söhnel, JW. 1922 S. 993f.).

Aus der Tatsache, daß die wirtschaftlichen Verhältnisse nicht ausschließlich zu berücksichtigen sind, ergibt sich ohne weiteres, daß auch ohne ausdrückliche gesetzliche Formulierung die Forderung Oetkers S. 182f., auch die Anforderungen billigenswerter Lebenshaltung zu berücksichtigen, verwirklicht werden kann: „Der Richter tut ganz recht, wenn er den hartherzigen Egoisten schärfer anfaßt als den uneigennützigen Förderer der Gemeinschaftsinteressen, den Wohltäter der Armen, vorausgesetzt, daß diese Ziele in den der wirtschaftlichen Lage der Betroffenen entsprechenden Grenzen verfolgt werden. Nicht um den Egoismus zu bestrafen, den Gemeinsinn zu belohnen, vielmehr weil die gleiche Strafsumme den Betroffenen sehr verschieden belastet, je nachdem er die sozialen, die Menschenpflichten nach besten Kräften zu erfüllen bemüht ist oder nur an sich selbst denkt."

83. Die Berücksichtigung der wirtschaftlichen Verhältnisse wird mitunter dazu führen, daß geringere Geldstrafen festgesetzt werden als bisher. Doch wird das verhältnismäßig sehr selten der Fall sein, weil im allgemeinen eine Neigung der Gerichte zur Verhängung zu milder Strafen, insbesondere zu geringer Geldstrafen, bemerkbar ist. Stellt sich nachträglich heraus, daß die wirtschaftlichen Verhältnisse des Täters zu günstig beurteilt sind oder verschlechtern sich diese nachträglich, so kann das Gericht zwar die Geldstrafe nicht nachträglich ermäßigen; wohl aber ist es in der Lage, durch Gewährung von Fristen und Teilzahlungen (StGB. § 28 Abs. 2), durch Aussetzen der Vollstreckung der Ersatzfreiheitsstrafe und äußerstenfalls durch Anordnung des Unterbleibens der Vollstreckung der Ersatzfreiheitsstrafe (StGB. § 29 Abs. 6) im Endergebnis das gleiche zu erreichen. Es läßt sich in solchen Fällen also stets Abhilfe schaffen.

Anders wenn die wirtschaftlichen Verhältnisse des Täters günstiger sind, als sie bei der Urteilsfällung angenommen worden sind. Insbesondere wenn es sich um wohlhabende Personen handelt, namentlich solche, die mühelos oder auf unredliche Weise große Einnahmen erzielt haben. Bei ihnen wird daher die Berücksichtigung der wirtschaftlichen Verhältnisse zu einer ganz bedeutenden Erhöhung der Strafe führen. Daraus ergibt sich ohne weiteres, daß StGB. § 27c keine Rechtsnorm ist, die lediglich zugunsten des Angeklagten gegeben ist (StPO. § 378).

Hiermit stimmt überein, wenn Bumke DJZ. 1923 S. 330 sagt, die Vorschrift des § 27c Abs. 1 habe nicht nur die Bedeutung, „daß der wirtschaftlich Schwache zu schonen ist; sie besagt auch, daß dem Vermögenden oder reichlich Verdienenden die Geldstrafe reichlich zuzumessen ist".

Die pr. Allgem. Verf. vom 26. August 1922 (JMBl. S. 351) über die Berücksichtigung der wirtschaftlichen Verhältnisse im Strafverfahren betonte, daß durch die fortschreitende Geldentwertung und die damit verbundene Steigerung der Preise für alle Gegenstände des notwendigsten Lebensbedarfs zu einer ständig sich steigernden Erschwerung der wirtschaftlichen Lage fast aller Kreise des Volkes führe. Sie betont, daß hierauf bei der Bemessung und Vollstreckung gerichtlicher Strafen jede mögliche und mit dem Strafzweck zu vereinbarende Rücksicht genommen werden müsse. So zutreffend auch der von der Allgem. Verf. hervorgehobene Gesichtspunkt ist, so mag die durch den Zweck der Allgem. Verf. bedingte einseitige Hervorhebung der schlechten wirtschaftlichen Lage doch mit dazu beigetragen haben, die verhängnisvolle Neigung vieler Richter zu einer unangebrachten Milde, insbesondere auch bei der Verhängung von Geldstrafen, noch zu bestärken. In der Praxis wird auch bei der Bemessung von Geldstrafen leider vielfach noch nach dem von Bozi, „Lebendes Recht. Ein Ausblick in die Probleme der Justizreform" S. 58 formulierten und gebilligten Grundsatz verfahren, daß ein Richter, der immer auf möglichst niedriges Strafmaß erkenne, sich auf der Entwicklungsstufe des wahren Rechts halten werde. Hinzu kommt in unserer Zeit der ständig fortschreitenden gewaltigen Geldentwertung die Einwirkung der vom Gesetzgeber allerdings verschuldeten Fiktion, daß eine Papiermark gleich einer Goldmark sei. Dadurch wird auch bei erheblicher Erhöhung der Summen der erkannten Geldstrafen ihre relative Höhe wohl noch geringer, als es früher schon üblich war. Es muß daher immer wieder mit Nachdruck darauf hingewiesen werden, daß die wirtschaftlichen Verhältnisse der Täter nicht nur zu einer niedrigeren Bemessung der Geldstrafen führen können, sondern auch zu einer höheren Bemessung und daß bei der Bemessung der zu zahlenden Geldsumme auf die etwa eingetretene Geldentwertung entsprechend Rücksicht genommen werden muß. Dies ist in der pr. Allgem. Verf. vom 27. April 1923 (JMBl. S. 349) geschehen. Hoffentlich mit Erfolg. Bisher hat sich die Befürchtung Mohrs S. 34, daß das Gericht trotz Erhöhung der Höchstgrenze die Strafe vom Mindestmaß ausgehend nach wie vor nicht hoch genug greifen werde, leider erfüllt.

Seitdem diese Zeilen in der 2. Aufl. geschrieben worden sind, ist es nach meiner Erfahrung etwas besser geworden, besonders seitdem Goldmarkstrafen eingeführt worden sind. Bei der Wertung der Höhe der seitdem erkannten Goldmarkstrafen wird man einmal berücksichtigen müssen, daß der größte Teil des Volkes sich in schwerer wirtschaftlicher Lage befinden, sodaß Geldstrafen weit schwerer treffen als gleich hohe in den Jahren vor dem Krieg; andererseits muß man berücksichtigen, daß die Geldstrafen vor dem Krieg, wie wohl allgemein anerkannt wird, zu niedrig bemessen waren und daß durch die Befugnis zur Bewilligung von Teilzahlungen und Stundung dem Gericht die Möglichkeit gegeben wird, auch höhere Geldstrafen trotz augenblicklich schlechter wirtschaftlicher Lage erträglich zu machen.

84. Wenn die Geldstrafe mit Rücksicht auf die wirtschaftlichen Verhältnisse des Täters so zu bemessen ist, daß sie für ihn ein empfindliches Strafübel bedeutet, so müßte es streng genommen nicht auf die wirtschaftlichen Verhältnisse zur Zeit der Aburteilung, sondern zur Zeit der Strafvollstreckung abgestellt werden. Dieser Gesichtspunkt kann in gewissem Umfange auch bei der Bewilligung von Stundung oder von Teilzahlungen berücksichtigt werden, aber nur in Fällen, in denen sich die wirtschaftlichen Verhältnisse des Täters nach dem Urteil wesentlich verbessern. Es kann dies nur dann berücksichtigt werden, wenn dem Täter Stundung gewährt oder Teilzahlungen bewilligt worden waren (§ 28 StGB. der jetzigen Fassung, Abs. 2).

85. Seitdem die Geldstrafen in Goldmark festgesetzt werden, kann es — selbst wenn von neuem eine Inflation und dadurch eine Verschlechterung der Papiermark oder der Rentenmark eintreten sollte — nicht mehr vorkommen, daß zwischen dem erstinstanzlichen Urteil und dem Urteil der Berufungsinstanz eine weitere Geldentwertung eintritt und die von dem ersten Gericht verhängte Strafe unwirksam macht. Anders früher, bevor durch das VermStrG. das wertbeständige Strafurteil eingeführt wurde. Ich war daher dafür eingetreten, daß dafür gesorgt werde, daß das Berufungsgericht bei der Strafzumessung freie Hand behalte. Die Staatsanwaltschaften müßten daher angewiesen werden, in allen Fällen, in denen auf Geldstrafe erkannt ist, wenn der Angeklagte Berufung eingelegt hat, unter Beschränkung auf das Strafmaß Anschlußberufung einzulegen. Sonst ergibt sich das unerfreuliche Ergebnis, daß das Berufungsgericht, durch das Verbot des reformatio in pejus gebunden, auch bei erheblich weiter fortgeschrittener Geldentwertung die Geldsumme, auf die das erste Gericht erkannt hat, nicht erhöhen darf (Hellwig, JW. 1923 S. 362f.). Ich hatte das in der 2. Aufl. in Anm. 85 näher begründet.

86. Die wirtschaftlichen Verhältnisse sollen als Gründe für die Zumessung der Strafe in den Urteilsgründen angegeben werden. Eine nähere Auseinandersetzung der wirtschaftlichen Verhältnisse in ihren Einzelheiten dürfte im allgemeinen nicht erforderlich sein. Wird andererseits nur erwähnt, daß die wirtschaftlichen Verhältnisse bei der Bemessung der Geldstrafe berücksichtigt seien, so ist dies nichtssagend. Ein näheres Eingehen auf die der Bemessung zugrunde gelegten wirtschaftlichen Verhältnisse ist jedenfalls in allen Fällen erwünscht, bei denen besonders hohe oder besonders niedrige Geldstrafen verhängt werden.

Sind die wirtschaftlichen Verhältnisse bei der Strafbemessung nach ausdrücklichem Ausspruch der Gründe nicht berücksichtigt worden, so bildet dies einen Revisionsgrund, da ihre Berücksichtigung nicht wie nach E. 1919 in dem pflichtgemäßen Ermessen des Gerichts steht. Nicht dagegen bildet es einen Revisionsgrund, wenn die Gründe über die Berücksichtigung der wirtschaftlichen Verhältnisse nichts ergeben; es dürfte dann wohl davon auszugehen sein, daß sie gemäß der gesetzlichen Vorschrift berücksichtigt sind. Sind die wirtschaftlichen Verhältnisse begrifflich falsch aufgefaßt, ist beispielsweise angenommen, daß lediglich das Einkommen oder das Vermögen entscheidend sei, oder ist die Tragweite des § 27c verkannt, sind z. B. die wirtschaftlichen Verhältnisse für allein ausschlaggebend gehalten worden, so ist Revision zulässig. Nicht dagegen, wenn die wirtschaftlichen Verhältnisse in dem betreffenden Fall tatsächlich falsch gewürdigt worden sind.

Zu allgemein sagen Bovensiepen PrVBl. 43 S. 388 und Beck, Steuerarchiv 25 S. 57, die Nichtberücksichtigung der wirtschaftlichen Verhältnisse bei der Bemessung der Geldstrafe bilde einen Revisionsgrund. Zutreffend dagegen Oetker S. 198, nach dem die Revision der Strafzumessung gegenüber versagt, soweit nicht die bezüglichen Erwägungen der Urteilsgründe auf Rechtsirrtum beruhen. Ebenso zutreffend Mezger, Der Psychiatrische Sachverständige im Prozeß (Tübingen 1918) S. 201, der sich gegen Löwe, Strafprozeßordnung § 376 Anm. 3a wendet und ausführt, die Festsetzung der Strafe innerhalb der vom Gesetz gegebenen Grenzen sei keineswegs etwas „Tatsächliches"; die Strafzumessung sei immer ein typisches Werturteil, also niemals etwas Tatsächliches; dennoch sei richtig, daß trotz ihres rechtlichen Charakters die Angemessenheit der Strafe der Prüfung des Revisionsgerichts regelmäßig nicht unterliege. Aus der Straffestsetzung könne ein Revisionsgrund nur entnommen werden, wenn auf eine im vorliegenden Fall unzulässige Strafe erkannt sei oder wenn die Strafzumessung oder die Verhängung oder Nichtverhängung einer bestimmten Strafe auf sonstigen rechtsirrtümlichen Erwägungen beruhe. Hiernach kann es nicht zweifelhaft sein, das Mezger bei Nichtbeachtung des § 27c Abs. 1 StGB. Revision für zulässig halten würde.

87. Der in Abs. 2 ausgesprochene Gedanke liegt in derselben Richtung wie der des Abs. 1. Ganz besonders, wenn durch die strafbare Handlung ein erheblicher

Gewinn erlangt ist, wird bei der Bemessung der Geldstrafe zu erstreben sein, daß dieser Gewinn dem Täter wieder entzogen wird. Die von Klee, DStrZ. 1921 Sp. 326 f. angeregte zwangsweise Einziehung aller durch strafbare Handlungen erlangten Gewinne ist zwar in das Gesetz nicht aufgenommen worden; es liegt aber durchaus im Sinne des § 27c Abs. 2, diesen Gedanken so weit als irgend möglich bei der Strafbemessung zu berücksichtigen. In der Begr. wird ausgeführt, daß die auch bei Berücksichtigung der wirtschaftlichen Verhältnisse des Täters bleibende Möglichkeit, daß dieser trotz der Geldstrafe noch das durch die Tat Erlangte oder einen Teil davon für sich behalten könne, durch Abs. 1 nicht ausgeschlossen werde. „Diese Möglichkeit erregt, wie sich wiederholt gezeigt hat, im Volke Anstoß. Der Entwurf empfiehlt deshalb eine Vorschrift des Inhalts, daß die Geldstrafe das Entgelt, das der Täter für die Tat empfangen, und den Gewinn, den er aus der Tat gezogen hat, übersteigen soll."

Der Wortlaut des Abs. 2 läßt auch die Deutung zu, daß Abs. 2 auch dann Anwendung finden soll, wenn der Täter zwar ein Entgelt empfangen oder einen Gewinn aus der Tat gezogen hat, zur Zeit der Aburteilung aber nicht mehr im Besitze dieses Entgelts oder Gewinnes ist, sei es, daß er ihm abgenommen ist oder daß er ihn durchgebracht oder verloren hat. Berücksichtigt man aber die Begründung zu Abs. 2 sowie den Zusammenhang mit Abs. 1, so wird man Abs. 2 dahin auslegen müssen, daß er nur dann Anwendung zu finden hat, wenn und soweit sich der Täter zur Zeit der Aburteilung noch im Besitze des Entgeltes oder Gewinnes befindet. Hat der Täter einen Gewinn nur erstrebt oder zwar erlangt, aber wieder verloren, so darf über das gesetzliche Höchstmaß nicht hinausgegangen werden. Da Abs. 2 voraussetzt, daß der Täter im Besitze eines entsprechenden Gewinnes oder Entgeltes ist, so kann auch die Anwendung des Abs. 2 wohl niemals zu einem Widerspruch mit dem in Abs. 1 aufgestellten Grundsatz führen, was unvermeidlich wäre, wenn Abs. 2 anders auszulegen wäre (vgl. auch oben Anm. 78).

88. Anzustreben ist, daß nach Möglichkeit auch der erstrebte oder der zwar erlangte, aber inzwischen wieder verloren gegangene, Gewinn bei der Bemessung der Geldstrafe berücksichtigt wird. Abschreckend kann die Strafe nur dann wirken, wenn das Übel, das dem Täter droht, wenn er ergriffen und überführt wird, schwerer ist als der Vorteil, den er im Falle des Gelingens der Tat erhofft. Man wird es dabei allerdings nicht auf den Verkehrswert der gestohlenen Sachen usw. abstellen dürfen, sondern nur auf den Wert, den sie gerade für den betreffenden Täter hatten, d. h. den Gewinn, den er bei der von ihm erstrebten Verwertung der Sachen erzielt haben würde. Sind mehrere Mittäter vorhanden, die sich in den Erlös teilen wollten, so darf bei jedem nur sein Wertanteil berücksichtigt werden. Nicht der reelle Verkaufswert ist zu berücksichtigen, sondern der Preis, den erfahrungsgemäß der Hehler für derartige Ware zu bezahlen pflegt. Die Berücksichtigung der wirtschaftlichen Verhältnisse des Täters wird es aber in vielen Fällen unmöglich machen, auf eine Geldstrafe zu erkennen, die dem erstrebten Gewinn zum mindesten gleichkommt. Für solche Fälle kommt nach Oetker S. 169 f. nur Freiheitsstrafe in Betracht; da sie durch Rücksichten auf die Generalprävention gefordert werde. Als allgemeine Richtlinie wird man das als richtig anerkennen müssen, dagegen nicht als bindende Regel, die keine Ausnahmen kennt.

88a. Das gesetzliche Höchstmaß darf überschritten werden, wenn es „hierzu" nicht ausreicht. Damit soll nicht gesagt sein, daß das Höchstmaß geringer sein muß als das empfangene Entgelt oder der von dem Täter gezogene Gewinn, sondern nur, daß Entgelt oder Gewinn zusammen mit einer unter Berücksichtigung der wirtschaftlichen Verhältnisse des Täters angemessenen Geldstrafe das Höchstmaß der angedrohten Höchststrafe übersteigen müssen. Wenn es sich z. B. um ein Vergehen handelt, das auf Gewinnsucht beruht und der von dem Täter gezogene Gewinn 80000 Goldmark beträgt, kann das gesetzliche Höchstmaß von 100000 Goldmark überschritten werden, wenn das Gericht der Überzeugung ist, daß zwar eine Geldstrafe angebracht ist, daß aber eine Geldstrafe von 20000 Goldmark nicht ausreicht.

89. Die hohen Geldstrafen bewirken, daß der Täter die Pflichten die er dem Verletzten gegenüber hat, nicht erfüllen kann. Der Staat bereichert sich auf Kosten des Verletzten. Das ist nicht nur für den Verletzten unerfreulich, sondern liegt vielfach auch nicht im wohlverstandenen öffentlichen Interesse. Den Bestohlenen oder sonst durch eine Straftat wirtschaftlich Geschädigten liegt erfahrungsgemäß in der Mehrzahl der Fälle wenig oder nichts an einer Bestrafung des Täters, viel dagegen an der Wiedererlangung des Gestohlenen; daher werden viele Strafanzeigen nicht erstattet, wenn der Täter das durch die Straftat Erlangte zurückgibt oder sich verpflichtet Schadensersatz zu leisten. Diese unerfreuliche, weil der Generalprävention entgegenwirkende Hemmung der Strafrechtspflege wird aber noch wesentlich verstärkt, wenn so hohe Geldstrafen verhängt werden, daß für den Geschädigten keinerlei Hoffnung mehr besteht, jemals das ihm Entzogene wiederzuerhalten. Verständige Kriminalpolitik müßte dahin führen, den Geschädigten durch Erleichterung der Aussicht auf Wiedererlangung des ihm Entzogenen an der Durchführung der Strafverfolgung zu interessieren (vgl. auch Söhnel, JW. 1923 S. 993, sowie die Art. 90ff. und 100 des ital. Vorentwurfs zu einem StGB. von 1921 und dazu die interessanten Ausführungen in der Denkschrift S. 324ff.). Bisher ist dieser Gedanke aber im Gesetz noch nicht berücksichtigt worden. Er kann von dem Gericht nur in der Form berücksichtigt werden, daß entweder auf eine Freiheitsstrafe erkannt und ihre Vollstreckung unter der Auflage des Schadensersatzes ausgesetzt wird oder aber daß, wenn der Täter dem Geschädigten schon Ersatz geleistet hat, dies bei der Bemessung der Geldstrafe berücksichtigt wird.

§ 28.

Ist dem Verurteilten nach seinen wirtschaftlichen Verhältnissen nicht zuzumuten, daß er die Geldstrafe sofort zahlt, so hat ihm das Gericht eine Frist zu bewilligen oder ihm zu gestatten, die Strafe in bestimmten Teilbeträgen zu zahlen.

Das Gericht kann diese Vergünstigung auch nach dem Urteil bewilligen. Es kann seine Entschließungen nachträglich ändern. Leistet der Verurteilte die Teilzahlungen nicht rechtzeitig oder bessern sich seine wirtschaftlichen Verhältnisse wesentlich, so kann das Gericht die Vergünstigung widerrufen.

Auf die nach Abs. 2 zu treffenden Entscheidungen findet § 494 der Strafprozeßordnung Anwendung.

90. § 28 StGB. entspricht wörtlich dem § 5 des alten GeldStrG.; nur ist in Abs. 3 vor dem Wort „Anwendung" das Wort „entsprechende" fortgelassen. Abs. 1 und 2 stimmen wörtlich mit E. 1919 § 56 überein.

In dem gleichen Geist ist schon die nachstehende Allgem. Verf. des pr. JM. vom 29. Juni 1921 über die Vollstreckung von Geldstrafen (JMBl. S. 368) gehalten:

„Die Vollstreckung gerichtlich erkannter Geldstrafen stößt infolge der gedrückten wirtschaftlichen Verhältnisse, in denen der größere Teil des Volkes zu leben gezwungen ist, oft auf Schwierigkeiten. Die sofortige Bezahlung einer Geldstrafe übersteigt in zahlreichen Fällen die wirtschaftliche Kraft des Verurteilten; eine rücksichtslose Vollstreckung führt nicht selten zu einer dauernden Schädigung seiner wirtschaftlichen Lage. Bleibt der Versuch der Beitreibung ganz oder teilweise erfolglos, so wird die Vollstreckung der Ersatzfreiheitsstrafe notwendig. Diese Wirkung ist besonders unerwünscht, weil die Vollstreckung kurzfristiger Freiheitsstrafen, um die es sich dabei zumeist handelt, den Verurteilten im allgemeinen nicht bessert, vielmehr seine wirtschaftlichen Schwierigkeiten erhöht, seine Familie fast regelmäßig in Mitleidenschaft zieht und seine soziale Stellung untergräbt. Die Erkenntnis der ungünstigen Wirkungen der kurzfristigen Freiheitsstrafen hat zu einer häufigeren Anwendung der Geldstrafe geführt; muß nun statt einer Geldstrafe die Ersatzfreiheitsstrafe vollstreckt werden, so ist damit der mit der Wahl der Strafart verfolgte Zweck verfehlt.

Diesen Nachteilen nach Möglichkeit vorzubeugen, ist daher eine wichtige Aufgabe der Strafvollstreckung. Dazu bietet sich das Mittel einer der Lage des Einzelfalls gerecht werdenden Gewährung von Zahlungsfristen und von Teilzahlungen. Wo die Beitreibung einer Geldstrafe auf Schwierigkeiten stößt oder die Lage des Verurteilten ungünstig zu beeinflussen droht, ist daher mit besonderer Sorgfalt zu prüfen, ob nicht durch Gewährung von Teilzahlungen oder Zahlungsfristen die Bezahlung der Geldstrafe erreicht und damit zugleich die Belastung der Staatskasse mit den Kosten der Vollstreckung der Ersatzfreiheitsstrafe vermieden werden kann.

Die Teilzahlungen müssen den wirtschaftlichen Verhältnissen des Verurteilten sorgfältig angepaßt werden. Zu hoch bemessene Teilzahlungen verfehlen zumeist ihren Zweck. Bei zu niedriger Bemessung wird die Strafe dem Verurteilten nicht hinreichend fühlbar.

Ist der Verurteilte auch bei gutem Willen zur Entrichtung von Teilzahlungen nicht imstande, so ist die bedingte Aussetzung der Ersatzfreiheitsstrafe zu erwägen. Ist der Verurteilte in der Lage zu arbeiten, so kann die Aussetzung in geeigneten Fällen davon abhängig gemacht werden, daß der Verurteilte für Rechnung der Staatskasse freie Arbeit nach Maßgabe seiner Kräfte leistet (§ 3 der Allgemeinen Verfügung vom 19. Oktober 1920). Wenn dagegen der Verurteilte trotz des ihm gewährten Entgegenkommens die Zahlung der Geldstrafe schuldhaft unterläßt oder verzögert, ist die Vollstreckung der Ersatzfreiheitsstrafe durchzuführen."

91. Über die Vergünstigung ist in der Regel im Urteil zu entscheiden, da es sich um einen Teil der Strafzumessung handelt, der mit der Höhe der Strafe untrennbar zusammenhängt und deshalb auch nur gleichzeitig mit ihr angefochten werden kann (E. 1919 S. 61; so auch Hellwig, altes GeldStrG. Anm. 67). Als Teil der Strafzumessung wird die Bewilligung von Teilzahlungen und Stundung auch von dem OLG. Köln, ZStrW. 43 S. 499f. bezeichnet, während Wunderer S. 49f. Zweifel äußert, ob es sich um einen Teil der Strafzumessung handelt und Gerland, Kritische Bemerkungen zum Allgemeinen Teil des Strafgesetzentwurfs 1919, Tübingen 1921 S. 54 sowie Oetker S. 217f. diese Frage verneinen. Gerland behauptet, daß davon gar keine Rede sein könne, daß es sich um einen Teil der Strafzumessung handle, es handle sich vielmehr um Anordnungen, die die praktische Ausführung einer zugemessenen Strafe betreffen, also um Vollstreckungsanordnungen. Er regt deshalb an, die Entscheidung über Stundung und Teilzahlungen ganz der Vollstreckungsbehörde zu überlassen. Ähnlich tritt Oetker der Charakterisierung als Teil der Strafzumessung entgegen schon wegen der prozessualen Folgen, die sie haben würde: „Nur die Gestaltung der

Strafvollstreckung steht in Frage ... Die Gewährung der Vergünstigung durch das Prozeßgericht ist Vorwegnahme einer die Vollstreckung regulierenden Entscheidung. Nur aus Zweckmäßigkeitsgründen ist ihm diese Zuständigkeit beigelegt. Stände Strafzumessung in Frage, so müßten beide Parteien das Urteil mit den ordentlichen Rechtsmitteln angreifen können, weil die Vergünstigung gewährt, nicht im richtigen Maße gewährt, versagt worden sei. Diese Anfechtung hätte keineswegs nur Raum, wenn das Urteil zugleich wegen des Strafbetrags angegriffen würde, wie die Denkschrift in offenbarem Widerspruch mit ihrer Strafzumessungsidee annimmt. Wie könnte auch das Vollstreckungsgericht die Strafzumessung abändern." Wunderer meint, durch die Charakterisierung dieser Maßnahmen als Akte der Strafzumessung und Übertragung der Befugnis an das Vollstreckungsgericht, sie nachträglich zu ändern, werde „der fromme Jurist" an dem „heiligen Glauben an die Rechtskraft" irre und seiner Mutter, der Rechtswissenschaft, werde ein Sorgenkind geboren; Rechtssorge bestehe auch deshalb, weil es unklar sei, ob § 5 des alten GeldStrG. eine sachlich rechtliche Norm bleibe oder sich eine prozeßvollstreckungsrechtliche verwandle und wie das vor sich gehen könne. Auch Beling, „Methodik der Gesetzgebung, insbesondere der Strafgesetzgebung", Berlin-Grunewald 1922, S. 120f. bezeichnet die Vorschriften über Stundung und Teilzahlung als „reine Vollstreckungsfragen". Nach Kiesow, Jugendgerichtsgesetz § 36 Anm. 5 gehört die Entscheidung auf Grund des § 28 StGB. in der jetzigen Fassung zu den Entscheidungen des Vollstreckungsgerichts. Trotz der allgemeinen Fassung scheint mir allerdings aus dem Zusammenhang hervorzugehen, daß dies nur für die Entscheidungen auf Grund des Abs. 2 behauptet werden soll. Auf denselben Standpunkt stellt sich offenbar auch die Entlastungsverfügung vom 28. Mai 1923 (pr. JMBl. S. 401) § 15.

Diese Bedenken möchte ich als ausschlaggebend nicht ansehen. Schon die vielfach erhobene Forderung nach der Einführung unbestimmter Strafurteile zeigt, daß die Strafzumessung keineswegs notwendigerweise in dem Urteil auf Grund des Ergebnisses der Hauptverhandlung erfolgen muß, sondern daß auch eine nachträgliche Strafzumessung möglich ist. Zu der Strafzumessung in dem bisher üblichen Sinn gehört die Bewilligung von Fristen und Teilzahlungen jedenfalls dann, wenn sie nach dem Urteil erfolgt, allerdings nicht; wenn das Gesetz aber eine Maßregel als Akt der Strafzumessung auffaßt, dann ist es nicht angängig zu behaupten, es handle sich gar nicht um Strafzumessung; vielmehr muß der bisher übliche Begriff der Strafzumessung entsprechend ausgebaut werden. Als Strafzumessung sind alle Handlungen der Gerichte anzusehen, die aus kriminalpolitischen oder irgendwelchen sonstigen Gründen dahin zielen, das Strafübel individuell zu gestalten, es der Tat und dem Täter anzupassen. Deshalb gehört auch die Aussetzung der Strafvollstreckung, bei der die gleichen Zweifel auftauchen können, zu der Strafzumessung (Hellwig, „Das Jugendgerichtsgesetz", Berlin 1923 Vorbem. 4 zu §§ 10 bis 15; ebenso Kiesow, Jugendgerichtsgesetz, Mannheim 1923 § 10 Anm. 3). Es handelt sich bei StGB. § 28 zweifellos um eine materiellrechtliche Vorschrift; sie behält diesen Charakter auch dann, wenn aus Zweckmäßigkeitsgründen das erkennende Gericht im Stadium der Strafvollstreckung über Fristen und Teilzahlungen entscheidet. Daß dem erkennenden Gericht grundsätzlich die Befugnis übertragen worden ist, muß gebilligt werden, denn die Bewilligung von Stundung oder von Teilzahlungen kann von erheblichem Einfluß auf die Höhe der erkannten Strafe sein.

92. § 5 des alten GeldStrG. galt für alle Verurteilungen zu Geldstrafen, nicht nur für den Fall des § 3 (Begr. S. 5; Lobe im RGK. Anm. 1 zu § 3 des alten GeldStrG.; Oberstes Landesgericht in Strafsachen in Leipziger Ztschr. f. Deutsches Recht 1916 S. 128; OLG. Köln, ZStrW. 43 S. 499; pr. Allgem. Verf. vom 8. März 1922; pr. JMBl. S. 69 Ziff. 1 3), auch für Übertretungen.

Dasselbe gilt für § 28 StGB. Er kommt aber nur zur Anwendung, wenn das Gericht die Strafe festgesetzt hat, im Urteil oder im Strafbefehl, dagegen nicht, wenn eine Verwaltungsbehörde die Strafe festsetzt. Wird gegen eine polizeiliche Strafverfügung oder einen Strafbescheid auf gerichtliche Entscheidung angetragen, so findet im gerichtlichen Verfahren § 28 Anwendung. Das gleiche gilt für das gerichtliche Verfahren bei Steuerzuwiderhandlungen (Reichsabgabenordnung vom 13. Dez. 1919, RGBl. S. 1993) §§ 426ff. (Ebenso Heinrich, JW. 1922 S. 281, „Handbuch des Steuerstrafrechts", Berlin 1923 S. 123f.). Dagegen findet § 28 StGB. auf das Verwaltungsstrafverfahren der Reichsabgabenordnung §§ 386ff. keine Anwendung. (Ebenso Heinrich, Handbuch a. a. O. S. 123 und JW. 1922 S. 282, an letztgenannter Stelle aber noch zweifelnd). An der Bestimmung des § 435 der Reichsabgabenordnung, nach der das Gericht im Falle der Unbeitreibbarkeit der im Verwaltungsstrafverfahren erkannten Geldstrafe auf Antrag des Finanzamts die Geldstrafe in Freiheitsstrafe umzuwandeln hat, wird durch StGB. § 28 nichts geändert. Das Gericht kann aber nicht die Zahlung der Geldstrafe stunden (Beck, Steuerarchiv 25 S. 57). Aus § 385 der Reichsabgabenordnung, dessen Anwendbarkeit Beck erörtert, aber mit Recht ablehnt, kann schon deshalb die Anwendbarkeit des § 28 StGB. — wie auch schon diejenige des § 5 des alten GeldStrG. — nicht hergeleitet werden, weil § 28 StGB. eine materiellrechtliche Vorschrift enthält, die nicht Bestandteil der StPO. ist. Aber auch aus § 355 der Reichsabgabenordnung kann die Anwendbarkeit im Verwaltungsstrafverfahren nicht hergeleitet werden. Gemäß § 355 der Reichsabgabenordnung gilt zwar das StGB., soweit die Steuergesetze nichts Abweichendes vorschreiben, auch für das Steuerstrafrecht. Auch schreiben die Steuergesetze Abweichendes nicht vor. Da aber § 28 StGB. ausdrücklich nur dem Gericht, nicht aber Verwaltungsbehörden die Befugnis zur Bewilligung von Fristen oder Teilzahlungen gibt, kommt eine unmittelbare Anwendung des § 28 StGB. im Verwaltungsstrafverfahren nicht in Frage. Eine analoge Anwendung derart, daß sinngemäß an Stelle des Gerichts im Verwaltungsstrafverfahren die Verwaltungsbehörde zu treten habe, möchte ich aber auch nicht für zulässig halten. Schließlich ist mangels einer ausdrücklichen Vorschrift in der Reichsabgabenordnung auch der Weg nicht gangbar, daß das Gericht auf Antrag des Finanzamts oder des Beschuldigten für die durch Strafbescheid festgesetzte Geldstrafe Teilzahlungen oder Stundung gewähren kann, nach Analogie der Umwandlung einer durch Strafbescheid erkannten Geldstrafe durch das Gericht in Freiheitsstrafe (§ 435 der Reichsabgabenordnung). Dagegen kann das Finanzamt, dem gemäß § 424 Abs. 1 der Reichsabgabenordnung die Vollstreckung des Strafbescheides obliegt, gemäß § 424 Abs. 2 Stundung oder Teilzahlungen bewilligen. Diese Vergünstigung kann aber erst im Stadium der Strafvollstreckung gewährt werden, nicht schon bei Erlaß des Strafbescheides.

Es handelt sich also nicht wie bei StGB. § 28 um eine materiellrechtliche Vorschrift. Das Finanzamt kann also auch nicht schon in dem Strafbescheid selbst Fristen oder Teilzahlungen bewilligen. Es kann auch zweifelhaft sein, ob das Finanzamt auch zu einer nachträglichen Änderung seiner Entscheidung und zum Widerruf berechtigt ist. Es kann infolgedessen Beck, „Steuerarchiv Bd. 25 S. 57 nicht ganz beigestimmt werden, wenn er meint, es sei auch kein Bedürfnis für Ausd hnung des § 28 StGB. auf das Verwaltungsstrafverfahren vorhanden. Auch ist § 106 Reichsabgabenordnung, auf den Beck noch verweist, auf die Teilzahlungen bei Geldstraf n nicht anwendbar, da er sich nur auf die Bezahlung von Steuern, aber nicht von Geldstrafen bezieht.

§ 28 bezieht sich nur auf solche Geldstrafen, auf die von Gerichten erkannt ist, also nicht auf solche Geldstrafen, die an die Stelle einer durch die Gnadeninstanz in eine Geldstrafe umgewandelten Freiheitsstrafe getreten sind. Bei diesen Geldstrafen kann es überdies zweifelhaft sein, ob es sich bei ihnen tatsächlich um „Geldstrafen" im Sinne des StGB. handelt; die Beitreibung solcher Geldstrafen wird man z. B. nicht für zulässig halten dürfen.

93. Die Bewilligung einer Stundung oder von Teilzahlungen ist an einen Antrag des Beschuldigten nicht gebunden. Das Gericht hat vielmehr stets von Amts wegen zu prüfen, ob nach dem, was ihm über die persönlichen Verhältnisse, insbesondere die wirtschaftlichen Verhältnisse, des Beschuldigten bekannt ist, die Bewilligung einer Stundung oder von Teilzahlungen angebracht ist.

94. Bei der Bemessung der Fristen, in denen die ganze Geldstrafe oder die einzelnen Teilbeträge gezahlt werden sollen, mußte bisher auf die ständig fortschreitende Geldentwertung Rücksicht genommen werden. Näheres darüber in der 2. Aufl. in Anm. 94.

95. § 28 StGB. gilt nur für Geldstrafen. Er gilt nicht für Geldbußen, die als Auflagen bei der Aussetzung der Strafvollstreckung kraft gesetzlicher Ermächtigung (Jugendgerichtsgesetz vom 16. Febr. 1923, RGBl. I S. 135 § 12) oder kraft der Übertragung der Ausübung des Gnadenrechts den Verurteilten auferlegt sind. Insbesondere ist der Widerruf der etwa bewilligten Teilzahlungen der Geldbuße nicht an eine Besserung seiner wirtschaftlichen Verhältnisse geknüpft.

96. § 28 StGB. gilt auch nicht für die Einziehung eines übermäßigen Gewinns (Oberstes Landesgericht in Strafsachen Zeitschr. f. Rechtspflege in Bayern 1922 S. 155). Dagegen bayr. Bekanntmachung vom 27. April 1923 (JMBl. für Bayern S. 16) Ziff. 5 unter besonderer Hervorhebung des Falles des § 7 der Verordnung gegen Preistreiberei vom 8. Mai 1918 (RGBl. S. 395 des jetzigen § 16 der Verordnung vom 13. Juli 1923 (RGBl. I S. 700).

97. Die Befugnis der Vollstreckungsbehörde, gemäß § 488 StPO. Strafaufschub zu erteilen, sowie das dadurch nicht berührte (Löwe-Rosenberg 14. Aufl. § 488 Anm. 4; Lucas, Anleitung zur strafrechtlichen Praxis Bd. 1, 4. Aufl. S. 422) Recht der Gnadeninstanz, derartige Vergünstigungen zu gewähren, wird durch § 28 StGB. nicht berührt. Ein Anlaß zu Maßnahmen dieser Stellen wird indessen nunmehr sehr selten vorliegen (Begr. zum alten GeldStrG. S. 5; E. 1919 S. 61, EB. S. 116). Ob sich § 488 StPO. überhaupt auch auf Geldstrafen bezieht (so Gutmann S. 105) oder nur auf Freiheitsstrafen (so Olshausen § 28 Anm. 2; Löwe § 487 Anm. 1) ist bestritten. Letzterer Ansicht muß beigetreten werden.

Dadurch, daß verschiedene Justizbehörden die gleichen Maßnahmen treffen dürfen, ist die Möglichkeit von einander widersprechenden Entscheidungen gegeben. Diese müssen aber vermieden werden, damit nicht durch sie die Autorität der Justizbehörden erschüttert wird. Auch muß Klarheit darüber geschaffen werden, in welcher Reihenfolge die verschiedenen Justizbehörden tätig werden sollen, damit auch ein Zweifel über das in jedem Falle zulässige Rechtsmittel nach Möglichkeit ausgeschlossen wird.

Die durch das GeldStrG. den Gerichten eingeräumten Befugnisse können durch die Justizverwaltung nicht beschränkt werden. Wohl aber sind Anweisungen an die Strafvollstreckungsbehörden und an die Gnadenbehörden zulässig. Derartige Anweisungen sind in der pr. Allg. Verf. vom 22. Dez. 1921 (JMBl. S. 665f.) gegeben, die weiter unten abgedruckt ist.

Zu unterscheiden sind die Fälle, in denen es sich um Stundung oder Bewilligung von Teilzahlungen von Geldstrafen handelt und Gesuche um Aufschub der Vollstreckung von Ersatzfreiheitsstrafen.

Was zunächst die Bewilligung von Fristen und Teilzahlungen anbetrifft, so dürfte es der Sachlage entsprechend und zu empfehlen sein, alle Gesuche um derartige Vergünstigungen, die bei den Justizbehörden eingehen, grundsätzlich zunächst als Gesuche zu behandeln, die an das Gericht auf Grund der ihm durch das GeldStrG. übertragenen Befugnisse gerichtet sind. Die anderen Justizbehörden dürften sich daher zweckmäßigerweise jeder sachlichen Entscheidung zu enthalten haben, bevor das Gericht über das Gesuch entschieden hat.

Die Strafvollstreckungsbehörde als solche kann weder Stundungen noch Teilzahlungen bewilligen, da sich StPO. § 488 auf Geldstrafen nach richtiger Ansicht nicht bezieht (a. M. offenbar obige Allgem. Verf. Ziff. II 2). Dagegen sind den Strafvollstreckungsbehörden in Preußen im Wege der Übertragung des Gnadenrechts gewisse Befugnisse zur Stundung und Bewilligung von Teilzahlungen von Geldstrafen übertragen worden. Eine solche Übertragung ist auch nach heutigem Recht zulässig (Huber, Verfassung des Freistaats Preußen, Mannheim 1921, Art. 54 Anm. 3). Die Vollstreckungsbehörden sind also insoweit nicht kraft ihrer gesetzlichen Befugnisse als Vollstreckungsbehörden tätig, sondern als Gnadenbehörden. Die Ausübung dieses beschränkten Gnadenrechts erfolgt aber nicht in dem sonst üblichen Gnadenverfahren. Die betreffenden Bestimmungen sind in Kraft geblieben (pr. Allgem. Verf. vom 26. Aug. 1919 — JMBl. S. 405 — IV 2).

Die gnadenweise Stundung von Geldstrafen und die gnadenweise Bewilligung von Teilzahlungen ist bis zu 6 Monaten dem Amtsrichter übertragen, soweit ihm die Strafvollstreckung obliegt (pr. Allgem. Verf. vom 6. Juli 1918 — JMBl. S. 281 —) bis zu einem Jahre dem Oberstaatsanwalt und bis zu zwei Jahren dem Generalstaatsanwalt; darüber hinaus steht sie nur dem Justizminister zu (pr. Allgem. Verf. vom 22. Dez. 1911 — JMBl. S. 448 — II 2a, c, in Verb. mit der pr. Allgem. Verf. vom 19. April 1920 über das Inkraftbleiben der für die Dauer des Krieges erlassenen Allgem. Verf. — JMBl. S. 163 —). Diese Entscheidungen dürfen nach der Allgem. Verf. vom 3. März 1921 (JMBl. S. 133) dem zuständigen Beamten der Gerichtsschreiberei und des Sekretariats auf Grund des Ges. zur Entlastung der Gerichte vom 11. März 1921 (RGBl. S. 229) Art. VI § 1 III nicht übertragen werden.

Was die Geldstrafen anbetrifft, so erklärt die pr. Allgem. Verf. vom 22. Dez. 1921 (JMBl. S. 665) II 2, es entspräche dem Sinn des Gesetzes, daß die zur Gewährung von Strafausstand ermächtigten Behörden, sofern sie einem bei ihnen eingehenden Gesuch um Stundung oder Gestattung von Teilzahlungen nicht stattgeben wollen, das Gesuch nicht selbst ablehnend bescheiden, sondern es dem Gerichte gemäß § 5 Abs. 2 des alten GeldStrG. zur Entscheidung vorlegen. Ebenso werden diese Behörden, wenn bei ihnen ein neues Gesuch eingeht, nachdem bereits das Gericht die Stundung oder die Gestattung von Teilzahlungen abgelehnt hat, oder wenn der Widerruf einer vom Gerichte gewährten Vergünstigung in Frage kommt, die Akten dem Gericht zur Entscheidung vorzulegen haben. Was den letzteren Fall anbetrifft, so ist es selbstverständlich, daß der Widerruf der durch das Gericht gewährten Vergünstigung nur durch das Gericht erfolgen kann; es soll nur gesagt werden, daß die Vollstreckungsbehörde, der die wesentliche Besserung der wirtschaftlichen Verhältnisse des Verurteilten bekannt wird, den Widerruf bei dem Gericht anregen soll. Im übrigen deckt die Anweisung nicht alle Fälle. Denn ebenso wird verfahren werden müssen, wenn das Gesuch nicht bewilligt werden kann, weil die bewilligte Vergünstigung außerhalb der Zuständigkeit der angegangenen Justizbehörde liegt. Aber auch, wenn die Justizbehörde die erbetene Stundung oder Teilzahlung bewilligen kann und bewilligen will, würde sich eine Vorlegung des Gesuchs an das Gericht empfehlen. Es dürfte dem Sinn des GeldStrG. entsprechen, daß das Gericht jedenfalls nicht ausgeschaltet wird, also ihm zum mindesten Gelegenheit zur Stellungnahme gegeben wird. Zu einem einigermaßen befriedigenden Ergebnis wird man nur dann kommen, wenn man sämtliche Gesuche um Bewilligung von Stundung oder Teilzahlungen, bei welcher Justizbehörde sie auch eingehen mögen, als an das zuständige Gericht gerichtet ansieht. Falls die als Gnadeninstanz in Betracht kommende Vollstreckungsbehörde oder der Beauftragte für Gnadensachen das Gesuch für begründet hält, müßten sie es mit einer Befürwortung dem Gericht übersenden. Lehnt das Gericht das Gesuch ab, so wird der Vollstreckungsbehörde oder der Gnadenbehörde Nachricht zu geben sein. Der Beauftragte für Gnadensachen müßte dann das Gesuch wie jedes andere Gnadengesuch behandeln. Die Vollstreckungsbehörde könnte, soweit sie zuständig ist, die Vergünstigung trotz der abweichenden Stellung des Gerichts bewilligen. Sie wird dies aber nur in ganz besonders gearteten Ausnahmefällen tun.

Hat das Gericht im Urteil die Bewilligung von Fristen und Teilzahlungen ausdrücklich versagt, so können zwar die Vollstreckungsbehörde und der Justizminister trotzdem Fristen oder Teilzahlungen bewilligen. Es gilt dann dasselbe, wie eben ausgeführt. In gleicher Weise ist zu verfahren, wenn das Gericht im Urteil zu der Frage der Stundung oder Teilzahlungen überhaupt nicht Stellung genommen hat.

Unter Abweichung von dem in der pr. Allgem. Verf. vom 26. August 1919 (JMBl. S. 405) IV 2 vorgeschriebenen Verfahren wird es sich ferner empfehlen, daß auch bei weitergehenden Gnadengesuchen der Beauftragte für Gnadensachen das Gesuch nebst Vorgängen und einer Äußerung dem Gericht übersendet, falls von keiner Stelle ein sofortiger Gnadenerweis, sondern nur Stundung oder Bewilligung von Teilzahlungen befürwortet wird. Dies kann in analoger Anwendung der in der pr. Allgem. Verf. vom 22. Dez. 1921 (JMBl. S. 665) nur für die entsprechenden Fälle des § 10 Abs. 2 des alten GeldStrG. gegebenen Anweisung geschehen.

Nur eine **derartige in allen Fällen zwangsläufige Verbindung zwischen Vollstreckungsbehörde oder Gnadenbehörde mit dem Gericht sowie das Überlassen des Vorrangs an das Gericht kann nach Möglichkeit widersprechende Entscheidungen verhüten.** Dem Gesuchsteller ist es gleichgültig, von welcher Seite ihm die Vergünstigung erteilt wird. Sind die verschiedenen Stellen verschiedener Meinung, so tritt dies bei einer solchen Regelung des Verfahrens nach außen hin gar nicht in die Erscheinung. Bei der von der pr. Allgem. Verf. vorgesehenen Regelung wird zwar in den Fällen, in denen die Vollstreckungsbehörde ein bei ihr eingehendes Gesuch bewilligen will, formell Arbeit gespart. Es wird dies aber oft auf Kosten der Sache gehen, da Bedenken gegen die Bewilligung, die dem Gericht vielleicht bekannt, in den Akten aber nicht enthalten sind, nicht berücksichtigt werden. Auch wird mitunter insofern vergebliche Arbeit getan werden, als die Vollstreckungsbehörde zur Prüfung des Gesuchs manche Arbeit, die bei dem Gericht schon geleistet ist, von neuem vornehmen muß (Hellwig, Altes GeldStrG. Anm. 69).

Was den Aufschub von Freiheitsstrafen anbetrifft, so vgl. unten Anm. 147.

Vgl. die bayer. Bekanntmachung vom 27. April 1923 (bayer. JMBl. S. 16) Ziff. 5: „Gesuche um Stundung oder Gestattung von Teilzahlungen sind stets zunächst dem Gericht zur Entscheidung nach § 28 StGB. zu unterbreiten. Die Strafvollstreckungsbehörde oder der Oberstaatsanwalt entscheidet lediglich dann, wenn der Verurteilte gegenüber der Entscheidung des Gerichts um Entscheidung im Verwaltungs- oder Gnadenwege nachsucht." Nicht ganz so weit geht die württ. Verf. des JM. vom 29. Dez. 1921 (Amtsblatt des württ. JM. S. 275) Ziff. 4: „Es entspricht nicht dem Sinne des Gesetzes, daß die auf Stundung oder Gestattung von der Zahlung in Teilbeträgen gerichteten Gesuche von den Strafvollstreckungsbehörden oder der Gnadeninstanz in ablehnendem Sinne entschieden werden, bevor das Gericht Gelegenheit hatte, gemäß § 5 Abs. 2 (des alten GeldStrG.) über die nachträgliche Bewilligung der in Abs. 1 vorgesehenen Vergünstigungen Beschluß zu fassen. Die Strafvollstreckungsbehörden haben daher die bei ihnen eingehenden Gesuche der fraglichen Art, denen sie nicht entsprechen wollen oder können, sofern ihnen nicht selbst die gerichtliche Entscheidung zukommt, dem Gericht zur Entscheidung vorzulegen, auch in solchen Fällen, in denen das Gericht die Stundung oder Gestattung der Zahlung in Teilbeträgen auf ein früheres Gesuch bereits abgelehnt hat. Ebenso ist zu verfahren, wenn vom Justizministerium Gesuche um Stundung oder Gestattung der Zahlung in Teilbeträgen den Strafvollstreckungsbehörden zum Bericht zugefertigt werden; entscheidet das Gericht im Sinne des Gesuchs, so genügt eine kurze Anzeige hiervon. Kommen zur Kenntnis der Strafvollstreckungsbehörden Umstände, die einen Widerruf der vom Gericht gewährten Vergünstigung als gerechtfertigt erscheinen lassen, so ist dem Gericht Gelegenheit zu geben, sich über einen etwaigen Widerruf schlüssig zu machen." Ähnlich auch sächs. Verordnung vom 2. Febr. 1922 (Sächs. JMBl. S. 7) Ziff. IV und Bad. Erlaß vom 28. Dez. 1921 (JMBl. für Baden S. 343) Ziff. II, 1. Das OLG. Köln (ZStrW. 43 S. 499f.) schließt aus der Aufrechterhaltung der Befugnis der „Vollstreckungsbehörde", Teilzahlungen zu bewilligen, irrigerweise daß die Staatsanwaltschaft nach wie vor verpflichtet sei, über Gesuche um Bewilligung von Teilzahlungen, die nach dem Urteil an sie gerichtet seien, zu entscheiden. Ihre Befugnis sei nicht etwa durch § 5 des alten GeldStrG. an die zweite Stelle gerückt und nunmehr grundsätzlich das Gericht mit den einschlägigen Entscheidungen befaßt. Nur wenn die Staatsanwaltschaft das Gesuch für unbegründet halte, werde sie es dem Gericht vorzulegen haben.

98. § 28 StGB. gilt auch für das Landesrecht (Art. V).

99. Wird keine Frist gewährt, so sind die verhängten Geldstrafen grundsätzlich mit der Rechtskraft des Urteils fällig (BE. S. 116f.). Bezahlt werden können sie aber schon vor Rechtskraft.

100. Die Vorschrift des § 28 StGB. ermöglicht es, daß auch gegen Unbemittelte, die zu einer sofortigen Bezahlung einer ihren wirtschaftlichen Verhältnissen, aber auch der Schwere des Vergehens angemessenen Geldstrafe nicht imstande wären, auf eine Geldstrafe erkannt werden kann, ohne daß notgedrungen mit der Verbüßung der Ersatzfreiheitsstrafe zu rechnen ist.

101. Die Berufung kann darauf beschränkt werden (StPO. § 359), daß eine Frist oder Teilzahlungen nicht gewährt seien, oder daß sie nicht angemessen seien (ebenso auch Gerland, Kritische Bemerkungen zum Allgemeinen Teil des Strafgesetzentwurfes 1919, Tübingen 1921, S. 54; Oetker S. 217). Praktisch dürfte das aber nach meinen Erfahrungen wohl nur sehr selten geworden sein. Zu Zweifeln gibt Anlaß die Fassung von E. 1919 S. 61: „Über die Vergünstigung ist der Regel nach im Urteil zu entscheiden, denn es handelt sich um einen Teil der Strafzumessung, der mit der Höhe der Geldstrafe untrennbar zusammenhängt und deshalb auch nur gleichzeitig damit angefochten werden kann." Es ist aber nicht anzunehmen, daß damit gesagt werden soll, daß die Berufung sich nicht auf die Bemängelung der Entscheidung über Fristen oder Teilzahlungen beschränken darf, sich vielmehr stets auch auf die Höhe der Geldstrafe beziehen müsse. Jedenfalls würde das, wie Oetker S. 217f. richtig bemerkt, ein offenbarer Widerspruch mit der Auffassung der Stundung als Teil der Strafzumessung sein. Dagegen nimmt Beck, Steuerarchiv 25 S. 57 irrigerweise an, es handle sich hier um einen in das Urteil aufzunehmenden Beschluß des Gerichts, der gemäß StPO. § 346, von allen Beteiligten, also auch dem Nebenkläger mit der einfachen Beschwerde angefochten werden könne. Bei nachträglicher Festsetzung ist gemäß StPO. § 494 sofortige Beschwerde gegeben.

Nach Einlegung der Berufung oder der sofortigen Beschwerde kann die angefochtene Entscheidung nicht mehr geändert werden. A. M. bezüglich der sofortigen Beschwerde Wunderer S. 50, weil die Entscheidung mehrmals geändert werden dürfe und es deshalb auch dem Richter nicht verwehrt sein könne, seine Entscheidung nach Einlegung der sofortigen Beschwerde zu ändern.

Die landesgesetzlich bestimmte Unanfechtbarkeit der Entscheidungen der bayr. Volksgerichte muß für Beschlüsse auf Grund des § 28 StGB. als beseitigt gelten (Wunderer S. 50 und Beschluß des Obersten Landesgerichts in Strafsachen in Leipziger Zeitschr. f. Deutsches Recht 1916 S. 128f.). Das gleiche wird für das Wuchergericht zu gelten haben. Auch das Wuchergericht ist zweifellos auf Grund des Abs. 1 zur Bewilligung von Fristen und Teilzahlungen im Urteil befugt. Auch Abs. 2 muß gleichfalls für das Wuchergericht gelten. Dann besteht aber kein Grund, die Geltung des Abs. 3 für die nachträglichen Beschlüsse des Wuchergerichts auszuschließen.

102. Da es sich um einen Akt der Strafzumessung handelt, kann auch Revision unter Umständen in Frage kommen (Daude S. 251 Anm. 6). A. M. Lobe in RGK. Anm. 1 zu § 5 des alten GeldStrG., nach dem diese in das Ermessen des Tatrichters gestellte Befugnis selbstverständlich der Revision entzogen ist. Das trifft aber nur zu, soweit es sich darum handelt, ob der Tatrichter die Gründe, die für und gegen die Bewilligung der Vergünstigung sprechen, sachgemäß gewürdigt hat oder nicht. Hat dagegen der Tatrichter beispielsweise angenommen, daß § 28 auf Geldstrafen, die auf Grund des § 27b an die Stelle einer an sich verwirkten Freiheitsstrafe getreten sind, nicht Anwendung finden könne, so ist Revision zulässig.

103. Sind Teilzahlungen nicht bewilligt, so darf nach Olshausen § 28 Anm. 1 und Gutmann S. 104f. die Strafvollstreckungsbehörde Teilzahlungen nicht annehmen, da der Strafcharakter der Geldstrafe unbedingte Wahrung der Einheit und Unteilbarkeit der Strafe verlangt. Dem kann aber mit Frank § 28 Anm. 1 nicht beigestimmt werden. So auch Lobe im RGK. § 28 Anm. 7.

104. An die Fristbewilligung und die Bewilligung von Teilzahlungen können auch Auflagen geknüpft werden, so die Auflage, einen bestimmten Betrag der Geldstrafe sofort zu bezahlen oder eine Sicherungshypothek eintragen zu lassen oder einen Bürgen zu stellen, oder sich unter Schutzaufsicht zu stellen; dagegen kann mangels besonderer gesetzlicher Ermächtigung nicht Abtretung unpfändbarer Gehalts- oder Lohnansprüche vereinbart werden.

Ob die Voraussetzungen für die Bewilligung einer Frist oder von Teilzahlungen gegeben sind, hat das Gericht von Amts wegen zu prüfen. Von einem Antrage des Angeklagten oder der Staatsanwaltschaft ist die Bewilligung nicht abhängig (VE. S. 117; Oetker S. 218; Wunderer S. 49); kommt das Gericht bei pflichtgemäßer Würdigung zu der Überzeugung, daß dem Verurteilten nach seinen wirtschaftlichen Verhältnissen die sofortige Bezahlung der Geldstrafe nicht zuzumuten ist, so ist es verpflichtet, eine Frist zur Zahlung in Teilbeträgen zu bewilligen. Das gilt grundsätzlich auch für die nachträgliche Bewilligung. In der Regel aber werden dem Gericht die persönlichen und wirtschaftlichen Verhältnisse des Verurteilten erst durch einen entsprechenden Antrag bekannt werden. Der Angeklagte hat aber keinen Anspruch auf Bewilligung, selbst dann nicht, wenn die Voraussetzungen für sie tatsächlich gegeben sind („kann"); es kann daher die Revision nicht darauf gestützt werden, daß Frist oder Teilzahlungen nicht bewilligt worden seien, trotzdem die wirtschaftlichen Verhältnisse ihre Bewilligung erforderlich gemacht hätten. Da das Vorliegen der Voraussetzungen von Amts wegen zu prüfen ist, ist ein vorheriger Verzicht des Angeklagten auf die Vergünstigung ohne Belang. Dagegen kann der Angeklagte, dem eine Frist oder Teilzahlung bewilligt sind, nachträglich darauf verzichten von ihnen Gebrauch zu machen, indem er die

Geldstrafe sofort bezahlt oder vor der gestellten Frist oder in größeren Teilbeträgen. Die Gerichtskasse darf solche Zahlungen und überhaupt Teilzahlungen nicht ablehnen, zumal der Grundsatz des § 266 BGB. auf die dem öffentlichen Recht angehörende Geldstrafenforderung keine Anwendung findet (VE. S. 117; Mohr S. 28). Nach RG. vom 9. Juni 1887 E. 9 S. 370 und GA. 50 S. 295, 296 besteht aber nicht die Möglichkeit solche Teilbeträge zurückzuweisen.

Bei der Bewilligung von Teilzahlungen ist zu beachten, daß nicht Teilzahlungen bewilligt werden, die unter einem Tagessatze bleiben; so ist es nicht zweckmäßig, Teilzahlungen von 10 Goldmark zu bewilligen, wenn als Umwandlungsmaßstab für einen Tag Gefängnis ein Betrag von 20 Goldmark genommen ist (Köhler S. 630), denn Teilbeträge, die bei der Umwandlung nicht den für einen Tag festgesetzten Betrag erreichen, fallen fort, wie E. 1919 § 59 Abs. 2 zur Entscheidung einer Streitfrage des geltenden Rechts ausdrücklich bestimmt. Da aber Teilzahlungen nicht abgelehnt werden dürfen, auch wenn sie geringer sind als der bewilligte Betrag, steht es im Belieben des Verurteilten, den Erfolg, der vermieden werden soll, doch herbeizuführen.

Noch VE. § 31 hatte Erstreckung der Frist nur auf drei Monate und der Teilzahlung auf höchstens ein Jahr bestimmt, als Schranke „gegen eine zu schlaffe Praxis", und gemeint, die Innehaltung dieser Grenze sei durch die Rücksicht auf den Ernst und den Zweck der Strafe erfordert (VE. S. 116). Er bezeichnet deshalb die von Goldschmidt, Vergl. Darstellung des deutschen und ausländ. Strafrechts, Allgem. Teil Bd. 4 S. 407f. vorgeschlagene Frist von zwei Jahren als zu lang (ebendort S. 116 Anm. 4). Ebenso nach KE. § 68. Dagegen erteilt E. 1919 § 56 ebenso wie § 4 des alten GeldStrG. dem Gericht das Recht zur Bewilligung von Fristen und Teilzahlungen ohne Schranken (dagegen Mohr S. 73 unter Verkennung des Abs. 2 von VE. § 31). Es darf darauf vertraut werden, daß die Fristen nicht so weit erstreckt werden und die Teilzahlungen nicht so klein bemessen werden, daß die Bezahlung der Geldstrafe den Charakter einer Strafe nahezu verliert (vgl. auch unten Anm. 105).

Frist und Teilzahlungen können auch nebeneinander gewährt werden (VE. S. 117), ja die Gewährung von Teilzahlungen schließt notwendigerweise auch die Gewährung einer Frist in sich.

105. Die bayer. Bekanntmachung vom 27. April 1923 (bayer. JMBl. S. 16) weist in Ziff. 5 mit Recht darauf hin, daß der Gefahr vorzubeugen sei, daß der Verurteilte durch Erwirkung einer ungerechtfertigten Stundung oder Gestattung von Teilzahlungen die Strafvollstreckung verschleppe und insbesondere bei fortschreitender Geldentwertung die Wirkung der Strafe abschwäche. Die Tatsache der oft sprungweise fortschreitenden Geldentwertung wird zweckmäßigerweise auch schon bei der Bewilligung von Fristen oder Teilzahlungen insofern zu berücksichtigen sein, als die endgültige Zahlung nicht zu weit hinausgeschoben wird.

106. Die Fristen rechnen, wenn in dem Urteil nichts besonderes bestimmt ist, von der Rechtskraft des Urteils an. Das ist insofern nicht praktisch, als es für den Verurteilten nicht einwandfrei ersichtlich ist, zu welchen Fristen er die Geldstrafe bezahlen muß. Es empfiehlt sich die Fristen kalendermäßig zu bestimmen.

107. Voraussetzung für die Bewilligung einer Frist oder von Teilzahlungen ist, daß dem Verurteilten „nach seinen wirtschaftlichen Verhältnissen" nicht zuzumuten ist, daß er die Geldstrafe sofort zahlt. VE. hatte keinerlei Voraussetzungen für die Bewilligung von Fristen und Teilzahlungen aufgestellt; es ließen sich solche Vorschriften nicht geben, vielmehr müsse auf das richtige Ermessen des Richters vertraut werden. Eine selbstverständliche Voraussetzung sei, daß er von der Überzeugung ausgehen müsse, dem Verurteilten werde die alsbaldige Aufbringung der ganzen Geldstrafe erhebliche Schwierigkeiten verursachen (VE. S. 166.) Auf demselben Standpunkt stand KE. § 62.

Demgegenüber bedeutet es keine sachliche Änderung, wenn § 5 des alten GeldStrG. und ebenso jetzt § 28 StGB., wie auch schon E. 1919 § 56, es auf die wirtschaftlichen Verhältnisse des Verurteilten abstellt.

Der Ausdruck „wirtschaftliche Verhältnisse" ist gewählt, um klarzustellen, daß neben Vermögen und Einkommen auch die Verbindlichkeiten des Täters, z. B. gesetzliche Unterhaltspflichten und ähnliche Lasten, zu berücksichtigen sind (E. 1919 S. 97). In Betracht kommen ferner beispielsweise auch Erwerbsfähigkeit, Erwerbsaussichten, Ortsverhältnisse (VE. S. 115), Alter und Gesundheit des Verurteilten (Schweizer E. Art. 45).

108. Die Vergünstigung dürfte regelmäßig zu versagen sein, wenn der Verurteilte weder feste Wohnung noch Beschäftigung hat (Goldschmidt in Vergl. Darstellung des deutschen u. ausländ. Strafrechts, Allgem. Teil Bd. 4 S. 407).

Auch bei Ausländern wird sich in der Regel die Bewilligung von Fristen oder Teilzahlungen nicht empfehlen, es sei denn, daß sie ihrer Persönlichkeit nach eine Gewähr dafür bieten, daß sie sich der Vollstreckung der Geldstrafe nicht entziehen werden oder daß von dritter Seite für sie Bürgschaft geleistet wird. Ebenso Wunderer S. 52f. Die pr. Allgem. Verf. vom 13. März 1923 (JMBl. S. 212) weist auch darauf hin, daß die Ausweisung von Ausländern erst erfolgt, wenn die erkannte Strafe verbüßt, verjährt oder erlassen ist. Die Vollstreckung müsse daher beschleunigt werden: „Die Gewährung von Strafaufschub, Zahlungsfristen oder Teilzahlungen wird daher in solchen Fällen regelmäßig abzulehnen sein. Soweit die Bewilligung von Zahlungsfristen nach § des (alten) GeldStrG. in Frage kommt, hat die Staatsanwaltschaft auf diese Gesichtspunkte aufmerksam zu machen und bei ihren Anträgen darauf Rücksicht zu nehmen." Diese Gesichtspunkte werden auch von dem Gericht zu berücksichtigen sein.

109. Durch die Bewilligung von Fristen oder Teilzahlungen wird die Vollstreckungsverjährung (StGB. § 70 Ziff. 4, 5, 6; § 71) unterbrochen, denn es handelt sich zwar insofern, als ein Aufschub bewilligt wird durch Bewilligung von Ratenzahlungen oder einer Frist, um Aufschub der Vollstreckung; insoweit aber, als dieser Aufschub befristet wird — dies ist auch bei Bewilligung von Teilzahlungen der Fall — um eine Handlung, die auf Vollstreckung nach Ablauf der Frist gerichtet ist (Schwartz § 72 Anm. 3; Olshausen § 72 Anm. 5; Lobe im RGK. § 72 Anm. 2; a. M. offenbar VE. S. 117 Anm. 5, der deshalb im § 99 eine besondere Bestimmung trifft, und E. 1919 § 127 S. 112). Stellt man sich auf den Standpunkt des E. 1919, so muß darauf geachtet werden, daß bei den Vergünstigungen die Verjährungsfristen innegehalten werden.

110. Erfolgt eine Teilzahlung nicht rechtzeitig, so ist nicht etwa ohne weiteres der gesamte noch nicht bezahlte Rest der Geldstrafe fällig. Es kann vielmehr nur der fällige Teilbetrag beigetrieben werden (ebenso VE. Begr. S. 117). Das geht auch aus § 28a StGB. in der jetzigen Fassung hervor, wonach die Geldstrafe nur „soweit" sie nicht bezahlt ist, beizutreiben ist. Das gilt auch, soweit es sich um Strafen handelt, auf die die Reichsabgabenordnung vom 13. Dez. 1919 (RGBl. S. 1992) Anwendung findet, da § 106 der Reichsabgabenordnung auf Geldstrafen Anwendung nicht findet und StGB. § 28 außerdem voraussetzt, daß das Gericht und nicht das Finanzamt, die Teilzahlungen bewilligt hat. Die nicht rechtzeitige Zahlung eines Teilbetrages der Geldstrafe kann aber dem Gericht Anlaß zum Widerruf der Vergünstigung geben.

111. Das Gesetz geht davon aus, daß die Entscheidung über Frist und Teilzahlungen in der Regel im Urteil erfolgen soll. Es ist aber zweifelhaft, ob die

Vorermittlungen und das Ergebnis der Hauptverhandlung im allgemeinen hinreichen werden, um eine genügend zuverlässige Grundlage für die Entscheidung zu bilden (vgl. auch Goldschmidt in Vergl. Darstellung des deutschen u. ausländ. Strafrechts, Allgem. Teil Bd. 4 S. 407 und dort Anm. 4 Erwähnten sowie Hellwig, „Die bedingte Aussetzung der Strafvollstreckung in Preußen", Berlin 1921 Anm. 54 und „Die bedingte Aussetzung der Strafvollstreckung in Preußen und im Reich", Berlin 1922 Anm. 45). Nach meinen Erfahrungen sind selbst in der Berufungsinstanz die wirtschaftlichen Verhältnisse meistens so wenig geklärt, daß das Gericht zur Zeit der Urteilsfällung garnicht in der Lage ist, sachgemäß über Fristen oder Teilzahlungen entscheiden zu können. Das Gericht kann deshalb diese Vergünstigungen auch nach dem Urteil bewilligen. Auch hier ist die Bewilligung nicht von einem Antrag abhängig; das Gericht kann auch von Amts wegen Fristen oder Teilzahlungen bewilligen, ebenso auf Anregung eines Angehörigen des Verurteilten, des Wohlfahrtsamts oder eines beliebigen Dritten.

Zuständig ist für die nachträgliche Bewilligung das Gericht erster Instanz. Die Entscheidung wird ohne mündliche Verhandlung erlassen. Vor der Entscheidung ist aber der Staatsanwaltschaft und dem Verurteilten Gelegenheit zu geben, Anträge zu stellen und zu begründen (ebenso pr. Allgem. Verf. vom 22. Dez. 1921 — JMBl. S. 665 — II 4). Gegen die Entscheidung findet die sofortige Beschwerde statt (StPO. § 494). Es handelt sich bei der nachträglichen Bewilligung von Fristen und Teilzahlungen ebenso wie bei der Bewilligung im Urteil um einen Akt der Strafzumessung, nicht um einen Akt der Strafvollstreckung. Daraus, daß StGB. § 28 den § 494 StPO. für unmittelbar anwendbar erklärt, nicht mehr wie § 5 des alten GeldStrG nur „entsprechend", darf nicht gefolgert werden, daß das neue GStrG. und demgemäß auch die neue VermStrVO. die Bewilligung von Fristen und Teilzahlungen nicht mehr als einen Akt der Strafzumessung auffasse. Auch wenn es sich um einen Akt der Strafvollstreckung handeln würde, dürfte diese Entscheidung doch gemäß Artikel VI § 1 III des Gesetzes zur Entlastung der Gerichte vom 11. März 1921 (RGBl. S. 229) Gerichtsschreibern, Amtsanwälten oder bei der Staatsanwaltschaft hierfür zu bestellenden Beamten nicht übertragen werden.

Die Staatsanwaltschaft hat vor Abgabe ihrer Äußerung anderen Behörden, deren Geschäftskreis das Strafverfahren berührt, Gelegenheit zur Äußerung zu geben (Erlaß des bad. JM. vom 28. Dez. 1921 — JMBl. für Baden S. 343 — Ziff. 4). Ungenau Heinrich, Handbuch des Steuerstrafrechts, Mannheim 1923 S. 123f. (vgl. auch JW. 1922 S. 280ff.), nach dem die Gerichte den Finanzbehörden Gelegenheit zur Stellungnahme zu geben haben. Es handelt sich hier um einen ganz allgemeinen Grundsatz, der als selbstverständlich auch dann anzunehmen ist, wenn auf ihn nicht noch besonders durch eine Allgem. Verf. des JM. hingewiesen worden ist. Eine Anwendung dieses Grundsatzes stellen die sächs. Verordnung vom 9. März 1922 (Sächs. JMBl. S. 21) und der bad. Erlaß vom 18. März 1922 (JMBl. für Baden S. 22) Ziff. 1 dar, nach welchen es von besonderer Bedeutung ist, daß in Zoll- und Steuerstrafsachen stets der zuständigen Finanzbehörde Gelegenheit zur Stellungnahme gegeben wird. Dadurch soll nach dem bad. Erlaß „gewährleistet werden, daß bei der Anwendung der neuen Vorschriften die besonderen Interessen der Finanzverwaltung und die Erfordernisse der steuerlichen Gerechtigkeit ausreichend Berücksichtigung finden". Darauf, daß in Zoll- und Steuerstrafsachen die Staatsanwaltschaft zweckmäßigerweise der zuständigen Finanzbehörde Gelegenheit zur Äußerung zu geben haben wird, hat schon Beck im „Steuerarchiv" Bd. 25 S. 57 hingewiesen. Die Finanzbehörde wird ihrerseits aber darauf zu achten haben, daß ihre Äußerung unverzüglich erfolgt, damit die Entscheidung auf das Gesich des Verurteilten sich nicht ungebührlich verzögert. Sonst würde in Fällen, in denen das Gesuch des Verurteilten schließlich abgelehnt wird, dieser unter Umständen einen erheblichen ungerechtfertigten Vorteil durch die langsame Behandlung seines Gesuchs erreicht haben.

112. Bestritten ist die Frage, ob eine nachträgliche Bewilligung von Fristen oder Teilzahlungen nur in solchen Fällen zulässig ist, in denen das Urteil nach dem Inkrafttreten des alten GeldStrG. ergangen ist oder auch für vorher ergangene Urteile. Ich hatte aus der ausdrücklichen Bestimmung, daß diese Vergünstigungen auch nach dem Urteil bewilligt werden könnten, geschlossen, daß dies auch dann geschehen könne, wenn das betreffende Urteil vor dem Inkrafttreten des alten GeldStrG. ergangen sei (Hellwig, Altes GeldStrG. Anm. 112). Wunderer S. 129 verweist demgegenüber auf die Begr. zu dem alten GeldStrG., aus der hervorzugehen scheine, daß man nur an künftig zu verhängende Geldstrafen gedacht habe, nicht an alle Geldstrafen. Er bezeichnet es auch von meinem Standpunkt aus, daß es sich bei diesen Vergünstigungen um Akte der Strafzumessung handle, als folgewidrig, wenn ich § 5 des alten GeldStrG. auch auf alte Geldstrafen anwenden wolle. Denn im Gebiet der Strafausmessung könne nur nach § 2 StGB. verfahren werden, wonach die zeitliche Grenze mit der Urteilsverkündigung zusammenfalle. Hätte für Urteile, die vor dem Inkrafttreten des alten GeldStrG. ergangen seien, die Möglichkeit der Ergänzung geschaffen werden sollen, so hätte die Vorschrift anders lauten müssen. Das Wort „nachträglich" könne nur bedeuten, daß die Vergünstigung auch nach Abschluß des Verfahrens zu einem Urteil erfolgen könne, wenn in diesem Urteil selbst schon die Zahlungsweise des Abs. 1 hätte bestimmt werden können, wenn dieses Urteil selbst also nach Inkrafttreten des alten GeldStrG. ergangen wäre.

Zuzugeben ist, daß der Wortlaut nicht eindeutig ist, daß mit ihm sowohl die Auslegung Wunderers als auch meine Auslegung vereinbar ist. Es hätte auch noch darauf hingewiesen werden können, daß in den Fällen, in denen das Urteil vor dem Inkrafttreten des alten GeldStrG. ergangen ist, jedenfalls das erkennende Gericht die Möglichkeit der Teilzahlungen oder Stundung bei der Bemessung der Höhe der Strafe noch nicht habe berücksichtigen können. Dagegen kann ich meine Auffassung nicht als widerspruchsvoll ansehen. Mit der bisherigen Auffassung der Strafzumessung ist meine Ansicht über die Rückwirkung allerdings nicht vereinbar; doch ist das ebensowenig der Fall mit der nachträglichen Bewilligung der Fristen oder Teilzahlungen nach Erlaß eines Urteils, das nach dem Inkrafttreten des GeldStrG. ergangen ist (vgl. oben Anm. 91). Und doch läßt das Gesetz eine derartige nachträgliche Änderung zweifellos zu. § 2 StGB. steht nicht im Wege, weil der Gesetzgeber allmächtig ist und, wenn man meine Auslegung annimmt, in § 5 Abs. 2 des alten GeldStrG., § 28 Abs. 2 StGB. in jetziger Fassung, eine Sonderregelung getroffen hat. Für meine Auslegung spricht, daß das Gesetz vor allem auch, um die Vollstreckung vermeidbarer Ersatzfreiheitsstrafen nach Möglichkeit auszuschalten, dem erkennenden Gericht die Befugnis geben will, auch nachträglich Frist oder Teilzahlungen zu bewilligen. Dieses Bedürfnis kann aber auch bei solchen Geldstrafen hervortreten, die auf Urteilen beruhen, die vor dem Inkrafttreten des alten GeldStrG. ergangen sind. Es soll auch der Verurteilte insofern günstiger gestellt werden als er nicht mehr auf das Wohlwollen der Gnadeninstanz angewiesen sein soll, sondern soll verlangen können, daß die Frage von dem erkennenden Gericht nachgeprüft wird. Auch das spricht dafür, die nachträgliche Prüfung auch bezüglich solcher Urteile zuzulassen, die vor dem Inkrafttreten des alten GeldStrG. ergangen sind.

Von einem grundsätzlich anderen Standpunkt kommt das bayr. Oberste Landesgericht in Strafsachen in Leipziger Zeitschr. f. Deutsches Recht 1916 S. 155 zu demselben Ergebnis, indem es diese Vorschrift des § 5 des alten GeldStrG. als Verfahrens- und Zuständigkeitsregel auffaßt, die mit dem Inkrafttreten des alten GeldStrG. wirksam geworden seien. Es komme nicht darauf an, ob das die Geldstrafe verhängende Urteil vor oder nach dem Inkrafttreten des alten GeldStrG. ergangen oder rechtskräftig geworden sei, denn die Entscheidungen nach Abs. 2 und 3 könnten unabhängig vom Urteil getroffen werden. Einer Übergangsvorschrift habe es nicht bedurft.

113. Während die Vergünstigung nachträglich ohne Einschränkung bewilligt werden kann, also auch dann, wenn sich die tatsächlichen Verhältnisse nicht geändert haben, vielmehr von dem Gericht nur anders beurteilt werden, kann die Vergünstigung nur in zwei Fällen widerrufen werden: wenn der Verurteilte die Teilzahlungen nicht rechtzeitig leistet oder wenn sich seine wirtschaftlichen Verhältnisse wesentlich bessern. Für die Teilzahlungen kommen beide Widerrufsgründe in Betracht, für die Fristbewilligung nur die wesentliche Besserung der wirtschaftlichen Verhältnisse. Auch wenn die Voraussetzungen für den Widerruf an sich gegeben sind, ist das Gericht nicht verpflichtet, den Widerruf auszusprechen. Insbesondere wird eine geringe Versäumung der Frist für die Teilzahlung, namentlich wenn sie nicht verschuldet ist, oder das Verschulden doch nur gering ist, nicht zum Widerruf führen. Liegt aber eine schuldhafte, vielleicht gar eine böswillige Verletzung vor, so muß es als Pflicht des Gerichts gelten, die Vergünstigung zu widerrufen. An einen Antrag ist das Gericht auch hier nicht gebunden. Auch hier kommt es wieder auf das freie pflichtgemäße Ermessen des Gerichts an. Gegen den Widerruf ist die sofortige Beschwerde gegeben.

114. Das Gericht kann seine Entschließungen nachträglich ändern, sowohl die im Urteil ausgesprochenen als auch die nachträglichen. „Entschließungen" umfaßt sowohl die Bewilligung der Vergünstigungen, ihren Widerruf sowie die bei der Bewilligung gemachten näheren Bestimmungen, Auflagen u. dgl. Es kann sie sowohl zugunsten des Verurteilten als auch zu seinen Ungunsten ändern. Da ein Widerruf nur in zwei Fällen zulässig ist, darf die Änderung zuungunsten des Verurteilten aber nie soweit gehen, daß sie einem Widerruf gleichkommt. Die Grenzziehung zwischen Widerruf und Abänderung zuungunsten des Verurteilten kann streitig sein. Eine bewilligte Frist von einem Jahr wird nachträglich auf sechs Monate verkürzt: Ist dies Änderung der einjährigen Frist oder Widerruf der alten und Bewilligung einer neuen Frist? Wie, wenn sie auf drei Monate, einen Monat, eine Woche verkürzt wird? Formell ist dies wohl nur Änderung der Frist, materiell kommt diese Änderung einem Widerruf gleich. Als Widerruf im Sinne des Gesetzes wird man nur das Verlangen sofortiger Zahlung der ganzen Geldstrafe (bei einer Fristbewilligung) oder des noch nicht bezahlten Restbetrages (bei einer Bewilligung von Teilzahlungen) zu verstehen haben. Berücksichtigt man aber, daß auch Änderungen der Vergünstigungen materiell ihrem Widerruf nahekommen können, so wird man die durch Beschränkung des Widerrufs auf zwei bestimmte Fälle gegebene Sicherheit nicht zu hoch einschätzen dürfen. Die nachträgliche Änderung kann sowohl darin bestehen, daß die Modalitäten der Zahlung (Zeit der Frist, Größe der Rate, Zeit der Zahlung der einzelnen Raten) geändert werden, als auch darin, daß besondere Auflagen, Stellung unter Schutzaufsicht, Stellung einer Bürgschaft, Annahme einer Stellung u. dgl. gemacht oder erlassen werden. (So schon Hellwig, Altes GeldStrG. Anm. 89). — Nach VE. § 31 war eine Änderung nur zugunsten des Verurteilten zulässig. KE. § 68 ließ Widerruf nur bei Nichteinhaltung der Zahlungsbedingungen zu.

Das Verhältnis zwischen dem Widerruf und der nachträglichen Änderung erscheint nicht klar. StGB. § 28 Abs. 2 entspricht wörtlich dem § 56 E. 1919. Hierzu bemerkte die Begründung, über die Vergünstigung sei in der Regel im Urteil zu entscheiden: „Um dem Gericht jedoch die Möglichkeit zu geben, die wirtschaftlichen Verhältnisse des Verurteilten, namentlich eine Veränderung seiner Lage auch noch nachträglich zu berücksichtigen, gestattet der Entwurf, die Vergünstigungen auch nach dem Urteil zu gewähren, zu erweitern oder einzuschränken . . Die bewilligten Vergünstigungen dürfen nur widerrufen werden, wenn der Verurteilte die Teilzahlungen nicht rechtzeitig leistet oder seine wirtschaftlichen Verhältnisse sich wesentlich bessern." Hiernach scheint kein Zweifel darüber möglich daß E. 1919 bewußt zwischen dem Widerruf- und anderen nachträglichen Änderungen unterscheidet, sowie, daß er zu den anderen nachträglichen Änderungen nicht nur nachträgliche Erweiterungen der schon gewährten Vergünstigungen rechnet, sondern auch nachträgliche Einschränkungen. Es kann auch kein Zweifel darüber bestehen, daß die „wesentliche" Besserung der wirtschaftlichen Verhältnisse des Verurteilten oder die nicht rechtzeitige Leistung von Teilzahlungen nur die Voraussetzung des Widerrufs der Vergünstigung ist, nicht auch die Voraussetzung für die Einschränkung der Vergünstigung Für die nachträgliche Änderung der Vergünstigungen stellt E. 1919 und ebenso StGB. § 28 ausdrücklich kein Erfordernis auf. Aus Abs. 1 ist zu entnehmen, daß Voraussetzung für die Erweiterung der Vergünstigung ist, daß die gewährte Vergünstigung mit Rücksicht auf die wirtschaftlichen Verhältnisse des Verurteilten nicht ausreicht, um ihm die Bezahlung der Geldstrafe zu ermöglichen daß also seine wirtschaftlichen Verhältnisse bei der Bewilligung der Vergünstigung zu günstig beurteilt worden sind oder daß sie sich inzwischen verschlechtert haben. Entsprechend ist als Voraussetzung für die Einschränkung der Vergünstigung anzunehmen, daß die wirtschaftlichen Verhältnisse des Verurteilten bei der Bewilligung der Vergünstigung zu günstig beurteilt worden sind oder daß sie sich inzwischen gebessert haben. Die Voraussetzungen für eine nachträgliche Einschränkung der Vergünstigungen sind also insofern weiter, als jede Besserung der wirtschaftlichen Verhältnisse des Verurteilten genügt, nicht eine „wesentliche" Besserung seiner wirtschaftlichen Verhältnisse erforderlich ist und als außerdem auch genügt, daß bei Bewilligung der Vergünstigung die wirtschaftliche Lage des Verurteilten zu ungünstig beurteilt worden ist. Der Einwand, den Oetker S. 215 gegen die Fassung des E. 1919 § 56 macht, daß auffalle, daß Satz 3 einen Sonderfall betreffe, der in Satz 2 schon enthalten sei, weil Widerruf auch eine nachträgliche Änderung enthalte und daß in Satz 3 nur von Widerruf die Rede sei, trotzdem geänderte wirtschaftliche Lage doch auch zu bloßer Einschränkung der Vergünstigung führen könne, erscheint mir daher nicht begründet.

Dagegen besteht eine Unklarheit insofern, als sich nachträgliche Einschränkung und Widerruf, wie oben gezeigt, zwar formell, aber nicht materiell, scharf gegeneinander abgrenzen lassen, so daß das Gericht in der Lage ist, Einschränkungen, die materiell einem Widerruf nahekommen, in der Form der nachträglichen Einschränkung zu treffen, auch wenn die Voraussetzungen für einen Widerruf nicht gegeben sind.

Die gegen diese meine Ausführungen von Soldan in der „Deutschen Rechtsanwaltszeitung" 1922 S. 14 erhobenen, nicht näher begründeten Bedenken kann ich zwar als rechtspolitisch beachtlich, aber nach geltendem Recht nicht als durchgreifend erachten. Das gleiche gilt von der Bemerkung von Lobe im RGK. in Anm. 2 zu § 5 des alten GeldStrG., wonach nicht nur Widerruf, sondern auch Einschränkung der Vergünstigungen nur unter denjenigen Voraussetzungen erfolgen darf, die das Gesetz lediglich für den Widerruf bestimmt hat.

Bei der Beurteilung der Frage, ob sich die wirtschaftlichen Verhältnisse des Verurteilten gebessert haben (für die Frage ob Einschränkung der Vergünstigung in Frage kommt) oder ob sie sich gar wesentlich gebessert haben (für die Frage, ob ein Widerruf in Betracht kommt) darf es natürlich nicht auf den Nennwert des Einkommens der Verurteilten abgestellt werden, sondern auf die Kaufkraft eines Einkommens unter Berücksichtigung seiner Verpflichtungen (Hellwig, JW. 1923 S. 361).

115. Gesetzliche Folge der Nichtinnehaltung einer Teilzahlung ist lediglich, daß die betreffende Rate fällig wird und gemäß StGB. § 28a beizutreiben ist. Es wird also nicht etwa die ganze noch nicht gezahlte Restgeldstrafe fällig (BE. S. 117). Nach BE. konnte auch die nichtrechtzeitige Zahlung einer Teilzahlung zu einem Widerruf nicht Anlaß geben, gleichgültig, ob sie verschuldet war oder nicht. Anders jetzt.

116. Nach § 5 des alten GeldStrG. war § 494 StPO. nur entsprechend anzuwenden. Diese Ausdrucksweise des Ges. war meines Erachtens zutreffend, weil es sich um keine gerichtliche Entscheidung bei der Strafvollstreckung, sondern um einen nachträglichen Akt der Strafzumessung handelt (Hellwig, Altes GeldStrG. Anm. 84). Die jetzige Ausdrucksweise läßt sich aber wohl insofern rechtfertigen, als es sich zwar um nachträgliche Strafzumessung, aber im Stadium der Strafvollstreckung handelt. Eine sachliche Änderung ist jedenfalls nicht beabsichtigt. Als Gericht erster Instanz gilt hier der Amtsrichter (GVG. § 30 Abs. 2), in Jugendgerichtssachen der Jugendrichter (Jugendgerichtsgesetz vom 16. Februar 1923 — RGBl. I S. 135 — § 19) die Strafkammer in der Besetzung mit drei Richtern, und zwar auch dann, wenn das Schwurgericht erkannt hat (GVG. §§ 77, 82), das Wuchergericht in der Besetzung mit drei Richtern (Verordnung über Sondergerichte für Schleichhandel und Preistreiberei vom 27. Nov. 1919 — RGBl. S. 1909 — § 4). Das Gericht erster Instanz ist auch dann zuständig, wenn sein Urteil auf Freisprechung gelautet hatte und erst das Berufungsgericht auf Strafe erkannt hatte.

StGB. § 28 in neuer Fassung gilt nicht für die Einziehung eines übermäßigen Gewinns, da sie keine Geldstrafe, ja nicht einmal eine Nebenstrafe ist, sondern auf einem öffentlichrechtlichen Herausgabeanspruch beruht, über den im Strafverfahren mitentschieden wird (Bayer. Oberstes Landesgericht in Strafsachen in Zeitschr. f. Rechtspflege in Bayern 1922 S. 155).

Nicht nur bei Jugendlichen (vgl. Hellwig, Jugendgerichtsgesetz, Berlin 1923, § 16 Anm. 2), sondern ganz allgemein ist der Strafvollzug so zu bewirken, daß der Ernst der Strafe gewahrt wird. Bei den Jugendlichen ist allerdings hauptsächlich auf die Förderung der Erziehung zu achten. Die Wahrung des Ernstes der Strafe verlangt, daß die Fristen und Teilzahlungen nicht so bemessen werden, daß die Bezahlung der Geldstrafe dem Verurteilten ein irgendwie empfindliches Strafübel nicht mehr darstellt. Stellt sich erst nachträglich heraus, daß die wirtschaftlichen Verhältnisse des Verurteilten zu günstig beurteilt worden sind oder haben sie sich nachträglich gebessert, wenn auch vielleicht nicht wesentlich, so sind die gewährten Vergünstigungen nachträglich so weit einzuschränken (vgl. oben Anm. 113), daß der Ernst der Strafe gewahrt bleibt.

Ob § 494 Abs. 3 entsprechend anzuwenden ist, kann zweifelhaft sein, da bei Geldstrafe auf eine Gesamtstrafe nicht erkannt wird und der gesetzgeberische Grund, der Einheitlichkeit der Entscheidung bei einer Gesamtstrafe erforderlich macht, nämlich das Aufgehen der Einzelstrafen in der Gesamtstrafe, bei der Verurteilung zu mehreren Geldstrafen nicht vorliegt. Da auch Zweckmäßigkeitsgründe zum mindesten nicht dafür sprechen, daß die Entscheidungen über nachträgliche Bewilligung usw. von Teilzahlungen und Fristen nur einem der mehreren beteiligten Gerichte übertragen werden, dürfte jedes Gericht über die von ihm erkannte Geldstrafe zu entscheiden haben.

Vor der Entscheidung ist der Staatsanwaltschaft und dem Verurteilten — auch wenn er selbst keinen Antrag gestellt hat — Gelegenheit zu geben, Anträge zu stellen und zu begründen (StPO. § 494 Abs. 2). Die Entscheidung ist zu begründen (StPO. § 34) und dem Verurteilten zuzustellen (StPO. § 35), denn betroffen von der Entscheidung wird der Verurteilte, nicht der mit ihm nicht personengleiche Antragsteller. Doch ist es sachgemäß, dem Antragsteller formlos Nachricht zu geben. Gegen die Entscheidung findet die sofortige Beschwerde statt (§ 494 Abs. 4 StPO.,) und zwar wohl auch dann, wenn nicht der Verurteilte, sondern ein Dritter den „Antrag" gestellt hat, da ein formeller Antrag nicht erforderlich ist. Hat dagegen das Gericht ohne eine solche Anregung durch den Verurteilten oder einen Dritten die Sachlage geprüft, so liegt eine Entscheidung überhaupt nicht vor.

Auch gegen die Entscheidungen der bayer. Volksgerichte ist die sofortige Beschwerde zulässig auf Grund des § 494 StPO. (Bayer. Oberstes Landesgericht in Strafsachen in Leipziger Zeitschr. f. Deutsches Recht Bd. 16 S. 128). Desgleichen gegen die Entscheidungen der Wuchergerichte. Als eine Entscheidung ist es auch anzusehen, wenn sich das Wuchergericht für unzuständig erklärt und eine sachliche Entscheidung ablehnt (Bayer. Oberstes Landesgericht in Strafsachen in Zeitschr. f. Rechtspflege in Bayern 1922 S. 155).

§ 28a.

Soweit die Geldstrafe nicht gezahlt wird, ist sie beizutreiben.

Der Versuch, die Geldstrafe beizutreiben, kann unterbleiben, wenn mit Sicherheit vorauszusehen ist, daß sie aus dem beweglichen Vermögen des Verurteilten nicht beigetrieben werden kann.

117. StGB. § 28a in der jetzigen Fassung entspricht wörtlich dem § 6 des alten GeldStrG., dieser wiederum dem E. 1919 § 57 Abs. 1 u. 2.

118. Max Ernst Mayer hat auf der 17. Versammlung der deutschen Landesgruppe der JKV. im Mai 1921 die Beitreibung und die Umwandlung zutreffend „das kummervolle Problem der Geldstrafe" genannt („Strafensystem und Strafzumessung sowie Maßregeln der Besserung und Sicherung nach dem Entwurf zu einem Deutschen Strafgesetzbuch von 1919", Göttingen 1921 S. 5). Die Bestimmung des § 28a gilt sowohl für Vergehen als für Übertretungen, für Reichsrecht und für Landesrecht (vgl. aber unten Anm. 118).

119. Ob StGB. § 28a auch auf Fälle Anwendung findet, in denen ein Dritter für fremde Geldstrafen haftbar ist, kann zweifelhaft sein. Es handelt sich bei dieser Haftung richtiger Ansicht nach nicht um eine Strafe, sondern um eine öffentlich-rechtliche Haftung für fremde Schuld (v. Liszt § 58 Anm 5; Wachenfeld, Lehrbuch des deutschen Strafrechts, München 1914 S 218; Köhler S. 13; so anscheinend auch, wenn auch nicht ganz klar Juliusberger, Steuerstrafrecht und Steuerstrafverfahren, 2. Aufl. Berlin 1923, S. 83, 107.) Ein Zwang zur Beitreibung gegenüber dem für haftbar Erklärten besteht jedenfalls auf Grund des § 28a StGB. nicht; desgleichen besteht ihm gegenüber nicht die Pflicht der Vollstreckungsbehörde, auf Grund des § 28a StGB. von der Beitreibung abzusehen, wenn vorauszusehen ist, daß die Geldstrafe, für die der Dritte haftbar ist, aus seinem beweglichen Vermögen nicht beigetrieben werden kann. Die für die Beitreibung in solchen Fällen ergangenen Bestimmungen werden vielmehr durch StGB. § 28a überhaupt nicht berührt (anders Hellwig, Altes GeldStrG. Anm. 85). Sie bleiben daher in Kraft, gleichgültig, ob sie mit der Regelung im StGB. § 28a übereinstimmen oder nicht. Dahin gehört z. B. § 382 der Reichsabgabenordnung vom 13. Dez. 1919 (RGBl. S. 1993): „(1). Wer neben dem Schuldigen für Geldstrafe und Kosten haftet (§ 381), kann in Anspruch genommen werden, wenn die Geldstrafe und die Kosten aus dem beweglichen Vermögen des Schuldigen nicht beigetrieben werden können.

(2). Die Ersatzfreiheitsstrafen können an dem Schuldigen ganz oder zum Teil vollzogen werden, ohne daß die Person, die für die Geldstrafe haftet, in Anspruch genommen wird."

Ferner kommt z. B. in Betracht § 13 Abs. 1 des pr. Ges. über den Forstdiebstahl vom 15. April 1878 (GS. S. 222) in der Fassung des Ges. vom 14. Dez. 1920 (GS. 1921 S. 103): „An die Stelle einer Geldstrafe, welche wegen Unvermögens des Verurteilten und des für haftbar Erklärten nicht beigetrieben werden kann, tritt Gefängnisstrafe. Dieselbe kann vollstreckt werden, ohne daß der Versuch einer Beitreibung der Geldstrafe gegen den für haftbar Erklärten gemacht ist, sofern dessen Zahlungsunfähigkeit gerichtskundig ist."

120. Es kann zweifelhaft sein, welche Tragweite StGB. § 28a in der jetzigen Fassung hat. Nach Art. V gilt er für das gesamte Reichs- und Landesrecht. Es kann aber *fraglich* sein, nicht nur bezüglich des Landesrechts, bezüglich dessen jedenfalls in Zukunft abweichende Bestimmungen getroffen werden können, sondern auch bezüglich des Reichsrechts, *ob alle abweichenden Bestimmungen* über die Vollstreckung von Geldstrafen dadurch *außer Kraft gesetzt sind.*

Man wird davon auszugehen haben, daß Abs. 1 nur einen schon bestehenden Grundsatz betonen will, um dem Verurteilten klar zu machen, daß es nicht in seinem Belieben stehe, ob er die Geldstrafe bezahlen oder statt dessen die Ersatzfreiheitsstrafe verbüßen wolle. Dann wird man Abs. 1 aber nicht als eine Neuerung gegenüber dem vor dem Inkrafttreten des alten GeldStrG. bestehenden oder gegenüber dem bisher geltenden Rechtszustand aufzufassen haben. Hieraus wird sich die Folgerung ergeben, daß etwaige abweichende reichsrechtliche oder landesrechtliche Vorschriften, die bestimmen, daß eine Geldstrafe nicht beizutreiben ist, aufrechterhalten sind.

Abs. 2 ist aus dem Bestreben hervorgegangen, dem Staate und dem Verurteilten unnütze Arbeit und vermeidbare Kosten zu ersparen und dem Verurteilten in geeigneten Fällen die kostspielige und beschwerliche Zwangsvollstreckung in das unvermeidlich unbewegliche Vermögen zu ersparen. Vorschriften, die vorschreiben, daß auf jeden Fall auch die Geldstrafe in das unbewegliche Vermögen des Verurteilten vollstreckt werden muß, müssen daher als aufgehoben gelten. Dagegen werden weitergehende Beschränkungen der Beitreibung der Geldstrafe, insbesondere reichsrechtliche oder landesrechtliche Vorschriften, daß die Beitreibung aus dem unbeweglichen Vermögen unzulässig sei, aufrechterhalten bleiben.

120a. Durch die Vorschrift des Abs. 1 soll gegenüber einer in der Bevölkerung verbreiteten irrtümlichen Auffassung klargestellt werden, daß *es nicht im Belieben des Verurteilten steht, ob er die Geldstrafe bezahlen oder die an ihre Stelle tretende Ersatzfreiheitsstrafe verbüßen will* (BE. S. 120; E. 1919 S. 61).

Die Geldstrafe ist nur soweit beizutreiben als sie zu bezahlen ist, also nicht soweit sie durch angerechnete Untersuchungshaft für verbüßt erklärt ist (Köhler S. 635; Mohr S. 30f.).

Eine Unterstützung der Beitreibung durch unmittelbaren Zwang ist nicht zulässig (Goldschmidt, Vergl. Darst. des deutschen u. ausländischen Strafrechts, Allgem. Teil Bd. 4 S. 406).

120b. *Nach bisherigem Recht* (StGB. § 28) war bis zum Inkrafttreten des alten GeldStrG. „eine nicht beizutreibende" Geldstrafe in Gefängnis oder Haft umzuwandeln. Die Vollstreckung der über eine Vermögensstrafe ergangenen Entscheidung erfolgt gemäß StPO. § 495 nach den Vorschriften über die Vollstreckung der Urteile der Zivilgerichte. Hiernach erfolgt die Vollstreckung grundsätzlich in das gesamte bewegliche und unbewegliche Vermögen des Schuldigen; der Verurteilte muß nötigenfalls zum Offenbarungseid geladen werden; erst wenn er die Leistung des Offenbarungseides verweigert, war bisher sein Unvermögen anzunehmen. Es war nicht zulässig, sein Unvermögen schon dann als festgestellt zu erachten, wenn er ohne bares Geld ist. Ist über das Vermögen des Schuldigen das Konkursverfahren eröffnet, so kann die Geldstrafe nach KO. § 63 III im Konkursverfahren zwar nicht selbst geltend gemacht werden, wohl aber die Beitreibung in das nicht zur Konkursmasse gehörende, insbesondere in das während des Konkursverfahrens erworbene Vermögen versucht werden (Olshausen § 28 Anm. 4; Schwartz § 28 Anm. 2). Nur vereinzelt wurden gesetzliche Einschränkungen des Beitreibungsbefehls bestimmt. So im pr. Forstdiebstahlsgesetz. Vgl. ferner § 22 des Wechselstempelsteuergesetzes vom 15. Juli 1909 (RGBl. S. 825), § 114 des Reichsstempelgesetzes vom 3. Juli 1913 (RGBl. S. 639), auch § 424 Abs. 2 der Reichsabgabenordnung vom 13. Dez. 1919 (RGBl. S. 1993). Diese strenge Auslegung erschien sowohl im Interesse des Verurteilten als auch im Interesse des Staates geboten. Im Interesse des Verurteilten liegt es, daß er die Ersatzfreiheitsstrafe erst dann zu verbüßen braucht, wenn er die Geldstrafe tatsächlich nicht zahlen kann. Besonders liegt es aber im Interesse des Staates, zu verhindern, daß sich der Verurteilte, wenn er tatsächlich zahlungsfähig ist, der Zahlungspflicht entzieht und statt dessen die Strafe absitzt, weil ihm dies das kleinere Übel zu sein scheint. Berücksichtigt man andererseits, daß der Geschädigte durch vergebliche Beitreibungsversuche und selbst durch erfolgreiche Zwangsvollstreckung über Gebühr geschädigt werden kann, daß dadurch seine Existenz vernichtet werden kann und letzten Endes auch dem Staat Nachteile entstehen können, so ist es erklärlich, daß sich Bestrebungen geltend gemacht haben, den Zwang zur Beitreibung abzuschwächen. Der pr. Justizminister wies in der Allg. Verf. vom 6. Juli 1918 (JMBl. S. 280) darauf hin, daß keineswegs immer die Beitreibung versucht zu werden brauche, wenn sie von vornherein aussichtslos erscheinen müsse. Ebenso gibt die pr. Allg. Verfügung vom 19. Okt. 1920 (JMBl. S. 564) § 10 der Strafvollstreckungsbehörde schon dann das Recht, das Aussetzungsverfahren bezüglich der Ersatzfreiheitsstrafe einzuleiten, wenn sie die „Überzeugung gewinnt", daß der zu einer Geldstrafe Verurteilte auch bei gutem Willen zur Abtragung der Geldstrafe, selbst in Teilzahlungen nicht imstande sei. Die Beitreibung hat grundsätzlich zwar in das gesamte Vermögen zu erfolgen, auch in Grundstücke (Goldschmidt, Vergl. Darst. des deutschen u. ausländischen Strafrechts Bd. 4 S. 406), andererseits ist es nicht wegen jeder Geldstrafe angebracht, das kostspielige und den Verurteilten oft über Gebühr belastende Zwangsverwaltungs- oder Zwangsversteigerungsverfahren herbeizuführen (pr. Allg. Verf. vom 6. Juni 1889 bei Marck und Kloß S. 513). Wenn Zwangsversteigerung in Aussicht genommen ist, so wird nach einer Rundverfügung von 1908 (Müller, Justizverwaltung S. 1820 f.) eingehend geprüft werden müssen, ob hiergegen etwa aus Gründen der Billigkeit und wirtschaftlichen Zweckmäßigkeit Bedenken herzuleiten seien.

Inwieweit diese zweckmäßigen Beschränkungen der Beitreibung nach früherem Recht zulässig waren, kann dahingestellt bleiben. Seit dem 1. Jan. 1922 entsprechen sie jedenfalls dem Gesetz. Sie entsprechen den neueren Rechtsanschauungen. Lobe im RGK. Anm. 2 zu § 6 des alten GeldStrG.

Gerland, „Kritische Bemerkungen zum Allgemeinen Teil des Strafgesetzentwurfes 1919", Tübingen 19 1, S. 55 bezeichnet es als äußerst bedenklich, der Vollstreckungsbehörde ein derart weitgehendes freies Ermessen einzuräumen, das keineswegs eine gleichmäßige und insoweit gerechte Praxis gewährleiste und meint, es sei kein Grund einzusehen, warum das Immobiliarvermögen einseitig begünstigt werden solle. Große Teile der Bevölkerung hätten ihr Vermögen lediglich in Grundbesitz angelegt. Es brauche auch keineswegs immer zum Verkauf des Grundstücks geschritten werden; Zwangsverwaltung und Eintragung einer Sicherungshypothek seien weitere Möglichkeiten der Beitreibung, die die Denkschrift offenbar übersehen habe. Die Eintragung einer Sicherungshypothek ist aber kein Akt der Beitreibung — vgl. unten Anm. 122 — und die Zwangsverwaltung führt gleichfalls zu einer erheblichen Schädigung des Verurteilten. Mit Rücksicht auf diese Schädigungen und weil sich der Staat durch Eintragung einer Sicherungshypothek sichern kann, was ihm beim beweglichen Vermögen nicht möglich ist erscheint die Bevorzugung des Grundbesitzes meines Erachtens doch begründet. Es wird allerdings zu beachten sein, daß die Vollstreckung in das unbewegliche Vermögen nur dann unterbleiben darf, wenn überwiegende Gründe dafür sprechen; es geht natürlich nicht an, daß wohlhabende Verurteilte, die ihr Vermögen auf eine in heutiger Zeit besonders günstige Weise in Grundbesitz angelegt haben, sich der Bezahlung der Geldstrafe entziehen. Die möglicherweise eintretende Ungleichheit muß man hier wie in anderen Fällen, in denen den Organen der Strafrechtspflege freies Ermessen eingeräumt werden muß, als notwendiges Übel mit in den Kauf nehmen.

Der Vorschlag von Oetker S. 216, der uneinbringlichen Geldstrafe ganz allgemein solche gleichzustellen, die nur unter unverhältnismäßiger Schädigung des Verurteilten im Wege der Zwangsvollstreckung beigetrieben werden könnte, ist beachtenswert, aber im geltenden Recht nicht verwirklicht.

121. Grundsätzlich haftet nach wie vor das gesamte bewegliche und unbewegliche Vermögen des Verurteilten für die Bezahlung der Geldstrafe. Von einer Zwangsvollstreckung in das unbewegliche Vermögen kann aber abgesehen werden, wenn dies billig erscheint. Es besteht also kein Anspruch auf Freilassung des unbeweglichen Vermögens (Oetker S. 224ff.). Besondere Vorsicht ist geboten bei Verurteilungen wegen Preiswuchers und wegen Vergehens in Zoll- und Steuersachen (Erlaß des bad. JM. vom 18. März 1922 — JMBl. für Baden S. 22 — Ziff. 2). Ein Rechtsmittel gegen die Entscheidung der Vollstreckungsbehörde ist nicht gegeben, lediglich die Aufsichtsbeschwerde. Der Verurteilte hat keinen Anspruch auf Beschränkung der Beitreibung auf das bewegliche Vermögen. Das Abstandnehmen von der Vollstreckung in das bewegliche Vermögen kann auch davon abhängig gemacht werden, daß gewisse Auflagen erfüllt werden, beispielsweise dadurch, daß eine Sicherungshypothek — die nicht als Beitreibung gelten kann Rundverfügung von 1908 bei Müller, Justizverwaltung S. 1820f.) — eingetragen wird. Voraussetzung für das Unterlassen eines Beitreibungsversuches ist, daß mit Sicherheit vorauszusehen ist, daß die Geldstrafe aus dem beweglichen Vermögen des Verurteilten nicht beigetrieben werden kann. Wann diese Voraussetzung gegeben ist, ist Tatfrage. Sicherheit bedeutet soviel wie Gewißheit, d. h. eine jeden vernünftigen Zweifel ausschließende Überzeugung. Es muß als so unwahrscheinlich erscheinen, daß ein Beitreibungsversuch Erfolg hat, daß man mit dieser ganz entfernten Möglichkeit vernünftigerweise nicht rechnen kann. Zu dem beweglichen Vermögen gehören natürlich nicht nur bares Geld und Wertpapiere, sondern auch Möbel, Schmucksachen, Warenvorräte usw., soweit sie überhaupt pfändbar sind. Kronecker S. 219 will de lege ferenda die Beitreibung auf Geld, Wertpapiere und Luxussachen beschränken, da der Zwangsverkauf von Gebrauchsgegenständen, auch wenn sie nicht zu den notwendigen und deshalb unpfändbaren gehören, für den Verurteilten eine stets ungerechtfertigte Straferhöhung bedeute, weil ihr Wert meist weit größer sei als der bei der Versteigerung zu erzielende Preis.

Maßgebend für die Frage der Unbeitreibbarkeit ist nicht die Vermögenslage zur Zeit der Urteilsfällung, sondern diejenige zur Zeit der Strafvollstreckung (Annalen des Reichsgerichts von Blum Bd. 10 S. 333).

Wie sich die Vollstreckungsbehörde die Überzeugung von der Beitreibbarkeit der Geldstrafe aus dem beweglichen Vermögen verschafft, ist ihrem Ermessen überlassen. Das Beibringen einer Armutsbescheinigung durch den Verurteilten ist nicht erforderlich, kann aber unter Umständen verlangt werden (LE. S. 120). Bei Eröffnung des Konkurses wird die Voraussetzung stets gegeben sein; erwirbt aber der Gemeinschuldner nach Eröffnung des Konkurses wieder Vermögen, so kann der Beitreibungsversuch wieder erfolgreich werden.

Abs. 2 findet auch dann Anwendung, wenn schon mit dem Versuch der Beitreibung begonnen ist. Es ist also nicht erforderlich, daß das Beitreibungsverfahren vollkommen durchgeführt wird; es kann vielmehr sofort abgebrochen werden, wenn die Strafvollstreckungsbehörde die erforderliche Überzeugung gewinnt (LE. S. 120).

122. Die Eintragung einer Sicherungshypothek ist keine Beitreibung in das unbewegliche Vermögen (Rundverfügung des pr. JM. bei Müller, Justizverwaltung S. 1820f.; a. M. Gerland, „Kritische Bemerkungen zum Allgemeinen Teil des Strafgesetzentwurfs" 1919, Tübingen 1921, S. 56; richtig Becker, „Das Recht" Bd. 25 S. 113). Die Eintragung erfolgt auf Grund von § 495 StPO., § 866 ZPO. Sie kann deshalb in der Regel überall, wo auf eine Ersatzfreiheitsstrafe erkannt worden ist, lediglich als eine vorläufige, die Sicherstellung der Strafvollstreckung bezweckende Maßnahme dann in Betracht kommen, wenn alsbald die Beitreibung der Geldstrafe mittelst Zwangsversteigerung des Grundstücks erfolgen soll. Indessen soll von dieser aus volkswirtschaftlichen Gründen im allgemeinen abgesehen werden. Von der Vollstreckung der Ersatzfreiheitsstrafe nach erfolgter Eintragung der Sicherungshypothek für die Geldstrafe im Grundbuch im finanziellen Interesse des an ihrem Empfange Interessierten Abstand zu nehmen, kann nicht als angängig erachtet werden, weil es im Widerspruch steht mit dem Zweck der Strafe. In Fällen aber, in denen das Gesetz die Umwandlung der Geldstrafe in eine Freiheitsstrafe ausschließt, ist die Eintragung einer Sicherungshypothek zulässig (Becker, „Das Recht" 25 S. 113ff.). Diese Grundsätze sind aber seit dem Inkrafttreten des alten GeldStrG. nicht mehr als in vollem Umfange zutreffend anzuerkennen. Das Bestreben des Gesetzes, die Vollstreckung kurzer Freiheitsstrafen zu vermeiden, weniger im Interesse der Verurteilten selbst als im wohlverstandenen Interesse des Staates, bringt es mit sich, daß die Eintragung von Sicherungshypotheken und die Abstandnahme der Vollstreckung der Ersatzfreiheitsstrafe dann als unzulässig erachtet werden muß, wenn gleichzeitig die Bezahlung der Geldstrafe gestundet wird und die Erwartung gerechtfertigt erscheint, daß die Bezahlung der Geldstrafe innerhalb der gestellten Frist erfolgt und daß sie trotz der später erfolgenden Zahlung für den Verurteilten ein empfindliches Strafübel darstellen wird. Das vorläufige Absehen von der Vollstreckung der Ersatzfreiheitsstrafe erfolgt dann nicht im finanziellen Interesse des Staates — jedenfalls ist dieses nicht ausschlaggebend — sondern aus kriminalpolitischen Erwägungen. Da Voraussetzung sein muß, daß die Geldstrafe trotz der späteren Zahlung noch als entsprechendes Strafübel empfunden wird, möchte ich es für zulässig halten, daß dem Verurteilten, der durch Abstandnahme von der Vollstreckung in das unbewegliche Vermögen begünstigt wird, die Auflage auferlegt wird, daß er den durch fortschreitende Geldentwertung sich ergebenden Mehrbetrag außer der Geldstrafe zahlt. Solange der Staat die Fiktion der Wertgleichheit von Papiermark und Goldmark aufrecht erhält, wird dieser Mehrbetrag allerdings als Geldstrafe nicht anzusehen sein. Bezüglich seiner etwaigen zwangsweisen Beitreibung und seiner Verrechnung würden sich daher wohl formale Schwierigkeiten ergeben.

123. Insbesondere bei Geldstrafen wegen Steuervergehen wird von der Befugnis, von der Vollstreckung in das unbewegliche Vermögen abzusehen, nur in vorsichtiger Weise Gebrauch gemacht werden dürfen. Darauf weist mit Recht der Erlaß des württ. JM. vom 21. März 1922 (Nr. I 3086) Ziff. 1 hin: „Der Herr Reichsminister der Finanzen hat den Wunsch geäußert, daß von dieser Befugnis auf dem Gebiete des Steuerstrafrechts nur vorsichtig Gebrauch gemacht werden möge, da die Not des Reichs und der Länder dazu zwinge, von den Steuerpflichtigen den Eingriff in die Vermögenssubstanz zur Tilgung gewisser Steuern zu fordern, und da bei Hinterziehung derartiger Steuern zur Ahndung der Steuerzuwiderhandlungen vor der Vermögenssubstanz auch dann nicht grundsätzlich Halt gemacht werden könne, wenn sich die Strafe nur durch Vollstreckung in das unbewegliche Vermögen beitreiben lasse. Diesen Gesichtspunkten ist bei der Vollstreckung von Geldstrafen in Steuerstrafsachen Rechnung zu tragen. Soweit ein Verurteilter kein pfändbares bewegliches Vermögen besitzt, und die Zwangsversteigerung eines Grundstücks zum Zweck der Beitreibung einer Geldstrafe überhaupt zulässig ist (vgl. § 233 Abs. 3 KassOGer.), ist in Steuerstrafsachen stets der zuständigen Finanzbehörde Gelegenheit zur Stellungnahme zu geben, ehe gemäß § 6 Abs. 2 des Gesetzes vom 21. Dezember 1921 von dem Versuch einer Beitreibung der Geldstrafe Abstand genommen wird." Dieser Runderlaß ist ohne weiteres auch auf § 28a des StGB. in der jetzigen Fassung anwendbar.

Der hier ausgesprochene Grundsatz gilt auch für die übrigen Länder. Zweifelhaft könnte es sein, ob er auch für Preußen anwendbar ist, da in Preußen nach einer noch in Kraft befindlichen Kabinettsordre vom 10. April 1826 (GS. S. 106) zur Beitreibung von Geldstrafen für Steuerdelikte die Subhastation von Grundstücken nicht stattfinden darf. Soweit es sich um Geldstrafen handelt, die wegen Zuwiderhandlungen gegen preußische Steuergesetze verhängt sind, wird diese Kabinettsordre als wirksam noch anzuerkennen sein; dagegen wird das Verbot schon um deswillen auf Geldstrafen nicht zu beziehen sein, die wegen Zuwiderhandlungen gegen Reichssteuergesetze verhängt sind, weil sie sich geschichtlich nur auf preußische Steuergesetze beziehen konnte und auch tatsächlich nur auf sie erstrecken wollte. Auch davon abgesehen kann diese Beschränkung für die Geldstrafen wegen Zuwiderhandlungen gegen Reichssteuern auch um deswillen nicht gelten, weil Reichsrecht Landesrecht bricht und aus StGB. § 28a in der jetzigen Fassung sich ergibt, daß grundsätzlich Geldstrafen auch in das unbewegliche Vermögen zu vollstrecken sind. Ausnahmen von diesem Grundsatz können, soweit es sich um reichsrechtliche Vorschriften handelt, nur durch Reichsgesetze, nicht aber durch Landesgesetze geschaffen werden.

124. Ist die Uneinbringlichkeit der Geldstrafe festgestellt, so darf die Strafvollstreckungsbehörde trotzdem, wenn sie glaubhaft erfährt, daß der Verurteilte inzwischen zu greifbarem Vermögen gekommen ist von neuem die Zwangsvollstreckung in die Wege leiten (Lobe im RGK. § 28 Anm. 1; Olshausen § 28 Anm. 11; a. M. Mohr S. 29 Anm. 1; Schwartz § 28 Anm. 4 und Hellwig, Altes GeldStrG. Anm. 89; Beck im „Steuerarchiv" Bd. 25 S. 58). Ebenso kann der Verurteilte jederzeit die Verbüßung der Ersatzfreiheitsstrafe durch Bezahlung der Geldstrafe abwenden (StGB. in jetziger Fassung § 29 Abs. 5). Hat die Vollstreckungsbehörde dagegen gar nicht den Versuch der Beitreibung gemacht, also auch gar nicht positiv festgestellt, daß die Geldstrafe nicht beitreibbar ist, so kann jederzeit die Beitreibung versucht werden, vorausgesetzt, daß weder mit der Vollstreckung der Ersatzfreiheitsstrafe schon begonnen, noch dem Verurteilten gestattet ist, die Geldstrafe durch freie Arbeit zu tilgen.

125. Zweifelhaft kann sein, ob § 28a Abs. 2 auch Anwendung findet im Fall des § 30 StGB. Bei der Vollstreckung einer zu Lebzeiten des Verurteilten rechtskräftig gewordenen Geldstrafe in seinen Nachlaß handelt es sich nicht um eine Geldstrafe gegenüber dem Verurteilten, sondern um eine Zivilschuld der Erben, für die sie mit dem Nachlaß haften (Schwartz § 3 Anm. 5). § 6 Abs. 2 bezweckt, unnötige Zwangsvollstreckung zu vermeiden, um schneller eine

Tilgung der Geldstrafe oder Verbüßung der Ersatzfreiheitsstrafe herbeizuführen. Ebenso Lobe im RGK. Anm. 3 zu § 6 des alten GeldStrG.

§ 28b.

Die Vollstreckungsbehörde kann dem Verurteilten gestatten, eine uneinbringliche Geldstrafe durch freie Arbeit zu tilgen.

Das Nähere regelt die Reichsregierung mit Zustimmung des Reichsrats. Soweit dies nicht geschieht, sind die obersten Landesbehörden ermächtigt, das Nähere zu regeln.

126. StGB. § 28b entspricht wörtlich dem § 7 des alten GeldStrG. und dieser wiederum wörtlich dem E. 1919 § 58, der inhaltlich mit VE. § 32 Abs. 1 übereinstimmt. Es kommt hier wieder der Gedanke zum Durchbruch, daß durch Arbeit ohne Einsperrung versucht werden muß, kurzzeitige Freiheitsstrafen nach Möglichkeit zu vermeiden. Dieser Gedanke war früher in Sachsen, Thüringen und anderen deutschen Ländern noch allgemein durchgeführt; seine allgemeine Einführung wurde bei der Beratung des Strafgesetzbuchs für den Norddeutschen Bund mit Rücksicht auf die praktischen Schwierigkeiten abgelehnt. Doch wurde gemäß § 6 EG. StGB. den Bestimmungen der Landesgesetze, durch die anstatt der Gefängnisstrafe Forst- oder Gemeindearbeit angedroht oder nachgelassen ist, weitere Gültigkeit zugestanden. Derartige Bestimmungen enthält z. B. das pr. Forstdiebstahlgesetz vom 15. April 1878 (GS. S. 222) §§ 13, 14. Durch die Novelle vom 14. Dez. 1921 (GS. 1921 S. 103) ist an die Stelle der Gefängnisstrafe Haftstrafe getreten. Auch ihr Ersatz durch Forstarbeit wird aber durch § 6 EG. StGB., wenn auch nicht nach seinem Wortlaut, so doch nach seinem Sinn gedeckt, so daß an der Rechtsgültigkeit dieser Bestimmung nicht zu zweifeln ist. Bei der „freien Arbeit" handelt es sich aber nicht um ein neues Strafmittel (Reichsjustizminister 152. Sitzung des Reichstags, Stenogr. Ber. S. 5314f.). Daß es sich hier um einen Akt der Strafvollstreckung nicht der Strafzumessung, handelt, kann nicht zweifelhaft sein (Vgl. auch pr. Entlastungsverfügung vom 28. Mai 1923 — JMBl. S. 401 — § 15).

127. An einen allgemeinen Ersatz kurzzeitiger Freiheitsstrafen durch Strafarbeit ohne Einsperrung ist aus praktischen Gründen, welche die Durchführung dieses an sich zu begrüßenden Gedankens unmöglich machen, nicht zu denken (VE. S. 38ff.). Deshalb haben auch sowohl VE. wie E. 1919 diesen Gedanken nicht aufgenommen. Selbst auf dem beschränkten Gebiet, auf dem E. 1919 § 58 und das Geldstrafengesetz den Gedanken des Ersatzes von Freiheitsstrafen durch Arbeitsleistungen durchzuführen beabsichtigen, wird es große Schwierigkeiten machen, ihn tatsächlich in die Praxis umzusetzen (so schon Hellwig, Altes GeldStrG. Anm. 92). Immerhin können auf einem beschränkten Gebiet möglicherweise Erfolge erzielt werden. Es erschien deshalb angebracht, trotz erheblicher Bedenken, einen Versuch hiermit zu machen (VE. S. 41f., 119; E. 1919 S. 62).

128. § 28b StGB. findet Anwendung auf Vergehen und Übertretungen, sowohl gegen Reichsgesetze wie gegen Landesrecht. Eine Änderung des § 6 Abs. 2 EG. StGB. liegt nicht vor, denn im Gegensatz zu der Zwangsarbeit des Forstdiebstahlgesetzes, auf die der Richter anstatt der Ersatzfreiheitsstrafe erkennen kann, ist die an die Stelle der Geldstrafe gemäß § 28b tretende freie Arbeit keine „Strafarbeit"; auch künftig darf ein Landesgesetz nur Forst- oder Gemeindearbeit an Stelle der Gefängnis oder Geldstrafe androhen, dagegen kann im Rahmen der gemäß § 28b Abs. 2 gegebenen Bestimmungen auch bei Zuwiderhandlungen gegen Landesgesetze die Vollstreckungsbehörde als Ersatz für uneinbringliche Geldstrafe nicht nur Forst- und Gemeindearbeit, sondern andere Arbeit nachlassen.

Sowohl seinem Wortlaut als auch seinem Sinn nach ist StGB. § 28b auch auf die wegen Steuerzuwiderhandlungen im gerichtlichen oder im Verwaltungsstrafverfahren erkannten Geldstrafen anwendbar (Beck im „Steuerarchiv" Bd. 25 S. 57).

129. Voraussetzung für die Tilgung der Geldstrafe durch freie Arbeit ist, daß die Geldstrafe uneinbringlich ist, d. h. sie muß entweder überhaupt nicht beitreibbar sein oder die Vollstreckungsbehörde muß wenigstens gemäß § 28a Abs. 2 StGB. den Versuch, sie aus dem unbeweglichen Vermögen beizutreiben, unterlassen haben. Solange noch mit der Möglichkeit der Zahlung der Geldstrafe zu rechnen ist, solange sie insbesondere gestundet ist, kann eine Tilgung durch freie Arbeit nicht gestattet werden.

130. Die Tilgung durch freie Arbeit kann dem Verurteilten „gestattet" werden, sie kann also nicht — wie Forst- und Gemeindearbeit nach § 14 des Forstdiebstahlgesetzes (Rotering, Das Forstdiebstahlgesetz 1895 S. 71; Dalcke, „Strafrecht und Strafprozeß", 16. Aufl. S. 354 Anm. 52) — erzwungen werden. Wenn der Verurteilte auch keinen ausdrücklichen Antrag zu stellen braucht, so ist die Maßnahme doch von seinem Einverständnis abhängig. v. Rehbinder (152. Sitzung des Reichstags, Stenogr. Ber. S. 5311) hält es für erforderlich, daß der Verurteilte erst einmal den Wunsch äußert. Das dürfte sachlich dasselbe bedeuten. Andererseits hat der Verurteilte kein Recht auf Abverdienen (so auch Gerland, „Kritische Bemerkungen zum Allgemeinen Teil des Gesetzentwurfes 1919", Tübingen 1921 S. 56). Es ist in das vollkommen freie pflichtgemäße Ermessen der Vollstreckungsbehörde gestellt, ob sie eine Tilgung durch freie Arbeit gestatten will oder nicht (E. 1919 S. 62). Dieses freie Ermessen ist erforderlich, weil sowohl die Persönlichkeit des Verurteilten als auch die Verhältnisse des Arbeitsmarktes, die von ausschlaggebender Bedeutung für die Entscheidung sind, nur nach den Umständen des einzelnen Falles sachgemäß beurteilt werden können. Eine Rechtsbeschwerde gegen die Entscheidung der Vollstreckungsbehörde ist dem Verurteilten nicht gegeben. Aufsichtsbeschwerde ist zulässig.

Es steht im freien Belieben des Verurteilten, ob er diese Vergünstigung für sich in Anspruch nehmen will. Die freie Arbeit ist keine Strafarbeit, sondern eine dem Verurteilten freigestellte Art der Tilgung einer von ihm geschuldeten Geldsumme. Die Gestaltung der Beschäftigung kann wie bei einem freien Arbeitsverhältnis erfolgen mit dem einzigen Unterschiede, daß der Arbeitslohn statt an den Arbeitnehmer ganz oder teilweise an die Gerichtskasse abgeführt wird. Eine besondere Beaufsichtigung der Arbeit durch die Strafvollstreckungsbehörde verbietet sich von selbst. Es ist also keineswegs so, daß ausschließlich oder auch nur vorwiegend an Stelle der Geldstrafe unmittelbar die Arbeitsleistung selbst treten soll, wie dies Oetker S. 220 offenbar annimmt. Er verweist darauf, daß Erleichterung der Lage des Verurteilten keineswegs ausschließlich in Betracht zu ziehen sei, vielmehr das Interesse an entsprechender Arbeitsleistung wesentlich mit ins Gewicht falle. Aber in der Natur der Sache liege es, daß für die Wahl zwischen Beitreibung und Annahme leicht den Ausschlag geben werde, ob der Verurteilte Rücksichtnahme auf seine Lage verdiene oder nicht: „Immer ist ein Erbieten des Verurteilten oder doch sein Einverständnis mit diesem Modus die Voraussetzung. Es geht nicht an, Arbeitsleistungen des Verurteilten zu erzwingen, die für ihn ein größeres Übel sein könnten als die stellvertretende Freiheitsstrafe. Zwang zum Abverdienen, während der Verurteilte auf freiem Fuße bliebe, wäre verkehrt. Die Absicht ist doch, ihm Schädigungen zu ersparen, die mangels Tilgung der Geldstrafe durch Vollstreckung eines stellvertretenden Übels für ihn eintreten würden. Daß aber die Leistungen der „freien" Arbeit manchen Verurteilten weit schwerer belastet als die Ersatzstrafe, ist gewiß. Man komme nicht mit dem Gemeinplatz, daß Arbeit nicht schände. Denn nicht jede Arbeit paßt für jeden. Die Arbeitsleistungen, die zum Abverdienen sich eigneten, würden doch ganz regelmäßig Handarbeiten bestimmter Art, Steineklopfen, Wegereinigen u. dgl. sein. Dem verurteilten Schriftsteller, Künstler usw. kann wirklich nicht verdacht werden, wenn er diese seinem Ansehen abträglichen und leicht auch mit Schädigungen der Gesundheit, der beruflichen Fertigkeiten für ihn verbundenen Arbeiten ablehnt ... und sich lieber der Freiheitsstrafe unterwirft, von deren Vollzug er weit geringere Nachteile zu gewärtigen hat. Jedenfalls aber muß es Sache des Verurteilten sein, abzuwägen, welches Übel für ihn das größere wäre. Die Schwierigkeiten der Beaufsichtigung bei ‚freier' Arbeit wären oft unüberwindlich. Von der „Humanität' tauglicher Zwangsmittel ganz zu schweigen.

130a. Aschaffenburg, Das Verbrechen und seine Bekämpfung, 3. Aufl. Heidelberg 1923 S. 308, meint mit Recht, von der Befugnis, eine uneinbringliche Geldstrafe durch freie Arbeit zu tilgen, werde von den Verurteilten voraussichtlich nicht häufig Gebrauch gemacht werden. Er bezieht sich auf eine von v. Hentig, Strafrecht und Auslese, Berlin 1914 S. 167 mitgeteilte Kurve, aus der sich ergibt, daß die Zahl derer, die eine Ersatzfreiheitsstrafe abbüßen, in den Monaten April bis September erheblich abnimmt und ihren Höhepunkt in den Monaten Dezember bis Februar zeigt: „Es ist natürlich rechtlich ein Unding, als Strafe etwas zu verordnen, was, wie bei Reichen bedeutungslos ist, oder, wie bei einem Teil der Besitzlosen, sogar gestattet, sich auf Kosten der Gesellschaft für kurze Zeit verpflegen und wärmen zu lassen." v. Hentig und Aschaffenburg übersehen dabei allerdings die Mehrdeutigkeit der statistischen Kurve: Sie kann sowohl darauf zurückgehen, daß ein großer Teil der Verurteilten im Winter sich gern in das Gefängnis flüchtet, als auch darauf, daß im Winter Arbeitslosigkeit und Not größer sind als im Sommer und daher auch einen Teil derjenigen, die die Verbüßung der Freiheitsstrafe vermeiden möchten, ins Gefängnis treibt.

131. Zur Entscheidung zuständig ist die Vollstreckungsbehörde. Strafvollstreckungsbehörde ist gemäß § 483 StPO. die Staatsanwaltschaft, in Schöffengerichtssachen in Preußen der Amtsrichter, ferner gemäß Art. 6 § 1 III des Gesetzes zur Entlastung der Gerichte vom 11. März 1921 (RGBl. S. 229) in Verb. mit der Allgem. Verf. vom 31. März 1921 (JMBl. S. 133) § 2 I der zuständige Beamte der Gerichtsschreiberei oder des Sekretariats der Staatsanwaltschaft. Dem Amtsanwalt dagegen ist in Preußen die Strafvollstreckung nicht übertragen worden. Die durch die Verordnung vom 4. Januar 1924 (RGBl. I S. —) herbeigeführte Neuordnung der Strafgerichte wird vermutlich auch zu einer Neuordnung der Strafvollstreckungsbehörden Anlaß geben. Die Vollstreckungsbehörde kann auch in denjenigen Sachen, in denen das Gnadenrecht nicht dem für sie zuständigen Minister zusteht, dem Verurteilten gestatten, die uneinbringlichen Geldstrafen durch freie Arbeit zu tilgen, da es sich um eine gesetzliche Befugnis, nicht um Ausübung des Gnadenrechts handelt. In Betracht kommt das insbesondere für solche Fälle, in denen das Gnadenrecht ausnahmsweise nicht dem Justizminister zusteht, Vollstreckungsbehörden aber Justizbehörden sind. Das erkennende Gericht — das nach dem Forstdiebstahlgesetz an Stelle der Ersatzfreiheitsstrafe Strafarbeit substituieren kann — ist zu dieser Entscheidung nicht befugt. Ungenau spricht v. Rehbinder in der 152. Sitzung des Reichstags, Stenogr. Ber. S. 5311 davon, daß die Entscheidung in das Ermessen „des Gerichts" gestellt sei. Wer Vollstreckungsbehörde ist in Fällen, in denen es sich um Geldstrafen handelt, die nicht im gerichtlichen Verfahren ergangen sind, ergibt sich aus den für sie geltenden besonderen Bestimmungen. So ist z. B. gemäß Reichsabgabenordnung vom 13. Dez. 1919 (RGBl. S. 1993) § 424 für die im Verwaltungsstrafverfahren erkannten Geldstrafen wegen Steuerzuwiderhandlungen, auf die die Reichsabgabenordnung Anwendung findet, das

Finanzamt Vollstreckungsbehörde. Das Gericht, das gemäß § 435 der Reichsabgabenordnung auf Antrag des Finanzamts die uneinbringliche Geldstrafe in eine Ersatzfreiheitsstrafe umzuwandeln hat, ist jedenfalls zu einer Anordnung gemäß StGB. § 28b nicht befugt. Wie in der Allgem. Verf. des Reichsfinanzministers vom 20. August 1920 (Reichssteuerblatt 1920 Nr. 18) zutreffend ausgeführt ist, handelt es sich dabei nicht um ein auf Grund freier Entschließung zu erlassendes Straferkenntnis, sondern um eine Hilfstätigkeit des Gerichts bei Vollstreckung der im Verwaltungsstrafverfahren erlassenen Strafb scheide. Da der Jugendrichter gemäß dem Jugendgerichtsgesetz vom 16. Februar 1923 (RGBl. I S. 135) 240 Abs. 2 nur darüber entscheidet, „wie" die in einer polizeilichen Strafverfügung gegen einen Jugendlichen festgesetzte Geldstrafe in Haft umgewandelt werden soll, also nicht darüber, „ob" sie umgewandelt werden soll, so könnte es zweifelhaft sein, ob die allgemeinen Bestimmungen des StGB. § 28b auch in diesem Fall Anwendung finden. Die Entscheidung gemäß StGB. § 28b erfolgt durch die Vollstreckungsbehörde. Auch hiernach muß es zum mindesten als sehr zweifelhaft erscheinen, ob diese Bestimmungen auf das Verfahren gemäß Jugendgerichtsgesetz § 40 Anwendung finden können. Vollstreckungsbehörde ist diejenige Behörde, der die Vollstreckung der Geldstrafe obliegt; das ist aber die Polizeibehörde und nicht der Jugendrichter. Man könnte allerdings vielleicht sagen, daß, wenn die Vollstreckung der Geldstrafe und die Vollstreckung der mit ihr ja in engem sachlichen Zusammenhang stehenden Ersatzstrafe verschiedenen Behörden obliegt, auch beide Behörden Vollstreckungsbehörden sind. Dann würden gegen die Anwendung des § 28b StGB. durch den Jugendrichter Bedenken nicht bestehen. Ob eine solche Auslegung zutreffend ist, darf allerdings bezweifelt werden. (Vgl. auch Hellwig, Das Jugendgerichtsgesetz, Berlin 1923 § 40 Anm. 6). A. M. Kiesow, Jugendgerichtsgesetz, Mannheim 1923 § 40 Anm. 1e. Nach ihm richtet sich, nachdem der Jugendrichter die Ersatzfreiheitsstrafe einmal festgesetzt hat, die weitere Behandlung der Ersatzstrafe nach den gleichen Vorschriften wie bei gerichtlich erkannten Ersatzstrafen. Die Vollstreckung sei also gemäß § 36 Abs. 1 Satz 1 Sache des Jugendrichters. Hiernach müßte Kiesow auch StGB. § 28b für anwendbar halten. Eine Begründung für seine Ansicht gibt Kiesow aber nicht, und die ausdrückliche Bestimmung, daß §§ 14 und 15 des Jugendgerichtsgesetzes Anwendung finden, spricht dagegen, da sich ihre Anwendbarkeit vom Standpunkte Kiesows aus von selbst ergeben würde. Das gleiche gilt auch nach dem Jugendgerichtsgesetz für die Umwandlung der in einem Strafbescheid festgesetzten Geldstrafe.

131a. Durch § 28b wird die bedingte Aussetzung der Strafvollstreckung nicht eingeschränkt (Lobe, RGK. Anm. 1 zu § 8 des alten GeldStrG.), und zwar gleichgültig, ob es sich um die Aussetzung auf Grund des Jugendgerichtsgesetzes oder aber auf Grund landesrechtlicher Übertragung des Gnadenrechts handelt.

132. Die Geldstrafe wird durch freie Arbeit „getilgt", d. h. die Geldstrafe gilt als bezahlt, als verbüßt. Ist die freie Arbeit geleistet, so kann die Geldstrafe nicht mehr vollstreckt werden. Ist gegen einen Dieb auf Grund des § 27b StGB. auf eine Geldstrafe erkannt, diese Geldstrafe nicht beigetrieben, wohl aber durch freie Arbeit getilgt, so ist der Verurteilte im Sinne des § 244 StGB. als Dieb „bestraft". Die Tilgung der Geldstrafe führt natürlich nicht die Tilgung des Strafvermerkes im Sinne des Gesetzes über beschränkte Auskunft aus dem Strafregister und die Tilgung von Strafvermerken vom 9. April 1920 (RGBl. S. 507) herbei.

133. Der Grundsatz des Absatz 1 kann nur dann in die Praxis umgesetzt werden, wenn es gelingt, im Wege der Justizverwaltung die nötigen Einrichtungen zu treffen. Da es zweifelhaft sein kann, ob diese Regelung durch einfache Verwaltungsvorschriften im Sinne von RV. Art. 77 und 14 erfolgen kann, ist eine ausdrückliche Ermächtigung hierzu in das Gesetz aufgenommen (Begr. zu dem alten GeldStrG.). Es wäre erwünscht, daß die Regelung soweit als möglich durch die Reichsregierung erfolgt, damit eine unerwünschte Verschiedenheit des Strafvollzuges nach dieser Richtung hin vermieden wird (ebenso Hoffmann in der 152. Sitzung des Reichstags, Stenogr. Ber. S. 5315; a. M. Leutheusser, ebendort S. 5316).

Es kann zweifelhaft sein, ob und in welchem Maße auf diese freie Arbeit auf Grund des § 28b StGB. die Bestimmungen des Arbeitsrechts Anwendung finden. Diese „freie Arbeit" ist als eine besondere Maßnahme im Rahmen der Strafvollstreckung eingeführt worden und man kann sagen, sie sei daher auch nach den Bedürfnissen der Strafvollstreckung zu bestimmen. Sie stelle ein Sondergebiet dar, auf das die Bestimmungen und Beschränkungen des allgemeinen Arbeitsrechts nicht ohne weiteres paßten. StGB. § 28b gehe als Sondergesetz den allgemeinen Vorschriften vor. Auf die „freie Arbeit" fänden daher die allgemeinen Bestimmungen über das Verbot der Sonntagsarbeit und der Überstunden und die allgemeinen Vorschriften über den Arbeitsnachweis, die Tarifverträge usw. überhaupt keine Anwendung. Ich möchte jetzt diese Ansicht vertreten (anders ohne Begründung Hellwig, Altes GeldStrG. Anm. 99). Jede Maßnahme muß von den besonderen Bestimmungen aus beurteilt werden, die für denjenigen Rechtskreis gelten, dem sie angehört. Die „freie Arbeit" ist eine Maßnahme der Strafvollstreckung und muß daher vom Standpunkte der Strafvollstreckung aus beurteilt werden; wenn es sich auch gleichzeitig um ein arbeitsrechtliches Verhältnis handelt, so ist der arbeitsrechtliche Gesichtspunkt doch nicht der beherrschende Gesichtspunkt. Ebensowenig, wie man völkerrechtliche Handlungen oder Verwaltungsakte nach zivilrechtlichen Gesichtspunkten betrachten darf oder wie man auf die Geldstrafe ohne weiteres die bürgerlichrechtlichen Bestimmungen über Geldschulden zur Anwendung bringen darf, ebensowenig ist es zulässig, für Akte der Strafvollstreckung arbeitsrechtliche Gesichtspunkte als entscheidend zu betrachten. Es macht dabei auch keinen Unterschied, daß nicht nur das Strafrecht, sondern auch das Arbeitsrecht dem öffentlichen Recht angehören. Beide gehen von durchaus verschiedenen leitenden Gesichtspunkten aus: Bei dem Arbeitsrecht handelt es sich im wesentlichen darum, den Arbeitnehmer vor gesundheitlicher, sittlicher und wirtschaftlicher Schädigung zu schützen; das Strafrecht dagegen will dem Verurteilten bewußt ein Übel zufügen, um zu vergelten, abzuschrecken, zu bessern. Von diesen Gesichtspunkten aus kann eine ganz andersartige Gestaltung der für die Zwecke der Strafvollstreckung zu leistenden Arbeit erforderlich sein, als sie Arbeit zulassen würde, auf die nur die arbeitsrechtlichen Gesichtspunkte Anwendung zu finden hätten. Soll die Arbeit, die zu Strafzwecken zu leisten ist, ihren besonderen Zwecken gerecht werden, so wird sie in der Regel für den Verurteilten empfindlicher sein müssen als die nicht zu Strafzwecken geleistete Arbeit. Die in dem modernen Arbeitsrecht allmählich herausgearbeiteten Gesichtspunkte wird auch der Staat bei der Gestaltung der Arbeit, soweit sie Zwecken der Strafvollstreckung dient, als Richtlinien mit berücksichtigen, sich aber an sie nicht als an Schranken gebunden halten. Das gilt ebensowohl für die Arbeit in den Strafanstalten als für die freie Arbeit im Sinne des § 28b StGB. als für Arbeitsleistungen, die im Zusammenhang mit einer Strafaussetzung auf Grund des Jugendgerichtsgesetzes vom 16. Febr. 1923 (RGBl. I S. 135) oder auf Grund der im Gnadenwege erfolgten Aussetzung der Strafvollstreckung als Auflagen dem Verurteilten auferlegt worden sind. Man kann schon an und für sich sehr bezweifeln, ob das Dogma insbesondere von dem Achtstundenarbeitstag überhaupt einen Fortschritt bedeutet und ob es künftig wird grundsätzlich aufrechterhalten werden können; es wäre aber unerträglich, wenn man diese kriminalpolitisch sowieso schon oft genug recht unerfreulich wirkenden Grundsätze noch dazu benutzen wollte, um Maßnahmen unmöglich zu machen, die ebensowohl im wohlverstandenen Interesse des Verurteilten als im kriminalpolitischen Interesse liegen. (So schon in der 2. Aufl. Anm. 133).

134. Die Organisation freier Arbeit zu Zwecken des Strafvollzugs in größerem Umfang wird, wie schon VE. S. 118 bemerkt, sehr schwierig sein. (Zu optimistisch Herzfeld in 152. Sitzung des Reichstags, Stenogr. Ber. S. 5312.) Der VE. verweist insbesondere auf die Frage der Beförderung des Verurteilten zur Arbeitsstelle und zurück und seine Unterbringung und seines (und seiner Familie) Unterhalt während der Arbeitszeit, der Bewertung und Verrechnung des Arbeitsertrages, den kaum vermeidlichen Wettbewerb zwischen Nichtverurteilten und den Verurteilten. In Betracht kommen überhaupt nur gewöhnliche Handarbeiten, die von jedermann, der bei Kräften ist, ohne besondere Lehrzeit sofort ausgeführt werden können. Solche Arbeit bietet sich aber insbesondere auf dem Lande und in den kleineren Städten nicht regelmäßig dar. In größeren Städten werden sich eher geeignete Arbeitsgelegenheiten beschaffen lassen. Aus diesem Grunde ist anzunehmen, daß die freie Arbeit zu Zwecken des Strafvollzugs nur in verhältnismäßig wenigen Fällen praktisch werden wird. Auch E. 1919 S. 62 bemerkt, das Abarbeiten werde sich, da es besondere Einrichtungen voraussetze, auch bei gutem Willen des Verurteilten kaum überall und ausnahmslos ermöglichen lassen. Die praktischen Erfahrungen, die man bis zur allgemeinen Strafrechtsform wird sammeln können (Begr. zu dem alten GeldStrG. S. 5), werden kaum ermutigend sein (a. M. Kronecker, DStrZ. 1921 S. 220 unter Bezugnahme auf das Gutachten von Felisch für den 23. deutschen Juristentag Bd. I S. 276ff. und Goldschmidt in Vergl. Darst. des deutschen u. ausl. Strafrechts, Allgemeiner Teil Bd. 4 S. 409f.). Optimistisch auch v. Rehbinder in der 152. Sitzung des Reichstags, Stenogr. Ber. S. 5311. Bestimmungen der Reichsregierung sind für die nächste Zeit kaum zu erwarten (vgl. auch Herzfeld in der 152. Sitzung des Reichstags, Stenogr. Ber. S. 5312). Der pr. Justizminister hat sich in der Allgem. Verf. vom 22. Dez. 1921 (JMBl. S. 665) den Erlaß von Bestimmungen vorbehalten. Sie sind bis auf den heutigen Tag nicht ergangen. Auf die sehr erheblichen Schwierigkeiten bei der Organisation der freien Arbeit hat auch Wunderer S. 51 hingewiesen. Die bisherigen Erfahrungen scheinen zu zeigen, daß der von mir eingenommene pessimistische Standpunkt nicht unbegründet war, denn bisher sind irgendwelche reichsrechtlichen oder landesrechtlichen Bestimmungen, durch die ein Versuch zur Lösung dieses Problems gemacht würde, nicht ergangen, und es hat auch den Anschein, als solle in absehbarer Zukunft StGB. § 28b lediglich auf dem Papiere bestehen bleiben, wie dies dem § 7 des alten GeldStrG. beschieden gewesen ist.

§ 29.

An die Stelle einer uneinbringlichen Geldstrafe tritt bei Verbrechen und Vergehen Gefängnis oder, wenn neben der Geldstrafe auf Zuchthaus erkannt wird, Zuchthaus, bei Übertretungen Haft. Auch bei Vergehen kann die Geldstrafe in Haft umgewandelt werden, wenn Geldstrafe allein oder an erster Stelle oder wahlweise neben Haft angedroht ist.

Die Dauer der Ersatzstrafe ist mindestens ein Tag und bei Gefängnis und Zuchthaus höchstens ein Jahr, bei Haft höchstens sechs Wochen. Ist neben der Geldstrafe wahlweise Freiheitsstrafe von geringerer Höhe angedroht, so darf die Ersatzstrafe deren Höchstmaß nicht übersteigen. Die Ersatzstrafe darf nur nach vollen Tagen bemessen werden.

Im übrigen richtet sich das Maß der Ersatzstrafe nach freiem Ermessen des Gerichts.

In den Fällen des § 27b ist Ersatzstrafe die verwirkte Freiheitsstrafe.

Der Verurteilte kann die Vollstreckung der Ersatzstrafe jederzeit dadurch abwenden, daß er den noch zu zahlenden Betrag der Geldstrafe entrichtet.

Kann die Geldstrafe ohne Verschulden des Verurteilten nicht eingebracht werden, so kann das Gericht anordnen, daß die Vollstreckung der Ersatzstrafe unterbleibt. § 494 der Strafprozeßordnung findet Anwendung.

135. § 29 StGB. in der jetzigen Fassung tritt an die Stelle von §§ 28 und 29 StGB. der ursprünglichen Fassung sowie von § 8 des alten GeldStrG. Gegenüber dem bisherigen § 29 StGB. in der Fassung des neuen GeldStrGB. bringt der jetzige § 29 nur zwei formelle Änderungen: In Abs. 1 Satz 1 ist an die Stelle des zweiten „und" ein „oder" getreten und in Abs. 2 ist hinzugefügt „von geringerer Höhe".

§§ 28 und 29 StGB. in der ursprünglichen Fassung lauteten folgendermaßen:

§ 28. „Eine nicht beizutreibende Strafe ist in Gefängnis und, wenn sie wegen einer Übertretung erkannt worden ist, in Haft umzuwandeln.

Ist bei einem Vergehen Geldstrafe allein oder an erster Stelle oder wahlweise neben Haft angedroht, so kann die Geldstrafe in Haft umgewandelt werden, wenn die erkannte Strafe nicht den Betrag von sechstausend Mark und die an ihre Stelle tretende Freiheitsstrafe nicht die Dauer von sechs Wochen übersteigt.

War neben der Geldstrafe auf Zuchthaus erkannt, so ist die an deren Stelle tretende Gefängnisstrafe nach Maßgabe des § 21 in Zuchthausstrafe umzuwandeln.

Der Verurteilte kann sich durch Erlegung des Strafbetrags, soweit dieser durch die erstandene Freiheitsstrafe noch nicht getilgt ist, von der letzteren freimachen."

§ 29. „Bei Umwandlung einer wegen Verbrechens oder Vergehens erkannten Geldstrafe ist der Betrag von drei bis fünfzehn Mark, bei Umwandlung einer wegen einer Übertretung erkannten Geldstrafe der Betrag von einer bis einhundertfünfzig Mark einer eintägigen Freiheitsstrafe gleich zu achten.

Der Mindestbetrag der an Stelle einer Geldstrafe tretenden Freiheitsstrafe ist ein Tag, ihr Höchstbetrag bei Haft sechs Wochen, bei Gefängnis ein Jahr. Wenn jedoch eine neben der Geldstrafe wahlweise angedrohte Freiheitsstrafe ihrer Dauer nach den vorbedachten Höchstbetrag nicht erreicht, so darf die an Stelle der Geldstrafe tretende Freiheitsstrafe den angedrohten Höchstbetrag jener Freiheitsstrafe nicht übersteigen."

Die Unterschiede zwischen § 29 StGB. in der jetzigen Fassung und den §§ 28 und 29 StGB. in der ursprünglichen Fassung bestehen abgesehen davon, daß in Abs. 6 der § 8 des alten GeldStrG. übernommen worden ist, in folgendem: Die Umwandlung in Zuchthaus ist vereinfacht; statt von einer nicht beitreibbaren ist von einer uneinbringlichen Geldstrafe die Rede; bei der Umwandlung von Vergehen in Haftstrafe sind die Beschränkungen fortgefallen; der

Umwandlungsmaßstab bei der Geldstrafe ist in Fortfall gekommen; die Ersatzzuchthausstrafe kann jetzt ein Jahr betragen, bisher nur 8 Monate; für die Fälle des § 27b StGB. in der jetzigen Fassung ist eine besondere Bestimmung getroffen, die aber im Grunde nicht nötig war, da sie sich ohne weiteres schon aus § 27b StGB. ergibt.

136. Es handelt sich hier zweifellos um einen Akt der Strafvollstreckung (Entlastungsverfügung vom 28. Mai 1923 — JMBl. S. 401 — § 15). Voraussetzung für die Umwandlung ist, daß die Geldstrafe uneinbringlich ist. Es ist nicht mehr Voraussetzung der Umwandlung, daß die Geldstrafe nicht beizutreiben ist. Uneinbringlich ist die Geldstrafe dann, wenn sie entweder nicht beizutreiben ist oder auf Grund des § 28a Abs. 2 von dem Versuch der Beitreibung Abstand genommen ist. Voraussetzung ist in beiden Fällen für die Vollstreckung der Ersatzfreiheitsstrafe an Stelle der uneinbringlichen Geldstrafe, daß die Vollstreckungsbehörde von der Ermächtigung des § 28b StGB. keinen Gebrauch gemacht hat.

Dagegen ist weder dies noch auch die Feststellung der Uneinbringlichkeit der Geldstrafe Voraussetzung für die Feststellung des Umwandlungsmaßstabes nach Art der Ersatzfreiheitsstrafe und nach ihrer Dauer. Die Umwandlung ist vielmehr regelmäßig schon in dem Urteil selbst vorzusehen; ist dies aber versehentlich unterblieben, so ist die Umwandlung durch das Vollstreckungsgericht nachträglich vorzunehmen (StPO. § 491). Nur im Falle des § 27b StGB. erübrigt sich die Feststellung des Umwandlungsmaßstabes im Urteilstenor, da sich gemäß § 27b Abs. 1 und § 29 Abs. 4 StGB. ohne weiteres aus dem Gesetz ergibt, daß Ersatzfreiheitsstrafe die an sich verwirkte Freiheitsstrafe ist. Mit Lobe in RGK. § 28 Anm. 3 aus StPO. § 491 zu schließen, daß es nicht unbedingt erforderlich ist, schon in dem Urteil den Umwandlungsmaßstab zu bestimmen und dies namentlich bei anerkannt zahlungsfähigen Personen zunächst zu unterlassen, dürfte nicht angängig sein. Es ist insofern auch nicht zweckmäßig, als die Würdigung der Schwere der Straftat, wenn auf Geldstrafe erkannt wird, mit Rücksicht auf § 27c StGB. nicht mehr in der Höhe der Geldstrafe, sondern nur noch in der Ersatzfreiheitsstrafe zum Ausdruck kommt.

137. Ersatzfreiheitsstrafen sind nach Abs. 1 Haft, Gefängnis und Zuchthaus. Nach § 28 StGB. in der bisherigen Fassung war Zuchthaus niemals unmittelbar Ersatzfreiheitsstrafe, sondern nur mittelbar, nämlich an Stelle der eigentlich verwirkten und nach dem Maßstab des § 21 StGB. in Zuchthaus erst umgewandelten Gefängnisstrafe. Da die Höchstdauer der Ersatzgefängnisstrafe nach § 29 StGB. in der bisherigen Fassung ein Jahr war, betrug infolgedessen gemäß StGB. § 21 die Ersatzzuchthausstrafe höchstens 8 Monate. Jetzt ist der Höchstbetrag der Zuchthausstrafe ebenso wie der der Gefängnisstrafe ein Jahr (Abs. 2).

Festungshaft ist nach dem Wortlaut des § 29 StGB. niemals Ersatzfreiheitsstrafe. Trotzdem ist dies aber der Fall, soweit § 27b zur Anwendung gekommen ist. Dies kann bei einer Reihe von Vergehen der Fall sein, die ausschließlich oder wahlweise mit Festungshaft bedroht sind, so in §§ 49a, 104, 103, 107, 201, 202, 203 StGB. Auch bisher schon mußte dies für das Ges. vom 3. Juni 1914 (RGBl. S. 195) gelten, das in § 13 Geldstrafe neben Festungshaft vorgesehen hat. Die uneinbringliche Geldstrafe ist entgegen dem Wortlaut des § 29 StGB. in Festungshaft umzuwandeln (Köhler S. 628f.). Mindestbetrag der Ersatzfestungshaft ist ein Tag (StGB. § 17), der Höchstbetrag weniger als drei Monate (StGB. § 27b Abs. 1), also 88 Tage (vgl. oben Anm. 34).

138. Die Vorschriften über die Dauer der Ersatzfreiheitsstrafe entsprechen bis auf die Dauer der Ersatzzuchthausstrafe (vgl. oben Anm. 137) dem auch schon vor dem neuen GeldStrGB. geltenden Recht. Es darf nicht tenoriert werden: „An Stelle der Geldstrafe von 1200 Goldmark tritt für je 3 Goldmark ein Tag Gefängnis, jedoch nicht über ein Jahr", da gemäß StGB. § 29 Abs. 2 an die Stelle der 1200 Goldmark im Fall der Uneinbringlichkeit schlechthin eine Gefängnisstrafe von einem Jahr tritt (RG. 54 S. 24; 56 S. 67). Diese Höchstdauer gilt aber, wie auch bisher schon (Lobe in RGK. § 29 Anm. 6) für jede einzelne Ersatzstrafe; für die Gesamtdauer der erkannten Ersatzfreiheitsstrafen gibt § 78 StGB. eine besondere Bestimmung (vgl. unten Anm. 155).

Tritt die Ersatzfreiheitsstrafe nur an die Stelle eines Teiles der erkannten Geldstrafe, so ist der Umwandlungsmaßstab der gleiche. Der Höchstbetrag von einem Jahr oder sechs Wochen ist dann nach dem Verhältnis des noch ausstehenden Teils der Geldstrafe zu ihrem Gesamtbetrag zu beschränken (RG. 11 S. 132; 54 S. 126; Lobe in RGK. § 29 Anm. 4). Dies ist zu beachten, wenn ein Teil der Geldstrafe durch die Untersuchungshaft für verbüßt erklärt wird.

Daß die Ersatzstrafe nur nach vollen Tagen bemessen werden darf, entspricht gleichfalls dem bisherigen Recht (Lobe in RGK. § 29 Anm. 3). Auch bei der Bemessung der an die Stelle der verwirkten Freiheitsstrafe im Falle des § 27b tretenden Geldstrafe ist tunlichst darauf zu achten, daß die Summe der erkannten Geldstrafe durch die Zahl der erkannten Tage Freiheitsstrafe zu teilen ist.

139. An Stelle des früher in StGB. § 29 eng begrenzten und in § 3 des alten GeldStrG. für den dem § 27b StGB. entsprechenden Fall erheblich erweiterten Umwandlungsmaßstabes ist jetzt seit dem neuen GeldStrGB. das Maß der Umwandlung stets vollkommen in das Ermessen des Gerichts gestellt. Es könnte daher in dem Fall des § 27 StGB. bei Vergehen ein Betrag bis zu 10000 Goldmark und bei Übertretungen bis zu 150 Goldmark sowie in dem Falle des § 27a sogar ein Betrag bis zu 100000 Goldmark einem Tage Freiheitsstrafe gleicherachtet werden. Nach der Begr. zu dem neuen GeldStrGB. hat sich diese Regelung bei der Anwendung des § 3 des alten GeldStrG. bewährt: „Ihre Verallgemeinerung erscheint nicht nur ratsam, sondern wegen des häufigen Zusammentreffens von primären Geldstrafen mit Geldstrafen, die an die Stelle einer an sich verwirkten Freiheitsstrafe treten, im Interesse der Vereinfachung der Strafzumessung notwendig." Dem wäre noch hinzuzufügen, daß nur dadurch trotz der verschiedenen Bemessung der Höhe der Geldstrafe mit Rücksicht auf die verschiedenen wirtschaftlichen Verhältnisse die Bewertung der Schwere der Straftat durch das Gericht zum Ausdruck kommt. Es ist unbestreitbar, daß die Gerichte mit Rücksicht auf die zu hoch erscheinende Ersatzfreiheitsstrafe, auf die sie hätten erkennen müssen, sich mitunter gescheut haben, angemessen hohe Geldstrafen zu erkennen.

Einen Mindestgeldbetrag, der einem Tage Freiheitsstrafe gleichzuachten ist, schreibt § 29 nicht vor. Das Gericht hat auch insofern völlig freies Ermessen. Es entspricht aber mit Rücksicht auf § 27 dem Sinn des Gesetzes, daß bei Übertretungen kein geringerer Betrag als eine Goldmark und bei Vergehen kein geringerer Betrag als drei Goldmark einem Tage Freiheitsstrafe gleichgeachtet wird.

140. Abs. 5 entspricht zwar nicht dem Wortlaut nach, aber vollkommen dem Sinn nach, dem Abs. 4 des ursprünglichen § 28 StGB. Der Verurteilte kann jederzeit, also auch dann, wenn er die Ersatzfreiheitsstrafe bereits angetreten und einen Teil verbüßt hat, die Vollstreckung der Ersatzfreiheitsstrafe dadurch abwenden, daß er „den noch zu zahlenden Betrag der Geldstrafe" entrichtet. Damit soll nicht gesagt werden, daß er nur durch die Bezahlung der gesamten oder des nach der bisher schon verbüßten Ersatzfreiheitsstrafe noch übrigbleibenden Teiles der Geldstrafe die Vollstreckung der Ersatzfreiheitsstrafe abwenden kann. Wie schon nach bisherigem Recht (Lobe in RGK. § 28), so können auch künftig Teilleistungen nicht ausgeschlossen werden. Nur brauchen Beträge, die nicht der einem vollen Tag Freiheitsstrafe gleichgesetzten Summe entsprechen, nicht angenommen zu werden.

141. Schon durch die Neufassung des § 28 StGB. durch das alte GeldStrG. § 2 war eine erhebliche Erweiterung des Anwendungsgebietes der Umwandlung in Haft bei Vergehen herbeigeführt worden (Hellwig, GeldStrG. 1. Aufl. Anm. 22). Durch den jetzigen § 29 StGB. ist das Anwendungsgebiet aber wiederum beträchtlich erweitert worden.

141a. Ist neben der Geldstrafe wahlweise Freiheitsstrafe von geringerer Dauer als ein Jahr bei Gefängnis oder Zuchthaus und sechs Wochen bei Haft, so darf die Ersatzfreiheitsstrafe deren Höchstmaß nicht überschreiten. Es wäre unbefriedigend, wenn die Ersatzfreiheitsstrafe länger sein dürfte als eine von vornherein erkannte Freiheitsstrafe. Andererseits wird man diejenigen Vergehen und Übertretungen, bei denen wahlweise Geldstrafe und Freiheitsstrafe angedroht sind, für schwerer halten müssen als diejenigen, bei denen ausschließlich Geldstrafe angedroht ist. Trotzdem kann bei letzteren eine höhere Ersatzfreiheitsstrafe festgesetzt werden als bei jenen. Eine vernünftige Praxis wird diese Unbilligkeit durch sachgemäße Festsetzung der Ersatzfreiheitsstrafe auszugleichen verstehen.

142. Was die Anwendbarkeit des StGB. § 29 in der Fassung des alten GeldStrG. auf die strafrechtlichen Nebengesetze anbetraf, so galt der Umwandlungsmaßstab des § 29 auch für sie, außer, soweit die Geldstrafe in dem Mehrfachen, dem Einfachen oder dem Bruchteil eines bestimmten Betrages besteht. Auch galt der Umwandlungsmaßstab des § 29 nicht, wenn die Nebengesetze einen besonderen Umwandlungsmaßstab bestimmten (Hellwig, Altes GeldStrG. Anm. 24).

Dagegen gelten die Vorschriften des § 28 StGB. in seiner jetzigen Fassung schon seit dem neuen GeldStrGB. gemäß Art. VIII für das gesamte Reichs- und Landesrecht. Das gilt auch für den Umwandlungsmaßstab, der in § 29 Abs. 3 dahin bestimmt worden ist, daß er, abgesehen von den gesetzlichen Höchst- und Mindestbeträ en, vollkommen in das freie Ermessen des Gerichts gestellt ist. Man kann nicht etwa sagen, § 29 StGB. enthalte sich einer Festsetzung des Umwandlungsmaßstabes und es blieben daher die bestehenden reichsrechtlichen und landesrechtlichen Bestimmungen aufrechterhalten, die einen derartigen Umwandlungsmaßstab festlegten. Der Umwandlungsmaßstab ist vielmehr in § 29 StGB. zwar in negativer Fassung, aber seinem Inhalte nach durchaus positiv dahin bestimmt, daß für eine beliebig hohe Geldsumme eine Freiheitsstrafe von einem Tage bis zu einem Jahr oder bis zu sechs Wochen oder bis zu dem Höchstbetrage der wahlweise angedrohten Freiheitsstrafe als Ersatzstrafe eingesetzt werden darf. Die Beseitigung des Umwandlungsmaßstabes ist für alle Fälle, für die die Erhöhung der Geldstrafe durch § 27 StGB. in der jetzigen Fassung wirksam und unter Berücksichtigung des § 27c Abs. 2 StGB. bemessen wird, eine Notwendigkeit. Sie wird zwar nicht unbedingt notwendig, wird aber durch § 29 StGB. in Verbindung mit Art. VIII doch herbeigeführt in denjenigen Fällen, in denen die Strafe in dem Mehrfachen, dem Einfachen oder dem Bruchteil eines bestimmten Betrages besteht. Auch das ist erfreulich, da dann wenigstens bei der Bemessung der Ersatzfreiheitsstrafe für die mitunter phantastische Summen erreichende Geldstrafe auf den Grad des Verschuldens Rücksicht genommen werden kann. Es ist also auch § 378 Abs. 2 Satz 1 der Reichsabgabenordnung vom 13. Dez. 1919 (RGBl. S. 1993), der einen abweichenden Umwandlungsmaßstab aufstellt, trotz § 355 der Reichsabgabenordnung, außer Kraft gesetzt, und zwar schon durch Art. V, nicht erst, wie Heinrich, „Deutsche Steuerzeitung" 1923 S. 251 annimmt, erst durch Art. IX Abs. 2 Nr. 2 des neuen GeldStrG., den jetzigen Art. XIV Abs. 2 Nr. 1. Es werden deshalb also auch entgegen der Auffassung von Heinrich auch die übrigen Bestimmungen des § 378 Abs. 2 ohne weiteres außer Kraft gesetzt. An ihre Stelle treten die Bestimmungen des § 29 StGB. in der jetzigen Fassung. Heinrich sucht das Unbefriedigende seiner Auslegung, wonach gemäß § 378 Abs. 3 der Reichsabgabenordnung bei Geldstrafen von mehr als 1000 Mark — also künftig bei Vergehen stets — die Umwandlung in Gefängnis, nicht in Haft zu erfolgen hat, zu vermeiden. Unter Anlehnung an Beckers Kommentar zur Reichsabgabenordnung § 378 Anm. 2d will er unter Berufung auf § 4 der Reichsabgabenordnung dem klaren Wortlaut zuwider § 378 Abs. 3 so auslegen, daß diese Folgerung vermieden wird. § 378 Abs. 3 habe bezweckt, die frühere Umwandlungsvorschrift zu mildern § 29 StGB. der jetzigen Fassung gehe aber weit darüber hinaus. § 378 Abs. 3 habe dadurch Sinn und Bedeutung verloren. Man werde daher nach der ratio legis die Grundsätze des § 29 Abs. 1 StGB. auch für die Umwandlung von Steuerfragen gelten lassen müssen. Diese Darlegung scheint mir sehr bedenklich zu sein. Ob § 4 der Reichsabgabenordnung auch auf das materielle Steuerstrafrecht Anwendung zu finden hat, trotz seiner Stellung in den einleitenden Bestimmungen, müßte zunächst untersucht werden. Dagegen spricht der Hinweis insbesondere auch auf die „wirtschaftliche Bedeutung" der Vorschriften und auf die „Entwicklung der Verhältnisse". Gilt er auch für das Strafrecht, so würde man ihn nicht nur zugunsten, sondern auch zu ungunsten der Beschuldigten gelten lassen müssen. Trotz § 355 der Reichsabgabenordnung würde dann auch das in § 2 Abs. 1 StGB. enthaltene Analogieverbot zu ungunsten des Beschuldigten beseitigt sein, falls man es nicht aus der daneben bestehenden Bestimmung des Art 116 der Reichsverfassung vom 11. August 1919 (RGBl. S. 1383) entnehmen müßte. Daraus würde sich dann aber mit Rücksicht auf die wirtschaftliche Bedeutung der Geldstrafandrohungen und mit Rücksicht auf die Entwicklung der wirtschaftlichen Verhältnisse ohne weiteres die selbsttätige Anpassung der nicht in dem Mehrfachen usw. eines bestimmten Grundbetrages bestehenden Geldstrafandrohungen an die Geldentwertung ohne Gesetzesänderung ergeben. Das ist aber eine Folgerung, die sicherlich auch Heinrich nicht ziehen will. Aber auch davon abgesehen, kann ich den Standpunkt von Heinrich schon um deswillen nicht teilen, weil § 4 der Reichsabgabenordnung nur eine Auslegungsregel enthält, die Schlußfolgerung Heinrichs aber über eine Auslegung weit hinausgeht. Richtig in dieser Beziehung Nieberl, Reichsabgabenordnung, Berlin und Leipzig 1922, 24 Anm. Abs. 4: „Die Freiheit der Auslegung darf selbstverständlich nie so weit gehen, daß sie mit ausdrücklichen gesetzlichen Bestimmungen einfach deshalb, weil diese im allgemeinen oder im Einzelfall als unzweckmäßig oder als unbillig erscheinen, in Widerspruch gerät."

Künftig kann aber das Landesrecht Abweichendes bestimmen (Art. V Abs. 2). Für das künftige Reichsrecht ist das selbstverständlich zulässig. Soweit dies aber nicht geschieht, sind alle Sonderbestimmungen über Umwandlung, Art der Umwandlung, Maß der Umwandlung beseitigt.

143. Zweifelhaft kann es sein, ob auch diejenigen Bestimmungen der strafrechtlichen Nebengesetze aufgehoben sind, in denen bestimmt wird, daß eine Umwandlung der Geldstrafe in Freiheitsstrafe nicht stattzufinden habe. So in § 16 des Ges. vom 9. Jan. 1876 (RGBl. S. 4); in § 9 des Ges. vom 10. Jan. 1876 (RGBl. S. 8); in § 14 des Ges. vom 11. Jan. 1876 (RGBl. S. 11). Nach dem Wortlaut des § 29 StGB. Abs. 1 scheint es, als ob die Folgerung gezogen werden müsse, daß nunmehr für jede Geldstrafe eine Ersatzfreiheitsstrafe bestimmt werden müßte. Die Begr. erwähnt nichts davon und die Zweckbestimmung des GeldStrG., die, von Art. I §§ 27, 27a, 27c abgesehen, dahin geht, kurzzeitige Freiheitsstrafen nach Möglichkeit zu vermeiden, spricht nicht für diese Auslegung. Es wird anzunehmen sein, daß die Herbeiführung einer derartigen Verschlechterung der Rechtslage einer Gruppe von zu Geldstrafen Verurteilter nicht in der Absicht des Gesetzes liegt. Der Wortlaut des Gesetzes läßt auch die Auslegung zu, daß nur in denjenigen Fällen, in denen eine Umwandlung überhaupt in Frage kommt, an die Stelle einer uneinbringlichen Geldstrafe die in § 29 StGB. bestimmten Ersatzfreiheitsstrafen treten. Ich möchte diese Auslegung für die richtige halten; doch ist zuzugeben, daß die Frage zweifelhaft sein kann.

Auch die Fassung des Art. XIV Abs. 2 Nr. 1 spricht dafür, daß diejenigen Vorschriften, durch die die Umwandlung in eine Freiheitsstrafe ausgeschlossen wird, bestehen bleiben. Ein sicherer Schluß läßt sich allerdings aus dem Wortlaut des Art. XIV Abs. 2 Nr. 1 um deswillen nicht entnehmen, weil über seinen Wortlaut hinaus zweifellos auch andere Bestimmungen über die Umwandlung, wenn auch nicht formell aufgehoben, so doch tatsächlich gegenstandslos geworden sind (vgl. unten Anm. 195).

144. Abs. 6 übernimmt fast wörtlich den § 8 des alten GeldStrG., der folgendermaßen lautete: „Nach Anhörung der Staatsanwaltschaft kann das Gericht (§ 494 StPO.) anordnen, daß die Vollstreckung der Ersatzfreiheitsstrafe unterbleibt, wenn der Verurteilte ohne sein Verschulden außerstande ist, die Geldstrafe zu zahlen oder durch freie Arbeit zu tilgen." Eine sachliche Änderung liegt nicht vor (Begr. zu dem neuen GeldStrG.).

145. Während nach geltendem Recht der Umwandlungsmaßstab für eine nicht beitreibbare Geldstrafe (StGB. § 29 StGB. in jetziger Fassung) von dem erkennenden Gericht und nur, wenn dies versehentlich unterblieben ist, von dem Vollstreckungsgericht zu bestimmen ist (StPO. § 491), schreibt E. 1919 § 59 Abs. 1 einen besonderen Gerichtsbeschluß vor, der erst dann und nur dann ergeht, wenn die Geldstrafe „infolge schuldhaften Verhaltens des Verurteilten nicht beigetrieben werden kann". Hiernach soll also, wenn die Unmöglichkeit der Bezahlung der Geldstrafe von dem Verurteilten nicht verschuldet ist, eine Ersatzfreiheitsstrafe überhaupt nicht verbüßt werden. Ob diese Bestimmung zu billigen ist, kann zweifelhaft sein. Denn wenn auch infolge der Bemessung der Geldstrafe nach den wirtschaftlichen Verhältnissen des Angeklagten sowie der Erleichterung der Abzahlung durch Gewährung von Fristen und Teilzahlungen sowie schließlich auch der Bestimmung über Ersatz der Geldstrafe durch Strafarbeit ein erheblicher Teil der bisher uneinbringlichen Geldstrafen verschwinden wird, so dürfte die Hoffnung, daß im wesentlichen nur von wenigen böswilligen oder leichtsinnigen Verurteilten die Geldstrafe weder bezahlt noch abgearbeitet werden kann (Goldschmidt, Vergl. Darst. des deutschen u. ausl. Strafrechts Allgem. Teil Bd. 4 S. 408), fehlgehen. Es wäre zu befürchten, daß die Niederschlagung der uneinbringlichen Geldstrafen ein Freibrief an ganze Bevölkerungsklassen für alle mit Geldstrafe allein bedrohten Delikte würde (VE. S. 121 Anm. 6). § 29 Abs. 6 vermeidet den Fehler jener Bestimmung des Entwurfs und nimmt seinen berechtigten Kern auf (a. M. Kronecker, DStrZ. 1921 S. 220, der die Regelung des Entw. vorzieht). Erhebliche Bedenken gegen die von E. 1919 § 59 vorgeschlagene Regelung auch bei Oetker S. 229ff.

Oetker S. 233 zieht zwar die Regelung durch den jetzigen § 29 StGB. Abs. 6 vor, da er eine unverkennbare Abschwächung der in E. 1919 vorgesehenen Regelung bedeute, meint aber, daß die Begnadigungsgewalt, die hier dem Gericht eingeräumt worden sei, besser der Gnadeninstanz ausschließlich vorbehalten bleibe: „Die unverschuldete Zahlungsfähigkeit läßt die Deliktschuld unberührt und ist nicht an sich Begnadigungsgrund." Das Begnadigungsrecht der Gnadeninstanz wird durch StGB. § 29 Abs. 6 nicht berührt. Auch wenn das Gericht die Anordnung des Unterbleibens der Strafvollstreckung nicht trifft, kann sie doch von der zuständigen Gnadenbehörde angeordnet werden.

146. Zweck der Vorschrift ist, dahin zu wirken, daß nach Möglichkeit niemand, der zu einer Geldstrafe verurteilt wird, zu deren Bezahlung oder Abarbeitung er ohne sein Verschulden nicht imstande ist, eine Ersatzfreiheitsstrafe verbüßen muß. § 29 Abs. 6 StGB. kommt dort nicht zur Anwendung, wo schon das Gesetz eine

Umwandlung völlig ausschließt (Gutmann S. 67), oder wo durch einen Gnadenakt die nicht beitreibbare Geldstrafe erlassen wird. Die Vorschrift gilt für das Reichsrecht und das Landesrecht, soweit nicht ein anderes ausdrücklich bestimmt ist, sowohl für die ausschließlich wie für die neben einer Freiheitsstrafe erkannte Geldstrafe, sowohl bei Verbrechen und bei Vergehen als auch bei Übertretungen. Für § 8 des alten GeldStrG. bezeichnete es Wunderer S. 52 als zweifelhaft, ob er auch für die aus der ordentlichen Geldstrafe nach § 28 StGB. in der bisherigen Fassung umgewandelten Freiheitsstrafen gelten solle; er bejahte aber diese Frage mit Recht. Jetzt kann diese Frage überhaupt nicht zweifelhaft sein.

147. Aus der Zweckbestimmung der Vorschrift folgt, daß sie nur ein äußerstes Mittel darstellt, um in geeigneten Fällen die Verbüßung von Ersatzfreiheitsstrafen zu vermeiden (so auch Wunderer S. 52). Wo die Gerichte landesrechtlich zur Aussetzung der Strafvollstreckung befugt sind (so in Preußen) oder wo sie reichsrechtlich ermächtigt sind (Jugendgerichtsgesetz vom 16. Febr. 1923, RGBl. S. 135, §§ 10ff.), haben sie, wenn sich nachträglich herausstellt, daß der Verurteilte die Geldstrafe nicht bezahlen kann, zunächst zu versuchen, die Bezahlung durch nachträgliche Gewährung von Zahlungsfristen zu erleichtern, sodann — wenn die Vollstreckungsbehörde von der Ermächtigung des § 28b StGB. keinen Gebrauch gemacht hat — die Vollstreckung der Ersatzfreiheitsstrafe auszusetzen und erst, wenn auch diese Maßregel nicht angebracht erscheint, werden sie die Nichtvollstreckung der Ersatzfreiheitsstrafe anordnen (Begr. zu dem alten GeldStrG.; pr. Allgem. Verf. vom 22. Dez. 1921 — JMBl. S. 365 — II 3). Bei Jugendlichen ist nach § 16 Abs. 1 des Jugendgerichtsges. vom 16. Febr. 1923 (RGBl. I S. 135) der Strafvollzug so zu gestalten, daß seine Erziehung befördert wird. Hierauf ist auch zu achten, wenn die Frage zu beantworten ist, ob einem Jugendlichen gegenüber von der Befugnis aus § 29 Abs. 6 StGB. Gebrauch gemacht werden soll oder nicht. Die Berücksichtigung des Erziehungsgedankens wird keineswegs immer dazu führen, daß diese Frage bejaht wird (Hellwig, Jugendgerichtsgesetz, Berlin 1923 § 16 Anm. 4). Vor Erlaß der Anordnung ist außer der Staatsanwaltschaft und dem Jugendamt auch der Jugendliche und sein gesetzlicher Vertreter zu hören (Kiesow Jugendgerichtsgesetz, Mannheim 1923 § 36 Anm. 5). Ist diese Anordnung getroffen, so kann zwar die Ersatzfreiheitsstrafe auch bei schlechter Führung des Verurteilten nicht mehr vollstreckt werden, wohl aber die Geldstrafe soweit noch möglich beigetrieben werden (vgl. Anm. 149; so auch Wunderer S. 52 und Heinrich in JW. 1922 S. 282), andererseits kann nach Anordnung der bedingten Aussetzung der Vollstreckung der Ersatzfreiheitsstrafe zwar bei schlechter Führung des Verurteilten innerhalb der Bewährungsfrist die Ersatzfreiheitsstrafe noch vollstreckt werden, dagegen nicht mehr die Geldstrafe beigetrieben werden.

147a. Ohne Verschulden außerstande, die Geldstrafe zu zahlen ist der Verurteilte nicht schon dann, wenn er die erforderlichen Geldmittel nicht hat weil er, wenn auch unverschuldet, erwerbslos ist, vielmehr müssen besondere Umstände wie Erwerbslosigkeit infolge Erkrankung, unverschuldeter Vermögensverlust hinzukommen (Lobe in RGK. Anm. 2 zu § 8 des alten GeldStrG.). Weshalb nur durch Krankheit und nicht durch andere Umstände unverschuldet eingetretene Erwerbslosigkeit berücksichtigt werden soll, vermag ich nicht einzusehen. Wenn unverschuldeter Vermögensverlust berücksichtigt werden soll, so muß das auch für unverschuldete Erwerbslosigkeit gelten. Auch dann ergeben sich aber noch manche Schwierigkeiten. So etwa bei der Frage, ob die durch eine im außerehelichen Verkehr zugezogene Geschlechtskrankheit oder die durch Beteiligung an einem Streik herbeigeführte Erwerbslosigkeit unverschuldet ist oder ob ein durch unglückliche Anlage des Vermögens in Industriepapieren herbeigeführter Vermögensverlust als unverschuldet zu gelten hat. Widerspruchsvoll und nicht zu billigen ist jedenfalls der Standpunkt von Lobe a. a. O., daß ein Verschulden schon dann ausgeschlossen sein kann, wenn die Ausführungsbestimmungen zu StGB. § 28b noch nicht erlassen worden sind. Ungleichmäßige Handhabung des § 29 Abs. 6 wird jedenfalls unvermeidlich sein.

148. Die Anordnung geht dahin, daß die Vollstreckung der Ersatzfreiheitsstrafe (nicht auch die der Geldstrafe) unterbleibt. Diese Anordnung bedeutet zwar keinen Erlaß der Strafe, auch nicht in der Beschränkung auf die Ersatzfreiheitsstrafe. Ist eine solche Anordnung aber einmal ergangen, so kann zwar die Vollstreckung der Ersatzfreiheitsstrafe nicht mehr eingeleitet werden, so daß die Wirkung einem auf die Ersatzfreiheitsstrafe beschränkten gnadenweisen Erlaß der Strafe gleichkommt; trotzdem handelt es sich nur um eine tatsächliche Anordnung, nicht um einen gnadenweisen Erlaß. Die Anordnung ist daher nicht etwa gemäß § 6 Ziffer 1 der Strafregisterverordnung vom 12. Juni 1920 (Zentralblatt für das Deutsche Reich S. 909 und JMBl. S. 321) dem Strafregister mitzuteilen.

149. Die Wirkung der Anordnung ist lediglich, daß die Ersatzfreiheitsstrafe nicht mehr vollstreckt werden kann. Dagegen kann die Vollstreckung der Geldstrafe bis zum Ablauf der Verjährungsfrist jederzeit wieder aufgenommen werden, sofern die wirtschaftlichen Verhältnisse des Schuldners dies zulassen. (So auch Lobe in RGK. Anm. 2 zu § 8 des alten GeldStrG.). Ob, wie Kiesow § 40 Anm. 1e annimmt, der Jugendrichter die Befugnis aus StGB. § 29 Abs. 6 auch gegenüber polizeilichen Strafverfügungen und gegenüber Strafbescheiden hat muß bezweifelt werden. Zuständig ist das Gericht erster Instanz (StGB. § 29 Abs. 6; StPO. § 494 Abs. 1); hier ist die Entscheidung aber nicht von einem Gericht, sondern von der Verwaltungsbehörde ergangen. Es ist unbedenklich, die Geldstrafe auch dann als uneinbringlich anzusehen, wenn sie aus dem uneinbringlichen Vermögen des Verurteilten beigetrieben werden könnte, die Vollstreckungsbehörde aber aus Zweckmäßigkeitsgründen gemäß § 6 Abs. 2 davon abgesehen hat. Derartige Fälle, in denen vermögenden Verurteilten gegenüber, die eine ihnen auferlegte hohe Geldstrafe nicht zahlen können, weil sie kein entsprechendes flüssiges Vermögen und kein Einkommen haben von der Ermächtigung des § 29 Abs. 6 StGB. Gebrauch gemacht wird, werden aber nur selten vorkommen. In der großen Mehrzahl der Fälle wird es sich um kleine Leute handeln, die wegen geringfügiger Übertretungen oder Vergehen zu geringen Geldstrafen verurteilt sind und sie beim besten Willen nicht bezahlen oder abarbeiten können. Aber auch ihnen gegenüber empfiehlt es sich, wenn mit der Möglichkeit zu rechnen ist, daß sie in absehbarer Zeit doch noch über hinreichende Mittel verfügen werden die Vollstreckung der Freiheitsstrafe auszusetzen unter der Auflage, daß sie nach besten Kräften die Geldstrafe zahlen. Ein Erlaß der Strafe nach Ablauf der Bewährungsfrist kommt dann nur in dem Fall in Frage, daß sie auch während der Bewährungsfrist beim besten Willen nicht in der Lage gewesen sind, die Geldstrafe wenigstens teilweise abzubezahlen. Der Staat verliert dann keinen möglicherweise zu verwirklichenden Strafanspruch und der Verurteilte, der während der Bewährungsfrist unter dem Druck der drohenden Strafverbüßung gestanden hat, hat auch nicht das Gefühl, daß seine Verurteilung ohne nachteilige Folgen für ihn gewesen sei.

Auf den Anspruch auf Buße, der nicht einmal durch die Begnadigung berührt wird (v. Liszt S. 276; Schwartz § 188 Anm. 2a) hat die Anordnung selbstverständlich keinen Einfluß.

150. Die Anordnung darf nur getroffen werden, nachdem der Staatsanwaltschaft und dem Verurteilten Gelegenheit gegeben war, Anträge zu stellen und zu begründen (StPO. § 494 Abs. 2). Ist sie versehentlich unterblieben, so ist sie nachzuholen; die Entscheidung kann in diesem Fall geändert werden. Der Entw. des alten GeldStrG. hatte die Anordnung nur mit „Zustimmung" der Staatsanwaltschaft zugelassen; das alte GeldStrG. hatte ausdrücklich „Anhörung" der Staatsanwaltschaft vorgeschrieben. Das Vertrauen, das dem Richter geschenkt wird, ist erfreulich; es verpflichtet ihn aber zu um so gewissenhafterer Prüfung, ob die Anordnung tatsächlich angebracht ist.

151. Widersprechende Entscheidungen der Gerichte, der Vollstreckungsbehörde und der Gnadenbehörde werden sich hier kaum ergeben.

Zur Gewährung des Aufschubs der Vollstreckung gemäß StPO. § 488 ist in Preußen zuständig der Oberstaatsanwalt (Allgem. Verf. vom 22. Dez. 1911, JMBl. S. 448 II 1), zum gnadenweisen Aufschub bis zu einem Monat ist der Amtsrichter befugt, soweit ein längerer Aufschub nicht nachgesucht ist und ihm die Strafvollstreckung obliegt, bis zu einem Jahr der Oberstaatsanwalt, bis zu zwei Jahren der Generalstaatsanwalt und darüber der Justizminister. Die Anordnung gemäß § 29 Abs. 6 StGB., zu der das Gericht befugt ist, geht dagegen nicht auf die Bewilligung von Strafausstand, sondern auf endgültigen Verzicht auf die Vollstreckung der Ersatzfreiheitsstrafe. Zu einem solchen gnadenweisen Verzicht ist neben dem Gericht nur der Justizminister befugt. In analoger Anwendung der in der Allgem. Verf. vom 22. Dez. 1921 (JMBl. S. 665) II 6 für die Fälle des § 10 Abs. 2 des alten GeldStrG. gegebenen Anweisung dürfte es zweckmäßig sein, wenn die Justizbehörden alle bei ihnen eingehenden Gesuche um endgültiges Absehen von der Vollstreckung der Ersatzfreiheitsstrafe unmittelbar an das Gericht senden. Auch das weitere Verfahren würde dem in den Fällen des § 10 Abs. 2 vorgeschriebenen zu entsprechen haben.

§ 70 Abs. 1.

Die Vollstreckung rechtskräftig erkannter Strafen verjährt, wenn

1. auf Tod oder auf lebenslängliches Zuchthaus oder auf lebenslängliche Festungshaft erkannt ist, in dreißig Jahren;
2. auf Zuchthaus oder Festungshaft von mehr als zehn Jahren erkannt ist, in zwanzig Jahren;
3. auf Zuchthaus bis zu zehn Jahren oder auf Festungshaft von fünf bis zu zehn Jahren oder Gefängnis von mehr als fünf Jahren erkannt ist, in fünfzehn Jahren;
4. auf Festungshaft oder Gefängnis von zwei bis zu fünf Jahren erkannt ist, in zehn Jahren;
5. auf Festungshaft oder Gefängnis bis zu zwei Jahren oder auf Geldstrafe von mehr als einhundertfünfzig Goldmark erkannt ist, in fünf Jahren;
6. auf Haft oder auf Geldstrafe bis zu einhundertfünfzig Goldmar erkannt ist, in zwei Jahren.

152. StGB. § 70 Abs. 2 lautet:
„Die Verjährung beginnt mit dem Tage, an welchem das Urteil rechtskräftig geworden ist."

153. Durch den entsprechenden § 2 Abs. 1 Nr. 4 des alten GeldStrG. sollten die Bestimmungen über die Verjährung von Geldstrafen dem neuen Strafrahmen für Übertretungen angepaßt werden. Dies wurde auch bis zu einem gewissen Grade erreicht. (Vgl. Hellwig, GeldStrG., 2. Aufl. Anm. 153). Nicht berücksichtigt war aber, daß die Rücksichtnahme auf die wirtschaftlichen Verhältnisse im Zusammenhang mit der Erhöhung des Strafrahmens bewirken mußte, daß gegen Angeklagte, die sich in guten wirtschaftlichen Verhältnissen befinden, auch in verhältnismäßig leichten Fällen auf hohe Geldstrafe erkannt werden mußte, daß andererseits, wenn der Angeklagte sich in schlechteren wirtschaftlichen Verhältnissen befindet, auch bei Vergehen auf erheblich geringere Strafen erkannt werden mußte.

Diesem Übelstand ist auch jetzt noch nicht abgeholfen. So kann z. B. von zwei Mitangeklagten derjenige den die größte Schuld trifft, mit Rücksicht auf seine ungünstigen wirtschaftlichen Verhältnisse möglicherweise zu 100 Goldmark ersatzweise 50 Tagen Gefängnis verurteilt werden, der andere, der weniger schuldig ist, sich aber in besseren wirtschaftlichen Verhältnissen befindet, zu 500 Goldmark, ersatzweise zu 20 Tagen Gefängnis. Dann verjährt bei dem weniger Schuldigen die Strafvollstreckung erst in fünf Jahren, bei dem in höherem Grade Schuldigen schon in zwei Jahren. Dieses unerfreuliche Ergebnis hätte dadurch vermieden werden können, daß es nicht auf die Höhe der Geldstrafe, sondern auf die Höhe der Ersatzfreiheitsstrafe abgestellt worden wäre. (So schon Hellwig, GeldStrG., 2. Aufl. Anm. 153).

Die Durchführung des Gedankens, daß bei der Festsetzung der Geldstrafe die wirtschaftlichen Verhältnisse des Täters zu berücksichtigen sind, müßte zu einer Änderung der Bestimmungen über die Vollstreckungsverjährung sowie insbesondere der §§ 6, 7 des Gesetzes über beschränkte Auskunft aus dem Strafregister und die Tilgung von Strafvermerken vom 9. April 1920 (RGBl. S. 507) und des § 2 der Strafregisterverordnung vom 12. Juni 1920 Zentralblatt für das Deutsche Reich S. 909, sowie JMBl. S. 321) führen. (Hellwig, GeldStrG., 1. Aufl., Anm. 26). Bis auf die Änderung des § 2 der Strafregisterverordnung sind diese Folgen durch das neue GeldStrG. jetzt erfolgt. Durch Verordnung zur Änderung der Strafregisterverordnung vom 17. Mai 1923 (RMBl. S. 364) ist die Registerpflichtigkeit auf Geldstrafen von mehr als 5000 M. — früher 150 M. — beschränkt. Richtiger dürfte man die Registerpflichtigkeit nach der Höhe der Ersatzfreiheitsstrafe abzustufen haben. Dies ist auch durch die Verordnung betreffend Änderung der Strafregisterverordnung vom 24. November 1923, durch die an die Stelle der 5000 M. die Summe von 50 Goldmark getreten ist, nicht geschehen.

Die Allgem. Verf. vom 22. Dez. 1921 (JMBl. S. 665) II 7 weist darauf hin, daß auf die Verkürzung der Verjährungsfristen für die vor dem 1. Jan. 1922 erkannten Geldstrafen von über 150 bis 1500 M. bei der Bemessung der Bewährungsfristen im Fall der bedingten Aussetzung der Ersatzfreiheitsstrafe Rücksicht zu nehmen sein werde. Entsprechendes muß für die durch § 70 StGB. in der jetzigen Fassung herbeigeführte Verkürzung der Verjährungsfristen gelten.

153a. Die Bestimmungen über die Vollstreckungsverjährung gelten gemäß § 355 der Reichsabgabenordnung vom 13. Dez. 1919 (RGBl. S. 1993) auch für die im Verwaltungsstrafverfahren erkannten Geldstrafen (Beck, Steuerarchiv Bd. 25 S. 56).

§ 78.

Sind mehrere Geldstrafen verwirkt, so ist auf jede gesondert zu erkennen.

Das gleiche gilt von den Freiheitsstrafen, die an die Stelle uneinbringlicher Geldstrafen treten. Ihre Gesamtdauer darf zwei Jahre nicht übersteigen; die Gesamtdauer mehrerer zusammentreffender Haftstrafen darf drei Monate nicht übersteigen.

154. Eine ähnliche Bestimmung fehlte in dem alten GeldStrG. Sie ist durch die Neuregelung der Ersatzfreiheitsstrafe in § 29 StGB. erforderlich geworden (Begr. zu dem neuen GeldStrGB.).

154a. Nach § 78 Abs. 1 StGB. in der ursprünglichen Fassung war auf Geldstrafen, die wegen mehrerer strafbarer Handlungen allein oder neben einer Freiheitsstrafe verwirkt sind, ihrem vollen Betrage nach zu erkennen. Das gilt auch jetzt noch. Während aber bisher in dem Urteilstenor lediglich die Summe der einzelnen Geldstrafen bezeichnet zu werden brauchte (Lobe in RGK. § 78 Anm. 1), ist dies künftig nicht mehr zulässig. Ob auf die Geldstrafe allein erkannt wird oder neben einer Freiheitsstrafe, ist gleichgültig, desgleichen, ob sie an Stelle einer eigentlich verwirkten Freiheitsstrafe erkannt ist. Verwirkt ist hier in einem anderen Sinne gebraucht als in Art. I 2 § 27b. In § 27b sind verwirkt diejenigen Strafen, auf die hätte erkannt werden müssen, wenn § 27c ihre Umwandlung in Geldstrafen nicht zugelassen hätte (vgl. oben Anm. 36), Strafen, auf die also tatsächlich nicht erkannt wird, während in § 78 mit den verwirkten Strafen solche Strafen bezeichnet werden, auf die auch tatsächlich erkannt wird. Die Verwendung desselben Wortes in demselben Gesetze in einer mehrfachen Bedeutung ist nicht zweckmäßig. Als verwirkt im Sinne des § 29 sind jedenfalls auch solche Geldstrafen anzusehen, auf die gemäß § 27b an Stelle an sich verwirkter Freiheitsstrafen erkannt wird.

154b. § 78 bezieht sich nur auf diejenigen Geldstrafen, die in einer einzelnen Entscheidung (Urteil, Strafbefehl, Strafbescheid, Strafverfügung) erkannt worden sind, nicht dagegen auf Geldstrafen, die in mehreren Entscheidungen erkannt worden sind. Weder die Geldstrafen noch auch die Ersatzfreiheitsstrafen werden auch künftig zu einer Gesamtstrafe im Sinne des § 74 StGB. zusammengezogen. Auch wenn in mehreren Urteilen wegen Handlungen, die sämtlich vor der ersten Entscheidung begangen sind, auf Geldstrafe erkannt wird, kommt § 78 Abs. 3 nicht zur Anwendung. Es kann also die Summe der in diesen Entscheidungen erkannten Ersatzfreiheitsstrafen das Höchstmaß von zwei Jahren oder drei Monaten überschreiten. Selbstverständlich darf die Bestimmung des § 78 Abs. 3 nicht dadurch umgangen werden, daß wegen mehrerer bei derselben Behörde anhängiger strafbarer Handlungen durch Anklageerhebung zu verschiedener Zeit usw. mehrere Entscheidungen veranlaßt werden. Aber selbst wenn in doloser Weise ein Erkenntnis auf die Höchstmaße übersteigende Ersatzfreiheitsstrafen veranlaßt worden sein sollte, würde § 494 StPO. über nachträgliche Festsetzung einer Gesamtstrafe nicht Anwendung finden.

155. Als „Freiheitsstrafen" kommen Zuchthaus, Gefängnis und Haft in Betracht (§ 29 Abs. 1), auch Festungshaft (vgl. oben Anm. 137), dagegen nicht Arrest, schon mit Rücksicht auf § 27b. Für die Ersatzfreiheitsstrafen galt auch bisher schon, daß für jede einzelne Geldstrafe eine besondere Ersatzfreiheitsstrafe erkannt werden mußte und daß es unzulässig war, für die Summe der erkannten Geldstrafe eine einzige Geldstrafe zu setzen (RG. 21 S. 46; 38 S. 1; Lobe in RGK. § 78 Anm. 1). Auch bisher waren diese Ersatzfreiheitsstrafen nicht zu einer Gesamtstrafe zu vereinigen. Die Summe der Ersatzfreiheitsstrafen durfte, wenn die Ersatzfreiheitsstrafe Gefängnis war, zwei Jahre nicht übersteigen und, wenn die Ersatzfreiheitsstrafen lediglich wegen Übertretungen erkannt worden waren und lediglich in Haft bestanden, drei Monate. Dieser Unterschied ist jetzt fallen gelassen. Es kann also, auch wenn es sich um Haftstrafe handelt, die an die Stelle von Geldstrafen tritt, die wegen Übertretungen erkannt sind, die

Gesamtdauer der Ersatzfreiheitsstrafen zwei Jahre betragen. Da die Gesamtdauer von zwei Jahren nicht überschritten werden darf, andererseits die Bildung einer Gesamtstrafe unzulässig ist, muß schon bei der Bemessung der einzelnen Ersatzfreiheitsstrafen darauf geachtet werden, daß sich die Summe in diesen Grenzen hält (RG. 21 S. 46; Lobe in RGK. § 78 Anm. 2). Das kann allerdings dazu führen, daß, wenn in der Berufungsinstanz wegen der einen Straftat Freisprechung erfolgt, falls nur der Angeklagte Berufung eingelegt hat, die Ersatzfreiheitsstrafen der anderen Geldstrafen nicht auf dasjenige Maß erhöht werden können, das als angemessen gewährt worden wäre, wenn das erste Gericht nicht durch die Vorschrift des § 78 Abs. 2 Satz 2 gebunden gewesen wäre.

156. Für das bisherige Recht in der ursprünglichen Fassung des StGB. vertrat Lobe im RGK. Anm. 5 zu § 78 die Ansicht, daß sich das Höchstmaß in § 78 Abs. 2 nur auf die Summe der umzuwandelnden Gefängnisstrafen beziehen solle. Da nach § 77 Abs. 1 StGB., wenn Haft mit anderen Freiheitsstrafen zusammentreffe, auf Haft gesondert zu erkennen sei, so sei auch auf die nach § 78 Abs. 2 zu erkennende höchste Summe der Haftstrafe gesondert neben der höchsten Summe der Gefängnisersatzstrafe zu erkennen; die Grenze von zwei Jahren bilde also nicht die Grenze von Ersatzfreiheitsstrafen schlechthin, die Haftstrafen eingeschlossen. Diese Ansicht möchte ich mit der herrschenden Meinung schon für das bisherige Recht für verfehlt halten. Die Berufung auf § 77 StGB. versagt, da in § 77 nur die Bildung einer Gesamtstrafe ausgeschlossen wird, soweit auf Haft erkannt wird, sei es, daß nur auf Haft erkannt ist, sei es, daß auf Haft und auf eine andere Freiheitsstrafe erkannt wird. Nach der jetzigen Fassung, die die Haftstrafen überhaupt nicht mehr erwähnt dürfte kein Zweifel möglich sein, daß die Gesamtdauer sämtlicher erkannter Ersatzfreiheitsstrafen die Dauer von insgesamt zwei Jahren nicht übersteigen darf. Mit Rücksicht auf die Bestimmungen über Rückfall (StGB. § 244 usw.) muß bei der Strafvollstreckung genau bestimmt werden, welche Ersatzfreiheitsstrafe verbüßt wird, so etwa, wenn wegen eines Falles der Unterschlagung und wegen eines weiteren Falles des Diebstahls auf Geldstrafen erkannt worden ist.

157. Schon früher wurde zutreffend angenommen, daß § 78 Abs. 2 StGB. trotz Vereinszollges. vom 1. Juli 1869 (Bundesgesetzblatt S. 317) § 162 auch beim Zusammentreffen mehrerer selbständiger Zolldefraudationen gelte, da die dort vorgeschriebene Höchstersatzstrafe von einem Jahr Gefängnis nur für die einzelne strafbare Handlung gelte (RG. 21 S. 44; Lobe in RGK. § 78 Anm. 4). Nach jetzigem Recht kann dies nicht mehr zweifelhaft sein, da auch StGB. § 78 gemäß Art. VIII für das gesamte Reichs- und Landesrecht gilt.

Artikel II.

Geldstrafen, die nicht bei Verbrechen, Vergehen oder Übertretungen angedroht sind oder werden, insbesondere Zwangsstrafen und Ordnungsstrafen, sind in Goldmark festzusetzen.

Die Geldstrafe beträgt, soweit nicht höhere Beträge oder Geldstrafe in unbeschränkter Höhe angedroht sind oder werden, mindestens eine Goldmark und höchstens eintausend Goldmark.

Die Vorschrift des Abs. 2 über Höchstbeträge gilt nicht, soweit die angedrohte Strafe in dem Mehrfachen, dem Einfachen oder dem Bruchteil eines bestimmten Betrags besteht. Ist dieser nicht auf Goldmark gestellt, so ist er für die Festsetzung der Geldstrafe in Goldmark umzurechnen.

Soweit an die Stelle einer uneinbringlichen Geldstrafe eine Ersatzfreiheitsstrafe zu treten hat, darf die Geldstrafe nur in Haft von höchstens sechs Wochen umgewandelt werden; ist neben der Geldstrafe wahlweise Freiheitsstrafe von weniger als sechs Wochen angedroht, so darf die Ersatzstrafe deren Höchstmaß nicht übersteigen. Die Ersatzstrafe darf nur nach vollen Tagen bemessen werden. Im übrigen richtet sich ihr Maß nach freiem Ermessen der Behörde, die sie festsetzt.

157a. Art. II geht auf das neue GeldStrG. zurück. Das alte GeldStrG. hatte sich nur auf die kriminellen Geldstrafen bezogen; durch das neue GeldStrG. wurden auch die nichtkriminellen Geldstrafen erhöht, und zwar auf das Eintausendfache. Dabei blieben die seit dem 1. Jan. 1920 in Kraft getretenen Erhöhungen außer Betracht. Diese Bestimmungen galten nicht, soweit die angedrohte nichtkriminelle Geldstrafe in dem Mehrfachen usw. eines bestimmten Grundbetrages bestand. Für diese nichtkriminellen Geldstrafen blieb also alles beim alten. Durch VermStrG. Art. II wurde der Höchstbetrag der nicht kriminellen Ordnungsstrafen, soweit sie nicht in dem Mehrfachen usw. eines bestimmten Grundbetrages bestanden, auf 10 Milliarden Mark erhöht, da sich in der Praxis die von mir in der 2. Aufl. Anm. 162 ausgesprochenen Befürchtungen bestätigt hatten. Durch die alte Verm.-StrVO. wurde der Höchstbetrag auf 150 Goldmark festgesetzt. Demgegenüber ist durch Art. II in der jetzigen Fassung der Höchstbetrag erheblich erhöht worden. Auch ist ein Mindestbetrag festgesetzt worden. Nach der Begr. sollten durch Einfügung des Abs. 1 und 4 die Bestimmungen über die nichtkriminellen Geldstrafen den Vorschriften über die kriminellen Geldstrafen mehr angepaßt werden.

158. In Art. II ist im Gegensatz zu Art. I das Wort „Geldstrafe" im weiteren Sinn genommen, zugleich kriminelle und nichtkriminelle Geldstrafen mitumfassend. Art. I bezieht sich nur auf kriminelle Geldstrafen, d. h., wie Art. II Abs. 1 es umschreibt, auf solche Geldstrafen, die bei Verbrechen, Vergehen oder Übertretungen angedroht sind. Eine begriffliche Klarstellung, die die Entscheidung zweifelhafter Fälle ermöglichte, ist durch diese Umschreibung nicht erreicht, wohl auch nicht erstrebt. Im Gegensatz zu dem alten GeldStrG. § 1, der sich nur auf kriminelle Geldstrafen bezog, wird allerdings auch das Höchstmaß der nichtkriminellen Geldstrafen erhöht. Trotzdem aber ist die Unterscheidung krimineller und nichtkrimineller Geldstrafen von großer Bedeutung. Denn das Maß der Erhöhung ist wesentlich verschieden. Die Zweifel, die bezüglich der Ordnungsstrafe des § 377 Reichsabgabenordnung entstanden sind (vgl. oben Anm. 8), zeigen zur Genüge, daß eine klare Scheidung zwischen kriminellen und nichtkriminellen Geldstrafen von Bedeutung ist. Das wäre auch noch für andere Fragen erwünscht, so für die Frage, ob die Bestimmungen des Ges. über beschränkte Auskunft und die Tilgung von Strafen in dem Strafregister vom 9. April 1920 (RGBl. S. 507) und die Strafregisterverordnung vom 12. Juni 1920 (Zentralblatt für das Deutsche Reich S. 909) in der Fassung vom 2. Juni 1922 (ebendort S. 325) und vom 24. November 1923 (Reichsministerialblatt S. 1091) Anwendung zu finden haben. Zweifel können nur dadurch vermieden werden, daß künftig die Bezeichnung als „Geldstrafen" für die kriminellen Geldstrafen vorbehalten wird, während andere Geldstrafen als Ordnungsstrafen, Geldbußen, Disziplinarstrafen usw. bezeichnet werden müssen. Ein Versuch, Zweifel auszuschalten, ist in der Verordnung gegen Mißstände im Auswanderungswesen vom 14. Febr. 1924 (RGBl. I S. 107) gemacht.

Hier ist in § 11 gesagt, Zuwiderhandelnde könnten „mit einer Ordnungsstrafe in Geld bestraft werden".

159. Nichtkriminelle Geldstrafen sind insbesondere Ordnungsstrafen und Zwangsstrafen, aber auch Disziplinarstrafen und ehrengerichtliche Strafen. Auf die Bezeichnung kommt es nicht an. Auch nicht kriminelle Geldstrafen werden in den Gesetzen usw. oft als Geldstrafen bezeichnet; andererseits finden sich auch kriminelle Geldstrafen unter der irreführenden Bezeichnung als Ordnungsstrafen. Geldstrafen, die als Zwangsstrafen bezeichnet werden, gehören niemals zu den kriminellen Geldstrafen. Die Bezeichnung als Geldbuße wird mitunter für kriminelle Geldstrafen angewendet, bald für nichtkriminelle. Über Einzelheiten vgl. die Ausführungen oben in Anm. 7ff. Ergänzend sei noch folgendes bemerkt. Streitig ist es, ob es sich bei der Geldstrafe in GVG. § 179 um eine Kriminalstrafe oder aber um eine Ordnungsstrafe handelt (vgl. Lobe in RGK. § 28 Anm. 8). Zu den nichtkriminellen Geldstrafen gehören auch die Sicherungsgelder, wie sie Reichsabgabenordnung vom 13. Dez. 1919 (RGBl. S. 1993) § 203 kennt. Hiernach können, wenn das Gesetz die Gewährung von Steuervergünstigungen oder Erleichterungen bei der Entrichtung oder Berechnung von Steuern zuläßt, dem Steuerpflichtigen, insbesondere auch zur Überwachung, besondere Bedingungen auferlegt und es kann bestimmt werden, daß bei Nichteinhaltung dieser Bedingungen „Geldbußen als Ungehorsamsfolgen" verwirkt sein sollen. Diese Geldbußen werden in der Reichsabgabenordnung Sicherungsgelder genannt. Daß es sich hier nicht um kriminelle Geldstrafen handelt, ist zweifellos (so auch Ball, Einführung in das Steuerstrafrecht, 2. Aufl. Mannheim 1922 S. 131). Früher pflegte man von Vertragsstrafen zu sprechen (Ball a. a. O.; Nieberl, Reichsabgabenordnung Berlin und Leipzig 1922 § 203 Anm. 1). Wie Ball zutreffend bemerkt, spricht die Reichsabgabenordnung „richtiger" von Sicherungsgeldern. Anscheinend will er damit zum Ausdruck bringen, daß die Charakterisierung der Sicherungsgelder als Vertragsstrafen nicht zutreffe. Dem ist beizutreten. Wenngleich auch bei öffentlichrechtlichen Verträgen die Auferlegung von öffentlichrechtlichen Vertragsstrafen vorkommen kann, so handelt es sich hier doch nicht um eine vertraglich vereinbarte oder von dem Steuerpflichtigen durch verbindliche einseitige Verpflichtung freiwillig übernommene „Strafe", sondern um eine von der Finanzbehörde kraft obrigkeitlicher Befugnis auf Grund der ihr durch § 203 der Reichsabgabenordnung erteilten Ermächtigung zur Sicherung ihres Anspruchs einseitig bestimmte Ordnungsstrafe, die im Fall des Ungehorsams verwirkt ist, es sei denn — nach § 203 Abs. 2 —, daß der Steuerpflichtige nachweist, daß bei der Nichteinhaltung der Bedingung weder ihm noch seinen Vertretern, Angestellten oder Arbeitern ein Verschulden zur Last fällt. Es handelt sich hier nicht etwa um eine von dem Steuerpflichtigen geleistete Sicherheit (§§ 109ff.), die allerdings, wie Kloß, Die Reichsabgabenordnung, Berlin 1921 S. 20 ausführt, ein Rechtsgeschäft des bürgerlichen Rechts ist. Auch Buck und Lucas, Reichsabgabenordnung, 2. Aufl. Anm. zu § 203 fassen die Sicherungsgelder ebenso wie die Zwangsmittel des § 202 als Ungehorsamsfolgen auf, als „Folgen unerlaubter Handlungen im öffentlichen Recht, die nicht mit Kriminalstrafen, aber mit anderen Nachteilen verbunden sind". Sie erklären auch ausdrücklich, daß von einem Vertragsverhältnis nicht die Rede sein könne und deshalb die Bestimmungen des BGB. §§ S. 339ff. nicht zur Anwendung kämen. Würde man die Sicherungsgelder als Vertragsstrafen auffassen, so müßte man davon ausgehen, daß sie durch die neue VermStrVO. ebensowenig berührt werden wie durch die bisherige Neuregelung der nichtkriminellen Geldstrafen; faßt man sie dagegen als Ordnungsstrafe auf oder doch als eine besondere Art der nichtkriminellen Geldstrafen, so beziehen sich die Bestimmungen der Art. II und III auch auf sie. Aus der Erhöhung der

Sicherungsgelder des § 203 auf 10000 Goldmark durch Art. XVI der zweiten Steuernotverordnung vom 19. Dez. 1923 (RGBl. I S. 1205) kann auf die Stellung des Gesetzgebers zu dieser Frage kein Schluß gezogen werden. Solche Sicherungsgelder sind beispielsweise angedroht in § 13 der Verordnung zur Ausführung des § 9 Abs. 3 des Kohlensteuergesetzes vom 21. Juni 1923 (RGBl. I S. 422) Art. II § 13. Durch das neue GeldStrG. war ihr Betrag allerdings nicht erhöht worden, weil sie erst nach dem 1. Mai 1923 in Kraft getreten waren.

Gleichgültig ist, wer die nichtkriminellen Geldstrafen verhängt und in welche Kasse sie fließen. Eine nichtkriminelle Geldstrafe ist z. B. auch die in § 18 des Ges. über die Beschäftigung Schwerbeschädigter vom 12. Januar 1923 (RGBl. S. 57) erwähnte Buße (Begr.). Auch Schäfer in JW. 1923 S. 438 nennt die Bußen neben den Ordnungsstrafen. Ein sachlicher Unterschied besteht zwischen ihnen aber nicht.

160. Die Ordnungsstrafen sind künftig also in Goldmark festzusetzen, und zwar in allen Fällen. Trotz der allgemeinen, auch in die Zukunft wirkenden Fassung könnte ein Reichsgesetz und gemäß Art. VIII auch ein Landesgesetz an und für sich künftig etwas anderes bestimmen. So könnten Ordnungsstrafen in Papiermark, in Rentenmark, in einer ausländischen Währung usw. festgesetzt werden. Das spätere Gesetz würde dann das ältere aufheben. Aus der Fassung des Art. II Abs. 1 geht aber hervor, daß es dem Willen des Gesetzes entspricht, daß künftig nur Goldmarkstrafen in den Gesetzen bestimmt und von den Behörden festgesetzt werden sollen. Wenn daher künftig ein Gesetz statt von Goldmark nur von Mark spricht, so wird davon auszugehen sein, daß hiermit Goldmark gemeint sind, wenn sich nicht aus den besonderen Umständen ergibt, daß das Wort anders gedeutet werden muß.

160a. Die Ordnungsstrafen usw. betragen künftig regelmäßig mindestens eine Goldmark und höchstens eintausend Goldmark. Wird künftig in einem Gesetz usw. der Betrag der angedrohten Ordnungsstrafe usw. nicht genannt, so sind bis 1000 Goldmark angedroht. So z. B. in § 11 der Verordnung gegen Mißstände im Auswanderungswesen vom 14. Februar 1924 (RGBl. I S. 107). Nach dem Wortlaut könnte es so scheinen, als dürften auch zukünftig niedrigere Beträge als eine Goldmark und für den Höchstbetrag 1000 Goldmark überhaupt nicht angedroht werden. Das soll aber natürlich nicht gesagt werden, könnte auch bindend garnicht bestimmt werden. Es ist aber anzunehmen, daß tatsächlich überhaupt nicht oder doch nur äußerst selten geringere Beträge in Zukunft angedroht werden. Zu wünschen wäre allerdings auch, daß nur in besonderen Ausnahmefällen höhere Beträge angedroht werden. Durch Art. II sind die vielfach abgestuften Strafbestimmungen der nichtkriminellen Geldstrafen einander angeglichen worden; es wäre im Interesse der Übersichtlichkeit des Rechtssystems erwünscht, wenn keine unnötige Unterscheidung zwischen den einzelnen Ordnungsstrafen gemacht würde. Nach den bisherigen Erfahrungen würde man aus der Höhe des Strafrahmens doch keinerlei begründete Rückschlüsse auf die Schwere der mit nichtkrimineller Geldstrafe bedrohten Tat ziehen können.

161. Unbeschränkt hohe nichtkriminelle Geldstrafen sind in Art. XI der neuen VermStrVO. angedroht. Auch höhere nichtkriminelle Geldstrafen sind schon angedroht. So bis 5000 Goldmark in Art. XVI der zweiten Steuernotverordnung vom 19. Dez. 1923 (RGBl. I S. 1205) für die Zwangsstrafe nach § 202 Abs. 2 der Satz 1 und 10000 Goldmark für die Sicherungsgelder (vgl. oben Anm. 159) des § 203 der Reichsabgabenordnung vom 13. Dez. 1919 (RGBl. S. 1993); 10000 Goldmark in § 8 der Verordnung über den Handel mit ausländischen Zahlungsmitteln und Dollarschatzanweisungen zum Einheitskurse vom 22. Oktober 1923 (RGBl. I S. 991).

162. Durch die Einführung eines gleichmäßigen Strafrahmens für nichtkriminelle Geldstrafen sind die Schwierigkeiten behoben, die sich noch nach der Regelung durch das neue GeldStrG. ergaben. Hiernach wurden die angedrohten Ordnungsstrafen usw. auf das Eintausendfache erhöht; doch blieben die seit dem 1. Jan. 1920 eingetretenen Erhöhungen außer Betracht. Solche Erhöhungen waren verschiedentlich erfolgt (vgl. darüber die 2. Aufl. meines Kommentars Anm. 162). Daraus ergaben sich erhebliche Schwierigkeiten, die nunmehr behoben sind.

163. Entsprechend StGB. § 27 Abs. 2 ist auch für nichtkriminelle Strafandrohungen bestimmt, daß die Erhöhung nicht gelten soll, soweit die angedrohte Strafe in dem Mehrfachen usw. eines bestimmten Betrages besteht, weil dann von selbst auch die Strafandrohung bis zu einem gewissen Grade mit der Geldentwertung Schritt hält. Es handelt sich dann um eine in Wirklichkeit veränderliche, wenn auch jederzeit bestimmbare, Strafandrohung. Derartige Strafandrohungen finden sich insbesondere in Disziplinargesetzen. Beispiele für nichtkriminelle Strafen, die in dem Mehrfachen usw. eines bestimmten Grundbetrages bestehen, sind die „Geldstrafen" der Disziplinarordnung für das Reichsheer vom 11. November 1921, abgedruckt bei Fuße, Militärstrafgesetzbuch, Berlin 1923 S. 228ff.), §§ 4, 5, 43. Geldstrafe bis zum zehnfachen Tagesgrundgehalt; § 9 der zweiten Durchführungsbestimmungen zur Verordnung des Reichspräsidenten über die Ablieferung ausländischer Vermögensgegenstände vom 25. August 1923, vom 10. Sept. 1923 (RGBl. I S. 871): Ordnungsstrafe bis zum Gegenwert von 2 Goldmark für je 10000 M. des ersten Teilbetrages der Brotversorgungsabgabe.

Nur die Bestimmung des Abs. 1 über die Höchstbeträge findet auf die auf ein Mehrfaches usw. lautenden Ordnungsstrafen usw. keine Anwendung, dagegen die Bestimmungen über Mindestbeträge. Selbstverständlich können die auf das Mehrfache usw. eines bestimmten Grundbetrages lautenden nichtkriminellen Strafbestimmungen auch einen besonderen festen Mindestbetrag festsetzen.

Über die Umrechnung des Betrages in Goldmark vgl. unten Art. V.

Artikel III.

Ist oder wird eine Behörde, ein Beamter, eine Körperschaft oder deren Vorstand ermächtigt, Geldstrafen (§ 27 des Strafgesetzbuchs, Art. II dieser Verordnung) anzudrohen oder festzusetzen, so beträgt die zulässige Geldstrafe, soweit nicht eine Ermächtigung zur Androhung oder Festsetzung höherer Beträge oder von Geldstrafe in unbeschränkter Höhe besteht oder erteilt wird,

1. bei Geldstrafen der in § 27 des Strafgesetzbuchs bezeichneten Art für Vergehen mindestens drei Goldmark und höchstens zehntausend Goldmark, für Übertretungen mindestens eine Goldmark und höchstens einhundertfünfzig Goldmark;
2. bei Geldstrafen der in Art. II bezeichneten Art mindestens eine Goldmark und höchstens eintausend Goldmark.

Die Vorschriften des Abs. 1 über Höchstbeträge gelten nicht, wenn die anzudrohende oder festzusetzende Strafe in dem Mehrfachen, dem Einfachen oder dem Bruchteil eines bestimmten Betrags besteht. Artikel II Abs. 3 Satz 2 gilt entsprechend.

164. Der entsprechende Art. III des neuen GeldStrG. entsprach im wesentlichen dem § 1 Abs. 1 Satz 2 des alten GeldStrG. Der jetzige Art. III ist bezüglich der Höchstbeträge geändert. Auch bezieht er sich nicht nur auf die schon bestehenden Ermächtigungen, sondern auch auf die zukünftig ausgesprochenen Ermächtigungen. Endlich sind bei den auf das Mehrfache usw. eines bestimmten Grundbetrages abgestellten Ermächtigungen nur die Bestimmungen des Abs. 1 über die Höchstbeträge nicht anwendbar, dagegen wohl die allgemeinen Bestimmungen über die Mindestbeträge. „Geldstrafe" ist hier im weiteren Sinn genommen, die kriminellen und die nichtkriminellen Geldstrafen umfassend. Selbstverständlich ist es andererseits, daß nur wirkliche Geldstrafen darunter fallen, nicht auch vertraglich begründete Ermächtigungen zur Androhung und Festsetzung von Konventionalstrafen und dergleichen (Begr. zu dem neuen GeldStrG.). Die Sicherungsgelder der Reichsabgabenordnung vom 13. Dez. 1919 (RGBl. S. 1993) § 203 sind aber als solche Vertragsstrafen nicht anzusehen.

165. „Zugelassen" sind diejenigen Geldstrafen, zu denen das Reichsrecht oder das Landesrecht eine Behörde, einen Beamten, eine Körperschaft oder deren Vorstand ermächtigt. Am häufigsten ist der Fall, daß eine Behörde oder ein Beamter ermächtigt ist, Geldstrafen anzudrohen. § 1 Abs. 1 Satz 2 beschränkte sich auf diese Fälle. Hierher gehören z. B. die Vorschriften des pr. Ges. über die allgemeine Landesverwaltung vom 30. Juli 1883 (GS. S. 195) §§ 136, 137, 138, 142, 144, durch die Minister, Oberpräsidenten, Landräte, Ortspolizeibehörden in den Stadtkreisen zum Erlaß von Polizeiverordnungen ermächtigt werden; ferner z. B. das pr. Kommunalabgabengesetz. vom 14. Juli 1893 (GS. S. 152) § 82 sowie das pr. Kreis- und Provinzialabgabenges. vom 23. April 1906 (GS. S. 159) § 17, durch die Gemeinden und Kreise zum Erlaß von Steuerordnungen ermächtigt werden. Nach der Verordnung über Kriegsmaßnahmen zur Sicherung der Volksernährung vom 22. Mai 1916 S. 401) und 18. August 1917 (RGBl. S. 823) § 2 ist der Reichsminister für Ernährung und Landwirtschaft zum Erlaß von Strafvorschriften bis zu 10000 M. ermächtigt. Diese Ermächtigung war durch das alte GeldStrG. auf Anordnung von Geldstrafen bis zu 1 Million M. erstreckt, durch das neue GeldStrG. auf Geldstrafen bis zu 10 Millionen M. und jetzt auf Geldstrafen bis zu 10000 Goldmark. Durch § 19 des Ges. gegen die Kapitalflucht in der Fassung vom 22. Dez. 1922 (RGBl. I S. 91) wird der Reichsfinanzminister zu Strafandrohungen bis zu 1 Million M. ermächtigt. Diese Ermächtigung ist zwar nach dem 1. Jan. 1920 geschaffen, aber nicht erhöht worden; sie erstreckt sich daher jetzt auf den Betrag von einer Milliarde Mark. Über Ermächtigungen in Bayern vgl. Henle in Zeitschr. f. Rechtspflege in Bayern 1918 S. 118.

166. Zweifelhaft kann sein, ob die in § 4 des Ges. über die Regelung der Kohlenwirtschaft vom 23. März 1919 (RGBl. S. 342) zugelassenen Geldstrafen hierunter fallen. Nach § 4 erläßt die Reichsregierung die näheren Vorschriften zur Durchführung des Gesetzes. Sie kann danach bestimmen, daß Zuwiderhandlungen gegen die von ihr erlassenen Vorschriften mit Geldstrafe bis zu 100000 M. bestraft werden. In den Ausführungsbestimmungen vom 21. August 1919 (RGBl. S. 1449) werden Geldstrafen von 100000 M. (§ 18) und von 50000 M. (§ 17) angedroht. Die Reichsregierung ist weder eine Behörde noch ein Beamter noch eine Körperschaft oder deren Vorstand. Eine analoge Ausdehnung der Fälle des Art. III auf Fälle, in denen die Reichsregierung zur Androhung von Geldstrafen ermächtigt ist, erscheint nicht zulässig. Wären die Ausführungsbestimmungen noch nicht erlassen, so würde man mithin die Reichsregierung nur zur Androhung von Geldstrafen bis zu 100000 M. für ermächtigt halten müssen. Da die Ausführungsbestimmungen aber schon erlassen sind, kommt, wie § 1 Satz 1 des alten GeldStrG. (Hellwig, GeldStrG.

1. Aufl. Anm. 13), so auch StGB. § 27 Abs. 1 Nr. 1 in der jetzigen Fassung zur Anwendung. Es ergibt sich dadurch allerdings das eigenartige Ergebnis, daß Zuwiderhandlungen gegen die bisher schon erlassenen Ausführungsbestimmungen mit Geldstrafe bis zu 10 Millionen M. bedroht sind, während künftig etwa ergehende Ausführungsbestimmungen nur Geldstrafe bis zu 100000 M. androhen dürfen. Denn es geht nicht an, die bisher ergangenen Strafandrohungen der Ausführungsbestimmungen, die auf Zuwiderhandlungen gegen bestimmte Vorschriften angedroht waren, auf Zuwiderhandlungen gegen andere Vorschriften zu erstrecken (So schon in der 2. Aufl.).

167. Geldstrafen, zu deren Androhung eine Körperschaft oder deren Vorstand ermächtigt ist, finden sich z. B. in §§ 92c und 103n der Gewerbeordnung sowie in den §§ 680, 851, 870, 891, 1201, 1207, 1208 Abs. 4, 1202, 1208 Abs. 1 der Reichsversicherungsordnung. Sie waren durch das GeldStrG. nicht berührt worden, sind aber durch § 1 des Reichsges. über die Geldstrafen in der Reichsversicherungsordnung und im Versicherungsges. für Angestellte vom 24. Juni 1922 (RGBl. I S. 566) erhöht worden. Gemäß Art. III des neuen GeldStrG. waren ihre ursprünglichen Beträge auf das Eintausendfache erhöht worden. Jetzt sind sie auf 10000 Goldmark oder, soweit es sich um Übertretungen handelt, auf 150 Goldmark erhöht worden.

168. Im Gegensatz zu dem alten GeldStrG. bezog sich schon die Erhöhung in Art. III nicht nur auf die Ermächtigung zur Androhung von Geldstrafen, sondern auch auf Ermächtigungen zur Festsetzung von Geldstrafen. Deshalb ist die in § 1 des pr. Ges. betreffend den Erlaß polizeilicher Strafverfügungen wegen Übertretungen vom 23. April 1883 (GS. S. 65) den Polizeiverwaltern gegebene Ermächtigung zum Erlaß polizeilicher Strafverfügungen bis zum Betrage von 30 M. bis auf den Betrag von 150 Goldmark erhöht worden. Durch das alte GeldStrG. war diese Ermächtigung nicht berührt worden. Durch § 1 des pr. Ges. über die Erhöhung von landesrechtlich festgelegten Geldbeträgen vom 28. März 1922 (GS. S. 77) war der Betrag von 30 M. auf 300 M. erhöht worden.

169. Unmittelbar betroffen wurden durch das neue GeldStrG. nur diejenigen Geldstrafen, die zur Zeit des Inkrafttretens schon angedroht waren oder zu deren Androhung zu dieser Zeit eine Ermächtigung schon ausgesprochen war. Auf Grund dieser Ermächtigung können dann auch künftig höhere Strafen angedroht werden, als bisher zulässig war. Für die künftig erlassenen Ermächtigungen bedurfte es an sich einer Erhöhung der Geldstrafen nicht, da schon bei ihrer Vorbereitung und der Beschlußfassung über sie auf die Geldentwertung und die veränderte Anschauung über die Bedeutung der Geldstrafen sowie auf die neuen Bestimmungen über Stundung, Beitreibung usw. Rücksicht genommen werden kann.

Während das neue GeldStrG. die Erhöhung nur für den Fall bestimmte, daß eine Behörde usw. ermächtigt „ist", erhöht der Art. III in seiner jetzigen Fassung auch für den Fall, daß eine Behörde usw. erst künftig ermächtigt wird. Es bedarf also künftig in dem ermächtigenden Rechtssatz nicht der Angabe eines bestimmten Strafrahmens; es tritt dann vielmehr der gesetzliche Strafrahmen ohne weiteres ein. Nur wenn die Behörde usw. zur Festsetzung einer höheren als der gesetzlichen Mindeststrafe oder einer höheren als der regelmäßigen gesetzlichen Höchststrafe ermächtigt werden soll, bedarf es eines besonderen Ausspruchs darüber.

169a. Die Ermächtigung geht, falls in ihr nichts Abweichendes bestimmt ist, stets nur auf 10000 Goldmark, also auch dann, wenn es sich um ein Vergehen handelt, das aus Gewinnsucht begangen ist.

169b. Durch die Bezugnahme auf StGB. § 27 sowie auf Art. II der neuen VermStrVO. ist klargestellt, daß auch das gesetzliche Mindestmaß der Strafandrohung für solche an Behörden usw. schon erteilte oder künftig zu erteilende Ermächtigungen gelten soll. Bei Vergehen beträgt demgemäß die gesetzliche Mindeststrafe ohne weiteres 3 Goldmark, bei Übertretungen und bei Ermächtigungen zur Androhung oder Festsetzung von Ordnungsstrafen usw. eine Goldmark. Diese gesetzlichen Mindeststrafen gelten aber nur soweit, als nicht zur Zeit schon höhere Mindeststrafen angedroht sind oder künftig angedroht werden. Zweifelhaft kann sein, ob künftig auch geringere Mindeststrafen angedroht werden können oder ob die Bestimmungen in § 27 StGB. und in Art. II der neuen VermStrVO. auch für die Zukunft unabänderlich sein sollen. Wenngleich es wohl wünschenswert ist, daß geringere Geldstrafen nicht angedroht und Behörden usw. zu ihrer Festsetzung auch nicht ermächtigt werden, und es auch dem Sinn der Bestimmungen entspricht, daß dies nicht geschieht, so kann doch sowohl das Reichsrecht dies tun — wenn auch nur durch materielle Gesetze —, da das spätere Gesetz dem früheren vorgeht, als auch auf Grund der allgemeinen Bestimmung des Art. VIII Abs. 2 das Landesrecht.

169c. Wie in § 2 StGB. § 27 sowie in Art. II der neuen VermStrVO. gelten auch hier nur die Vorschriften des Abs. I über die Höchstbeträge nicht für die auf das Mehrfache usw. eines bestimmten Grundbetrages abgestellten Strafandrohungen. Wohl aber gelten auch für sie die Bestimmungen über die Mindestbeträge.

169d. Sind die auf ein Mehrfaches usw. lautenden bisherigen Ermächtigungen nicht auf Goldmark gestellt, so ist der maßgebende Grundbetrag in Goldmark umzurechnen. Vgl. darüber unten Art. V.

Artikel IV.

Bei einer an den Verletzten zu zahlenden Buße beträgt der Mindestbetrag drei Goldmark, der Höchstbetrag zehntausend Goldmark.

170. Art. IV entspricht im wesentlichen dem Art. IV des neuen GeldStrG. und dieser im wesentlichen dem § 1 Abs. 3 des alten GeldStrG. Erhöht wird aber auch der Mindestbetrag der Bußen. Der Höchstbetrag ist einheitlich bestimmt, und zwar erheblich höher als es in dem bisherigen Recht der Fall gewesen ist. Diese Änderung entspricht einem schon in den Jahren vor dem Kriege vielfach hervorgetretenen Bedürfnis. Es besteht sogar die Tendenz, die Festsetzung von Bußen oder die Geltendmachung von Schadensersatzansprüchen der Opfer eines Verbrechens in weit über das in dem geltenden Recht anerkannte Maß im Strafverfahren zu ermöglichen und zu erleichtern. Die Buße (StGB. §§ 188, 231; Ges. betr. das Urheberrecht an Werken der bildenden Künste und der Photographie vom 9. Jan. 1907 [RGBl. S. 7] § 35; Patentges. vom 7. April 1891 [RGBl. S. 79] usw.) ist eine Entschädigung für den Verurteilten, keine Geldstrafe (v. Liszt S. 276; Schwartz S. 188 Anm. 1; Mayer S. 479; Köhler S. 622). „Buße" wird hier im technischen Sinn gebraucht. Art. IV bezieht sich weder auf Geldbußen, die kriminelle Geldstrafen sind, noch auf solche Bußen, die nichtkriminelle Geldstrafen sind (vgl. über sie oben Anm. 9, 159).

171. Art. IV bezieht sich nur auf die an den Verletzten zu zahlenden Bußen, nicht auf die als Auflagen bei der Aussetzung der Strafvollstreckung auf Grund landesrechtlicher Übertragung des Gnadenrechts oder auf Grund der gesetzlichen Ermächtigung (Jugendgerichtsgesetz vom 16. Februar 1923 (RGBl. I S. 135 §§ 10ff.) festgesetzten Geldbußen. Diese Geldbußen dürfen in Preußen nach der für die Gerichte maßgebenden Allgem. Verf. des JM. vom 12. April 1922 (JMBl. S. 126), soweit sie auf Grund der landesrechtlichen Ermächtigung bestimmt werden, jetzt nur noch zugunsten des Staates festgesetzt werden, also nicht mehr zugunsten irgendwelcher gemeinnütziger Vereine oder Organisationen und auch nicht zugunsten des Verletzten (Hellwig, Die bedingte Aussetzung der Strafvollstreckung in Preußen und im Reich, Berlin 1922 Anm. 36c). Wohl aber ist es zulässig, dem Verurteilten als Auflage die Leistung des Schadensersatzes an den Verletzten aufzugeben, und ich möchte es auch für zulässig halten, die Summe, auf die der Schaden geschätzt und demgemäß von dem Strafrichter festgestellt wird, in dem Beschluß über die Aussetzung anzugeben. Eine derartige Geldbuße an den Verletzten würde ihrer Wesensart nach vollkommen den in dem StGB. und in anderen Gesetzen gesetzlich bestimmten Bußen an den Verletzten entsprechen; dennoch bezieht sich Art. IV auf sie nicht. Wenn es in dem Wortlaut des Art. auch nicht klar zum Ausdruck kommt, so kann nach der Entstehungsgeschichte der Bestimmung doch kein Zweifel darüber bestehen, daß er nur die gesetzlich festgelegten Bußen betreffen soll. Ein Eingriff in das den Ländern zustehende Gnadenrecht ist weder beabsichtigt noch wäre er zulässig.

Aber auch auf die Bußen, die auf Grund der gesetzlichen Ermächtigung des Jugendgerichtsgesetzes vom 16. Februar 1923 (RGBl. I S. 135) als reine Erziehungsmaßnahmen gemäß § 7 oder als Auflagen bei der Aussetzung der Strafvollstreckung gemäß § 12 jenes Gesetzes festgesetzt werden, bezieht sich Art. IV nicht. Es kann allerdings nicht zweifelhaft sein, daß die landesrechtliche Bestimmung, daß Bußen nur zugunsten des Staates auferlegt werden dürfen, für sie nicht gilt, ja daß nach richtiger Ansicht auch durch Bestimmungen der Reichsregierung eine solche Beschränkung nicht getroffen werden kann, sodaß insoweit auch die Festsetzung von Geldbußen zugunsten des Verletzten ohne weiteres zulässig ist. Trotzdem es sich hier aber um eine gesetzliche Bestimmung handelt, bezieht sich Art. IV der neuen VermStrVO. nicht auf sie. Die Bußen auf Grund des Jugendgerichtsgesetzes sind im Gesetz nicht mit ausdrücklichen Worten geregelt, sondern ergeben sich erst durch eine Auslegung des allgemein gehaltenen Wortlauts; sie verfolgen auch nicht wie die auf Grund des StGB. und anderer Gesetze erkannten Bußen in erster Linie das Interesse des von der Straftat Verletzten, sondern vielmehr in erster Linie erzieherische Einwirkung auf den der Straftat schuldigen Täter. Eine Beschränkung der Höhe dieser Bußen, sowohl bezüglich ihres Höchstbetrages als auch vor allem ihres Mindestbetrages, würde diesen hauptsächlich erziehlichen Zwecken, die mit der auf Grund des Jugendgerichtsgesetzes auferlegten Buße verfolgt werden, nicht gerecht werden. Auch sie sollen durch die gesetzliche Regelung in Art. IV der neuen VermStrVO. trotz ihrer allgemeinen Fassung nicht getroffen werden.

171a. Durch Allgem. Verf. des pr. JM. vom 13. Februar 1924 (JMBl. S. 69) ist auch eine entsprechende Erhöhung der auf Grund der landesrechtlichen Bestimmungen als Auflagen bei der Aussetzung der Strafvollstreckung bisher auferlegten Bußen und zwar gleichgültig, ob sie zugunsten des Verletzten oder des Staates auferlegt worden sind, bestimmt worden. Eine solche Bestimmung ist zweifellos zulässig. Dagegen wäre eine solche Regelung für die auf Grund des Jugendgerichtsgesetzes auferlegten Bußen nicht zulässig. Zweckmäßigerweise wird allerdings der Jugendrichter auch bei ihnen eine entsprechende Aufwertung herbeiführen, wie dies auch bisher schon vernünftigerweise von den Gerichten, soweit sie als Gnadenbehörden die Bußen auferlegt hatten, geschehen ist. Das Maß der Aufwertung kann dem Jugendrichter aber nicht vorgeschrieben werden. Es kann auch zweifelhaft sein, ob es zweckmäßig war, bezüglich der landesrechtlichen Bußen das Maß der Aufwertung genau vorzuschreiben. Das Aussetzungsverfahren macht ohnedies schon erhebliche Arbeit; wenn die beigefügten Tabellen die Umrechnung auch erleichtern, so ist die genaue Umrechnung doch trotzdem immer noch einigermaßen mühsam. Es hätte sich wohl empfohlen, nur den allgemeinen, allerdings selbstverständlichen, Grundsatz auszusprechen und es dem Takt der Gerichte zu überlassen, das Maß der Aufwertung selbst unter ungefährer Schätzung abgerundet zu bestimmen, selbst auf die Gefahr hin, daß der eine etwas besser, der andere etwas schlechter dabei wegkäme, als wenn die Aufwertung rechnerisch genau erfolgt. Wenn die Buße nicht in Papiermark bestimmt worden war, sondern nach dem Preise eines Brotes, eines Zentners Kartoffeln, eines Zentners Roggen usw., so ist übrigens eine derartige mechanische Umrechnung vielfach gar nicht möglich. Es kann dann zweifelhaft sein, welcher Wert maßgebend ist, der Wert zur Zeit der Aussetzung oder der zur Zeit der Umrechnung oder der zur Zeit der Zahlung. Auch ist zu bedenken, daß sich der relative Wert des Brotpreises, des Kartoffelpreises usw. in den letzten Monaten stark verändert hat, sodaß eine mechanische Umrechnung zu einem bei der Aussetzung durchaus nicht gewollten, höchst unerfreulichen Ergebnis führen kann, meistens in der Art, daß die dem Verurteilten auferlegte Buße ihn weit weniger schwer trifft, als es ursprünglich beabsichtigt worden war.

172. Erhöht werden nur die Bußen, nicht andere Geldbeträge, auch wenn sie ähnliche Aufgaben zu erfüllen haben.

Nicht erhöht wird durch Art. IV der Betrag, auf den gemäß § 9 des pr. Ges. betr. den Forstdiebstahl vom 15. April 1878 (GS. S. 222) und § 68 des pr. Feld- und Forstpolizeiges. vom 1. April 1880 (GS. S. 230) als Wertersatz zu erkennen ist. Der Wertersatz verfolgt zwar wie die Buße die Berücksichtigung zivilrechtlicher Ansprüche im Strafverfahren, weshalb auch § 68 des Feld- und Forstpolizeiges. die Vorschriften der StPO. über den Antrag von Zuerkennung einer Buße für entsprechend anwendbar erklärt. Im Gegensatz zu der Buße ist aber auf Wertersatz stets zu erkennen, auch wenn ein entsprechender Schaden überhaupt nicht entstanden ist, und andererseits kann der Wertersatz nicht höher bemessen werden, auch wenn der Schaden beträchtlich größer ist. Da überdies mit dem jetzigen höheren Wert des Holzes usw. von selbst auch der Betrag, auf den als Wertersatz zu erkennen ist, größer wird, lag ein Anlaß zur Erhöhung des Betrages des Wertersatzes nicht vor. Der Wertersatz ist aber eine „Vermögensstrafe“ im Sinn des Art. V.

Artikel V.

Der in Goldmark festgesetzte Betrag einer Vermögensstrafe oder Buße ist in Reichswährung nach dem für den Tag der Zahlung oder Beitreibung maßgebenden Goldumrechnungssatz umzurechnen, den der Reichsminister der Finanzen auf Grund des § 2 Abs. 3 der Aufwertungsverordnung vom 11.—18. Oktober 1923 (RGBl. I S. 939, 979) festsetzt und fortlaufend veröffentlicht.

Die Zahlung kann auch in anderen als den gesetzlichen Zahlungsmitteln geleistet werden, soweit sie an den öffentlichen Kassen anzunehmen sind; den Umrechnungssatz bestimmt der Reichsminister der Finanzen. Maßgebend ist der für den Tag der Zahlung oder Beitreibung geltende Umrechnungssatz.

Vermögensstrafen im Sinne dieser Verordnung sind alle Geldstrafen (§ 27 des Strafgesetzbuchs, Art. II, III dieser Verordnung) und solche Geldbeträge, die mit Rücksicht auf eine begangene strafbare Handlung eingezogen, für verfallen erklärt oder sonst auferlegt werden.

172a. Eine gleichartige Bestimmung fehlte sowohl in dem alten wie in dem neuen GeldStrG. Abs. 1 und 2 sind fast wörtlich der alten VermStrVO. Art. IV Abs. 1 und 2 entnommen; Abs. 3 dem VermStrG. Art. IV Abs. 2.

172b. Art. V bezieht sich nicht nur auf Geldstrafen, sondern auf alle Vermögensstrafen und Bußen. Vermögensstrafen im Sinne dieser Verordnung sind nach Abs. 3 alle Geldstrafen, und zwar sowohl kriminelle wie nichtkriminelle, ferner aber auch solche Geldbeträge, die mit Rücksicht auf eine begangene strafbare Handlung eingezogen, für verfallen erklärt oder sonst auferlegt werden. Der Begriff der Vermögensstrafe im Sinne dieser Verordnung ist mit dem sonst gebräuchlichen Begriff der Vermögensstrafe nicht identisch. Gewöhnlich werden als Vermögensstrafen kriminelle Strafen bezeichnet, die in einem Vermögensnachteil bestehen, so die kriminelle Geldstrafe, die Einziehung, die Unbrauchbarmachung, Veröffentlichung des Strafurteils, Konzessionsentziehung (Wachenfeld, Lehrbuch des deutschen Strafrechts, München 1914 S. 247ff.; vgl. auch v. Liszt, Lehrbuch des deutschen Strafrechts, 19. Aufl. S. 256, 257). Zu den Vermögensstrafen in diesem Sinne des Art. V gehört z. B. auch der Werterſatz, der nach verschiedenen Vorschriften an die Stelle der Einziehung eines nicht mehr vorhandenen oder nicht mehr zu ermittelnden Gegenstandes treten soll, ferner der Wertersatz und die Ersatzgelder in den landesrechtlichen Forst- und Feldpolizeigesetzen und den Vorschriften über den Forstdiebstahl (Begr. zu Art. IV des Verm.-StrG.) Dem ist beizutreten. Bei dem Wertersatz handelt es sich zwar nicht um Geldstrafen (vgl. oben Anm. 10), wohl aber um Geldbeträge, die mit Rücksicht auf eine begangene strafbare Handlung auferlegt worden sind. Dabei ist es unerheblich, daß der Wertersatz rechtlich Schadensersatz ist und, auch wenn ein Strafverfahren nicht eingeleitet worden ist, geltend gemacht werden kann, und zwar in einem Zivilprozeß. Durch das dritte Gesetz zur Abänderung des Feld- und Forstpolizeigesetzes vom 1. April 1880 (GS. S. 230) vom 12. Januar 1924 (GS. S. 37) Art. I ist die Wertgrenze des § 6 auf 10 Goldmark und auch das Ersatzgeld des § 71 in Goldmark festgesetzt worden. Art. II des dritten Gesetzes zur Abänderung des Feld- und Forstpolizeigesetzes vom 1. April 1880 (GS. S. 230) vom 12. Januar 1924 (GS. S. 37) bestimmt, daß für Ersatzgelder, die auf Goldmark lauten, Art. IV Abs. 3 der alten VermStrVO. Anwendung findet.

Der Begriff der Buße ist identisch mit dem Begriff der Buße in Art. IV. Die bei der Aussetzung der Strafvollstreckung auferlegten Geldbußen gehören also nicht hierher. Soweit es sich hierbei um Bußen handelt, die auf Grund landesrechtlicher Ermächtigung auferlegt werden, hat aber der preuß. JM. entsprechende Bestimmungen erlassen. Bezüglich der auf Grund des Jugendgerichtsgesetzes vom 16. Februar 1923 (RGBl. S. 135) auferlegten Bußen sind entsprechende Bestimmungen, die übrigens auch nur durch Reichsgesetz erfolgen dürften, nicht ergangen. Auch ohnedies ist aber der Jugendrichter befugt, die in Goldmark festgesetzten Geldbußen entsprechend umzurechnen.

172c. Die Umrechnung der in Goldmark festgesetzten Vermögensstrafen und Bußen erfolgt nach dem für den Tag der Zahlung oder Beitreibung maßgebenden Goldumrechnungssatz. Bezüglich des Tages der Zahlung vgl. Art. VI. Anzuwenden ist derjenige Goldumrechnungssatz, der für die Reichssteuern maßgebend ist. Dieser wird von dem Reichsfinanzminister täglich den Telegraphenanstalten und Postagenturen mitgeteilt und dort durch Aushang öffentlich bekannt gemacht (Allgem. Verf. des preuß. JM. vom 24. Nov. 1923 I 3).

172d. Die Zahlung kann auch in anderen als den gesetzlichen Zahlungsmitteln erfolgen, soweit sie an den öffentlichen Kassen anzunehmen sind, so etwa in den wertbeständigen Geldscheinen der Deutschen Reichsbahn.

Artikel VI.

Bei Vermögensstrafen und Bußen gilt als Tag der Zahlung:
1. bei Zahlung durch Postscheck oder Postüberweisung der Tag, der sich aus dem Tagesstempel des Postscheckamts auf dem dem Zahlungsempfänger ausgehändigten Abschnitt ergibt;
2. bei sonstiger Übermittelung der Zahlung durch die Post der aus dem Tagesstempel der Aufgabepostanstalt ersichtliche Tag der Einzahlung oder Einlieferung.

Im übrigen gilt als Tag der Zahlung der Tag des Zahlungseingangs.

172e. Art. VI entspricht dem Art. VII des Entwurfes. Er bezieht sich nur auf die Zahlungen, die in Art. V genannt sind, nicht auf diejenigen Zahlungen, die auf Grund des Art. VII erfolgen. Tag der Zahlung ist grundsätzlich derjenige Tag, an dem der Betrag bei der Kasse eingeht. Nur in den Fällen des Art. VI Abs. 1 gilt als Tag der Zahlung der Tag, an dem die betreffende Summe der Post zur Übermittlung übergeben wird. Nach der Begr. ist zur Vermeidung einer Härte der Tag der Einlieferung bei der Post für die Zahlung von Vermögensstrafen ganz allgemein, also auch bei der Übersendung durch Brief, für maßgebend erklärt worden. Wird der Betrag nicht durch die Post geschickt, sondern durch Überweisung durch die Bank, durch Boten oder auf irgend eine andere Weise, so gilt der allgemeine Grundsatz des Art. VI Abs. 2.

Artikel VII.

Vermögensstrafen (Artikel V Abs. 3) und Bußen, die vor dem 8. Dezember 1923 in Reichswährung festgesetzt worden und noch nicht gezahlt sind, werden von der Vollstreckungsbehörde in Goldmark umgerechnet.

Die Umrechnung erfolgt in der Weise, daß zunächst der erkannte Betrag nach Maßgabe des Artikel IV des Gesetzes über Vermögensstrafen und Bußen vom 13. Oktober 1923 (RGBl. I S. 943) unter Zugrundelegung einer abgerundeten Reichsindexzahl von 1000 Milliarden umgewertet und sodann der umgewertete Betrag auf der Grundlage eine Billion Reichsmark gleich eine Goldmark in Goldmark umgerechnet wird. Soweit eine Umwertung des erkannten Betrags nach Artikel IV des genannten Gesetzes nicht zu erfolgen hat, wird der erkannte Betrag auf dieser Grundlage unmittelbar in Goldmark umgerechnet.

Der Betrag wird auf volle Goldmark nach unten abgerundet. Vermögensstrafen und Bußen, die auch nach der Umrechnung weniger als eine Goldmark betragen, werden niedergeschlagen.

Die Vorschriften der Abs. 1, 2 gelten entsprechend für Gerichtsgebühren bei Verurteilung zu einer Geldstrafe (§ 49 des Gerichtskostengesetzes vom 21. Dezember 1922 — RGBl. 1923 I S. 12). Der Betrag wird auf volle fünfzig Goldpfennige nach unten abgerundet. Gebühren, die auch nach der Umrechnung weniger als fünfzig Goldpfennige betragen, werden niedergeschlagen.

172f. Art. VII geht auf VermStrG. Art. IV und V zurück. Art. VII hat nur für diejenigen Vermögensstrafen und Bußen Bedeutung, die nicht in Goldmark festgesetzt worden sind, sondern in Papiermark oder, wie Abs. 1 sagt, in Reichswährung. Seit dem Inkrafttreten der alten VermStrVO., d. h. dem 8. Dezember 1923, dürfen nur noch Goldmarkstrafen verhängt werden. Deshalb findet Artikel VII nur auf die vor dem 8. Dezember 1923 verhängten Vermögensstrafen und Bußen Anwendung, soweit sie noch nicht bezahlt sind. Soweit sie bis zum Inkrafttreten der neuen VermStrVO. bezahlt sind, hat es damit sein Bewenden: Der Strafanspruch des Staates ist insoweit erloschen; eine Aufwertung findet nicht statt.

172g. Bei der Umwertung wird zunächst der erkannte Betrag nach Maßgabe des Artikel IV des VermStrG. unter Zugrundelegung einer abgerundeten Reichsindexzahl von 1000 Milliarden umgewertet.

Artikel IV des VermStrG. lautet folgendermaßen:

„Tritt nach der Verurteilung zu einer in einem bestimmten Geldbetrag ausgedrückten Vermögensstrafe oder nach der Festsetzung einer an den Verletzten zu zahlende Buße in einem Strafverfahren eine Veränderung des Geldwerts ein, so ändert sich der zu zahlende Betrag in dem gleichen Verhältnis, in dem sich die vom Statistischen Reichsamt veröffentlichte Reichsindexzahl für die Lebenshaltungskosten seit dem Erlaß der Entscheidung ändert, durch welche die Vermögensstrafe oder Buße festgesetzt worden ist. Maßgebend ist die Indexzahl der Kalenderwoche, die der jeweiligen Zahlung oder Beitreibung vorausgeht. Die Indexzahlen werden auf volle Millionen nach unten abgerundet. Der Reichsminister der Justiz kann anordnen, daß an Stelle des im Satz 1 bezeichneten Maßstabs für die Berücksichtigung der Veränderung des Geldwerts ein anderer Maßstab tritt.

Vermögensstrafen im Sinne dieses Gesetzes sind alle Geldstrafen (§ 27 des Strafgesetzbuchs, Artikel II, III des Geldstrafengesetzes vom 27. April 1923) und solche Geldbeträge, die mit Rücksicht auf eine begangene strafbare Handlung eingezogen, für verfallen erklärt oder sonst auferlegt worden sind.

Tritt an die Stelle einer uneinbringlichen Geldstrafe eine Ersatzfreiheitsstrafe, so ändert sich der Geldbetrag, der einem Tage Freiheitsstrafe gleichgesetzt ist, in dem gleichen Verhältnis, in dem sich der Betrag der Geldstrafe ändert. Bei der Anrechnung gezahlter oder vollstreckter Teilbeträge sind die Vorschriften des Abs. 1 anzuwenden.

Erscheint die Anwendung der Abs. 1, 3 mit Rücksicht auf die besonderen wirtschaftlichen Verhältnisse desjenigen, gegen den die Vermögensstrafe oder Buße festgesetzt wird, oder aus anderen Gründen nicht angezeigt, so kann das Gericht oder die Verwaltungsbehörde, welche die Vermögensstrafe oder Buße festsetzt, anordnen, daß die Vorschriften der Abs. 1, 3 nicht oder in anderem Umfang anzuwenden sind. Die Anordnung kann auf Antrag auch nachträglich getroffen werden; eine Anfechtung der auf den Antrag ergehenden Entscheidung findet nicht statt.

Die Vorschriften der Abs. 1 bis 4 finden auch auf die vor dem Inkrafttreten dieses Gesetzes festgesetzten Vermögensstrafen und Bußen Anwendung, soweit sie beim Inkrafttreten des Gesetzes noch nicht gezahlt, erlassen oder verjährt sind und nicht binnen zwei Wochen nach Inkrafttreten des Gesetzes gezahlt werden. Dabei tritt an die Stelle des Zeitpunktes des Erlasses der Entscheidung der Tag des Inkrafttretens dieses Gesetzes.

Der Reichsminister der Justiz wird ermächtigt, die zur Durchführung der Abs. 1 bis 5 erforderlichen Rechtsverordnungen und allgemeinen Verwaltungsvorschriften zu erlassen."

Die Begr. zu dem VermStrG. spricht sich über die Bedeutung des Art. IV folgendermaßen aus:

Artikel IV regelt die Anpassung erkannter Vermögensstrafen und Bußen an die bis zur Zahlung oder Beitreibung eingetretene Veränderung des Geldwerts. Die Regelung geht von der Annahme aus, daß das Gericht oder die sonstige Behörde, welche die Vermögensstrafe oder Buße festsetzt, bei der Festsetzung den zur Zeit der Festsetzung bestehenden Geldwert zugrunde legt. Es soll deshalb der Tag der Festsetzung der Vermögensstrafe und Buße als Stichtag für die Umwertung maßgebend sein.

Wird die Entscheidung, durch welche die Vermögensstrafe oder Buße ziffernmäßig bestimmt ist, nach Einlegung eines Rechtsmittels in einer höheren Instanz bestätigt, ohne daß eine Neufestsetzung des Betrags der Vermögensstrafe oder Buße erfolgt, so gilt als Tag der Festsetzung der Tag der Entscheidung erster Instanz. Wird auf ein eingelegtes Rechtsmittel der Betrag der Vermögensstrafe oder Buße von der Rechtsmittelinstanz neu festgesetzt, so hat diese den zur Zeit der Neufestsetzung bestehenden Geldwert zugrunde zu legen. Dabei kann die Rechtsmittelinstanz, wenn das Rechtsmittel nur von dem Verurteilten oder zu seinen Gunsten eingelegt worden ist, den Betrag der Strafe nach Maßgabe des Abs. 1 an die Geldentwertung anpassen, ohne dadurch gegen das Verbot der reformatio in pejus (zu vgl. §§ 372, 398 Abs. 2, § 413 Abs. 2 der Strafprozeßordnung) zu verstoßen. Ist die Strafe in der höheren Instanz neu festgesetzt, so ist der Tag der Entscheidung der höheren Instanz als Stichtag für die Umwertung maßgebend.

Zu berücksichtigen ist nach dem Entwurfe nicht nur die Verschlechterung, sondern auch die etwaige Verbesserung des Geldwerts.

Als Teuerungszahl soll die allwöchentlich veröffentlichte Reichsindexzahl für Lebenshaltungskosten einschließlich der Bekleidung dienen. Es soll jedoch auch die Möglichkeit der Aufstellung besonderer Schlüsselzahlen durch den Reichsminister der Justiz eröffnet werden. Entscheidend soll die Indexzahl der Kalenderwoche sein, die der Zahlung oder Beitreibung vorausgeht. Eine Umwertung findet demnach nicht statt, wenn die Vermögensstrafe oder Buße noch vor Ablauf der auf den Tag der Festsetzung folgenden Kalenderwoche bezahlt wird. Auf diesem Wege wird dem Verurteilten die Möglichkeit gegeben, die erkannte Vermögensstrafe oder Buße in angemessener Frist noch ohne Geldentwertungszuschlag zu tilgen. Zugleich wird so den Strafvollstreckungsbehörden die Arbeit der Aufwertung, wo sie entbehrt werden kann, erspart. Um die Berechnung zu erleichtern, sollen die beiden Indexzahlen auf volle Millionen abgerundet werden.

Zu den Vermögensstrafen, für welche die Umwertungsgrundsätze gelten sollen (Abs. 2), gehört z. B. auch der Werterſatz, der nach verschiedenen Vorschriften an die Stelle der Einziehung eines nicht mehr vorhandenen oder nicht mehr zu ermittelnden Gegenstandes treten soll, ferner der Werterſatz und die Ersatzgelder in den landesrechtlichen Forst- und Feldpolizeigesetzen und den Vorschriften über den Forstdiebstahl.

Um Härten zu vermeiden, die sich aus einer schematischen Anwendung der Umwertungsgrundsätze ergeben können, soll dem Gericht oder der festsetzenden Behörde die Befugnis eingeräumt werden, bei der Festsetzung oder nachträglich die Anwendung der Vorschrift über die Umwertung ganz oder zum Teil auszuschließen (Abs. 4).

Die Umwertung erkannter Vermögensstrafen und Bußen soll aus Billigkeitsgründen auch die vor dem Inkrafttreten des Gesetzes festgesetzten Vermögensstrafen und Bußen erfassen, soweit sie beim Inkrafttreten des Gesetzes noch nicht gezahlt, erlassen oder verjährt sind (Abs. 5). Dabei soll jedoch nur die Geldwertveränderung berücksichtigt werden, die seit dem Inkrafttreten des Gesetzes eingetreten ist. Um dem Betroffenen Gelegenheit zu geben, die Vermögensstrafe oder Buße noch ohne Geldentwertungszuschlag zu tilgen, soll die Umwertung nicht stattfinden, wenn die Vermögensstrafe oder Buße binnen zwei Wochen seit Inkrafttreten des Gesetzes gezahlt wird. Diese Frist gilt auch in den Fällen, in denen dem Betroffenen etwa weiterreichende Teilzahlungen oder Fristen bewilligt sind.

Die Vollstreckung von Vermögensstrafen oder Bußen erfolgt gemäß § 495 der Strafprozeßordnung nach den Vorschriften über die Vollstreckung der Urteile der Zivilgerichte. Da für die Vollstreckung wertbeständiger Zivilurteile Vorschriften noch nicht erlassen sind, können für die Vollstreckung der im Entwurfe vorgesehenen veränderlichen Vermögensstrafen und Bußen weitere Vorschriften notwendig werden. Auch sonst kann sich bei der Durchführung der Umwertungsvorschriften das Bedürfnis nach ergänzenden Rechts- oder Verwaltungsvorschriften ergeben. Deshalb wird dem Reichsminister der Justiz die Befugnis zum Erlasse solcher Vorschriften erteilt (Abs. 6).

172h. Die Umrechnung wird wesentlich erleichtert durch die Benutzung der Tabelle, die die unten abgedruckte Allgem. Verf. des preuß. JM. vom 13. Febr. 1924 in Anlage 1 bringt.

172i. Zweifelhaft könnte sein, ob durch die Bezugnahme auf Art. IV des VermStrG. dieser in seinem ganzen Umfange als in die neue VermStrVO. aufgenommen worden und dadurch geltendes Recht geblieben ist. Die Begr. äußert sich darüber nicht. Nach dem Wortlaut des Art. VII Abs. 1 wird man annehmen müssen, daß Art. IV des VermStrG. nur insoweit aufrechterhalten werden soll, als er Anweisungen für den Umrechnungsmaßstab gibt. Folgt man dieser Ansicht, so wird man jedenfalls die Anwendbarkeit des Art. IV Abs. 4 verneinen müssen. Das Gericht oder die Verwaltungsbehörde können danach also die Umrechnungsbestimmungen nicht mehr unter Berücksichtigung der Umstände des Einzelfalls abändern. Dagegen möchte ich die weitere Anwendbarkeit des Art. IV Abs. 3 annehmen, da sich der dort aufgestellte Grundsatz — im Gegensatz zu dem in Abs. 4 aufgestellten Grundsatz — mit Notwendigkeit aus den Bestimmungen des Abs. 1 ergibt. Die Geldstrafe soll durch die nach den Grundsätzen des Art. IV Abs. 1 erfolgende Umrechnung weder schwerer noch leichter werden als die von dem Gericht oder der Verwaltungsbehörde ursprünglich festgesetzte Geldstrafe; sie bleibt in ihrer Wirkung auf den Verurteilten, jedenfalls nach dem grundsätzlichen Willen des Gesetzes, vielmehr gleich. Wenn aber nicht entsprechend auch der Umwandlungsmaßstab für die Ersatzfreiheitsstrafe geändert wird, würde die Ersatzfreiheitsstrafe leichter oder schwerer werden, als sie ursprünglich festgesetzt war. Eine solche nachträgliche Abänderung der rechtskräftigen Entscheidung — im praktischen Ergebnis stets zu Ungunsten des Verurteilten — ist undenkbar. Man würde daher, auch wenn Art. IV Abs. 3 diesen Grundsatz der entsprechenden Änderung des Umwandlungsmaßstabes nicht ausdrücklich aufgestellt hätte, ihn aus dem Grundgedanken des Gesetzes heraus entnehmen müssen. Er ist daher nach wie vor anwendbar.

172k. Die Niederschlagung der eine volle Goldmark nicht erreichenden umgerechneten Strafen ist kraft Gesetzes erfolgt. Es bedarf also nicht eines besonderen Beschlusses. Anders Art. V des VermStrG., durch den die obersten Reichs- und Landesbehörden ermächtigt wurden, Geldstrafen, die vor dem Inkrafttreten des VermStrG. rechtskräftig erkannt worden waren, niederzuschlagen, wenn die Kosten der Beitreibung außer Verhältnis zu der Höhe des beizutreibenden Betrages standen. Deshalb sprach auch die Allgem. Verf. des preuß. JM. vom

29. Okt. 1923 mit Recht davon, daß die Niederschlagung der Geldstrafen unter gewissen Voraussetzungen angeordnet werden könne. Vgl. auch die — nicht mit abgedruckte — Allgem. Verf. des preuß. JM. vom 4. Dez. 1923 (JMBl. S. 743) betreffend die Niederschlagung von Strafen und Strafverfahren aus Anlaß der Änderung der Steuersätze für den Gewerbebetrieb im Umherziehen und den Betrieb von Wanderlagern. Die Justizbehörden werden auf Art. 2 Abs. 3 der Verordnung vom 24. Nov. 1923 (GS. S. 518) sowie auf Art. 2 Abs. 2 der Verordnung vom 24. Nov. 1923 (GS. S. 538), beide am 27. Nov. 1923 in Kraft getreten, hingewiesen. In beiden Verordnungen sind die Steuern, die als Grundlage für die Strafbemessung bei diesen Steuern in Betracht kommen, in Goldmark festgesetzt und aus Anlaß dieser Änderung Strafen, die nach den bisherigen Steuersätzen bemessen worden sind, niedergeschlagen.

172 l. Die Bestimmungen des Art. VII über die Umrechnung und Niederschlagung gelten auch für die Berechnung der Gerichtsgebühren, nur ist bei ihnen der Betrag auf volle 50 Goldpfennige nach unten abzurunden und entsprechend sind auch nur diejenigen Gebühren, die weniger als 50 Goldpfennige betragen, niederzuschlagen.

Artikel VIII.

Die Vorschriften der Artikel I—VII gelten für das gesamte Reichs- und Landesrecht.

Hinsichtlich der landesrechtlichen Geldstrafen, Ermächtigungen und Bußen kann durch das Landesrecht Abweichendes bestimmt werden.

172 m. Art. VIII entspricht dem Art. V des neuen GeldStrG. Er ist wörtlich übernommen. Es ist dabei nicht berücksichtigt worden, daß die neue VermStrVO. über den Rahmen des neuen GeldStrG. hinausgeht und sich nicht nur auf Geldstrafen und Bußen bezieht, sondern auch auf Vermögensstrafen.

172 n. Es ist kaum verständlich, daß noch durch das preuß. Gesetz vom 14. Febr. 1923 zur Änderung des Ausführungsgesetzes zum GVG. und über die Dienstvergehen der Beamten der Strafanstaltsverwaltung (GS. S. 42) § 3 die Präsidenten der Strafvollzugsämter zur Verhängung von Geldstrafen von 90 M. gegen ihre Untergebenen und die Anstaltsvorsteher gar zu solchen von 9 M. ermächtigt werden konnten. Gemäß Art. III und Art. VIII der neuen VermStrVO. sind sowohl die Präsidenten wie die Anstaltsvorsteher zur Verhängung von Disziplinarstrafen bis zu 1000 Goldmark ermächtigt.

173. Bezüglich der Bestimmungen des alten GeldStrG. hinsichtlich der kriminellen Geldstrafandrohungen mußte bisher schon die Rückwirkung auf das gesamte Reichs- und Landesrecht angenommen werden. Das gilt auch für § 3 des alten GeldStrG. (ebenso Kallenbach in BayZ. 1922 S. 169f.; a. M. Bleicher, ebendort S. 120). Zweifel konnten entstehen, ob die Bestimmung des § 3 über die Umwandlung verwirkter Freiheitsstrafen in Geldstrafen sich auch auf die nach dem Inkrafttreten des alten GeldStrG. erlassenen Geldstrafandrohungen beziehen solle. Diese Frage hatte ich auf Grund des Wortlautes und mit Rücksicht auf die Möglichkeit der Berücksichtigung der geänderten wirtschaftlichen Verhältnisse bei späteren Gesetzen ursprünglich verneint (Hellwig, Altes GeldStrG. § 33); das Gesetz aber beabsichtigte anscheinend die Frage zu bejahen (Hellwig, JW. 1922 S. 994). Durch Art. V Abs. 1, des neuen GeldStrG. — des jetzigen Art. VIII — in Verbindung mit Abs. 2 ist jetzt klargestellt, daß auch die Erhöhungen der kriminellen und der nichtkriminellen Geldstrafen nicht nur für das schon bestehende Reichsrecht und Landesrecht gelten, ondern auch für das künftige.

Da sich aus der absoluten Fassung des Abs. 1 Zweifel darüber hätten ergeben können, ob das Landesrecht befugt sein solle, künftig abweichende Bestimmungen zu treffen, empfahl es sich, dies in Abs. 2 ausdrücklich klarzustellen. An der aus EG. StGB. § 2 Abs. 2 den Ländern verbliebenen Gesetzgebungsbefugnis soll also an sich nichts geändert werden. Nur insofern greift das Reich auch auf diese über, als es die Strafandrohungen der schon bestehenden Landesstrafvorschriften ändert. Abweichende Bestimmungen sind auch schon ergangen. So ist in dem preuß. Gesetz betreffend die Bestrafung der unbefugten Gewinnung von Bernstein vom 11. Februar 1924 (GS. S. 106) in § 1 Abs. 2 eine Mindeststrafe von 30 Goldmark und in § 2 Abs. 1 eine solche von 50 G ldmark angedroht. In dem preuß. Forstdiebstahlsgesetz in der Fassung der Verordnung zur Änderung des Forstdiebstahlgesetzes und des Feld- und Forstpolizeigesetzes vom 12. März 1924 (GS. S. 127) ist ohne Rücksicht darauf, ob es sich um ein Vergehen oder eine Übertretung handelt, in §§ 2 und 5 die Mindeststrafe auf eine Goldmark und in §§ 3 und 7 auf zwei Goldmark festgesetzt. Desgleichen wird in dem preuß. Feld- und Forstpolizeigesetz in der Fassung derselben Verordnung bei den Übertretungen der §§ 15 und 19 bei einer Übertretung eine Mindeststrafe von 5 Goldmark fest angedroht und bei der Übertretung des § 46 sogar von 10 Goldmark. Ich halte es für bedauerlich, daß ohne zureichenden Grund wieder begonnen ist, die Einheitlichkeit der Strafandrohungen zu beseitigen. Höhere Mindeststrafen hindern den Richter vielfach, die wirtschaftlichen Verhältnisse des Täters genügend zu beachten. Es führt überdies zu erheblichen Unstimmigkeiten, wenn nur vereinzelte höhere Mindeststrafen wieder eingeführt werden; auch ist es unerfreulich, wenn bei einzelnen Übertretungen erheblich höhere Mindeststrafen angedroht sind als bei weit schwereren Vergehen. Durch die durch oben erwähnte Verordnung erfolgte Änderung des § 8 des Feld- und Forstpolizeigesetzes ist mittelbar auch StGB. § 27b außer Kraft gesetzt. § 8 Satz 1 droht in seiner ursprünglichen Fassung beim dritten und ferneren Rückfall zwingend als Zusatzstrafe eine Gefängnisstrafe bis zu zwei Jahren an, vorausgesetzt, daß auf eine Geldstrafe von mindestens 10 M. erkannt worden ist. § 3 des alten GeldStrG. bezog sich nicht unmittelbar auf das Landesrecht, deshalb ist durch ihn § 8 Satz 1 nicht abgeändert worden (a. M. Schäfer und Hartung, Strafgesetzbuch, Berlin 1922 S. 272 Anm. 4). Wohl aber war StGB. § 27b in Verb. mit Art. V des neuen GeldStrG. anwendbar. Durch die oben erwähnte, nach dem Inkrafttreten der VermStrVO. ist aber § 8 Satz 2 des Forstdiebstahlgesetzes aufrechterhalten worden. Hiernach kann statt der in Satz 1 zwingend vorgeschriebenen Gefängnisstrafe als Zusatzstrafe auf eine Geldstrafe bis zu 100 Goldmark erkannt werden, falls die Hauptstrafe weniger als 10 Goldmark beträgt. Hiermit kommt der Wille des Gesetzgebers, daß nur im Falle des Satz 2 die Zusatzstrafe in einer Geldstrafe bestehen dürfe zum Ausdruck. Hierdurch ist § 27b StGB., der in Verbindung mit Art. VIII der VermStrVO. auch auf den Fall des § 8 Satz 1 des Feld- und Forstpolizeigesetzes Anwendung zu finden hatte, seit dem Inkrafttreten der Verordnung zur Änderung des Forstdiebstahlgesetzes vom 12. März 1924 (GS. S. 127) wieder außer Kraft gesetzt worden.

Das Verhältnis des § 28b StGB. — ursprünglich § 7 des alten GeldStrG. zu den Bestimmungen des Forstdiebstahlgesetzes über Forst- und Gemeindearbeiten ist folgendes. § 14 des Forstdiebstahlgesetzes ist durch § 28b StGB. garnicht berührt worden, da seine Voraussetzungen andere sind als die des § 28b StGB. (Ungenau Schäfer und Hartung a. a. O. S. 274 Anm. 8, nach denen § 7 des alten GeldStrG. durch § 14 des Forstdiebstahlgesetzes „ausgeschlossen" wird. Auf § 34 Abs. 2 des Forstdiebstahlgesetzes war § 7 des alten GeldStrG. nicht anwendbar, aber nicht, wie Schäfer und Hartung a. a. O. S. 279 Anm. 11 meinen, weil er durch die Sonderbestimmung „ausgeschlossen" wurde, sondern weil das alte GeldStrG. auf das Landesrecht überhaupt nicht ohne weiteres Anwendung fand. § 28b StGB. dagegen in Verb. mit Art. VIII der VermStrVO. findet auch auf das Forstdiebstahlgesetz Anwendung. Nach dem Inkrafttreten der VermStrVO. ist eine abändernde landesrechtliche Bestimmung nicht ergangen; § 34 Abs. 2 Forstdiebstahlsgesetzes wäre also nicht mehr in Kraft, wenn er mit StGB. § 28b nicht vereinbar wäre. Dies ist insofern der Fall, als § 34 Abs. 2 Zwangsarbeit festsetzt, während es sich in StGB. § 28b um freie Arbeit handelt. § 34 Abs. 2 des Forstdiebstahlgesetzes muß daher als beseitigt gelten; § 28b StGB. findet auch auf das Forstdiebstahlgesetz Anwendung.

Aus der Fassung des Abs. 2 könnte geschlossen werden, daß auch künftig abweichende landesgesetzliche Bestimmungen nur bezüglich der Bußen und der Geldstrafen, nicht aber bezüglich der sonstigen Vermögensstrafen, im Sinne des Art. V Abs. 3 zulässig sein sollen. Es würden dann die Art. V bis VII auch für die Zukunft auch für das Landesrecht bindend sein, außer wenn durch ein Reichsgesetz selbst diese Bindung wieder beseitigt wird. Diese Folgerung wird aber nicht zu ziehen sein. Es ist anzunehmen, daß man die Einbeziehung der Vermögensstrafen in Art. VIII Abs. 2 einfach übersehen hat. Dieses Versehen ist aber unschädlich, weil Abs. 2, wie oben dargelegt, nur Zweifel beheben wollte. Richtiger Ansicht nach würde der in ihm aufgestellte Grundsatz auch dann gelten, wenn Abs. 2 nicht hinzugefügt wäre. Es müssen deshalb auch abweichende Grundsätze über Bemessung von Vermögensstrafen für zulässig erachtet werden. Ob eine solche Abweichung zweckmäßig ist, erscheint allerdings zweifelhaft. Landesrechtliche Bestimmungen über die Umwertung von Vermögensstrafen sind verschiedentlich ergangen. Durch die Verordnung des preuß. Staatsministeriums über Aufwertung von Abgaben und Vereinfachungen beim Besteuerungsverfahren (Landesaufwertungsverordnung) vom 7. Nov. 1923 (GS. S. 501) § 1 Abs. 1 ist bestimmt, daß Zahlungen auf dem Gebiete der Staatssteuern, der Kommunalabgaben usw. nach den in den folgenden Paragraphen gegebenen Vorschriften aufzuwerten seien. § 10 bestimmt: „Bestehen bei strafbaren Handlungen auf dem Gebiete der im § 1 Abs. 1 bezeichneten Abgaben die angedrohten Strafen in dem Mehrfachen, einfachen oder dem Bruchteil eines bestimmten Betrages, und wird dieser Betrag nicht selbst nach dem Goldwert berechnet, so ist für die Bemessung der Strafe der nach den vorstehenden Vorschriften berechnete Goldmarkbetrag maßgebend. Dies gilt auch bei strafbaren Handlungen auf dem Gebiete der Stempelsteuern."

Aus der Aufnahme der Bestimmung des Abs. 2 bezüglich des künftigen Landesstrafrechts darf nicht gefolgert werden, daß künftiges Reichsrecht die reichsrechtlichen Strafvorschriften abweichend nicht regeln dürfe. Diese Befugnis ergibt sich ohne weiteres aus dem allgemeinen Grundsatz, daß das spätere Gesetz das frühere abändert, soweit es mit ihm nicht übereinstimmt. Eine Bindung des Gesetzgebers wäre nicht möglich. Künftig etwa abweichende Reichsgesetze bedürfen nicht der Form von verfassungändernden Gesetzen. Denn, wenn auch das GeldStrG. dieser Form bedurft hat, weil es, soweit es sich auch auf das Landesrecht bezieht, ein verfassungänderndes Gesetz ist, so wird es doch dadurch noch nicht zum Bestandteil der Verfassung.

173a. Wunderer S. 44 wirft bezüglich des alten GeldStrG. die Frage auf, ob der Eingriff in das Landesrecht zulässig sei. Henle in BayZ. 1922 S. 117 hält den Eingriff in das Landesrecht nicht für zulässig, a. M. Kallenbach, ebenda S. 168. Für das alte GeldStrG. und das neue, soweit es sich um kriminelle Geldstrafen handelt, ist die Frage entschieden zu bejahen (RV. Art. 7 Ziff. 2). Das gilt auch, soweit es sich um kriminelle Geldstrafen in den Landessteuerges.

und Landessteuerordnungen handelt (so auch Boethke, Deutsches Steuerblatt 1922 S. 321), denn auch insofern findet nicht Art. 8, sondern Art. 7 Ziff. 2 RV. Anwendung. Aus RV. Art. 12 („solange und soweit") geht hervor, daß das Reich von der Befugnis des Art. 7 Ziff. 2 auch bezüglich eines Teiles einer bestimmten bisher strafrechtlichen Materie Gebrauch machen kann. Bedenken bestehen allerdings, soweit es sich um Bußen und nichtkriminelle Geldstrafen handelt. Soweit hier nicht im einzelnen Fall ein Gebiet vorliegt, auf dem gemäß RV. Art. 6 bis 9 dem Reich das Gesetzgebungsrecht zusteht, enthält das GeldStrG. allerdings materiell eine Änderung der RV. (Im Ergebnis ebenso Schäfer in JW. 1923 S. 438). Bei der Annahme des neuen GeldStrG. sind die Vorschriften über verfassungändernde Ges. beachtet worden. Andernfalls könnte man nicht, mit Anschütz, Die Verfassung des Deutschen Reiches, Berlin 1921, Art. 6 Bem. 4 von dem Grundsatz ausgehend, daß hier eine erschöpfende Regelung einer Materie vorliege, die Verfassungsmäßigkeit bejahen; denn Bußen und Ordnungsstrafen können als „Materie" nicht gelten. Trotzdem wird man aus den im Einverständnis mit den Ländern vorgenommenen Kompetenzerweiterungen in der Praxis mit Recht Bedenken nicht herleiten. Die neue VermStrVO. ist auf Grund des Ermächtigungsgesetzes vom 8. Dez. 1923 (RGBl. I S. 1179) erlassen. Da dieses als Verfassung änderndes Gesetz ergangen ist, muß auch die auf Grund dieses Gesetzes ergangene neue VermStrVO. als verfassungsänderndes Gesetz betrachtet werden, um so mehr, als Art. VIII dem bisherigen Recht entspricht und auch die übrigen Artikel I bis VII im wesentlichen nur eine Kodifikation des bisher schon geltenden Rechts darstellen.

174. Der Grundsatz des Abs. 1 ist nicht in allen Fällen zweifelsfrei durchführbar. Die Begr. beschränkt sich auf die Bemerkung, inwieweit besondere Vorschriften der reichsrechtlichen Nebengesetze und des Landesrechts neben den Vorschriften des Art. I bestehen blieben, richte sich nach den allgemeinen Grundsätzen über das Verhältnis des StGB. zum übrigen Reichsrecht und zum Landesrecht.

Bezüglich des Steuerstrafrechts, soweit die Reichsabgabenordnung vom 13. Dez. 1919 (RGBl. S. 1993) in Frage kommt, also bezüglich derjenigen Steuern, die ganz oder zum Teil zugunsten des Reichs erhoben werden (Reichsabgabenordnung § 1 Abs. 2), bestimmt Reichsabgabenordnung § 355, daß das StGB. gilt, soweit nicht die Steuergesetze ein anderes bestimmen. Daß die in den Steuergesetzen, insbesondere auch der Reichsabgabenordnung, enthaltenen Geldstrafandrohungen, soweit sie ausnahmsweise nicht in dem Mehrfachen eines bestimmten Betrages bestehen, erhöht sind, wird wie für das alte GeldStrG. so auch künftig nicht zweifelhaft sein können. Das gilt auch für die Erhöhung in § 27a StGB. Desgleichen wird die Erhöhung der Mindeststrafe auch auf das Steuerstrafrecht zu erstrecken sein. § 27b StGB. kommt auch im Steuerstrafrecht zur Anwendung. Er ist auf die seltenen Fälle beschränkt, in denen zwangsweise Gefängnisstrafe vorgeschrieben ist. Doch wird gerade hier besonders sorgsam zu prüfen sein, ob der Strafzweck durch eine Geldstrafe erreicht werden kann. Die Voraussetzungen für § 27c StGB. sind im Steuerstrafrecht nur in den seltenen Fällen gegeben, in denen nicht eine absolute Strafe angedroht ist. § 28 StGB. ist nur auf diejenigen Fälle anwendbar, in denen im gerichtlichen Verfahren eine Geldstrafe verhängt wird; in dem gerichtlichen Verfahren in Steuerstrafsachen (Reichsabgabenordnung §§ 426ff.; StPO. §§ 459ff.) findet daher auch § 28 StGB. Anwendung, dagegen nicht in dem Steuerstrafverfahren vor den Steuerbehörden (vgl. übrigens Reichsabgabenordnung § 424 Abs. 2). § 28a StGB. gilt auch für das Steuerstrafrecht. § 28b StGB. desgleichen; doch kann zweifelhaft sein, wer Vollstreckungsbehörde ist. Gemäß Reichsabgabenordnung § 435 hat das

Gericht, wenn eine durch Strafbescheid festgesetzte Geldstrafe oder die Strafe des Ersatzes des Wertes nicht einziehbarer Sachen nicht beigetrieben werden kann, auf Antrag des Finanzamts die Strafe in Freiheitsstrafe umzuwandeln. Wenn mithin auch das Finanzamt selbst eine Ersatzfreiheitsstrafe niemals selbst festsetzen kann, so muß dennoch das Finanzamt, nicht etwa das Gericht oder die Staatsanwaltschaft, als Vollstreckungsbehörde auch bezüglich der Ersatzfreiheitsstrafe angesehen werden. Wenn das Gericht auch bezüglich des Maßes der Ersatzfreiheitsstrafe an irgendwelche Anträge des Finanzamts nicht gebunden ist und das Gericht auch, soweit es sich um jugendliche Täter handelt, gemäß §§ 10ff. des Jugendgerichtsges. vom 16. Febr. 1923 (RGBl. Teil I S. 135) zur Aussetzung der Strafvollstreckung und nach Ablauf der Probezeit zum Erlaß der Geldstrafe und der Ersatzfreiheitsstrafe befugt ist (Hellwig, Jugendgerichtsgesetz, Berlin 1923 § 13), anders als bei der gnadenweisen Aussetzung der Strafvollstreckung (Hellwig, Die bedingte Aussetzung der Strafvollstreckung im Deutschen Reich und in Preußen, Berlin 1922 Anm. 1a), so bleibt doch Vollstreckungsbehörde nicht nur bezüglich der Geldstrafe, sondern auch bezüglich der von ihr nicht zu trennenden Ersatzfreiheitsstrafe das Finanzamt. Wenn das Finanzamt bei Gericht den Antrag auf Umwandlung der Geldstrafe in eine Freiheitsstrafe stellt, muß das Gericht diesem Antrage entsprechen. Die Tilgung der uneinbringlichen Geldstrafe durch freie Arbeit könnte nur das Finanzamt als Vollstreckungsbehörde gestatten. § 29 Abs. 6 StGB. kann wiederum nicht Anwendung finden, weil das Gericht eine solche Anordnung nicht zu treffen vermag. § 29 Abs. 1 bis 5 StGB. werden auf das Steuerstrafrecht im ganzen Umfange anwendbar sein, insbesondere auch Abs. 1 Satz 2. Denn es ist nicht abzusehen, weshalb die in Steuergesetzen angedrohten Geldstrafen im Gegensatz zu anderen kriminellen Geldstrafen nicht unter Umständen auch in Haft statt in Gefängnis sollten umgewandelt werden können. Durch § 29 Abs. 1 Satz 1 StGB. sind die bisher vereinzelt sich findenden Bestimmungen von Steuergesetzen, die eine Umwandlung der Geldstrafe in eine Freiheitsstrafe gänzlich ausschlossen, nicht beseitigt worden (vgl. oben Anm. 143). § 70 StGB. und § 78 StGB. gelten auch für das Steuerstrafrecht.

Heinrich, Handbuch des Steuerstrafrechts, Berlin 1923 S. 22f. vertritt den Standpunkt, daß trotz des Art. V des neuen GeldStrG. — des jetzigen Art. VIII — nicht davon die Rede sein könne, das die betreffenden Bestimmungen der Reichsabgabenordnung ohne weiteres außer Kraft gesetzt seien; aus der Entstehungsgeschichte des Gesetzes ergebe sich vielmehr, daß die Frage, inwieweit besondere Vorschriften der reichsrechtlichen Nebengesetze bestehen bleiben, nach den allgemeinen Grundsätzen über das Verhältnis des StGB. zum übrigen Reichsrecht zu entscheiden sei. Diesen Standpunkt halte ich nicht für richtig. Die Begr. zu Art. V des neuen GeldStrG. bringt allerdings einen solchen Grundsatz zum Ausdruck. Die Begründung ist aber nicht Gesetz. Würde Art. VIII fehlen, so würde man bezüglich des Art. I, dessen Bestimmungen Bestandteil des StGB. geworden sind, gemäß § 355 der Reichsabgabenordnung vom 13. Dez. 1919 (RGBl. S. 1993) allerdings annehmen müssen, daß sie gegenüber den Bestimmungen des in der Reichsabgabenordnung geregelten Steuerstrafrechts nur subsidiäre Bedeutung haben. Art. V bestimmt aber unzweideutig, daß Art. I bis VII für das gesamte zur Zeit des Inkrafttretens der neuen VermStrVO. geltende Reichs- und Landesrecht gelten. Für das Reichssteuerstrafrecht ist keine Ausnahme gemacht. Selbst wenn es der Wille der gesetzgebenden Faktoren gewesen sein sollte, eine derartige absolute Wirkung gegenüber dem Reichssteuerstrafrecht auszuschließen, würde dieser Wille nicht berücksichtigt werden können, da er in dem Gesetz in keiner Weise zum Ausdruck gekommen ist.

Heinrich vertritt bezüglich des § 29 StGB. von seinem oben dargelegten falschen grundsätzlichen Standpunkt ausgehend, die Auffassung, daß die Bestimmungen des § 378 der Reichsabgabenordnung durch ihn nicht geändert seien. Durch Art. IX Abs. 2 Nr. 2 des neuen GeldStrG. — den jetzigen Art. XIV Abs. 2 Nr. 1 — sei die Vorschrift des § 378 Abs. 2 Satz 1 allerdings aufgehoben worden; die anderen Bestimmungen des § 378 blieben aber in Geltung. Im Widerspruch mit dieser Auffassung will er dann allerdings die Bestimmung des § 378 Abs. 3 der Reichsabgabenordnung, da ihre Aufrechterhaltung ihm mit Recht unzweckmäßig erscheint, durch eine auf den Zweck dieser Bestimmung zurückgehende Auslegung als zugunsten der neuen Regelung beseitigt betrachten. Eine derartige Auslegung, die je nach dem, was dem Auslegenden als zweckmäßig erscheint, bald behauptet, daß die Sonderbestimmungen der Reichsabgabenordnung dem neuen GeldStrG. — und demgemäß auch der VermStrVO. — vorgehen, bald, daß sie ihnen gegenüber zurücktreten müssen — und beides sogar bei der Auslegung ein und desselben Paragraphen — kann als sachliche Auslegung nicht mehr gelten.

175. Auch auf dem Gebiete des Landesstrafrechts können Zweifel entstehen. Bei polizeilichen Strafverfügungen kommen §§ 28, 29 Abs. 6 StGB. nur in Frage, wenn das gerichtliche Verfahren anhängig gemacht ist. In § 13 des pr. Forstdiebstahlges. vom 15. April 1878 (GS. S. 222) in der Fassung des Ges. vom 14. Dez. 1920 (GS. 1921) S. 103, Art. I des Ges. vom 1. Juli 1923 (GS. S. 291) und Art. I der Verordnung vom 12. März 1924 (GS. S. 127) kann es zweifelhaft sein, ob auch der Höchstbetrag der Ersatzfreiheitsstrafe von 6 Monaten auf ein Jahr erhöht werden soll. Soweit die Geldstrafe neben einer Gefängnisstrafe bis zu 6 Monaten verhängt wird (§ 6), darf gemäß § 29 Abs. 2 Satz 2 StGB. die Dauer der Ersatzfreiheitsstrafe 6 Monate nicht übersteigen. Soweit dagegen auf Grund des § 8 neben der Geldstrafe auf eine Gefängnisstrafe bis zu 2 Jahren erkannt wird, besteht eine solche Beschränkung nicht, desgleichen, wenn einer der Fälle, in denen auf Gefängnisstrafe erkannt werden darf, überhaupt nicht vorliegt. Ob der Gesetzgeber das gewollt hat, kann zweifelhaft sein; der klare Wortlaut des § 29 StGB. in Verb. mit Art. VIII läßt aber eine andere Auslegung nicht zu. Wenngleich aber theoretisch auch in einem solchen Falle, in dem nur Geldstrafe angedroht ist, eine höhere Ersatzfreiheitsstrafe ausgesprochen werden könnte als in dem schwereren Fall des § 6 des Forstdiebstahlges., so wird die Praxis doch bei analoger Anwendung des dem § 29 Abs. 2 Satz 2 StGB. zugrunde liegenden Gedankens dies nicht tun.

175a In manchen Steuergesetzen findet sich eine Haftung dritter Personen für die gegen die Schuldigen verhängten Geldstrafen. Hierbei handelt es sich nicht um eine Strafe (vgl. Nieberl, Reichsabgabenordnung, Berlin und Leipzig 1922, § 381 Anm. 1; § 357 Anm. 2; Gnad, „Das Steuerstrafrecht und das Steuerstrafverfahren", Berlin 1922 S. 16; Max Ernst Mayer, „Der allgemeine Teil des deutschen Strafrechts", Heidelberg 1915 S. 96; Köhler, „Deutsches Strafrecht, Allgemeiner Teil", Leipzig 1917 S. 13; Wachenfeld, „Lehrbuch des Deutschen Strafrechts", München 1914 S. 218), sondern um eine Art öffentlich-rechtlicher Bürgschaft. Dasselbe gilt für die in dem pr. Gesetz betr. den Forstdiebstahl vom 15. April 1878 (GS. S. 222) § 11, in dem pr. Feld- und Forstpolizeigesetz vom 1. April 1880 (GS. S. 230) § 5 Abs. 1, in der Jagdordnung vom 15. Juli 1907 (GS. S. 207) § 80 Abs. 1, in dem Fischereigesetz vom 11. Mai 1916 (GS. S. 55) §§ 97, 129 bestimmten Haftungen für Geldstrafen, die dritten Personen auferlegt sind. Trotzdem es sich hier nicht um Geldstrafen gegenüber dem Dritten handelt, wirkt die Erhöhung der Strafandrohungen von selbst auch auf den Umfang seiner Haftung ein.

Auch der Gesichtspunkt einer öffentlichrechtlichen Zwangsbürgschaft versagt aber gegenüber denjenigen Fällen, wo der Dritte nicht für eine fremde Geldstrafe haftet, sondern ohne eigene Schuld unmittelbar für eine wegen mangelnden Verschuldens des Täters gar nicht verhängte und gar nicht verhängbare Geldstrafe für haftbar erklärt wird (pr. Ges. betr. den Forstdiebstahl § 12; pr. Feld- und Forstpolizeigesetz § 5 Abs. 2; pr. Jagdordnung § 80 Abs. 2). Es handelt sich hier um eine öffentlichrechtliche Haftung nicht nur ohne eigenes, sondern auch ohne fremdes Verschulden. Es kommt hier noch weniger als in dem obigen Fall eine Strafe im Rechtssinn in Frage.

In den betreffenden Bestimmungen ist die Umwandlung der Geldstrafe gegenüber den für haftbar Erklärten ausdrücklich ausgeschlossen. Diese Bestimmungen sind auch durch § 29 StGB. nicht beseitigt worden, da es sich, soweit der für haftbar Erklärte in Frage kommt, gar nicht um eine Geldstrafe handelt.

Artikel IX.

In § 27 Nr. 2 des Gerichtsverfassungsgesetzes sind die Worte: „von höchstens sechshundert Mark" gestrichen.

175b. Die Bestimmung ist wörtlich dem Art. IX Abs. 2 Ziff. 1 des neuen GeldStrG. entnommen. Nach der Begr. zu Art. IX des neuen GeldStrG. erschien es angezeigt, „ausdrücklich klarzustellen", daß die durch § 2 Abs. 2 des alten GeldStrG. bereits erfolgte Änderung des § 27 GVG. aufrecht erhalten bleibe. GVG. § 27 Nr. 2 lautet in der Fassung des alten GeldStrG. folgendermaßen:

„Die Schöffengerichte sind zuständig:

2. für diejenigen Vergehen, welche nur mit Gefängnis von höchstens drei Monaten oder Geldstrafe allein oder neben Haft oder in Verbindung miteinander oder in Verbindung mit Einziehung bedroht sind, mit Ausnahme der im § 320 des Strafgesetzbuchs und der im § 74 dieses Gesetzes bezeichneten Vergehen."

Da durch die Verordnung über Gerichtsverfassung und Strafrechtspflege vom 7. Jan. 1924 (RGBl. I S. 15) die Zuständigkeit des Schöffengerichts mit Wirkung vom 1. April 1924 ab anders abgegrenzt ist, wird die praktische Bedeutung des Art. IX nicht mehr groß sein.

Artikel X.

In dem Gesetz über beschränkte Auskunft aus dem Strafregister und die Tilgung von Strafvermerken vom 9. April 1920 (RGBl. S. 507) sind gestrichen

1. im § 2 Abs. 2 die Worte: „von höchstens fünfhundert Mark",
2. im § 6 Abs. 1 Nr. 1 die Worte: „bis zu fünftausend Mark",
3. im § 7 Abs. 1 Nr. 1 die Worte: „bis zu fünfhundert Mark".

Bei Geldstrafen, die schon vor dem 1. Mai 1923 in das Strafregister aufgenommen worden sind, berechnen sich die Fristen so, wie wenn das Gesetz vom 9. April 1920 in der Fassung des Abs. 1 schon zur Zeit der Aufnahme des Vermerks in das Register in Kraft gewesen wäre.

176. Art. X entspricht sachlich dem Art. VI. In Abs. 2 ist das Datum des Inkrafttretens des neuen GeldStrG. aufgenommen worden. Die §§ 2, 6 und 7 des Ges. über beschränkte Auskunft aus dem Strafregister lauten jetzt — unter Berücksichtigung der durch das Jugendgerichtsgesetz vom 16. Februar 1923 (RGBl. I S. 135) § 46 herbeigeführten Änderung — folgendermaßen:

§ 2.

„Bei mehreren Verurteilungen einer Person ist über alle Verurteilungen unbeschränkt Auskunft zu erteilen, solange über eine der Verurteilungen unbeschränkt Auskunft erteilt werden muß. Die Tilgung eines Vermerkes im Strafregister darf bei mehreren Verurteilungen einer Person erst erfolgen, wenn für alle Verurteilungen die Voraussetzungen der Tilgung vorliegen.

Lautet die Verurteilung, über die unbeschränkt Auskunft erteilt werden muß oder die im Strafregister noch nicht getilgt werden kann, nur auf Verweis oder auf Geldstrafe allein oder in Verbindung miteinander oder mit Nebenstrafen, so finden die Vorschriften des Abs. 1 keine Anwendung."

§ 6.

„Die Frist, nach deren Ablauf beschränkt Auskunft zu erteilen ist, beträgt

1. fünf Jahre, wenn (auf Verweis oder) auf Geldstrafe oder auf Freiheitsstrafe von höchstens drei Monaten, allein oder in Verbindung miteinander oder mit Nebenstrafen, erkannt worden ist, mit Ausnahme der Fälle, in denen auf Überweisung an die Landespolizeibehörde oder auf die Zulässigkeit von Polizeiaufsicht erkannt worden ist;
2. zehn Jahre in allen übrigen Fällen.

Die Frist der Nr. 1 beginnt mit dem im Strafregister vermerkten Tage der Verurteilung.

Die Frist der Nr. 2 beginnt mit dem Tage, an dem die Strafe vollstreckt, verjährt oder erlassen ist; ist auf Überweisung an die Landespolizeibehörde oder auf die Zulässigkeit von Polizeiaufsicht erkannt worden, so beginnt die Frist erst, wenn diese Maßregeln erledigt sind. Ist die Strafe nach einer Probezeit erlassen, so wird deren Dauer, auf volle Monate abgerundet, auf die Frist der Nr. 2 angerechnet.

War der Verurteilte zur Zeit der Tat noch nicht achtzehn Jahre alt, so verkürzt sich die Frist von fünf Jahren auf drei Jahre und die Fristen von zehn Jahren auf sechs Jahre."

§ 7.

„Die Frist, nach deren Ablauf ein Strafvermerk zu tilgen ist, beträgt

1. fünf Jahre, wenn (auf Verweis oder) auf Geldstrafe oder auf Haft oder auf Gefängnis oder Festungshaft von höchstens einer Woche, allein oder in Verbindung miteinander oder mit Nebenstrafen erkannt worden ist, mit Ausnahme der Fälle, in denen auf Überweisung an die Landespolizeibehörde oder auf die Zulässigkeit von Polizeiaufsicht erkannt worden ist;
2. zehn Jahre in allen übrigen Fällen.

Die Frist beginnt mit dem Tage, von dem ab nur noch beschränkt Auskunft zu erteilen ist.

War der Verurteilte zur Zeit der Tat noch nicht achtzehn Jahre alt, so verkürzt sich die Frist von fünf Jahren auf drei Jahre und die Frist von zehn Jahren auf sechs Jahre."

177. § 2 Abs. 2 des Ges. über beschränkte Auskunft geht davon aus, daß trotz Ablaufs einer längeren Zeit der Verurteilung ein staatliches Interesse an der Kenntnis der Verfehlung auch dann noch besteht, wenn in dem Strafregister zunächst eine schwere Strafe (§ 6 Abs. 1 Nr. 2; § 7 Abs. 1 Nr. 2) und später eine leichtere Strafe (§ 6 Abs. 1 Nr. 1; § 7 Abs. 1 Nr. 1) eingetragen wird. Eine Ausnahme ist nach der Begr. des Gesetzes (vgl. Hellwig und Schäfer, „Das Strafregister",

München 1924 Anm. 1 zu § 5 des Ges.) für „besonders geringfügige Strafen" gemacht worden. Diese geringfügigen Strafen sollen die in §§ 6 und 7 vorgesehenen Fristen nicht hemmen.

Während ursprünglich nur Geldstrafen von höchstens 500 M. als solche geringfügigen Strafen angesehen werden, hemmen seit dem Inkrafttreten des neuen GeldStrG. Geldstrafen überhaupt nicht mehr den Ablauf der Fristen. Es kommt hier der Gedanke zum Ausdruck, daß auch die schwerste Geldstrafe der niedrigsten Freiheitsstrafe gegenüber vom rechtlichen Standpunkt aus als milder gilt. Diesem Standpunkt ist auch beizutreten. Das Absehen von einer Bewertung der Geldstrafe als Wertmesser für die Schuld des Verurteilten ist auch um deswillen gerechtfertigt, weil die Berücksichtigung der wirtschaftlichen Verhältnisse notgedrungen dazu führen muß, lediglich mit Rücksicht auf die verschiedenen wirtschaftlichen Verhältnisse die Straftaten zweier Angeklagten, die die gleiche Schuld trifft, verschieden hoch zu bemessen.

178. Auf dem gleichen Gedanken beruht die Änderung der §§ 6 und 7 des Ges., durch die die kurzen Fristen für die Auskunftsbeschränkung und für die Tilgung allen zu Geldstrafe von beliebiger Höhe Verurteilten zugute kommen. Bei der Geldstrafe beträgt, soweit es sich um Straftaten handelt, die von Erwachsenen begangen worden sind, sowohl die Frist für die Auskunftsbeschränkung als auch die Frist für die Tilgung nur noch je 5 Jahre, so daß die Strafvermerke über Verurteilungen zu Geldstrafe nach 10 Jahren getilgt werden, während früher bei Geldstrafen über 5000 M. die Frist 20 Jahre betrug und bei Geldstrafen zwischen 500 und 5000 M. 15 Jahre. Bei Strafvermerken über solche Straftaten, die von Jugendlichen (zwischen 14 und 18 Jahren: Jugendgerichtsgesetz vom 16. Febr. 1923, RGBl. I S. 135 § 1) begangen worden sind, betragen die Fristen nur je 3 Jahre, also insgesamt 6 Jahre.

Durch diese Verkürzung der Fristen wird für viele Fälle, in denen bisher wegen Rückfalls bestraft werden mußte, bewirkt, daß eine solche Bestrafung nicht mehr möglich ist (vgl. Ges. über beschränkte Auskunft § 5 Abs. 2).

179. Diese Vergünstigung soll gemäß Art. X Abs. 2, durch die den Bestimmungen des Abs. 1 in Anlehnung an § 11 Abs. 2 des Ges. über beschränkte Auskunft rückwirkende Kraft beigelegt wird, auch denjenigen zugute kommen, die schon vor dem 1. Mai 1923 zu einer Geldstrafe verurteilt worden sind. Das Strafregister wird daher in zahllosen Fällen jetzt noch Strafvermerke enthalten, die schon getilgt sein müßten. Bei der Auskunftserteilung hat der Registerführer darauf zu achten und vor Erteilung der Auskunft die Tilgung vorzunehmen. Ist dies übersehen worden, so ist es Aufgabe der Staatsanwaltschaft und des Gerichts, wenn sie aus dem übersandten Strafregisterauszug ersehen, daß er solche Strafen enthält, deren Vermerke anscheinend schon hätten getilgt werden müssen, rechtzeitig die Strafregisterbehörde darauf aufmerksam zu machen. Wenn die möglicherweise zu Unrecht noch vermerkte Strafe einen Rückfall begründen würde, ist es selbstverständlich, daß eine Hauptverhandlung vor Aufklärung der Richtigkeit des Strafregisterauszuges nicht erfolgen darf; aber auch wenn ein solcher Fall nicht vorliegt, wird sich die Aussetzung jedenfalls dann empfehlen, wenn die betreffende Vorstrafe in irgendeiner Weise die Strafbemessung beeinflussen könnte.

180. Die §§ 2, 6 und 7 des Ges. über beschränkte Auskunft erwähnen auch in der jetzt geltenden Fassung noch den Verweis, trotzdem durch das Jugendgerichtsgesetz vom 27. Febr. 1923 (RGBl. I S. 135) die Strafe des Verweises beseitigt und bestimmt worden ist (§ 46), daß die Strafe des Verweises zu tilgen ist. Dagegen wird der Verweis in der neuesten Fassung der Strafregisterverordnung (vgl. unten im Anhang) nicht mehr erwähnt.

180a. Durch Verordnung zur Ergänzung der Strafregisterverordnung vom 17. Mai 1923 (Reichsministerialblatt S. 364) war die Strafregisterverordnung vom 12. Juni 1920 mit Rücksicht auf das neue GeldStrG. geändert worden. Mit Rücksicht auf die alte VermStrVO. ist die Strafregisterverordnung durch Verordnung vom 24. November 1923 zur Abänderung der Strafregisterverordnung (Reichsministerialblatt S. 1091) wieder geändert worden. Nach Art. I dieser im Anhang abgedruckten Verordnung sind dem Strafregister künftig Verurteilungen, die auf Geldstrafe von mehr als 50 Goldmark lauten, bei Vergehen und Verbrechen stets mitzuteilen. Verurteilungen zu Geldstrafen sind bei Übertretungen nur dann mitzuteilen, wenn die Verurteilung geeignet ist, bei Aburteilung einer späteren Straftat die Anwendung einer besonderen Strafdrohung wegen Rückfalls zu begründen; unter derselben Voraussetzung sind auch Geldstrafen bis zu 50 Goldmark mitzuteilen. Dasselbe wird auch dann zu gelten haben, wenn bei einem Verbrechen neben einer Freiheitsstrafe auf eine Geldstrafe unter 50 Goldmark erkannt worden ist. Die Durchführung des Grundsatzes, daß die wirtschaftlichen Verhältnisse des Angeklagten bei der Bemessung der Geldstrafe wesentlich mitzuberücksichtigen sind, muß dazu führen, daß es künftig bei den Mitteilungen von Verurteilungen zu einer Geldstrafe nicht mehr auf die Höhe der erkannten Geldstrafe abgestellt wird, sondern auf die Höhe der Ersatzfreiheitsstrafe. — Durch Allgem. Verf. des preuß. JM. vom 19. Jan. 1924 zur Änderung und Ergänzung der Vorschriften über die Strafregister (JMBl. S. 34) sind die Ausführungsbestimmungen zur Strafregisterverordnung entsprechend geändert worden. — Nach Inkrafttreten der neuen VermStrVO. sind reichsrechtliche oder landesrechtliche neue Bestimmungen nicht ergangen; sie sind auch nicht erforderlich.

Artikel XI.

Die Zivilprozeßordnung ist geändert wie folgt:

1. Im § 888 Abs. 1 sind die Worte: „bis zum Gesamtbetrage von fünfzehnhundert Mark" gestrichen. Als Satz 2 ist folgende Vorschrift hinzugefügt:

   Das Höchstmaß der Geldstrafe ist unbeschränkt.

2. Im § 890 Abs. 1 sind die Worte „bis fünfzehnhundert Mark" gestrichen. Als Satz 3 ist folgende Vorschrift hinzugefügt:

   Das Höchstmaß der Geldstrafe ist unbeschränkt.

181. Art. XI entspricht sachlich genau dem Art. VII des neuen GeldStrG. ZPO. §§ 888 und 890 lauten jetzt folgendermaßen:

§ 888.

„Kann eine Handlung durch einen Dritten nicht vorgenommen werden, so ist, wenn sie ausschließlich von dem Willen des Schuldners abhängt, auf Antrag von dem Prozeßgericht erster Instanz zu erkennen, daß der Schuldner zur Vornahme der Handlung durch Geldstrafen oder durch Haft anzuhalten sei. Das Höchstmaß der Geldstrafe ist unbeschränkt.

Diese Bestimmung kommt im Falle der Verurteilung zur Eingehung einer Ehe, im Falle der Verurteilung zur Herstellung des ehelichen Lebens oder im Falle der Verurteilung zur Leistung von Diensten aus einem Dienstverhältnis nicht zur Anwendung."

§ 890.

„Handelt der Schuldner der Verpflichtung zuwider, eine Handlung zu unterlassen oder die Vornahme einer Handlung zu dulden, so ist er wegen einer jeden Zuwiderhandlung auf Antrag des Gläubigers von dem Prozeßgericht erster Instanz zu einer Geldstrafe oder zur Strafe der Haft bis zu sechs Monaten zu verurteilen. Das Maß der Gesamtstrafe darf zwei Jahre Haft nicht übersteigen. Das Höchstmaß der Geldstrafe ist unbeschränkt.

Der Verurteilung muß eine Strafandrohung vorausgehen, welche, wenn sie in dem die Verpflichtung aussprechenden Urteile nicht enthalten ist, auf Antrag von dem Prozeßgericht erster Instanz erlassen wird.

Auch kann der Schuldner auf Antrag des Gläubigers zur Bestellung einer Sicherheit für den durch fernere Zuwiderhandlung entstehenden Schaden auf bestimmte Zeit verurteilt werden."

182. Die vor Inkrafttreten des neuen GeldStrG. vorgesehenen Zwangsstrafen betrugen nur 1500 M. und waren daher so unzulänglich, daß ganz allgemein mit Recht von der Androhung derartiger vollkommen wirkungsloser Zwangsstrafen abgesehen und statt dessen Haftstrafen angedroht wurden. Durch die jetzige unbeschränkte Erhöhung wird für die meisten Fälle die Möglichkeit gegeben sein, die Zwangsgeldstrafen so wirksam zu bemessen, daß sie ihren Zweck erfüllen. Falls aber eine Geldstrafe ausreicht, soll eine Zwangshaftstrafe nicht angedroht werden (vgl. Begr.). Der von Bendix in JW. 1923 S. 364 f. vertretenen Auffassung, daß ZPO. § 890 keine Zwangsstrafe, sondern eine kriminelle Strafe enthalte, vermag ich nicht beizutreten. Es handelt sich um eine Zwangsstrafe. Aber auch wenn dies nicht richtig wäre, könnte § 890 ZPO. höchstens eine Ordnungsstrafe sein. Bendix erblickt in der Androhung auf Grund und in Gemäßheit des Vollstreckungstitels das Strafgesetz, das die Verurteilung rechtfertigt, wenn dagegen verstoßen wird. Dann würde aber, wenn es sich um eine kriminelle Strafe handeln würde, trotz der generellen Strafandrohung in ZPO. § 890 doch gegen § 2 Abs. 1 StGB. und RV. Art. 116 verstoßen.

Artikel XII.

Die Rechtsanwaltsordnung ist dahin geändert, daß in § 6 Nr. 3, § 15 Nr. 1 und § 43 Abs. 3 Nr. 3 die Worte: „einhundertfünfzig Mark" jeweils durch die Worte: „fünfzig Goldmark" ersetzt sind.

Die Vorschrift des Abs. 1 findet jedoch keine Anwendung auf eine ehrengerichtliche Bestrafung, die vor dem 8. Dezember 1923 ausgesprochen worden ist.

183. Art. XII geht auf das neue GeldStrG. Art. VIII, das VermStrG. Art. III, die alte VermStrVO. Art. III zurück. § 6 Nr. 3, § 15 Nr. 1 und § 43 Abs. 3 Nr. 3 der Rechtsanwaltsordnung vom 1. Juli 1878 (RGBl. S. 177) lauten jetzt folgendermaßen:

§ 6.

„Die Zulassung kann versagt werden:

3. wenn gegen den Antragsteller, welcher früher Rechtsanwalt gewesen ist, innerhalb der letzten zwei Jahre im ehrengerichtlichen Verfahren auf Verweis oder auf Geldstrafe von mehr als fünfzig Goldmark erkannt worden ist."

§ 15.

„Die Zulassung eines Rechtsanwalts bei einem anderen Gericht kann versagt werden

1. wenn gegen den Antragsteller innerhalb der letzten zwei Jahre im ehrengerichtlichen Verfahren auf Verweis oder auf Geldstrafe von mehr als fünfzig Goldmark erkannt worden ist;"

§ 43.

„Der Vorstand wird durch die Kammer gewählt. Wählbar sind die Mitglieder der Kammer.

Nicht wählbar sind:

3. diejenigen, gegen welche im ehrengerichtlichen Verfahren auf Verweis oder auf Geldstrafe von mehr als fünfzig Goldmark erkannt ist, auf die Dauer von fünf Jahren nach der Rechtskraft des Urteils.

Verliert ein Mitglied des Vorstandes die Wählbarkeit, so scheidet dasselbe aus dem Vorstande."

Artikel XIII.

In § 26 Abs. 2 der Preistreibereiverordnung, § 6 Abs. 2 der Verordnung gegen verbotene Ausfuhr lebenswichtiger Gegenstände und § 30 Abs. 2 der Verordnung über Handelsbeschränkungen vom 13. Juli 1923 (RGBl. I S. 700, 705, 706) sind die Worte „eine Million Mark" jeweils durch die Worte: „fünfhundert Goldmark" ersetzt.

183a. Art. XIII entspricht wörtlich dem Art. V der alten VermStrVO. Durch die betreffenden Vorschriften (abgedruckt in der jetzt geltenden Fassung bei Schäfer, Preistreibereirecht, Mannheim 1924) wird die öffentliche Bekanntmachung des Urteils bindend vorgeschrieben, u. a., wenn auf eine Geldstrafe über eine bestimmte Höhe hinaus erkannt worden ist. Durch die Einführung dieser Mindesthöhe der Geldstrafe sollte erreicht werden, daß die den Verurteilten meist besonders empfindlich treffende öffentliche Bekanntmachung des Urteils nur in solchen Fällen erfolgen sollte, in denen das Gericht durch die Höhe der von ihm erkannten Geldstrafe zum Ausdruck gebracht hatte, daß es sich trotz der Verurteilung zu einer Geldstrafe doch um ein erheblicheres Vergehen handle. Durch die fortschreitende Geldentwertung wurde aber bewirkt, daß diese Wertgrenze illusorisch wurde, da Geldstrafen unter einer Million Mark überhaupt nicht mehr vorkamen. Es wäre vielleicht angängig gewesen, im Wege der Auslegung die Summe von einer Million Mark entsprechend der seit Erlaß jener Gesetze bis zur Urteilsverkündung vergangenen Zeit ziffernmäßig zu erhöhen und von der Veröffentlichung Abstand zu nehmen, wenn die Geldstrafe diese ziffernmäßig erhöhte Summe nicht überstieg. Durch Art. XIII ist jetzt diese Wertgrenze neu gesetzlich festgelegt worden.

183b. Bei der zweiten Beratung des Entwurfs des VermStrG. war ein Antrag Nr. 6263 eingegangen, der Reichstag wolle beschließen, dem Art. IV folgenden Abs. 2 hinzuzufügen: „Die Reichsregierung wird weiterhin ermächtigt, die Vorschriften, nach denen an die Verurteilung zu einer Geldstrafe von bestimmter Höhe eine Rechtsfolge geknüpft ist, den Bestimmungen dieses Gesetzes anzupassen". Eine derartige allgemeine Ermächtigung wäre sehr zweckmäßig gewesen, da es eine ganze Reihe von Bestimmungen gibt, die infolge der Geldentwertung mit den heutigen Verhältnissen nicht mehr im Einklang stehen und zu Ergebnissen führen, die dem widersprechen, was mit ihnen ursprünglich beabsichtigt worden ist. Wenn sich die Rechtsprechung nicht im Wege der Auslegung hilft, indem sie unter Berücksichtigung des Zweckgedankens der Gesetze den unhaltbaren Grundsatz „Mark gleich Mark" verläßt, bleibt nichts anderes übrig, als durch eine Reihe von Gesetzen die betreffenden gesetzlichen Bestimmungen abzuändern. Dahin gehörte bis vor kurzem z. B. § 363 der Reichsabgabenordnung von 13. Dezember 1919 (RGBl. S. 1993), durch den bestimmt wird, daß in einem Urteil oder einem Strafbescheid, der wegen Steuerhinterziehung auf eine Geldstrafe von mehr als 5000 M. lautet, Bekanntmachung der Bestrafung angeordnet werden darf. Diese Wertgrenze war durch das neue GeldStrG. nicht erhöht worden (Deutsche Steuer-Zeitung 1923 S. 249; ebenso Schierholb, Neue Steuerrundschau 4 S. 173). Durch die dritte Steuernotverordnung vom 14. Febr. 1924 (RGBl. I S. 74) § 56 Ziff. 4 ist in § 363 der Reichsabgabenordnung an die Stelle der Summe von 5000 M. die Summe von 500 Goldmark getreten. Der durch das neue GeldStrG. gleichfalls nicht berührte § 199 der Reichsabgabenordnung, nach dem besondere Aufsichtsmaßnahmen zulässig sind, wenn in dem Betriebe wissentlich Arbeiter oder Angestellte beschäftigt werden, die wegen Steuerhinterziehung mit einer Geldstrafe von wenigstens 500 M. bestraft worden sind, ist durch Art. XVI der zweiten Steuernotverordnung vom 19. Dez. 1923 (RGBl. I S. 1205) dahin geändert worden, daß an die Stelle von 500 M. jetzt 150 Goldmark getreten sind. Durch preuß. Verordnung über die Festsetzung und Zahlung öffentlicher Abgaben auf der Grundlage der Goldmark (Goldabgabenverordnung) vom 18. Jan. 1924 (GS. S. 40) § 16 ist in § 5 Nr. 2 des preuß. Gesetzes betreffend das Verwaltungsstrafverfahren vom 26. Juli 1897 (GS. S. 237) die Summe von 300 M. durch 300 Goldmark ersetzt worden. Durch preuß. Verordnung zur Änderung des Forstdiebstahlgesetzes und des Feld- und Forstpolizeigesetzes vom 12. März 1924 (GS. S. 127) Art. I ist § 8 des Forstdiebstahlgesetzes dahin geändert worden, daß an Stelle der sonst obligatorisch vorgeschriebenen Gefängnisstrafe als Zusatzstrafe eine Geldstrafe bis zu 100 Goldmark treten kann, wenn die als Hauptstrafe erkannte Geldstrafe weniger als 10 Goldmark beträgt.

183e. Die Durchführung des Gedankens, daß man aus der Höhe der wesentlich mit unter Berücksichtigung der wirtschaftlichen Verhältnisse des Angeklagten festgesetzten Geldstrafe einen Rückschluß auf die Schwere der Tat kaum zu ziehen berechtigt ist, muß dazu führen, daß auch in diesen Fällen künftig nicht mehr die Höhe der erkannten Geldstrafe, sondern die Höhe der *Ersatzfreiheitsstrafe* als maßgebend betrachtet wird.

Artikel XIV.

Diese Verordnung tritt eine Woche nach der Verkündung in Kraft.

Außer den im Eingang der Verordnung genannten Gesetzen und der Verordnung vom 23. November 1923 sind aufgehoben:

1. die Vorschriften des Reichs- und Landesrechts, durch die für die Umwandlung einer uneinbringlichen Geldstrafe ein bestimmter Geldbetrag einem Tage Freiheitsstrafe gleichgesetzt wird;
2. die Festsetzungen von Mindestbeträgen und Höchstbeträgen der Geldstrafe bei Verbrechen und Vergehen sowie von Mindestbeträgen bei Übertretungen, soweit sie nicht im § 27 des Strafgesetzbuchs aufrechterhalten sind;

3. die Festsetzungen von Mindest- und Höchstbeträgen der Geldstrafen, die nicht bei Verbrechen, Vergehen und Übertretungen angedroht sind, insbesondere der Zwangsstrafen und Ordnungsstrafen, soweit sie nicht im Artikel II Abs. 3 dieser Verordnung aufrechterhalten sind;
4. die Festsetzungen von Mindestbeträgen und Höchstbeträgen der Geldstrafen, die eine Behörde, ein Beamter, eine Körperschaft oder deren Vorstand anzudrohen oder festzusetzen ermächtigt ist, soweit sie nicht im Artikel III Abs. 2 dieser Verordnung aufrechterhalten sind.
5. die Festsetzungen von Mindest- und Höchstbeträgen der an den Verletzten zu zahlenden Bußen.

Bei Übertretungen in reichs- und landesrechtlichen Vorschriften ist der bisherige Höchstbetrag der Geldstrafe durch den Betrag von einhundertfünfzig Goldmark ersetzt.

Die durch Artikel I—IV, VIII, XIII und Abs. 3 dieses Artikels bestimmten Strafrahmen gelten auch bei Taten, die vor dem Inkrafttreten dieser Verordnung begangen sind.

184. Art. XIV geht auf das neue GeldStrG. Art. IX sowie auf die neue VermStrVO. Art. VI zurück. Bezüglich des zeitlichen Geltungsgebietes des alten GeldStrG. galt folgendes: Vom 1. Januar 1922 an waren die Bestimmungen der §§ 1 bis 9 anwendbar. Sie waren es ohne weiteres aber nur für diejenigen Vergehen und Übertretungen, die erst nach dem 31. Dezember 1921 abgeurteilt wurden. Eine Ausnahme machte § 10 Abs. 2, der dem Gesetz zum Teil rückwirkende Kraft beilegte. Es bezog sich § 1 nur auf Strafvorschriften, die schon am 1. Januar 1922 bestanden. Ob zu diesen Vorschriften auch die am 1. Januar 1922 in Kraft tretenden Polizeiverordnungen und Gesetze gehören, kann zweifelhaft sein; die Frage dürfte aber zu bejahen sein. Bezüglich des § 1 war aber zu beachten, daß gemäß StGB. § 2 eine Bestrafung nur dann in Frage kam, wenn die Tat nach dem 31. Dezember 1921 begangen war, § 2, insbesondere Abs. 1 Ziff. 2 und 3, war aber auch in diesem Falle anwendbar; dasselbe galt für die Nebengesetze, mögen sie nun ausdrücklich auf StGB. §§ 28, 29 Bezug nehmen — so pr. Jagdordnung vom 15. Juli 1907 (GS. S. 207) § 79, pr. Gewerbesteuerges. vom 24. Juni 1891 (GS. S. 205) § 73; pr. Kommunalabgabenges. vom 14. Juli 1893 (GS. S. 152 § 81 — oder nicht.

Nicht für anwendbar erklärt waren in § 10 Abs. 2 die §§ 4, 5, 6, 7, 8. Trotzdem mußte auch ihre Anwendung auf die bereits rechtskräftig erledigten Sachen als zulässig gelten (vgl. Hellwig, Altes GeldStrG. Anm. 112 und in JW. 1922 S. 279). Insbesondere die Frage, ob die in § 1 des alten GeldStrG. vorgenommene Erhöhung der Geldstrafen auch dann Anwendung finde, wenn die Straftat zwar vor dem 1. Januar 1922 begangen war, das Gericht aber, wenn ihm nur der frühere niedere Strafrahmen für die Geldstrafe zur Verfügung stehen würde, sonst auf eine Freiheitsstrafe erkennen würde, ist in der Literatur und in der Rechtsprechung lebhaft erörtert worden (vgl. unten Anm. 198). Sie ist durch Art. IX Abs. 4 des neuen GeldStrG. und jetzt durch Art. XIV Abs. 4 der neuen VermStrVO. gelöst worden.

185. Auch bezüglich des neuen GeldStrG. war die Frage der Anwendbarkeit auf Straftaten, die vor dem Inkrafttreten des GeldStrG. begangen worden sind, im einzelnen zu untersuchen.

Was zunächst Art. I anbetrifft, so sind die §§ 27, 27a, 27c Abs. 2 Satz 2, § 29, soweit als Ersatzfreiheitsstrafe Zuchthaus von mehr als 8 Monaten angedroht ist, § 78 Abs. 2, insoweit beim Zusammentreffen mehrerer Ersatzhaftstrafen die Gesamtdauer 3 Monate übersteigen kann, nur anwendbar auf solche Straftaten, die nach dem Inkrafttreten des GeldStrG., also nach dem 30. April 1923 verübt worden sind. Das ergibt sich aus StGB. § 2 Abs. 2. Die Anwendbarkeit der §§ 27, 27a, 27c Abs. 2 Satz 2 müßte richtiger Ansicht nach auch dann ausgeschlossen sein, wenn dem Gericht die nach den bisherigen Vorschriften höchstzulässige Geldstrafe keine ausreichende Sühne zu sein scheint und das Gericht daher eine Freiheitsstrafe wählen würde (vgl. unten Anm. 198). Durch Art. IX Abs. 4 ist aber aus Zweckmäßigkeitsgründen für diesen Fall dem § 27 StGB. rückwirkende Kraft beigelegt worden. Aber nur dem § 27, nicht auch den §§ 27a und 27c. (Ebenso Schäfer, JW. 1923 S. 437.) Eine analoge Ausdehnung dieses Grundsatzes ist nicht zulässig. Ob Art. IX Abs. 4 mit StGB. § 2 Abs. 1 und RV. Art. 116 vereinbar ist, kann Zweifeln unterliegen. § 27b ist, soweit Übertretungen in Frage kommen, das mildere Gesetz. § 28 Abs. 3 StGB. in der bisherigen Fassung ist, wenn als Ersatzstrafe Zuchthaus in Frage kommt, gegenüber dem § 29 StGB. in der jetzigen Fassung insofern das mildere Gesetz, als nach bisherigem Recht nur auf eine Zuchthausstrafe von 8 Monaten an Stelle der einjährigen Gefängnisstrafe erkannt werden durfte, während jetzt ein Jahr Zuchthaus in Frage kommt (vgl. oben Anm. 137). Wenn man die meines Erachtens allerdings nicht richtige Ansicht billigt, daß nach § 78 Abs. 2 StGB. in der bisherigen Fassung außer auf eine Gefängnisstrafe von zwei Jahren noch auf eine Haftstrafe bis zu drei Monaten erkannt werden durfte, so ist § 78 StGB. in der jetzigen Fassung demgegenüber insofern das mildere Gesetz, als er zweifellos nur eine Gesamtdauer sämtlicher erkannter Ersatzfreiheitsstrafen bis zu zwei Jahren zuläßt. Dagegen ist die frühere Fassung insofern das mildeste Gesetz, als nach ihr mehrere Ersatzhaftstrafen nur die Gesamtdauer von drei Monaten haben durften, während sie nach jetziger Fassung zwei Jahre betragen können (vgl. oben Anm. 155).

Die sämtlichen übrigen Bestimmungen des Art. I sind sofort in ganzem Umfange in Kraft getreten und finden auch auf solche Straftaten Anwendung, die vor dem 1. Mai 1923 begangen sind. Dies gilt insbesondere auch für § 27c Abs. 1 und Abs. 1 Satz 1, die auch schon vor dem Inkrafttreten des alten GeldStrG. dem geltenden Recht entsprochen haben.

186. Auch bezüglich des Art. II des neuen GeldStrG. kann zwar kein Zweifel darüber bestehen, daß die Erhöhung der nichtkriminellen Strafandrohungen sofort in Kraft tritt; doch kann es auch hier zweifelhaft sein, ob sie auch schon auf Handlungen Anwendung finden kann, die vor dem 1. Mai 1923 begangen worden sind. Der Grundsatz des § 2 Abs. 2 StGB. gilt zwar für die nichtkriminellen Strafen nicht unmittelbar; auch besteht keine besondere Vorschrift für sie, die ausdrücklich einen entsprechenden Rechtssatz zum Ausdruck bringt. Doch läßt sich die Ansicht vertreten, daß es sich in StGB. § 2 Abs. 2 um einen allgemeinen Gedanken handle, der entsprechend auch für die nichtkriminellen Geldstrafandrohungen zu gelten habe. Da aber die nichtkriminellen Geldstrafen ihrer Natur nach zu verschiedenartig sind, als daß sich allgemeine Grundsätze für sie rechtfertigen ließen, möchte ich davon ausgehen, daß die Bestimmungen des StGB., insbesondere auch § 2 Abs. 2, nicht ohne weiteres auch auf sie anwendbar sind.

187. Die nach Art. III des neuen GeldStrG. zulässigen höheren Beträge für kriminelle und nichtkriminelle Geldstrafen sind insoweit nicht anwendbar auf

Handlungen, die vor dem 1. Mai 1923 begangen worden sind, als es sich um kriminelle Geldstrafen handelt. Es finden in diesen Fällen nicht diejenigen Strafandrohungen Anwendung, die vor dem 1. Mai 1923 gegolten haben, sondern diejenigen, die zur Zeit der mit Strafe bedrohten Handlung gegolten haben.

188. Art. IV des neuen GeldStrG. tritt sofort in Kraft. Er findet Anwendung auch dann, wenn die Handlung, wegen der auf Buße erkannt wird, schon vor dem 1. Mai 1923 begangen worden ist. Gleichgültig ist es, ob das Strafverfahren, in dem der Bußanspruch geltend gemacht wird, schon anhängig ist oder nicht, gleichgültig auch, ob sich das Strafverfahren am 1. Mai 1923 in erster oder in zweiter Instanz befunden hat. Nur wenn es sich schon in der Revisionsinstanz befunden hat, kann der Bußanspruch nicht mehr erhöht werden.

189. Für Art. V des neuen GeldStrG gelten entsprechend die oben für die Art. I bis IV entwickelten Grundsätze.

190. Art. VI des neuen GeldStrG. findet sofort Anwendung.

191. In Art. VII des neuen GeldStrG. ist zwischen Nr. 1 und Nr. 2 zu unterscheiden. ZPO. § 888 findet sofort Anwendung. Dagegen kann es zweifelhaft sein, ob dies auch bei § 890 der Fall ist.

Nach RG. in Zivilsachen Bd. 36 S. 417 sind auf die Straffestsetzung in gewissem Sinne die Grundsätze des Strafrechts anzuwenden. Ist die Strafandrohung schon vor dem 1. Mai 1923 erfolgt, so kann keine höhere Strafe als die angedrohte festgesetzt werden, da die angedrohte Strafe die Höchststrafe darstellt, die festgesetzt werden kann (RG. in Zivilsachen Bd. 36 S. 419). Ist dagegen am 1. Mai auch die Strafandrohung noch nicht erfolgt, wohl aber die Zuwiderhandlung des Schuldners vor diesem Zeitpunkte erfolgt, so möchte ich in entsprechender Anwendung der oben in Anm. 186 entwickelten Grundsätze annehmen, daß gemäß ZPO. § 890 in der jetzigen Fassung eine Geldstrafe von unbeschränkter Höhe angedroht werden kann.

191a. Durch die neue VermStVO. ist die Rückwirkung verallgemeinert, da Art. XIV Abs. 4 ganz allgemein bestimmt, daß die durch Art. I bis IV, VIII, XIII, XIV Abs. 3 bestimmten Strafrahmen auch bei Taten gelten, die vor dem Inkrafttreten dieser Verordnung begangen worden sind. Die Schwierigkeiten, die sich bei der Untersuchung der Rückwirkung der Bestimmungen des neuen GeldStrG. ergaben, sind jetzt beseitigt worden.

192. Das alte GeldStrG. war in das neue GeldStrG. völlig eingearbeitet worden und konnte daher aufgehoben werden. Es erschien jedoch angezeigt „ausdrücklich klarzustellen, daß § 10 Abs. 2 und die durch § 2 Abs. 2 des Gesetzes von 1921 bereits erfolgte Änderung des § 27 des GVG. aufrechterhalten bleiben" (Begr. zu dem neuen GeldStrG.).

§ 10 Abs. 2 des alten GeldStrG. lautet folgendermaßen: „Ist vor Inkrafttreten dieses Gesetzes wegen eines Vergehens, wegen dessen nach den bestehenden Vorschriften auf Freiheitsstrafe erkannt werden mußte, auf eine Freiheitsstrafe von weniger als drei Monaten erkannt worden, so kann das Gericht (§ 494 der Strafprozeßordnung) dem Verurteilten auf seinen Antrag gestatten, die Freiheitsstrafe, soweit sie noch nicht verbüßt ist, durch Zahlung einer Geldstrafe bis zu einhundertfünfzigtausend Mark abzuwenden; dies gilt auch dann, wenn die Entscheidung, durch welche die Geldstrafe festgesetzt worden ist, erst nach dem Inkrafttreten dieses Gesetzes rechtskräftig wird. § 3 Abs. 2 gilt entsprechend." Nach § 3 Abs. 2 des alten GeldStrG. tritt, wenn die Geldstrafe nicht beigetrieben werden kann, die verwirkte Freiheitsstrafe an ihre Stelle. Bei der Umwandlung ist das Gericht an den Maßstab des § 29 StGB. in der bisherigen Fassung nicht gebunden.

Nach der Begr. S. 6 zu dem alten GeldStrG. bezweckt die Vorschrift des § 10 Abs. 2 den vor dem Inkrafttreten des alten GeldStrG. Verurteilten die

Vergünstigung des § 3 nachträglich zukommen zu lassen, soweit der Strafanspruch nicht bereits durch die Vollstreckung der Freiheitsstrafe erloschen ist. Die Vorschrift soll sowohl dann gelten, wenn die Entscheidung zur Zeit des Inkrafttretens des Gesetzes bereits rechtskräftig war, als auch dann, wenn die Entscheidung zwar vor dem Inkrafttreten des Gesetzes erlassen, aber erst nach dem Inkrafttreten durch Ablauf der Rechtsmittelfrist oder durch Verwerfung des Rechtsmittels rechtskräftig wird. Nur die Umwandlung in eine Geldstrafe ist zulässig, nicht auch deren Stundung oder Bewilligung von Teilzahlungen (Wunderer S. 52).

Schon das alte GeldStrG. beruhte im wesentlichen auf einer Änderung der kriminalpolitischen Anschauungen über die Bedeutung der Geldstrafe und ihre zweckmäßige Ausgestaltung. Es lag deshalb nahe, den Bestimmungen der §§ 3ff. auch für die rechtskräftig erledigten Strafsachen, soweit der Strafanspruch noch nicht erloschen ist, rückwirkende Kraft beizulegen. Geschehen wird dies ausdrücklich nur für § 3, aber auch für ihn mit Änderungen! Bei der Auslegung des § 10 Abs. 2 des alten GeldStrG. ergaben sich vielfache Schwierigkeiten und Zweifelsfragen (vgl. Hellwig, GeldStrG., 2. Aufl. Anm. 92). Die neue VermStVO. hat diese Bestimmung, die kaum mehr praktische Bedeutung hatte, nicht mehr aufrechterhalten[1]).

195. Gegenstandslos geworden sind die Vorschriften der Reichs- oder Landesgesetze, durch die für die Umwandlung einer uneinbringlichen Geldstrafe ein bestimmter Geldbetrag einem Tage Freiheitsstrafe gleichgesetzt wird. Durch die Fassung soll nicht ausgeschlossen werden, daß auch solche Bestimmungen aufgehoben werden, durch die nicht ein einzelner bestimmter Geldbetrag als Umwandlungsmaßstab genommen wird, vielmehr für die Umwandlung ein bestimmter Strafrahmen einem Tage Freiheitsstrafe gleichgesetzt wird. So ist aufgehoben § 378 Abs. 2 Satz 1 der Reichsabgabenordnung vom 13. Dez. 1919 (RGBl. S. 1993). Zwar nicht ausdrücklich aufgehoben durch Art. IX, wohl aber gegenstandslos geworden durch Art. V in Verb. mit §§ 29, 78 StGB. in der jetzigen Fassung ist auch der übrige Inhalt des § 378.

196. Aufgehoben werden die Festsetzung von Mindestbeträgen und Höchstbeträgen der Geldstrafe bei Verbrechen und Vergehen sowie von Mindestbeträgen bei Übertretungen in reichs- oder landesrechtlichen Strafvorschriften, soweit sie nicht in § 27 StGB. aufrechterhalten sind. Gemeint ist damit, daß die besonderen Geldstrafandrohungen, soweit sie durch die allgemeinen Vorschriften des § 27 Abs. 1 StGB. in der jetzigen Fassung gegenstandslos geworden sind, fortfallen sollen. So ist z. B. StGB. § 246 Abs. 2 jetzt folgendermaßen zu lesen:

„Sind mildernde Umstände vorhanden, so kann auf Geldstrafe erkannt werden."

196a. Da jetzt durch Art. II auch für die nichtkriminellen Geldstrafen, soweit sie zur Zeit des Inkrafttretens der Verm.StrVO. gelten und nicht in dem Mehrfachen usw. eines bestimmten Grundbetrages bestehen, Mindest- und Höchststrafen festgesetzt sind, konnten in Art. XIV Abs. 2 Nr. 3 auch für sie die bisherigen Festsetzungen von Mindest- und Höchstbeträgen aufgehoben werden. Das gleiche gilt für die kriminellen und nichtkriminellen Geldstrafen, zu deren Androhung oder Festsetzung eine Behörde usw. ermächtigt ist sowie für die Bußen, die an den Verletzten zu zahlen sind.

197. Bei Übertretungen in reichs- und landesrechtlichen Vorschriften wird der bisherige Höchstbetrag der Geldstrafe durch den Betrag von 150 Goldmark ersetzt. Dies gilt insbesondere auch für Polizei-

[1]) Die Erläuterungen Nr. 193 u. 194 wurden in der Korrektur gestrichen.

verordnungen, ohne daß es der sonst vorgeschriebenen Form einer abändernden Polizeiverordnung bedarf. Soweit künftig Polizeiverordnungen erlassen werden, ist, soweit die Landesgesetzgebung von ihrer Befugnis auf Grund des Art. VIII Abs. 2 nicht Gebrauch macht, Geldstrafe bis zu 150 Goldmark anzudrohen. Ist dies versehentlich unterblieben, also entweder überhaupt kein Höchstbetrag angedroht oder aber ein anderer als 150 Goldmark, so wird die Strafandrohung als ungültig zu behandeln sein. Das ist zwar nicht aus Art. XIV Abs. 3 zu folgern, nach dem nur der „bisherige" Höchstbetrag der Geldstrafe durch den Betrag von 150 Goldmark ersetzt wird, da § 27 Abs. 1 Nr. 2 StGB. in seiner jetzigen Fassung sich auch auf künftig zu erlassende Vorschriften bezieht. Es ergibt sich aber nicht nur aus Art. XIV Abs. 2 Nr. 2, in Verb. mit Abs. 3, daß auch künftig bei Übertretungen stets der Höchstbetrag angegeben werden muß, sondern vor allem würde eine solche Polizeiverordnung als Polizeiverordnung mit einer gültigen Strafvorschrift nicht angesehen werden können, da entweder eine Strafandrohung in ihr überhaupt nicht enthalten ist oder aber eine nicht zulässige.

198. Die Rückwirkung des § 1 des alten Geldstrafengeſ. war bestritten. Nicht nur in der Literatur, sondern auch in der Rechtsprechung wurden zwei verschiedene Auffassungen vertreten. Auch in der Rechtsprechung des Reichsgerichts kamen beide Theorien zum Ausdruck. Nach der einen Theorie war die Anwendung des durch das alte GeldStrG. erhöhten Strafrahmens unter keinen Umständen auf Handlungen zulässig, die vor seinem Inkrafttreten begangen worden waren, da das neue GeldStrG. mit seinem erhöhten Strafrahmen in diesen Fällen niemals als das mildere Gesetz im Sinne des § 2 Abs. 2 StGB. in Betracht kommen könne. So RG. in 6a D. 626/22; RG. in DJZ. 1923 S. 176; RG. in Das Recht 1923 S. 11; RG. in Leipziger Zeitschr. f. Deutsches Recht 1922 S. 476; Kammergericht in ZStrW. Bd. 43 S. 456; Zeiler, Leipzig. Zeitschr. f. Deutsches Recht 1923 S. 111; Beck, „Steuerarchiv" Bd. 25 S. 58. Die zweite Theorie ging dagegen davon aus, daß die erhöhte Geldstrafe des § 1 des alten GeldStrG. als das mildere Gesetz dann anzusehen sei, wenn das Gericht, falls es lediglich auf den alten Strafrahmen angewiesen wäre, auf Gefängnisstrafe erkennen würde, da die bisher zulässige höchste Geldstrafe eine der Schuld und den wirtschaftlichen Verhältnissen des Täters nicht entsprechende Strafe sei. Diese Ansicht wurde vertreten von dem RG. in JW. 1923 S. 606f., in 4 D. 246/22 und 5 D. 780/22; KG. in DStrZ. 1922 S. 359; Hellwig in JW. 1922 S. 278f.; Jacobsohn, ebendort S. 279; Alsberg in JW. 1923 S. 606f. Anm. Über die Frage vgl. auch „Mitteilungen des Bezirksverbandes Groß-Berlin des Preußischen Richtervereins" 1922 S. 61. Zu dieser Frage, die jetzt nur noch theoretisches Interesse hat vgl. vier Urteile des RG. im „Recht" 1923 S. 272f. sowie in den Entscheidungen Bd. 56 S. 121, 193. Die die Möglichkeit der Rückwirkung verneinende Ansicht muß als richtig anerkannt werden. Andererseits ist nicht zu verkennen, daß die Anwendung des GeldStrG. in vielen Fällen zu besser befriedigenden Ergebnissen führte, da sie eine angemessene Sühne der Straftat ermöglichte, ohne den Angeklagten und die Allgemeinheit durch Vollstreckung einer vermeidbaren kurzzeitigen Freiheitsstrafe zu schädigen. Aus diesen Zweckmäßigkeitserwägungen hat das neue GeldStrG. eine gewisse Rückwirkung des erhöhten Strafrahmens auf Straftaten, die vor dem Inkrafttreten des neuen GeldStrG. begangen sind, zugelassen.

199. In dem neuen GeldStrG. Art. IX Abs. 4 war bestimmt, daß das Gericht den in § 27 StGB. in der neuen Fassung bestimmten Strafrahmen auch bei einer vor dem Inkrafttreten des neuen GeldStrG. begangenen Straftat anwenden könne, wenn es ohne Anwendung dieses Strafrahmens auf eine Freiheitsstrafe erkennen würde. Die Rechtslage war also folgende: Die Rückwirkung des

§ 27 setzt nach dem neuen GeldStrG. voraus, daß wahlweise Geldstrafe und Freiheitsstrafe angedroht sind. Soweit strafbare Handlungen in Frage kommen, die vor dem Inkrafttreten des alten GeldStrG., dem 1. Jan. 1922, begangen sind, ist diese Voraussetzung nur dann erfüllt, wenn in dem besonderen Teil des StGB. oder in dem betreffenden strafrechtlichen Nebengesetz ausdrücklich Geldstrafe oder Freiheitsstrafe angedroht war. In denjenigen Fällen, dagegen, in denen die strafbare Handlung zwischen dem 1. Jan. 1922 und dem 1. Mai 1923 begangen ist, ist diese Voraussetzung auch dann erfüllt, wenn in der besonderen Strafandrohung lediglich Freiheitsstrafe angedroht ist, vorausgesetzt, daß es sich um ein Vergehen handelt und auf Freiheitsstrafe von weniger als 3 Monaten erkannt werden kann. In diesen Fällen hat das Gericht zu prüfen, ob es an sich eine Freiheitsstrafe für notwendig oder aber eine Geldstrafe für ausreichend halten würde. Alsdann ist zu prüfen, ob der bisherige Strafrahmen der Geldstrafe unter Berücksichtigung der Schuld des Angeklagten und seiner wirtschaftlichen Verhältnisse ausreicht oder nicht. Kommt das Gericht zu dem Ergebnis, daß schon die in diesem Strafrahmen vorgesehene Geldstrafe eine ausreichende Bestrafung darstellt, so ist auf die hiernach angemessene Strafe zu erkennen. Kommt das Gericht dagegen zu dem Ergebnis, daß der Strafrahmen nicht ausreicht und daß daher unter diesen Umständen doch auf eine Freiheitsstrafe erkannt werden würde, so „kann" es den durch § 27 StGB. erhöhten Strafrahmen für die Geldstrafe zur Anwendung bringen. Von dieser Befugnis wird das Gericht unter den geschilderten Umständen selbstverständlich stets Gebrauch machen. Es würde sonst pflichtwidrig handeln.

Nur bezüglich des in § 27 StGB. erhöhten Strafrahmens ist nach dem neuen GeldStrG. die Rückwirkung für zulässig erklärt, nicht dagegen auch bezüglich der §§ 27a und 27c Abs. 2 Satz 2. Man kann auch nicht durch analoge Ausdehnung des Art. IX Abs. 4 die Rückwirkung auf diese Paragraphen ausdehnen. Da diejenigen Fälle, in denen das in § 27 StGB. bestimmte Strafmaß überschritten wird, sowieso nur sehr selten sein werden, weil die übergroße Mehrzahl aller Angeklagter sich nicht in guten wirtschaftlichen Verhältnissen befinden, ist die Beschränkung der Rückwirkung auf § 27 StGB. nicht von großer Bedeutung.

200. Jetzt ist dagegen die Rückwirkung der Strafrahmen ganz allgemein bestimmt worden.

201. Nach der Strafregisterverordnung vom 12. Juni 1920 (Zentralblatt für das Deutsche Reich S. 909) § 6 Ziff. 1 ist dem Strafregister Mitteilung zu machen, wenn eine registerpflichtige Strafe im Gnadenweg gemildert worden ist. Eine analoge Bestimmung für die Mitteilung der nachträglichen Beschlüsse auf Grund der §§ 3 und 10 Abs. 2 des alten GeldStrG. fehlt. Sie wäre aber erwünscht. Es liegt im Sinne der Bestimmungen, daß dem Strafregister von diesen nachträglichen Umwandlungen Mitteilung gemacht wird und daß diese Umwandlung, die in die Spalte „Bemerkungen" einzutragen wäre, bei künftigen Auskünften aus dem Strafregister berücksichtigt wird.

202. Soweit in Gesetzen, Verordnungen, Allgemeinen Verfügungen auf Paragraphen des alten oder des neuen GeldStrG., des VermStrG. oder der alten VermStrVO. verwiesen wird, so etwa in der im Anhang abgedruckten Entlastungsverfügung vom 28. Mai 1923, werden ohne weiteres die ihnen entsprechenden Bestimmungen der neuen VermStrVO. an ihre Stelle zu treten haben.

Anhang.

Begründung zu dem Entwurf eines Geldstrafengesetzes vom 28. März 1923.

(Reichstagsdrucksache Nr. 5720.)

Durch das Gesetz zur Erweiterung des Anwendungsgebiets der Geldstrafe und zur Einschränkung der kurzen Freiheitsstrafen vom 21. Dezember 1921 (RGBl. S. 1604) sind die in den reichs- und landesrechtlichen Vorschriften vorgesehenen kriminellen Geldstrafdrohungen auf das Zehnfache, bei Verbrechen und Vergehen mindestens aber auf einhunderttausend Mark erhöht worden. Die außerordentliche Geldentwertung, die seit dem Erlasse des Gesetzes eingetreten ist, hat dazu geführt, daß die Einkommen vielfach Nennbeträge erreicht haben, denen gegenüber selbst ein Höchstbetrag von einhunderttausend Mark kaum noch als Strafübel empfunden wird. Bei dieser Sachlage kann auch der Zweck des Gesetzes vom 21. Dezember 1921, durch Anspannung der Vermögensstrafen die kurzen Freiheitsstrafen einzuschränken, auf die Dauer nicht mehr erreicht werden, wenn nicht dem Richter die Möglichkeit gegeben wird, erheblich über das in dem Gesetze vom 21. Dezember 1921 vorgesehene Höchstmaß der Geldstrafe hinauszugehen. Der Entwurf schlägt deshalb eine neuerliche Anpassung der kriminellen Geldstrafen an die Geldentwertung vor. Diese Anpassung darf sich nicht wie bisher auf die Höchstbeträge beschränken, sondern muß sich auch auf die Mindestbeträge der Geldstrafen erstrecken, die zur Zeit noch drei Mark für Verbrechen und Vergehen und eine Mark für Übertretungen betragen. Die Verhängung von Geldstrafen in so niedrigem Betrage kann bei den heutigen Einkommenshöhen in aller Regel nicht mehr als Strafe wirken; ihre Verhängung müßte dem Ansehen der Rechtspflege abträglich sein.

Auch die Ordnungsstrafen, Zwangsstrafen und sonstigen nicht kriminellen Strafen, die bisher gegenüber den Friedensbeträgen nur zum Teil und auch dann nur unwesentlich in ihrem Höchstmaß erhöht sind, bedürfen einer Anpassung an die Geldentwertung, wenn sie für die Zwecke, die mit ihnen verfolgt werden, auch weiterhin geeignet bleiben sollen. Das gleiche gilt für die Ermächtigung zum Erlasse von Strafvorschriften unter Androhung krimineller oder nichtkrimineller Geldstrafen sowie für die an den Verletzten zu zahlenden Bußen.

Um eine Zersplitterung der für die Regelung der Geldstrafe maßgebenden Vorschriften auf eine Mehrheit von Gesetzen (Strafgesetzbuch, Gesetz vom 21. Dezember 1921 und das neu beantragte Gesetz) zu vermeiden, schlägt der Entwurf vor, die neuen Bestimmungen zusammen mit den Vorschriften des Gesetzes vom 21. Dezember 1921, die sich bewährt haben und deshalb einer sachlichen Änderung nicht bedürfen, in das Strafgesetzbuch einzuarbeiten. Bei dieser Gelegenheit erscheint es angezeigt, noch einige andere zur gesetzlichen Regelung reife Fragen auf dem Gebiete der Geldstrafe im Anschluß an die für die allgemeine Strafrechtsform in Aussicht genommene Regelung neu zu ordnen.

Dabei handelt es sich in erster Linie um Vorschriften, die dazu führen sollen, daß die erkannten Geldstrafen mehr noch als bisher den Umständen des Einzelfalls angepaßt werden. Hierzu reicht die im Gesetz vom 21. Dezember 1921 (§ 4) vorgesehene Vorschrift, daß bei der Festsetzung der Geldstrafe die wirtschaftlichen Verhältnisse des Täters zu berücksichtigen sind, nicht aus. Es bleibt die Möglichkeit, daß der Täter trotz der Geldstrafe noch das durch die Tat Erlangte oder wenigstens einen Teil davon für sich behalten kann. Diese Möglichkeit erregt, wie sich wiederholt gezeigt hat, im Volke Anstoß. Der Entwurf empfiehlt deshalb eine Vorschrift des Inhalts, daß die Geldstrafe das Entgelt, das der Täter für die Tat empfangen, und den Gewinn, den er aus der Tat gezogen hat, übersteigen soll. Um zu verhüten, daß dieser Grundsatz an der Grenze des gesetzlichen Höchstbetrages der Geldstrafe eine Schranke finde, ist im Entwurf (Art. I Nr. 2 § 27c Abs. 2 Satz 2) noch vorgesehen, daß zu dem angegebenen Zwecke auch das gesetzliche Höchstmaß überschritten werden darf.

Ein erheblicher und vielfach gerügter Mangel des geltenden Rechts liegt ferner darin, daß seine Vorschriften nicht genügen, um sicherzustellen, daß bei Taten, die auf Gewinnsucht beruhen, der Täter an seinem Vermögen besonders empfindlich getroffen werden kann (zu vgl. z. B. die Vorschriften des Strafgesetzbuchs über Hehlerei — §§ 258 bis 261 —). Der Entwurf (Art. I Nr. 2 § 27a) sieht deshalb vor, daß bei solchen Taten eine an sich zugelassene Geldstrafe angemessen erhöht und, soweit eine Geldstrafe an sich nicht angedroht ist, eine entsprechende Geldstrafe neben der Freiheitsstrafe erkannt werden darf.

Im einzelnen ist folgendes zu bemerken:

Zu Artikel I.

Zu Nr. 1: Entsprechend der in Nr. 2 § 27 Abs. 1 Nr. 2 vorgesehenen Erhöhung des Höchstbetrags der Geldstrafe bei Übertretungen auf dreihunderttausend Mark muß auch die in § 1 des Strafgesetzbuchs vorgesehene Grenze zwischen Vergehen und Übertretungen auf die Androhung dieses Geldstrafenhöchstbetrags abgestellt werden. Da bei Verbrechen und Vergehen der Höchstbetrag der Geldstrafe, wenn er nicht mehr als zehn Millionen Mark beträgt, nicht mehr besonders bestimmt werden soll (Artikel IX Abs. 2 Nr. 3 des Entwurfs), mußte in § 1 Abs. 2 des Strafgesetzbuchs angeordnet werden, daß auch eine mit Geldstrafe schlechthin bedrohte Handlung ein Vergehen ist.

Zu Nr. 2: Der Entwurf geht im allgemeinen davon aus, daß es angezeigt ist, die Höchstbeträge der Geldstrafen etwa auf das Eintausendfache, die Mindestbeträge etwa auf das Dreihundertfache des Friedensbetrags zu erhöhen. Indessen soll die neue Regelung (§ 27) einer höheren Bemessung der Mindeststrafen in den einzelnen Strafvorschriften und einer höheren Bemessung des Höchstbetrags der Geldstrafe bei Verbrechen und Vergehen weder für die bereits bestehende noch für die künftige Gesetzgebung des Reichs oder der Länder entgegenstehen. Dies ist durch einen Vorbehalt in § 27 Abs. 1 klargestellt; um Zweifeln vorzubeugen, ist ausdrücklich bestimmt, daß auch die Vorschriften, nach denen das Höchstmaß der Geldstrafe unbeschränkt ist, aufrechterhalten bleiben, während, wo Geldstrafe schlechthin angedroht ist, der Strafrahmen des § 27 Abs. 1 Nr. 1 gelten soll.

Die Vorschrift des § 27 Abs. 2 schließt die Anwendung des Abs. 1 nur insoweit aus, als die Strafdrohung auf das Mehrfache usw. abgestellt ist. Ist z. B. ein fester Mindestbetrag festgesetzt, der Höchstbetrag aber auf ein Mehrfaches bestimmt so bleibt der Mindestbetrag bestehen, falls er höher als 1000 M. ist; anderenfalls erhöht er sich nach Abs. 1 auf 1000 M. (zu vgl. § 14a des Strafgesetzbuchs).

§ 27b enthält gegenüber dem § 3 des Gesetzes vom 21. Dezember 1921, abgesehen von der Erhöhung des zugelassenen Höchstbetrages der Geldstrafe, zunächst die Ausdehnung auf Übertretungen, für die in einigen Ländern ein Bedürfnis hervorgetreten ist. Die Worte „für die an sich Geldstrafe nicht oder nur neben Freiheitsstrafe zulässig ist" sollen an die Stelle der bisherigen Fassung „für das nach den bestehenden Vorschriften Geldstrafe überhaupt nicht oder nur neben Freiheitsstrafe zulässig ist" treten, um gegenüber entstandenen Zweifeln klarzustellen, daß es sich bei der Vorschrift des § 27b um einen allgemeinen, auch für erst künftig zu erlassende Strafvorschriften wirksamen Grundsatz handelt. Die Vorschrift des § 27b findet nur Anwendung, wenn nach der in Betracht kommenden Bestimmung Geldstrafe überhaupt nicht zulässig ist; sie greift also nicht Platz, wenn danach bei mildernden Umständen auf Geldstrafe erkannt werden darf. Die Vorschrift des Abs. 2 gibt den Inhalt des § 9 des Gesetzes vom 21. Dezember 1921 unverändert wieder.

Die §§ 28 bis 28b sind ebenfalls unverändert dem Gesetze vom 21. Dezember 1921 (§§ 5 bis 7) entnommen.

Der § 29, der an die Stelle der bisherigen §§ 28 und 29 des Strafgesetzbuchs treten soll, weicht von dem geltenden Recht vor allem dadurch ab, daß der bisherige feste Maßstab für die Umrechnung uneintringlicher Geldstrafen in die Ersatzfreiheitsstrafe fortfallen und die Festsetzung der Höhe der Ersatzfreiheitsstrafe innerhalb gewisser gesetzlicher Grenzen dem freien Ermessen des Gerichts überlassen werden soll. Diese Regelung hat sich bei der Anwendung des § 3 des Gesetzes vom 21. Dezember 1921 bewährt; ihre Verallgemeinerung erscheint nicht nur ratsam, sondern wegen des häufigen Zusammentreffens von primären Geldstrafen mit Geldstrafen, die an die Stelle einer an sich verwirkten Freiheitsstrafe treten, im Interesse der Vereinfachung der Strafzumessung notwendig.

§ 29 Abs. 1 Satz 2 des Entwurfs enthält nur eine unwesentliche Abweichung vom § 28 Abs. 2 des Strafgesetzbuchs. § 29 Abs. 4 und 6 geben die Vorschriften des § 3 Abs. 2 Satz 1 und des § 8 des Gesetzes vom 21. Dezember 1921, der Abs. 5 den § 28 Abs. 4 des Strafgesetzbuchs sachlich unverändert wieder.

Zu Nr. 3: Wegen der anderweitigen Abgrenzung zwischen Vergehen und Übertretungen muß auch die Grenze für die Dauer der Verjährungsfristen anders als bisher geregelt werden. Es erscheint angezeigt, für die mit Geldstrafe bedrohten Handlungen nicht mehr drei wie bisher, sondern nur zwei Verjährungsfristen vorzusehen. Die Grenze muß, wie bisher für die beiden kürzeren Fristen, der für Übertretungen vorgesehene Höchstbetrag der Geldstrafe (künftig dreihunderttausend Mark) bilden.

Zu Nr. 4: Die Neufassung des § 78 des Strafgesetzbuchs ist durch die Neuregelung der Ersatzfreiheitsstrafe in Artikel I Nr. 2 § 29 geboten.

Zu Artikel II bis IV.

Artikel II regelt die Höchstbeträge aller nicht kriminellen Geldstrafen, gleichgültig, wer sie verhängt und in welche Kasse sie fließen; hierzu gehören auch die Disziplinarstrafen und solche nicht kriminelle Geldstrafen, die in den Gesetzen als Bußen bezeichnet sind (zu vgl. z. B. § 18 des Gesetzes über die Beschäftigung Schwerbeschädigter vom 12. Jan. 1923 — RGBl. S. 57 —).

Die Vorschläge zu Abs. 1 Satz 2 in den Artikeln II bis IV sind erforderlich, weil die Zwangsstrafen, Ordnungsstrafen, Ermächtigungen und Bußen wegen der eingetretenen Geldentwertung sämtlich oder zum Teil schon einmal, wenn auch nur in mäßigem Umfang, erhöht worden sind. Würden die erhöhten Beträge jetzt vertausendfacht, so würden sich Beträge ergeben, die über das Bedürfnis hoch wären und mit anderen gleichwertigen Strafdrohungen nicht mehr im Einklang ständen.

Artikel III bezieht sich nur auf solche Ermächtigungen, die durch Vorschriften des Reichs- oder Landesrechts begründet sind. Vertraglich begründete Ermächtigungen zur Androhung oder Festsetzung von Konventionalstrafen und dergleichen fallen nicht darunter.

Zu Artikel V.

Durch Artikel V wird das Anwendungsgebiet der Artikel I bis IV auf das gesamte Reichs- und Landesrecht erstreckt. Inwieweit besondere Vorschriften der reichsrechtlichen Nebengesetze und des Landesrechts neben den Vorschriften des Artikel I bestehen bleiben, richtet sich nach den allgemeinen Grundsätzen über das Verhältnis des Strafgesetzbuchs zum übrigen Reichsrecht und zum Landesrecht. Das Landesrecht ist ähnlich wie bei dem Gesetz vom 21. Dezember 1921 einbezogen, um zu vermeiden, daß von den Ländern gleichartige Gesetze erlassen werden müssen. Der Entwurf überschreitet insoweit die verfassungsmäßige Zuständigkeit der Reichsgesetzgebung und bedarf deshalb insoweit der für verfassungsändernde Gesetze erforderlichen Mehrheit. Dem Landesrecht soll jedoch durch die Vorschrift für die Zukunft keine Schranke gezogen werden; die Befugnis, abweichend Bestimmungen zu treffen, wird ihm durch Artikel V Abs. 2 ausdrücklich vorbehalten.

Zu Artikel VI.

In dem Gesetz über beschränkte Auskunft aus dem Strafregister und die Tilgung von Strafvermerken vom 9. April 1920 (RGBl. S. 507) ist der Lauf der für den Eintritt der Vergünstigungen maßgebenden gesetzlichen Fristen bei erkannten Geldstrafen von deren Betrag abhängig gemacht. Die vorgesehenen Grenzbeträge können bei einer allgemeinen Erhöhung der Höchst- und Mindestbeträge der Geldstrafe nicht mehr aufrechterhalten werden. Um eine gleichmäßige Bewertung der vor und nach der Geldentwertung erkannten Geldstrafen zu sichern, schlägt der Entwurf vor, die Verurteilungen zu Geldstrafe allgemein den kurzen Fristen von fünf, für Jugendliche von drei Jahren zuzuweisen und anzuordnen, daß Verurteilungen zu Geldstrafe dem Ablaufe der Fristen für Verurteilungen zu Freiheitsstrafe nicht entgegenstehen sollen. Die Vorschrift des Artikel VI Abs. 2 entspricht dem § 11 Abs. 2 des Gesetzes vom 9. April 1920.

Zu Artikel VII.

Das Höchstmaß der im Zwangsvollstreckungsverfahren zur Erzwingung von Handlungen, Offenbarungseiden, Unterlassungen oder Duldungen vorgesehenen Zwangsstrafen beträgt zurzeit nur fünfzehnhundert Mark (§§ 888 bis 890 der Zivilprozeßordnung). Auch eine Vertausendfachung dieses Betrags, wie sie durch Artikel II des Entwurfs herbeigeführt werden würde, konnte vielfach nicht als ausreichend angesehen werden, um den Widerstand des Schuldners bei hochwertigen Streitgegenständen zu brechen. Um zu verhüten, daß in solchen Fällen ohne genügenden Grund von der wahlweise zugelassenen Haftstrafe Gebrauch gemacht werden muß, soll das Höchstmaß der Geldstrafe in den Fällen der §§ 888 bis 890 der Zivilprozeßordnung künftig unbeschränkt bleiben.

Zu Artikel VIII.

Die durch die Artikel II und V des Entwurfs eintretende Erhöhung der ehrengerichtlichen Geldstrafen im § 63 Nr. 3 der Rechtsanwaltsordnung wird zur Folge haben, daß künftig diese Strafen wesentlich höher bemessen werden. Dadurch wird eine Heraufsetzung der in § 6 Nr. 3, § 15 Nr. 1 und § 43 Abs. 3 Nr. 3 festgesetzten Beträge erforderlich, weil sonst die Anwendungsfälle der bezeichneten Vorschriften unerwünscht vermehrt werden würden. Eine Erhöhung dieser Beträge auf das Eintausendfache würde zu weit gehen, vielmehr erscheint eine Erhöhung auf fünfzigtausend Mark ausreichend und angemessen.

Zu Artikel IX.

Da das Gesetz vom 21. Dezember 1921 völlig in die Artikel I, III bis V des Entwurfs eingearbeitet ist, kann es aufgehoben werden. Es erscheint jedoch angezeigt, ausdrücklich klarzustellen, daß § 10 Abs. 2 und die durch § 2 Abs. 2 des Gesetzes von 1921 bereits erfolgte Änderung des § 27 des Gerichtsverfassungsgesetzes aufrechterhalten bleiben.

Mit der Beseitigung des gesetzlichen Umwandlungsmaßstabes für uneinbringliche Geldstrafen (Artikel I Nr. 2 § 29 Abs. 3 des Entwurfs) haben auch die Vorschriften der Reichsnebengesetze und des Landesstrafrechts ihre Bedeutung verloren, durch die der Umwandlungsmaßstab abweichend vom Strafgesetzbuch festgesetzt worden ist. Auch für deren Bereich soll nunmehr das freie Ermessen des Gerichts im Einzelfalle den Umwandlungsmaßstab bestimmen.

Gegenstandslos sind endlich die besonderen Geldstrafandrohungen, da sie durch die allgemeinen Vorschriften des § 27 Abs. 1 des Strafgesetzbuchs in der Fassung des Artikel I in Verbindung mit Artikel V ersetzt sind. Aufrechterhalten sollen nur die Androhungen bleiben, die den allgemeinen Mindest- oder Höchstbetrag bei Verbrechen oder Vergehen oder den Mindestbetrag bei Übertretungen übersteigen. Der Höchstbetrag der Geldstrafe bei Übertretungen soll durchweg auf dreihunderttausend Mark bemessen werden.

Durch Abs. 4 wird dem Artikel I Nr. 2 § 27 Abs. 1 aus Billigkeits- und Zweckmäßigkeitsgründen in beschränktem Umfang eine rückwirkende Kraft beigelegt.

Begründung zu dem Entwurf einer Verordnung über Vermögensstrafen und Bußen vom 6. Februar 1924.

Die geltenden Vorschriften über Vermögensstrafen und Bußen sind zur Zeit in den im Eingang des vorliegenden Entwurfs genannten drei Gesetzen und einer Verordnung geregelt. Der Rechtszustand ist wenig übersichtlich, vor allem weil jedes der drei Gesetze durch die später erlassenen Vorschriften zum Teil überholt oder aufgehoben worden ist. Unter diesen Umständen verursacht die praktische Handhabung der Vorschriften erhebliche Schwierigkeiten. Eine besondere Erschwerung ergibt sich daraus, daß seit der Einführung der Geldstrafen in Goldmark durch die am 8. Dezember 1923 in Kraft getretene Verordnung vom 23. November 1923 Goldmark- und Papiermarkstrafen nebeneinander von den Gerichten und anderen Behörden zu behandeln sind. Der durch die finanzielle Not des Reichs und der Länder veranlaßte starke Abbau der Beamtenschaft in allen Zweigen der Staatsverwaltung zwingt dazu, die Tätigkeit der Behörden nach Möglichkeit zu vereinfachen und zu erleichtern, insbesondere jede unfruchtbare Arbeit auszuschalten. Der vorliegende Entwurf will die geltenden Vorschriften über Vermögensstrafen und Bußen in einer einheitlichen neuen Verordnung zusammenfassen. Gleichzeitig soll das Nebeneinander von Goldmark- und Papiermarkstrafen dadurch beseitigt werden, daß die aus früherer Zeit noch vorhandenen unerledigten Papiermarkgeldstrafen in Goldmarkstrafen umgewandelt oder, soweit sich die Beitreibung wegen ihres geringfügigen Betrages nicht lohnt, niedergeschlagen werden (Art. VI des Entwurfs [1])). Im übrigen enthält der Entwurf nur wenige und geringfügige sachliche Änderungen des geltenden Rechts. Die Vorschriften über die nichtkriminellen Geldstrafen sind durch Einfügung der Abs. 1 und 4 in Art. II des Entwurfs den Vorschriften über die kriminellen Geldstrafen (§ 27 Abs. 1, § 29 des Strafgesetzbuchs) mehr als bisher angepaßt. Im Art. VII Abs. 1 Nr. 2 [2]) ist zur Beseitigung einer Härte der Tag der Einlieferung bei der Post für die Zahlung von Vermögensstrafen allgemein, also auch bei der Übersendung durch Brief, für entscheidend erklärt. Die übrigen Bestimmungen des Entwurfs sind meist wörtlich den bisherigen Vorschriften entnommen. Einige sachlich überholte Vorschriften sind weggelassen.

Verordnung zur Aenderung der Strafregisterverordnung vom 17. Mai 1923.

(Reichsministerialblatt 1923 S. 364.)

Auf Grund des Artikels 77 der Verfassung des Deutschen Reichs wird von der Reichsregierung mit Zustimmung des Reichsrats folgendes verordnet:

Artikel I.

Die Strafregisterverordnung vom 12. Juni 1920 in der Fassung der Verordnung vom 2. Juni 1922 (Zentralblatt für das Deutsche Reich 1920 S. 909; 1922 S. 325) wird geändert wie folgt:

1. Im § 2 erhält der Abs. 1 folgende Fassung:

„Dem Strafregister sind die Verurteilungen mitzuteilen, die durch Urteil oder Strafbefehl eines deutschen Gerichts oder durch Strafverfügung oder Strafbescheid einer deutschen Behörde ausgesprochen werden und auf Todesstrafe, auf Freiheitsstrafe oder auf Geldstrafe von mehr als fünftausend Mark lauten. Verurteilungen zu Geldstrafen sind nicht mitzuteilen, wenn die Strafe wegen einer Übertretung verhängt ist. Verurteilungen, die geeignet sind, bei Aburteilung einer späteren Straftat die Anwendung einer besonderen Strafdrohung wegen Rückfalls zu begründen, sind auch dann mitzuteilen, wenn sie Übertretungen betreffen oder wegen eines Vergehens auf Geldstrafe bis zu fünftausend Mark lauten."

2. § 4 erhält folgende Fassung:

„Ist auf Freiheitsstrafe von mehr als drei Monaten oder neben einer Freiheitsstrafe auf Überweisung an die Landespolizeibehörde oder auf die Zulässigkeit von Polizeiaufsicht erkannt, so ist dem Strafregister der Tag mitzuteilen, an dem die Freiheitsstrafe verbüßt ist.

In anderen als den im Abs. 1 bezeichneten Fällen ist bei registerpflichtigen Verurteilungen dem Strafregister Mitteilung zu machen, wenn sich die Strafvollstreckung infolge Strafaufschubs oder aus anderen Gründen so lange verzögert, daß nur noch drei Monate bis zu dem Zeitpunkt fehlen, von dem ab über die Verurteilung nur noch beschränkt Auskunft zu erteilen wäre. Erledigt sich später die Vollstreckung, so ist dies ebenfalls dem Strafregister mitzuteilen."

---

[1]) Jetzt Art. VII.
[2]) Jetzt Art. VI.

Artikel II.

Diese Verordnung tritt mit Wirkung vom 1. Mai 1923 in Kraft.

Die im Strafregister seit dem 1. Mai 1923 eingetragenen Vermerke über Verurteilungen zu Geldstrafe sind zu tilgen, wenn die Verurteilung nach den Vorschriften des Artikels I dieser Verordnung nicht in das Strafregister einzutragen wäre

Verordnung des Reichsministers der Justiz vom 24. November 1923 zur Abänderung der Strafregisterverordnung.

(Reichsministerialblatt S. 1091.)

Auf Grund des Art. 17 der Verfassung des Deutschen Reichs wird von der Reichsregierung mit Zustimmung des Reichsrats folgendes verordnet:

Art. I. Die Strafregisterverordnung vom 12. Juni 1920 in der Fassung der Verordnung vom 17. Mai 1923 (Reichsministerialblatt S. 364) wird wie folgt geändert:

Im § 2 Abs. 1 Satz 1 und 3 werden die Worte „fünftausend Mark" jeweils durch die Worte „fünfzig Goldmark" ersetzt.

Art. II. Diese Verordnung tritt gleichzeitig mit der Verordnung auf Grund des Gesetzes über Vermögensstrafen und Bußen vom 23. November 1923 (Reichsgesetzblatt I S. 1117) in Kraft. Für Verurteilungen zu Geldstrafen, die nicht auf Goldmark lauten, bleiben die bisherigen Vorschriften in Kraft. Verurteilungen zu Geldstrafen bis zu einhundertfünfzig Millionen Mark, die seit dem 20. Oktober 1923 ergangen sind, sind dem Strafregister nicht mehr mitzuteilen, es sei denn, daß die Verurteilung geeignet ist, bei Aburteilung einer späteren Straftat die Anwendung einer besonderen Strafdrohung wegen Rückfalls zu begründen.

Im Strafregister eingetragene Vermerke über Verurteilungen, die nach Abs. 2 Satz 2 nicht mehr einzutragen waren, sind im Strafregister zu tilgen.

Preuß. Allgemeine Verfügung vom 22. Dezember 1921, betr. die Erweiterung des Anwendungsgebiets der Geldstrafe und die Einschränkung der kurzen Freiheitsstrafen.

(Pr. JMBl. S. 665.)

I. Der Reichstag hat am 17. Dezember 1921 ein Gesetz zur Erweiterung des Anwendungsgebiets der Geldstrafe und zur Einschränkung der kurzen Freiheitsstrafen beschlossen. Die Verkündung im Reichs-Gesetzblatte steht unmittelbar bevor. Das Gesetz soll mit dem 1. Januar 1922 in Kraft treten. Bei der großen Bedeutung die das Gesetz für die Strafrechtspflege hat, wird die von der Reichsregierung der Reichstagsvorlage beigegebene Begründung in der Anlage zum Abdruck gebracht.

II. Für die Anwendung der neuen Vorschriften wird auf folgende Punkte besonders hingewiesen:

1. Die im § 1 vorgesehene Heraufsetzung der Höchstbeträge bezieht sich nicht auf Ordnungsstrafen und Zwangsstrafen.
2. Die im § 5 den Gerichten verliehene Befugnis, eine Geldstrafe zu stunden oder Teilzahlungen zu gestatten, läßt die Befugnis der Strafvollstreckungs-

behörde zur Gewährung von Strafaufschub auf Grund des § 488 der Strafprozeßordnung und die Befugnis der Gnadeninstanz zur Gewährung derartiger Vergünstigungen unberührt. Es entspricht jedoch dem Sinne des Gesetzes, daß die zur Gewährung von Strafausstand ermächtigten Behörden, sofern sie einem bei ihnen eingehenden Gesuch um Stundung oder Gestattung von Teilzahlungen nicht stattgeben wollen, das Gesuch nicht selbst ablehnend bescheiden, sondern dem Gerichte gemäß § 5 Abs. 2 zur Entscheidung vorlegen. Ebenso werden diese Behörden, wenn bei ihnen ein neues Gesuch eingeht, nachdem bereits das Gericht die Stundung oder die Gestattung von Teilzahlungen abgelehnt hat, oder wenn der Widerruf einer vom Gerichte gewährten Vergünstigung in Frage kommt, die Akten dem Gerichte zur Entscheidung vorzulegen haben.

3. Wie die Begründung zum Gesetzentwurf ausdrücklich klarstellt, wird durch die im § 8 dem Gerichte verliehene Befugnis, die Nichtvollstreckung der Ersatzfreiheitsstrafe anzuordnen, die Möglichkeit der bedingten Strafaussetzung nicht eingeschränkt. Auch in Zukunft werden die Gerichte, ehe sie eine Anordnung nach § 8 treffen, zunächst je nach der Lage des Falles die Gewährung von Zahlungsfristen, die Gestattung von Teilzahlungen und die bedingte Aussetzung der Ersatzfreiheitsstrafe zu erwägen haben. Auch wenn das Gericht auf Grund des § 8 die Nichtvollstreckung der Ersatzfreiheitsstrafe angeordnet hat, kann die Vollstreckung der Geldstrafe bis zum Ablaufe der Verjährungsfrist jederzeit wieder aufgenommen werden, sofern die wirtschaftlichen Verhältnisse des Verurteilten sich bessern.

4. Vor den nach § 5 Abs. 2 und § 8 vom Gerichte zu treffenden Entscheidungen muß nach § 494 Abs. 2 der Strafprozeßordnung das Gericht der Staatsanwaltschaft Gelegenheit geben, Anträge zu stellen und zu begründen. Die Staatsanwaltschaften werden angewiesen, in Zoll- und Steuersachen ihre Äußerung erst abzugeben, nachdem sie zuvor der ständigen Finanzbehörde Gelegenheit zur Stellungnahme gegeben haben.

5. Mit Rücksicht auf § 4 werden die Staatsanwaltschaften darauf zu achten haben, daß in allen Fällen, in denen eine Geldstrafe in Frage kommen kann, schon im Vorverfahren die wirtschaftlichen Verhältnisse des Täters (Einkommen, Vermögen, Beruf, Erwerbsfähigkeit, Familienverhältnisse usw.) nach Möglichkeit ermittelt werden.

6. Im Hinblick auf § 10 Abs. 2 werden die Justizbehörden angewiesen, alle bei ihnen eingehenden Gnadengesuche, in denen lediglich um Umwandlung einer weniger als 3 Monate betragenden Freiheitsstrafe in eine Geldstrafe gebeten wird, unmittelbar dem Gerichte zu übersenden. Gestattet darauf das Gericht die Abwendung der Verbüßung der Freiheitsstrafe durch Zahlung einer Geldstrafe, so ist das Gesuch als erledigt zu betrachten. Lehnt das Gericht diese Vergünstigung ab, so gibt es das Gesuch an den Beauftragten für Gnadensachen zur weiteren Bearbeitung ab. Auch alle übrigen Gnadengesuche sind, soweit sie nach den bestehenden Vorschriften von Justizbehörden zu bearbeiten sind, von den Beauftragten für Gnadensachen nach der Richtung zu prüfen, ob eine Vergünstigung gemäß § 10 Abs. 2 in Frage kommt. Erachtet auf ein solches Gnadengesuch keine der in Ziffer I, 5 der Allgemeinen Verfügung vom 19. Juli 1919 — JMBl. S. 341 — bezeichneten drei Stellen eine andere Vergünstigung als sie nach § 10 Abs. 2 durch das Gericht gewährt werden kann, wohl aber auch nur eine von ihnen eine solche Vergünstigung für angezeigt, so hat der Beauftragte das Gesuch nebst den entstandenen Vorgängen dem nach § 10 Abs. 2 zuständigen Gerichte vorzulegen, sofern nicht das Gericht die Vergünstigung aus § 10 Abs. 2 bereits abgelehnt hat. Für die Weiterbearbeitung

gelten Satz 2 und 3 entsprechend. Hat der Justizminister Bericht über das Gnadengesuch erfordert, so erstattet ihm das Gericht Anzeige von der gewährten Vergünstigung. Diese Anzeige übersendet es dem Beauftragten für Gnadensachen zur Weitergabe an den Justizminister.

Auf die vor dem 1. Januar 1922 bei den Beauftragten für Gnadensachen bereits anhängig gewordenen und von ihnen noch nicht erledigten Gnadensachen finden diese Bestimmungen entsprechende Anwendung.

7. Auf die aus § 2 Abs. 1 Ziffer 4 sich ergebende Verkürzung der Verjährungsfristen für die vor dem 1. Januar 1922 erkannten Geldstrafen von über 150 bis 1500 M. wird bei der Bemessung der Bewährungsfristen im Falle der bedingten Aussetzung der Ersatzfreiheitsstrafe Rücksicht zu nehmen sein.

8. Zu § 7 Abs. 2 bleiben Ausführungsbestimmungen vorbehalten.

Preuß. Allgemeine Verfügung vom 8. März 1922 zu dem Gesetz zur Erweiterung des Anwendungsgebiets der Geldstrafe und zur Einschränkung der kurzen Freiheitsstrafen.

(JMBl. S. 665.)

I. Zweifel, die bei der Anwendung des Reichsgeldstrafengesetzes vom 21. Dezember 1921 (RGBl. S. 1604) und der zu ihm erlassenen Allgemeinen Verfügung vom 22. Dezember 1921 (JMBl. S. 665) hervorgetreten sind, geben mir zu folgenden Hinweisen Anlaß:

1. Vereinzelt haben Gerichte geglaubt, von der in den §§ 3 und 10 Abs. 2 gewährten Befugnis zur Umwandlung einer an sich verwirkten Freiheitsstrafe in eine Geldstrafe auch dann Gebrauch machen zu können, wenn zwar die verwirkte Freiheitsstrafe drei Monate überstieg, aber ein Teil der Freiheitsstrafe bedingt ausgesetzt wurde und die zu verbüßende Reststrafe weniger als drei Monate betrug. Dieses Verfahren findet in dem Gesetze, das die „verwirkte" Strafe zugrunde legt, keine Stütze.

2. Wenn von der Befugnis des § 3 Gebrauch gemacht wird, so müssen wenigstens die Urteilsgründe sich stets über die verwirkte Freiheitsstrafe aussprechen, da diese nach § 3 Abs. 2 Satz 1 an die Stelle der Geldstrafe, soweit diese nicht beigetrieben werden kann, zu treten hat. Die Erwähnung in den Urteilsgründen ist auch um deswillen geboten, weil nur dann die höhere Instanz in der Lage ist, nachzuprüfen, ob das Gesetz richtig angewandt ist.

3. Ein Gericht hat geglaubt, von der Befugnis des § 5 nur bei solchen Geldstrafen Gebrauch machen zu dürfen, die gemäß § 3 an die Stelle einer an sich verwirkten Freiheitsstrafe erkannt worden seien. Der erkennbaren Absicht des Gesetzes entspricht es jedoch, daß die §§ 4 bis 8 des Gesetzes auf alle Geldstrafen Anwendung finden, was auch die amtliche Begründung des Gesetzentwurfs zu den §§ 4 bis 8 ausdrücklich klarstellt.

4. Mehrfachen Mißdeutungen ist die Ziffer II Nr. 6 der Allgemeinen Verfügung vom 21. Dezember 1921 ausgesetzt gewesen.

a) Wie die Eingangsworte „Im Hinblick auf § 10 Abs. 2" ergeben, bezieht sich Ziffer 6 nur auf solche Strafsachen, in denen das Gericht wegen eines Vergehens auf Freiheitsstrafe hatte erkennen müssen (vgl. § 10 Abs. 2 in Verbindung mit § 3 des Gesetzes). Demgemäß kann Ziffer 6 bei Vergehen, bei denen schon das erkennende Gericht nicht gezwungen war, auf Freiheitsstrafe zu erkennen, nicht zur Anwendung kommen; ebensowenig bei Übertretungen, da die §§ 3 und 10 Abs. 2 sich nur auf Vergehen beziehen.

b) Auf Anträge, die unmittelbar an das Gericht gerichtet sind und lediglich die Umwandlung einer (zwingend erkannten) Freiheitsstrafe in eine Geldstrafe zum Gegenstande haben, ohne zugleich Gnadengesuche zu sein, findet Ziffer 6 Satz 3 keine Anwendung.

c) Die gemäß § 10 Abs. 2 von den Gerichten erlassenen Beschlüsse sind dem Antragsteller ordnungsmäßig zuzustellen, um die Frist für die sofortige Beschwerde (§ 494 StrPO.) in Lauf zu setzen. Eingaben, die auf eine Herabsetzung einer gemäß § 10 Abs. 2 festgesetzten Geldstrafe abzielen, werden regelmäßig in erster Linie als Beschwerden aufzufassen und zu erledigen sein.

5. Die Anwendung des § 10 Abs. 2 setzt nach dem Wortlaute des Gesetzes einen Antrag des Verurteilten voraus. Es entspricht jedoch dem Grundgedanken des Gesetzes, daß die Vollstreckungsbehörden in solchen Fällen, in denen die sachlichen Voraussetzungen für eine Umwandlung offensichtlich vorliegen und der Antrag von dem Verurteilten nur infolge mangelnder Kenntnis der neuen Bestimmungen nicht gestellt wird, zur Vermeidung von Härten und Ungleichheiten den Verurteilten auf § 10 Abs. 2 hinweisen.

Preuß. zweites Gesetz zur Abänderung des Feld- und Forstpolizeigesetzes vom 13. Februar 1923.

(GS. S. 42.)

§ 1.

Die im Feld- und Forstpolizeigesetze festgesetzten Höchstbeträge für die Geldstrafen, die im § 6 bestimmte Wertgrenze und das Ersatzgeld der §§ 71 und 72 werden unter Aufhebung des Gesetzes zur Abänderung des Feld- und Forstpolizeigesetzes vom 28. April 1922 (Gesetzsamml. S. 69) auf den hundertfachen Betrag erhöht.

§ 2.

Die im Feld- und Forstpolizeigesetze mit Strafe bedrohten Handlungen, mit Ausnahme der in den §§ 20 und 21 bezeichneten Vergehen gelten als Übertretungen.

Das vorstehende, vom Landtage beschlossene Gesetz wird hiermit verkündet. Die verfassungsmäßigen Rechte des Staatsrats sind gewahrt.

Preuß. Allgemeine Verfügung vom 28. Mai 1293 zur Ausführung des Reichsgesetzes zur Entlastung der Gerichte vom 11. März 1921 (RGBl. S. 229) und des preußischen Gesetzes, betr. die Übertragung richterlicher Geschäfte in Grundbuchsachen auf die Gerichtsschreiber, vom 14. Dezember 1920 (GS. 1921 S. 75). — (Entlastungsverfügung). —

(JMBl. S. 401.)

Unter Aufhebung der AV. vom 25. Januar 1921 (JMBl. S. 75), 3. März 1921 §§ 2 bis 7 (S. 133), 11. Juni 1921 (S. 339) und 7. Juni 1921 (S. 341) wird folgendes bestimmt:

I. Allgemeine Bestimmungen.

§ 1.

Einfachere Geschäfte der Richter und Staatsanwälte können nach näherer Maßgabe dieser Verfügung durch Beamte des mittleren Dienstes als Rechtspfleger wahrgenommen werden.

....

II. Strafsachen.

§ 15.

Zur selbständigen Wahrnehmung geeignet sind die Geschäfte der Strafvollstreckung, auch soweit die Bestrafung auf Grund landesrechtlicher Strafbestimmungen (insbesondere des Forstdiebstahlsgesetzes) erfolgt ist.

Ausgenommen hiervon sind:

a) ....

b) ....

c) ....

d) die Stellung von Anträgen auf gerichtliche Entscheidung sowie die Äußerung auf gestellte Anträge in den Fällen der §§ 490 bis 494 StPO., des § 10 Abs. 2 des Geldstrafengesetzes vom 21. Dezember 1921 (RGBl. S. 1604) und des § 28 Abs. 2, des § 28b und des § 29 Abs. 6 des Strafgesetzbuchs in der Fassung des Geldstrafengesetzes vom 27. April 1923 (RGBl. S. 254) sowie die Entscheidung der Vollstreckungsbehörde oder des Gerichts in diesen Fällen.

....

Preuß. Allgemeine Verfügung vom 17. Juli 1923 zur Aenderung und Ergänzung der Vorschriften über die Strafregister.

(JMBl. S. 542.)

I. — — — — — —

II. Bestimmungen aus Anlaß des Geldstrafengesetzes vom 27. April 1923.

1. Durch Artikel VI des Geldstrafengesetzes ist das Gesetz vom 9. April 1920 über beschränkte Auskunft aus dem Strafregister und die Tilgung von Strafvermerken in mehreren Punkten geändert worden.

a) Eine Verurteilung, die auf Geldstrafe — allein oder in Verbindung mit Nebenstrafen — lautet, steht, auch wenn für sie selbst die Voraussetzungen der Tilgung oder der Beschränkung der Auskunft noch nicht vorliegen, dem Eintritt dieser Vergünstigungen für andere Verurteilungen derselben Person nicht entgegen; auf die Höhe der Geldstrafe kommt es nicht mehr an.

b) Die Fristen für die Tilgung und die Beschränkung der Auskunft betragen jetzt bei Geldstrafen jeder Höhe 5 Jahre und — wenn der Verurteilte zur Zeit der Tat jugendlich war — 3 Jahre. Die Frist für die Beschränkung der Auskunft beginnt bei allen Geldstrafen mit dem Tage der Verurteilung. Auf den Zeitpunkt der Zahlung kommt es nicht mehr an; Mitteilungen darüber sind daher dem Strafregister nicht mehr zu machen. Bei Verurteilungen, die schon vor dem Inkrafttreten des Geldstrafengesetzes (1. Mai 1923) in das Strafregister aufgenommen worden sind, berechnen sich die Fristen so, wie wenn das Gesetz vom 9. April 1920 in der Fassung des Art. VI Absatz 1 des Geldstrafengesetzes schon zur Zeit der Aufnahme des Vermerkes in das Register in Kraft gewesen wäre.

2. Durch die oben abgedruckte Verordnung zur Änderung der Strafregisterverordnung ist der Kreis der Verurteilungen zu Geldstrafe, die dem Strafregister mitzuteilen sind, anders begrenzt worden.

a) Geldstrafen sind nicht mehr zum Register mitzuteilen, wenn sie 5000 M. nicht übersteigen. Das gleiche gilt wie bisher, für Geldstrafen, die wegen Übertretung erkannt sind, auch wenn sie über 5000 M. hinausgehen.

b) Jedoch sind nunmehr die wegen Übertretung erkannten Geldstrafen — ebenso wie die wegen Vergehens erkannten Geldstrafen von nicht mehr als 5000 M. — stets registerpflichtig, wenn die Verurteilung geeignet ist, bei Aburteilung einer späteren Straftat die Anwendung einer besonderen Strafandrohung wegen Rückfalls zu begründen. Danach sind z. B. jetzt stets registerpflichtig: die wegen Felddiebstahls nach §§ 18, 19 des Feld- und Forstpolizeigesetzes erkannten Strafen (nicht aber solche wegen sonstiger Übertretungen des Feld- und Forstpolizeigesetzes); ferner die Geldstrafen auf Grund des Forstdiebstahlgesetzes und solcher Steuergesetze, die die Höhe der Strafe nach dem Einfachen, dem Mehrfachen oder einem Bruchteil eines bestimmten Betrages (z. B. des Betrags der hinterzogenen Steuer) oder in ähnlicher Weise berechnen. Auf Geldstrafen, die wegen solcher Übertretungen bereits vor dem 1. Mai 1923 rechtskräftig erkannt worden sind, bezieht sich diese Vorschrift nicht. Ihrer nachträglichen Mitteilung bedarf es nicht. Artikel III der Verordnung zur Änderung der Strafregisterverordnung vom 2. Juni 1922 (JMBl. S. 280) bleibt unberührt.

Vermerke über Geldstrafen von 5000 M. und weniger, die wegen Vergehens vor dem 1. Mai 1923 in das Strafregister aufgenommen worden sind, verbleiben darin. Für die Tilgung der Vermerke über Geldstrafen dieser Art, die erst nach dem 30. April 1923 aufgenommen worden sind, gilt das zu I 3 Abs. 1 Satz 3 Gesagte.

III............

Preuß. Allgemeine Verfügung des Justizministers vom 13. Oktober 1923 zu dem Gesetz über Vermögensstrafen und Bußen.

(JMBl. S. 666).

Der Reichstag hat am 13. Oktober 1923 ein Gesetz über Vermögensstrafen und Bußen beschlossen, daß für die Strafrechtspflege von weittragender Bedeutung ist. Das Gesetz paßt insbesondere die durch das Geldstrafengesetz vom 27. April 1923 (RGBl. I S.254) festgesetzten Geldstrafrahmen der fortgeschrittenen Geldentwertung an und bringt neu das wertbeständige Geldstrafenurteil, indem es vorschreibt, daß die erkannten Geldstrafen sich selbsttätig der Bewegung der Reichsinderzahlen für die Lebenshaltungskosten anpasser. Die Verkündung des Gesetzes im Reichsgesetzblatte steht unmittelbar bevor. Es tritt am 20. Oktober 1923 in Kraft. Der Wortlaut des Gesetzes sowie die der Reichstagsvorlage beigegebene Begründung werden in der Anlage abgedruckt.

Bei der Anwendung des Gesetzes wird folgendes besonders zu beachten sein:

1. Die neuen Geldstrafrahmen — bei Übertretungen beträgt die Mindeststrafe 10 Millionen, die Höchststrafe 10 Milliarden, bei Verbrechen und Vergehen die Mindeststrafe 30 Millionen, die Höchststrafe regelmäßig 1000 Milliarden und bei Gewinnsuchtsverbrechen und -vergehen 10000 Milliarden Mark — gelten nach der zwingenden Vorschrift des Art. VII Abs. 2 auch bei Taten, die vor dem Inkrafttreten des Gesetzes begangen sind. Geldstrafen unter 10 Millionen Mark bei Über-

retungen und unter 30 Millionen Mark bei Verbrechen und Vergehen sind daher nach dem 19. Oktober 1923 nicht mehr zulässig.

Die Erhöhung der Geldstrafrahmen gibt die Möglichkeit, bei der Bemessung aller Geldstrafen der Geldentwertung im weitesten Umfange Rechnung zu tragen. Wie bereits in der AV. v. 27. April 1923 (JMBl. S. 349) hervorgehoben, werden Geldstrafen, die dem jeweiligen Geldwerte nicht genügend angepaßt sind, von weiten Kreisen der Bevölkerung nicht verstanden und sind geeignet, dem Ansehen der Gerichte und dem Gewichte der kriminellen Strafe Abbruch zu tun. Ich ersuche die Staatsanwaltschaften, bei Stellung ihrer Anträge, namentlich auch im Strafbefehlsverfahren, diesen Gesichtspunkten in höherem Maße als bisher Rechnung zu tragen.

2. Die neuen Bestimmungen des Art. IV, wonach die erkannten Vermögensstrafen und Bußen sich fortlaufend selbsttätig der Geldwertänderung anpassen, läßt es angezeigt erscheinen, den Verurteilten auf die bei nicht pünktlicher Zahlung der Geldstrafe drohende Gefahr der Erhöhung des zu zahlenden Papiermarkbetrags besonders hinzuweisen. Wird ein auf Verurteilung zu einer Vermögensstrafe oder Buße lautendes Erkenntnis — insbesondere ein Strafbefehl — in Abwesenheit des Verurteilten erlassen, so ist bei der Zustellung des Erkenntnisses an ihn der Sendung eine Mitteilung folgenden Inhalts beizufügen:

„Wird die Geldstrafe — Buße — nicht bis zum Ablauf der auf den Erlaß der Entscheidung folgenden Kalenderwoche — das ist also bis zum .... — bezahlt, so ändert sich der zu zahlende Betrag entsprechend der zwischenzeitlichen Veränderung des Geldwerts.

Zu den Mitteilungen sind besondere Zettel möglichst aus farbigem Papier zu verwenden; sie sind mit der Ausfertigung des Erkenntnisses durch Ankleben zu verbinden.

Die Zustellung solcher Erkenntnisse ist derartig zu beschleunigen, daß dem Zustellungsempfänger vom Tage der Zustellung bis zum Ablaufe der Frist ein Zeitraum von mindestens drei Tagen bleibt.

Wegen der vor dem Inkrafttreten des Gesetzes festgesetzten Vermögensstrafen und Bußen wird auf Art. IV Abs. 5 des Gesetzes verwiesen.

3. Wegen der zwangsweisen Beitreibung wertbeständiger Geldstrafen und der Anpassung der Kostengesetze an den neuen Rechtszustand sowie der in Art. V des Gesetzes vorgesehenen Befugnis zur Niederschlagung geringfügiger alter Geldstrafen bleiben Ausführungsvorschriften vorbehalten.

Preuß. Allgemeine Verfügung des Justizministers vom 29. Oktober 1923 über die Niederschlagung von Geldstrafen gemäß Artikel V des Reichsgesetzes über Vermögensstrafen und Bußen.

(pr. JMBl. S. 702). AV. vom 13. Oktober 1923 (JMBl. S. 666).

Auf Grund des Art. V des Reichsgesetzes über Vermögensstrafen und Bußen vom 13. Oktober 1923 (RGBl. I S. 943) wird die Befugnis zur Niederschlagung von Geldstrafen, die vor dem Inkrafttreten des Gesetzes rechtskräftig festgesetzt worden sind, den Strafvollstreckungsbehörden übertragen.

Die Kosten der Beitreibung werden zu der Höhe des beizutreibenden Betrages in der Regel dann außer Verhältnis stehen, wenn der beizutreibende Betrag das Fünffache der Postgebühr für einen einfachen Inlandsfernbrief von nicht mehr als 20 g nicht übersteigt, es sei denn, daß die Beitreibung zusammen mit anderen von demselben Schuldner beizutreibenden Beträgen noch lohnend erfolgen kann. Sind die Voraussetzungen gegeben, so kann von der Einziehung abgesehen und die Niederschlagung angeordnet werden, unabhängig davon, ob zugleich Billigkeitsrücksichten vorliegen und ob der Schuldner zahlungsfähig und zahlungswillig ist.

Die niedergeschlagenen Strafen werden unter entsprechender Anwendung der Vorschriften in §§ 11, 53 KassO. in die Niederschlagungsliste (Sp. 10, 11) oder in die Nebenliste zur Ergänzungsliste (Sp. 8) eingetragen. Bei der Eintragung ist erkennbar zu machen, daß die Niederschlagung auf Grund dieser Verfügung angeordnet ist. Die Einnahmebeträge, von deren Einziehung abgesehen ist, sind gemäß den Vorschriften in § 128 Abs. 6 KassO. im Finalabschluß anzugeben.

Preuß. Allgemeine Verfügung des Justizministers vom 24. November 1923 über Vermögensstrafen und Bußen und zur Geldstrafenstatistik.

(JMBl. S. 728). AV. vom 11. Oktober 1923 (JMBl. S. 666) und 8. März 1922 (JMBl. S. 69).

I.

Die durch das Reichsgesetz über Vermögensstrafen und Bußen vom 13. Oktober 1923 (RGBl. I S. 943) erfolgte Heraufsetzung der Vermögensstrafen und Bußen hat sich infolge der weiteren Geldentwertung als unzulänglich erwiesen. Die Reichsregierung hat daher auf Grund des Art. IV Abs. 6 und des Art. VI des Gesetzes mit Zustimmung des Reichsrats eine Verordnung erlassen, die die Vermögensstrafen und Bußen auf eine wertbeständige Rechnungseinheit zurückführt. Die Verkündung der Verordnung im Reichsgesetzblatt steht unmittelbar bevor. Sie tritt eine Woche nach der Verkündigung in Kraft. Ihr Wortlaut wird in der Anlage abgedruckt.

Bei der Anwendung der Verordnung wird folgendes zu beachten sein;

1. Die Geldstrafen und Bußen sind künftig in Goldmark festzusetzen. Die Geldstrafe beträgt, soweit nicht höhere Beträge angedroht sind oder werden, bei Übertretungen mindestens 1 Goldmark und höchstens 150 Goldmark, bei Verbrechen und Vergehen mindestens 3 Goldmark und höchstens 10000 Goldmark, bei Gewinnsuchtsverbrechen und -vergehen höchstens 100000 Goldmark. Bei einer an den Verletzten zu zahlenden Buße beträgt der Mindestbetrag 3 Goldmark und der Höchstbetrag 10000 Goldmark. Auch die nichtkriminellen Geldstrafen, also insbesondere die Ordnungs-, Zwangs- und Disziplinarstrafen, sind auf Goldmark umgestellt. Bei ihnen beträgt, soweit nicht höhere Beträge angedroht sind oder werden, einheitlich der Mindestbetrag 1 Goldmark und der Höchstbetrag 1000 Goldmark. Bei Geldstrafen — kriminellen wie nichtkriminellen — die in dem Mehrfachen, dem Einfachen oder dem Bruchteil eines bestimmten Betrags bestehen, ist dieser, sofern er nicht schon auf Goldmark gestellt ist, für die Berechnung der Geldstrafe auf Goldmark umzurechnen.

Die neuen Strafrahmen gelten nach Art. VII Abs. 2 Satz 2 des Gesetzes vom 13. Oktober 1923 auch bei Taten, die vor dem Inkrafttreten der Verordnung begangen sind. Auf eine nicht auf Goldmark lautende Vermögensstrafe oder Buße darf daher nach dem Inkrafttreten der Verordnung überhaupt nicht mehr erkannt werden.

2. Der allgemeinen Umstellung der Geldstrafen auf Goldmark wird es entsprechen, daß künftig auch die Bußen, die bei bedingter Strafaussetzung auferlegt werden, in der Regel auf Goldmark festgesetzt werden. Auf Buße und Gnadenerweise, die auf Goldmark lauten, sind die Art. IV und V der Verordnung entsprechend anzuwenden.

3. Für die Umrechnung der Goldmark ist nach Art. IV der Verordnung der Goldumrechnungssatz für die Reichssteuern maßgebend. Dieser wird von dem Reichsfinanzminister täglich den Telegraphenanstalten und Postagenturen mitgeteilt und durch Aushang dort öffentlich bekannt gemacht.

4. Die Umstellung auf Goldmark macht die künftig auf eine Vermögensstrafe oder Buße ergehenden Verurteilungen ohne weiteres wertbeständig. Die Bestimmungen des Art. IV des Gesetzes vom 13. Oktober 1923 über das wertbeständige Strafurteil sind daher für die auf Goldmark lautenden Vermögensstrafen und Bußen außer Kraft gesetzt. Nr. 2 der AV. vom 11. Oktober 1923 (JMBl. S. 66) hat nur noch für die vor dem Inkrafttreten der Verordnung festgesetzten Vermögensstrafen und Bußen Bedeutung. Wegen der Berechnung der Gerichtskosten bei den noch auf Papiermark lautenden Entscheidungen wird auf Art. VI der Verordnung verwiesen.

II.

Die durch die AV. vom 8. März 1923 (JMBl. S. 69) angeordnete Geldstrafenstatistik hat ihren Zweck in der Hauptsache erfüllt. Aus Gründen der Ersparnis sind die statistischen Erhebungen mit Wirkung vom 1. Oktober 1923 einzustellen. Die durch die AV. vom 19. Juli 1922 (JMBl. S. 271) angeordneten statistischen Erhebungen über die Feststellung der Einnahmen aus Geldstrafen sind von vornherein auf die Dauer eines Jahres, nämlich auf die Zeit vom 1. Oktober 1922 bis 30. September 1923, begrenzt worden. Sie sind für die Zeit nach dem 20. September 1923 nicht mehr vorzunehmen[1]).

Preuß. Allgemeine Verfügung des Justizministers vom 13. Februar 1924 über Vermögensstrafen und Bußen.

AV. vom 24. November 1923 (JMBl. S. 728).

I. Die Reichsregierung hat auf Grund des Ermächtigungsgesetzes am 6. Februar 1924 eine neue Verordnung über Vermögensstrafen und Bußen erlassen, die am 9. Februar 1924 im RGBl. (Teil I S. 44ff.) verkündet worden ist und eine Woche nach der Verkündigung in Kraft tritt.

Die Verordnung ist im wesentlichen eine Kodifikation des geltenden Rechts und faßt die Vorschriften, die bisher in dem Gesetze zur Erweiterung des Anwendungsgebietes der Geldstrafe und zur Einschränkung der kurzen Freiheitsstrafen vom 21. Dezember 1921, dem Geldstrafengesetze vom 27. April 1923, dem Gesetz über Vermögensstrafen und Bußen vom 13. Oktober 1923 und der Verordnung auf Grund des Gesetzes über Vermögensstrafen und Bußen vom 23. November 1923 (RGBl. 1921 S. 1604; 1923 I S. 254, 943, 1117) enthalten waren, einheitlich zusammen.

Darüber hinaus bringt die Verordnung — von einigen geringfügigen sachlichen und Fassungsänderungen abgesehen — neu im Artikel VII die Überführung der vor dem 8. Dezember 1923 in Reichswährung festgesetzten und noch nicht bezahlten Vermögensstrafen und Bußen in Goldmark.

II. Auch die bei der bedingten Strafaussetzung auferlegten Bußen, auf die sich die Verordnung über Vermögensstrafen und Bußen nicht bezieht, werden, soweit sie nicht in Goldmark, sondern z. B. in Reichswährung (Papiermark mit

---

[1]) Die betreffenden früheren Allgemeinen Verf. sind deshalb in dieser Auflage nicht mehr abgedruckt worden.

oder ohne Aufwertung) oder nach Sachwerten (Roggen, Brot usw.) festgesetzt sind, baldmöglichst in Goldmark umzurechnen sein. Bußen, die vor dem 8. Dezember 1923 in Reichswährung festgesetzt worden und noch nicht bezahlt sind, si d in der Weise in Goldmark umzurechnen, daß zunächst der festgesetzte Betrag in dem Verhältnis, in welchem die für den Tag der Festsetzung geltende Reichsindexzahl für die Lebenshaltungskosten zu einer abgerundeten Reichsindexzahl von 1 Billion steht, umgewertet und sodann der umgewertete Betrag auf der Grundlage 1 Billion Reichsmark = 1 Goldmark in Goldmark umgerechnet wird. Teilzahlungen, die vor dem 8. Dezember 1923 geleistet sind, sind nach Maßgabe der am Tage der Teilzahlung geltenden Reichsindexzahl in Abzug zu bringen. Erscheint die Umwertung mit Rücksicht auf die besonderen wirtschaftlichen Verhältnisse des Verurteilten oder aus anderen Gründen nicht angezeigt, so kann die Buße auf einen geringeren Goldmarkbetrag festgesetzt werden. Bußen, die nach dem 7. Dezember 1923 in Reichsmark festgesetzt und Teilzahlungen, die nach diesem Tage geleistet worden sind, sind auf der Grundlage 1 Billion Reichsmark = 1 Goldmark in Goldmark umzurechnen.

Eine Erhöhung über den bei der Umrechnung (Abs. 1) sich ergebenden Betrag hinaus ist nur unter den Voraussetzungen des § 11 der AV. vom 19. Oktober 1920 zulässig; sie kann insbesondere durch die Erwägung gerechtfertigt erscheinen, daß die dem Verurteilten auferlegte Buße durch die schuldhafte Hinauszögerung ihrer Zahlung nicht mehr den bei ihrer Auferlegung verfolgten Zweck erfüllen würde.

Die Neufestsetzung in Goldmark erfolgt auch für solche Bußen, die der Justizminister festgesetzt hat, durch das Gericht.

III. Zur Erleichterung der Umwertung werden die in den Anlagen 1 und 2 abgedruckten Tabellen dienen. Die zu zahlende Goldmarkstrafe oder Buße wird gefunden, indem der aus der Spalte 2 sich ergebende Reichsmarkbetrag auf der Grundlage 1 Billion Reichsmark = 1 Goldmark in Goldmark umgerechnet wird. Der Endbetrag ist auf volle Goldmark nach unten abzurunden. Vermögensstrafen und Bußen, die auch nach der Umrechnung weniger als 1 Goldmark betragen, sind niederzuschlagen. Wegen der Gerichtsgebühren bei Verurteilungen zu einer Geldstrafe wird auf Art. VII Abs. 4 verwiesen.

Anlage 1.

Tabelle für die Umwertung von Geldstrafen und Bußen nach Artikel VII der Verordnung über Vermögensstrafen und Bußen vom 6. 2. 1924.

Die Entscheidung, welche die Geldstrafe festgesetzt hat, ist erlassen	Unter Zugrundelegung einer abgerundeten Indexzahl von 1 Billion sind je 100 Reichsmark umzuwerten in
1	2
vor dem 22. 10. 1923	144530 Reichsmark
in der Woche vom 22. bis 28. 10. 1923	32843 "
" " " " 29. 10. bis 4. 11. 1923	7315 "
" " " " 5. bis 11. 11. 1923	1015 "
" " " " 12. bis 18. 11. 1923	458 "
" " " " 19. bis 25. 11. 1923	120 "
" " " " 26. 11. bis 2. 12. 1923	65 "
" " " " 3. bis 9. 12. 1923	66 "

Anlage 2.

Tabelle für die Umwertung von Bußen, die bei der bedingten Aussetzung der Strafvollstreckung auferlegt worden sind.

Die Auferlegung der Bußen ist erfolgt	Unter Zugrundelegung einer abgerundeten Indexzahl von 1 Billion sind je 100 Reichsmark umzuwerten in
1	2
1922	
Januar	4900000000000
Februar	4083000000000
März	3452000000000
April	2910000000000
Mai	2630000000000
Juni	2411000000000
Juli	1855000000000
August	1288000000000
September	750807000000
Oktober	453186000000
November	224165000000
Dezember	145973000000
1923	
Januar	89286000000
Februar	37836000000
März	35039000000
April	33852000000
Mai	26205000000
Juni	13072000000
Woche vom 2. bis 8. 7.	6180000000
" " 9. " 15. 7.	4649000000
" " 16. " 22. 7.	3461000000
" " 23. " 29. 7.	2542000000
" " 30. 7. " 5. 8.	1399000000
" " 6. " 12. 8.	668758000
" " 13. " 19. 8.	228867000
" " 20. " 26. 8.	132673000
" " 27. 8. " 2. 9.	84500000
" " 3. " 9. 9.	54193000
" " 10. " 16. 9.	19798000
" " 17. " 23. 9.	7020600
" " 24. " 30. 9.	3571000
" " 1. " 7. 10.	2475000
" " 8. " 14. 10.	916590
" " 15. " 21. 10.	144530
" " 22. " 28. 10.	32843
" " 29. 10. " 4. 11.	7315
" " 5. " 11. 11.	1015
" " 12. " 18. 11.	458
" " 19. " 25. 11.	120
" " 26. 11. " 2. 12.	65
" " 3. " 9. 12.	66

Preuß. Verordnung zur Aenderung des Forstdiebstahlgesetzes und des Feld- und Forstpolizeigesetzes vom 12. März 1924 (GS. S. 127).

Artikel I.

Das Gesetz betreffend den Forstdiebstahl vom 15. April 1878 (GS. S. 222) in der Fassung des Gesetzes vom 14. Dezember 1920 (GS. 1921 S. 103) und des Artikel I des Gesetzes vom 1. Juli 1923 (GS. S. 291) wird, wie folgt, geändert:

1. In den §§ 2 und 5 werden die Worte „einer Mark" und „eine Mark" durch die Worte „einer Goldmark" und „eine Goldmark" ersetzt. In den §§ 3 und 7 werden die Worte „zwei Mark" durch die Worte „zwei Goldmark" ersetzt.
2. Im § 8 treten an die Stelle der Worte „zehn Mark" und „einhundert Mark" die Worte „zehn Goldmark" und „einhundert Goldmark".
3. Im § 13 wird der zweite Absatz gestrichen.

. . . .

Artikel II.

Das Feld- und Forstpolizeigesetz vom 1. April 1880 (GS. S. 230) in der Fassung des § 399 Abs. 2 Ziffer 12 des Wassergesetzes vom 7. April 1913 (GS. S. 53), des Gesetzes vom 8. Juli 1920 (GS. S. 437), des Artikel II des Gesetzes vom 1. Juli 1923 (GS. S. 291) und des Gesetzes vom 12. Januar 1924 (GS. S. 37) wird, wie folgt, geändert:

1. In den §§ 15 und 19 werden die Worte „fünf bis einhundertfünfzig Mark" durch die Worte „fünf bis zu einhundertfünfzig Goldmark" ersetzt.

Im § 20 Abs. 2 werden die Worte „von fünf bis zu dreihundert Mark" gestrichen.

Im § 46 werden die Worte „zehn bis einhundertfünfzig Mark" durch die Worte „zehn bis zu einhundertfünfzig Goldmark" ersetzt.

. . . .

Bekanntmachung des bayerischen Staatsministeriums der Justiz zum Geldstrafengesetz vom 27. April 1923.

(JMBl. für den Freistaat Bayern 1923, Heft II.)

Das Geldstrafengesetz vom 27. April 1923 (RGBl. I S. 254), das schon mit dem 1. Mai 1923 in Kraft getreten ist, paßt neuerlich die Sätze der kriminellen Geldstrafen und der an den Verletzten zu zahlenden Bußen der Geldentwertung an und erhöht gleichzeitig entsprechend die Höchstbeträge der Zwangsstrafen, Ordnungsstrafen und sonstigen nicht kriminellen Geldstrafen. Das Gesetz übernimmt ferner die bewährten Neuerungen des Geldstrafengesetzes vom 21. Dezember 1921 (RGBl. S. 1604), baut sie weiter aus und gliedert sie in das Strafgesetzbuch ein.

Das Gesetz gibt im übrigen zu folgenden Bemerkungen und Anordnungen Anlaß: Die Strafrahmen des § 27 Abs. 1 Nr. 1 und 2 StGB. greifen nur Platz, soweit nicht die schon bestehenden oder künftig ergehenden reichs- oder landesrechtlichen Strafvorschriften

a) bei Verbrechen oder Vergehen höhere Mindest- und Höchstbeträge oder Geldstrafe in unbeschränkter Höhe,
b) bei Übertretungen höhere Mindestbeträge androhen.

Wenn Geldstrafe schlechthin angedroht ist oder angedroht wird, bemißt sich der Strafrahmen nach § 27 Abs. 1.

Abs. 2 des § 27 schließt die Anwendung des Abs. 1 nur insoweit aus, als die Strafdrohung auf das Mehrfache, das Einfache oder einen Bruchteil eines bestimmten Betrags abgestellt ist. Ist z. B. der Mindestbetrag fest bestimmt, als Höchstbetrag aber das Mehrfache eines bestimmten Betrags angedroht wie in § 145a StGB., so bleibt es bei dem vorgesehenen Mindestbetrag, falls er bei Vergehen oder Verbrechen 1000 Mark oder darüber und bei Übertretungen 300 Mark oder darüber ist; sonst erhöht er sich nach § 27 Abs. 1 auf 100 Mark oder 300 Mark.

Geldstrafen, deren Höhe wie in Artikel 88 des Forstgesetzes ohne Strafrahmen ein für allemal bestimmt ist, sind durch das neue Gesetz ebensowenig wie durch das Gesetz vom 21. Dezember 1921 erhöht worden. Ihre zeitgemäße Erhöhung ist gesonderter Regelung vorbehalten.

Dem § 27 Abs. 1 ist durch Artikel IX Abs. 4 des Gesetzes aus Erwägungen der Billigkeit und Zweckmäßigkeit im beschränkten Umfange rückwirkende Kraft verliehen.

2. Die Vorschrift des § 27a StGB. soll ermöglichen, daß bei Verbrechen oder Vergehen, die auf Gewinnsucht beruhen, stets auf eine der bekannten Gewinnsucht entsprechend hohe Geldstrafe erkannt wird.

3. § 27b StGB. dehnt neben der Erhöhung des Höchstbetrages der Geldstrafe den § 3 des Gesetzes vom 21. Dezember 1921 auf Übertretungen aus. Die Wendung, „für die an sich Geldstrafe überhaupt nicht oder nur neben Freiheitsstrafe zulässig ist", wurde an die Stelle der bisherigen Wendung „für das nach den bestehenden Vorschriften Geldstrafe überhaupt nicht oder nur neben Freiheitsstrafe zulässig ist" gesetzt, um außer Zweifel zu stellen, daß die Vorschrift auch für Strafbestimmungen gilt, die künftig erst erlassen werden. Wie in der Begründung zu dem Gesetz besonders hervorgehoben ist, greift die Vorschrift nicht Platz, wenn eine Strafbestimmung bei mildernden Umständen Geldstrafe zuläßt.

4. § 27c StGB. bezweckt, daß die erkannten Geldstrafen möglichst den Umständen des einzelnen Falles angepaßt werden. Hierzu reichte die dem Abs. 1 entsprechende Vorschrift in § 4 des Gesetzes vom 21. Dezember 1921 nicht aus. § 27c ergänzt deshalb die Vorschrift dahin, daß die Geldstrafe das Entgelt, das der Täter für die Tat empfangen, und den Gewinn, den er aus der Tat gezogen hat, übersteigen soll, und daß zu diesem Zwecke sogar das gesetzliche Höchstmaß überschritten werden darf.

Durch die Vorschriften des § 27c in Verbindung mit der allgemeinen Erhöhung der Geldstrafensätze und der besonderen Vorschrift in § 27a StGB. soll auch unangebrachter Milde bei der Bemessung der Geldstrafen vorgebeugt werden. Soll die Geldstrafe nach der Absicht des Gesetzgebers weitgehend die kurzfristigen Freiheitsstrafen ersetzen, so kann dieses Ziel nur erreicht werden, wenn die Geldstrafe durch entsprechende Bemessung zu einem wirksamen Strafmittel gestaltet wird. Die Geldstrafe muß von dem Verurteilten wirklich als Strafübel empfunden werden. Sie muß ihn deshalb auch bei günstigen wirtschaftlichen Verhältnissen fühlbar treffen. Die Einkommens- und Vermögensverhältnisse sind heute mehr denn je ungeheuer verschieden. Dieser wirtschaftlichen Schichtung muß bei der Bemessung der Geldstrafen Rechnung getragen werden. Geldstrafen, die im Verhältnis zur wirtschaftlichen Lage des Täters zu niedrig bemessen oder die nicht höher bemessen sind als das Entgelt, das der Täter für die Tat empfangen, oder der Gewinn, den er aus der Tat gezogen hat, verfehlen ihren Zweck. Sie werden nicht als Strafe empfunden und wirken nicht abschreckend.

Das Gesagte gilt ganz besonders für die Bekämpfung der Auswüchse des heutigen Wirtschaftslebens, der Preistreiberei, des Schleichhandels, des Eindringens ungeeigneter und unzuverlässiger Personen in den Handel usw. Gerade diesen Auswüchsen gegenüber verlangt das Rechtsempfinden der Allgemeinheit, wenn nicht überhaupt Freiheitsstrafe am Platze ist, empfindliche Geldstrafen. Das Vertrauen zur Strafrechtspflege leidet, wenn man sieht, daß den Tätern nicht einmal die Gewinne abgenommen werden, die sie in krasser Selbstsucht zum schweren Schaden für die Allgemeinheit sich unrechtmäßig verschafft haben.

Um dem Gerichte die sachgemäße Anwendung des § 27c StGB. und auch die richtige Wahl zwischen Geldstrafe und Freiheitsstrafe sowie eine zutreffende Entscheidung nach § 28 StGB. zu ermöglichen, haben die Staatsanwälte und Amtsanwälte schon vor der Hauptverhandlung und im Strafbefehlsverfahren vor dem Antrag auf Strafbefehl, wenn mit der Verhängung einer Geldstrafe zu rechnen ist, die wirtschaftlichen Verhältnisse des Beschuldigten, seine Familien-, Berufs-, Vermögens- und Einkommensverhältnisse, etwaige Beschränkungen der Erwerbsfähigkeit usw. tunlichst klarzustellen, auch über die Persönlichkeit des Beschuldigten Klarheit zu schaffen und festzustellen, ob und gegebenenfalls in welcher Höhe der Beschuldigte durch die strafbare Handlung Vermögensvorteile erlangt hat.

5. Die in § 28 StGB. den Gerichten erteilte Ermächtigung, Geldstrafen zu stunden oder ihre Zahlung in Teilbeträgen zu gestatten, läßt die auf § 488 StPO. und dem Gnadenrecht beruhenden gleichartigen Befugnisse unberührt. Gesuche um Stundung oder Gestattung von Teilzahlungen sind aber stets zunächst dem Gericht zur Entscheidung nach § 28 StGB. zu unterbreiten. Die Strafvollstreckungsbehörde oder der Oberstaatsanwalt entscheidet lediglich dann, wenn der Verurteilte gegenüber der Entscheidung des Gerichts um Entscheidung im Verwaltungs- oder Gnadenwege nachsucht. Dies gilt auch für Geldstrafen, die schon vor dem Inkrafttreten des Geldstrafengesetzes vom 21. Dezember 1921 verhängt worden sind, und für den Wertersatz in Zollstrafsachen sowie für Beträge, auf deren Einziehung das Gericht, wie im Falle des § 27 der Verordnung gegen Preistreiberei, erkannt hat.

Die Möglichkeit der Stundung und der Gestattung von Teilzahlungen macht die Geldstrafe erst zu einem zweckmäßigen und in größerem Umfange verwendbaren Strafmittel. Durch die Vergünstigungen können ohne Beeinträchtigung des Strafzwecks dem Verurteilten die wirtschaftlichen und sozialen Nachteile erspart werden, die ihm drohen würden, wenn er eine größere Geldstrafe sofort auf einmal zahlen oder die Ersatzstrafe verbüßen müßte. Einer Gefahr ist aber vorzubeugen, der Gefahr, daß der Verurteilte durch Erwirkung einer ungerechtfertigten Stundung oder Gestattung von Teilzahlungen die Strafvollstreckung verschleppt und insbesondere bei fortschreitender Geldentwertung die Wirkung der Strafe abschwächt. Stellt sich heraus, daß der Verurteilte nicht den guten Willen hat, die Geldstrafe zu zahlen, so muß Verschleppungsversuchen mit aller Entschiedenheit entgegengetreten werden. Die Ermächtigung, die gewährten Vergünstigungen zu widerrufen, wenn der Verurteilte die Teilzahlungen nicht rechtzeitig leistet oder seine wirtschaftlichen Verhältnisse sich wesentlich bessern, geben dem Gerichte eine geeignete Handhabe.

6. § 29 StGB., der an die Stelle der früheren §§ 28 und 29 getreten ist, weicht von ihnen vor allem dadurch ab, daß für die Umwandlung uneinbringlicher Geldstrafen in Freiheitsstrafen kein fester Maßstab mehr besteht, vielmehr entsprechend der Regelung in § 3 des Gesetzes vom 21. Dezember 1921 die

Festsetzung der Ersatzstrafe innerhalb weitgezogener Schranken dem freien Ermessen des Gerichts überlassen ist.

§ 29 Abs. 6 StGB. ermöglicht es dem Richter, Härten, denen vor dem Gesetz vom 21. Dezember 1921 nur im Gnadenwege abgeholfen werden konnte, von sich aus abzuhelfen. Die Staatsanwälte und Amtsanwälte haben darauf hinzuwirken, daß von dieser Möglichkeit weitgehendst Gebrauch gemacht wird und dann die Stellung von Gnadengesuchen unterbleibt oder ein bereits gestelltes Gnadengesuch, weil gegenstandslos geworden, zurückgenommen wird.

Statt nach § 29 Abs. 5 StGB. anzuordnen, daß gegen einen Verurteilten die Ersatzstrafe nicht zu vollstrecken ist, kann das Gericht nach § 21 der Bekanntmachung über Begnadigung usw. vom 5. März 1922 (JMBl. S. 67), dem Verurteilten für die Ersatzstrafe eine Bewährungsfrist bewilligen oder nach § 14 des Jugendgerichtsgesetzes die Vollstreckung der Ersatzstrafe bedingt aussetzen. Vor einer Anordnung nach § 29 Abs. 6 hindert übrigens bis zum Ablauf der Verjährungsfrist nicht, die Vollstreckung der Geldstrafe wieder aufzunehmen, sobald die wirtschaftlichen Verhältnisse der Verurteilten sich bessern.

7. Vor jeder Entscheidung nach § 28 Abs. 2 und § 29 Abs. 6 StGB. muß das Gericht nach § 494 Abs. 2 StPO. der Staatsanwaltschaft Gelegenheit geben, Anträge zu stellen und zu begründen. Die Staatsanwaltschaft ihrerseits hat sich in Zoll- und Steuerstrafsachen vor Abgabe ihrer Äußerung mit der zuständigen Finanzbehörde ins Benehmen zu setzen.

8. Infolge der Änderung der Nr. 4, 5 und 6 des § 70 StGB. bestehen für Geldstrafen und deren Ersatzstrafen nur noch zwei Verjährungsfristen, die zweijährige für Strafen bis zu 300000 Mark und die fünfjährige für höhere Strafen.

9. Artikel II des Gesetzes gilt für alle nicht kriminellen Geldstrafen, gleichgültig wer sie verhängt und in welche Kasse sie fließen, auch für Disziplinarstrafen und solche nicht kriminellen Geldstrafen, die in den Gesetzen als Bußen bezeichnet sind (vgl. z. B. § 18 des Gesetzes über die Beschäftigung Schwerbeschädigter vom 12. Januar 1923 [RGBl. I S. 58]).

10. Die Fristen, nach deren Ablauf beschränkt Auskunft aus dem Strafregister zu erteilen oder ein Strafvermerk im Strafregister zu tilgen ist, betragen bei Geldstrafen künftig allgemein und ohne Rücksicht auf die Höhe der Strafe bei Jugendlichen (§ 6 Abs. 4 und § 7 Abs. 3 des Gesetzes vom 9. April 1920 [RGBl. S. 507]) 3 Jahre und im übrigen 5 Jahre. Auch stehen Verurteilungen zu Geldstrafe dem Ablauf der bezeichneten Fristen für Freiheitsstrafen nicht mehr entgegen.

11. § 10 Abs. 2 des Gesetzes vom 21. Dezember 1921 bleibt als Übergangsvorschrift in Kraft. Ist in einem Gnadengesuch darum gebeten, eine weniger als 3 Monate betragende Freiheitsstrafe, die vor dem Inkrafttreten des Gesetzes vom 21. Dezember 1921 wegen eines Vergehens verhängt wurde wegen dessen nach den bestehenden Vorschriften auf Freiheitsstrafe erkannt werden mußte, in eine Geldstrafe umzuwandeln, so ist das Gesuch zunächst dem Gerichte zur Entscheidung nach § 10 Abs. 2 mitzuteilen. Lehnt es das Gericht ab, dem Verurteilten die Abwendung der Vollstreckung der Freiheitsstrafe durch die Zahlung einer Geldstrafe zu gestatten, so ist das Gesuch als Gnadengesuch weiter zu behandeln.

12. Die Bekanntmachung vom 29. Dezember 1921, das Gesetz zur Erweiterung des Anwendungsgebietes der Geldstrafe usw. vom 21. Dezember 1921 betreffend (JMBl. 1922 S. 1) wird aufgehoben.

gez. Gürtner.

Bekanntmachung des Staatsministeriums der Justiz vom 22. Oktober 1923 zu dem Gesetze über Vermögensstrafen und Bußen vom 13. Oktober 1923.

(Bayer. StAnz. Nr. 246.)

Das Gesetz über Vermögensstrafen und Bußen vom 13. Oktober 1923 (RGBl. I S. 943) verfolgt hauptsächlich zwei Zwecke, die Geldstrafensätze neuerdings dem stark gesunkenen Werte der deutschen Mark anzupassen und den Betrag der festgesetzten Vermögensstrafen und Bußen bis zur Zahlung oder Beitreibung mit dem jeweiligen Geldwert in Einklang zu halten. Es handelt sich nur um eine Zwischenregelung. Sobald als möglich sollen die Geldstrafen in einem wertbeständigen Zahlungsmittel angedroht werden. Weil damit gerechnet wurde, daß diese endgültige Regelung in nicht zu ferner Zeit getroffen werden kann, wurde von der Zerlegung der Geldstrafen in eine Grundzahl und eine Teuerungszahl abgesehen.

Bei der Bemessung der Mindestbeträge der Geldstrafen wurde erwogen, daß sich bei niedrigeren Sätzen die Beitreibung nicht lohnt und daß Verurteilten in besonders schlechten wirtschaftlichen Verhältnissen die Zahlung der erhöhten Mindestbeträge durch Stundung oder Gestattung von Teilzahlungen erleichtert, äußersten Falles auch, wenn ein Verurteilter trotzdem ohne Verschulden nicht zur Zahlung imstande ist, auf Grund des § 29 Abs. 6 StGB. angeordnet werden kann, daß die Vollstreckung der Ersatzstrafe unterbleibt.

Im § 27b StGB., der bei Vergehen und Übertretungen die Verhängung einer Geldstrafe an Stelle der an sich verwirkten Freiheitsstrafe zuläßt, soll der Höchstbetrag künftig bei Vergehen und bei Übertretungen verschieden hoch und zwar ebenso hoch sein, wie der Höchstbetrag der an erster Stelle angedrohten Geldstrafen. Dies bedeutet die Verweisung auf die §§ 27 und 27a in Art. I Nr. 4.

Die Anpassung verhängter Vermögensstrafen und Bußen an die Veränderung des Geldwertes bis zur Zahlung oder Beitreibung regelt Art. IV des Gesetzes. Die Regelung geht von der Annahme aus, daß das Gericht oder die sonstige Behörde, welche die Vermögensstrafe oder Buße festsetzt, bei der Festsetzung den Geldwert zu dieser Zeit zugrunde legt. Deshalb soll als Stichtag für die Umwertung der Tag der Festsetzung der Vermögensstrafe oder Buße maßgebend sein. Bei Strafbefehlen wird dies der Tag ihrer Unterzeichnung durch den Richter, bei Urteilen der Tag ihrer Verkündigung sein.

Wird die Entscheidung, durch welche die Vermögensstrafe oder Buße festgesetzt wurde, in höherer Instanz ohne Änderung lediglich bestätigt, so gilt als Tag der Festsetzung der Tag der Entscheidung I. Instanz. Wird der Betrag der Vermögensstrafe oder Buße in der Rechtsmittelinstanz neu festgesetzt, so ist der Geldwert zu dieser Zeit zugrunde zu legen und infolgedessen der Tag der Entscheidung der höheren Instanz als Stichtag für die Umwertung zu betrachten. Wie die Begründung zu dem Gesetze ausdrücklich hervorhebt, kann die Reichsmittelinstanz, auch wenn das Rechtsmittel nur von dem Verurteilten oder zu seinen Gunsten eingelegt worden ist, den Betrag der Vermögensstrafe oder Buße nach Maßgabe des Art. IV Abs. 1 des Gesetzes der Geldentwertung anpassen, ohne gegen das Verbot der reformatio in pejus (§ 372, § 398 Abs. 2 StPO.) zu verstoßen. Das gleiche gilt für die Wiederaufnahme des Verfahrens (§ 413 Abs. 2 StPO.). So kann vermieden werden, daß für mehrere in dem gleichen Strafverfahren gegen einen Verurteilten verhängte Vermögensstrafen verschiedene Stichtage maßgebend sind, was sonst nicht selten dann eintreten würde, wenn in höherer Instanz oder im wiederaufgenommenen Verfahren das Gericht an die Beschränkung der Rechtsmittel und Anträge des Verurteilten gebunden wäre.

Nach Art. IV des Gesetzes ist nicht nur die Verschlechterung, sondern auch die etwaige Besserung des Geldwertes zu berücksichtigen.

Entscheidend für die Umwertung der Vermögensstrafen oder Bußen ist die Inderzahl der Kalenderwoche, die der Zahlung oder Beitreibung vorausgeht. Eine Umwertung findet deshalb nicht statt, wenn die Vermögensstrafe oder Buße noch vor Ablauf der auf den Tag der Festsetzung folgenden Kalenderwoche gezahlt wird. So ist dem Verurteilten die Möglichkeit gegeben, die Vermögensstrafe oder Buße in angemessener Frist ohne Geldentwertungszuschlag zu tilgen und den Strafvollstreckungsbehörden wird die Arbeit der Umwertung erspart, wo sie entbehrlich ist.

Zu den Vermögensstrafen, für welche die Umwertungsgrundsätze gelten (Art. IV Abs. 2), gehört z. B. auch der Werterſatz, der nach verschiedenen Vorschriften an die Stelle der Einziehung eines nicht mehr vorhandenen oder nicht mehr zu ermittelnden Gegenstandes tritt, und der Wert- und Schadensersatz nach dem Forstgesetz und dem revidierten Forststrafgesetz für die Pfalz, auch das Ersatzgeld nach dem Feldschadengesetz.

Von der Befugnis nach Art. IV Abs. 4 des Gesetzes zur Vermeidung unbilliger Härten die Anwendung der Vorschriften über die Umwertung ganz oder teilweise auszuschließen, kann das Gericht bei der Festsetzung einer Vermögensstrafe oder Buße und auf Antrag auch nachträglich Gebrauch machen. Anlaß kann dazu z. B. bestehen, wenn sich die Zustellung eines Strafbefehls ohne Verschulden des Beschuldigten verzögert. Die nachträgliche Entscheidung wird eine Entscheidung im Sinne des § 494 StPO. sein, gegen die ausnahmsweise kein Rechtsmittel zulässig ist, und deshalb dem Gericht I. Instanz zustehen, auch wenn die Vermögensstrafe oder Buße in höherer Instanz festgesetzt wurde.

Die seit dem Inkrafttreten des Gesetzes laufende zweiwöchige Frist, innerhalb deren nach Art. IV Abs. 5 eine vor dem Inkrafttreten des Gesetzes festgesetzte Vermögensstrafe oder Buße ohne Zuschlag gezahlt werden kann, gilt auch in den Fällen, in denen dem Verurteilten weiter reichende Teilzahlungen oder Fristen bewilligt sind.

Die fortlaufende Anpassung verhängter Vermögensstrafen und Bußen an den Geldwert soll den Verurteilten anspornen, bald zu zahlen, und ihn von der Einlegung unbegründeter Rechtsmittel abhalten. Deshalb und auch im Interesse des Verurteilten ist bei der Verkündung der Urteile, bei der Zustellung von Urteilen, Beschlüssen und Strafbefehlen und bei der Vorladung zum Antritt einer Ersatzstrafe, in der selbstverständlich der Betrag der Geldstrafe in der sich nach den Umwertungsgrundsätzen errechnenden Höhe angegeben werden muß, darauf hinzuweisen, daß der Verurteilte bei fortschreitender Geldentwertung mit einer ständigen Erhöhung des festgesetzten Betrags bis zur Zahlung rechnen muß. Zu der schriftlichen Mitteilung sind bei der Zustellung von Urteilen, Beschlüssen und Strafbefehlen besondere Zettel möglichst aus farbigem Papier mit etwa folgendem Wortlaut zu verwenden:

„Wird die Geldstrafe — Buße — nicht bis zum Ablauf der auf den Erlaß der Entscheidung folgenden Kalenderwoche — d. i. also bis zum .... — gezahlt, so ändert sich der zu zahlende Betrag entsprechend der zwischenzeitlichen Veränderung des Geldwertes.“

Die Zettel sind mit der Ausfertigung des zuzustellenden Erkenntnisses durch Ankleben zu verbinden. Die Zustellung solcher Erkenntnisse ist so zu beschleunigen, daß dem Zustellungsempfänger vom Tage der Zustellung bis zum Ablaufe der Frist ein Zeitraum von mindestens drei Tagen bleibt.

gez. Gürtner.

Bekanntmachung des Bayer. Staatsministeriums der Justiz vom 5. Nov. 1923 zum Vollzuge des Vermögensstrafengesetzes.

(Bayer. StAnz. Nr. 257.)

Auf Grund des Art. V des Ges. über Vermögensstrafen und Bußen vom 13. Oktober 1923 (RGBl. I S. 943) werden im Einverständnis mit dem Staatsministerium der Finanzen die Strafvollstreckungsbehörden ermächtigt, Geldstrafen (§ 27 d. StGB., Art. II, III d. GeldStrges. vom 27. April 1923), die vor dem Inkrafttreten des Ges. vom 13. Oktober 1923 rechtskräftig festgesetzt worden sind, niederzuschlagen, wenn die Kosten der Beitreibung außer Verhältnis zu der Höhe des beizutreibenden Betrags stehen.

In zweifelhaften Fällen haben sie, bevor sie von der Ermächtigung Gebrauch machen, die Zustimmung des Finanzamts einzuholen. Widerspricht das Finanzamt, so entscheidet in amts- und schöffengerichtlichen Sachen der Staatsanwalt, sonst der Oberstaatsanwalt.

gez. Gürtner.

Bekanntmachung des Staatsministeriums der Justiz v. 10. Dez. 1923 zu der Reichsverordnung auf Grund des Gesetzes über Vermögensstrafen und Bußen vom 23. Nov. 1923.

(Bayer. StAnz. Nr. 286.)

Die neuen Strafrahmen, die durch die mit dem 8. Dezember 1923 in Kraft getretene Verordnung auf Grund des Gesetzes über Vermögensstrafen und Bußen vom 23. Nov. 1923 (RGBl. I S. 1117) eingeführt worden sind, gelten nach Art. VII Abs. 2 Satz 2 des Gesetzes über Vermögensstrafen und Bußen vom 13. Oktober 1923 (RGBl. I S. 943) auch bei Straftaten, die vor dem Inkrafttreten der Verordnung begangen sind. Vermögensstrafen und Bußen dürfen deshalb nur noch in Goldmark bemessen werden.

Mit Rücksicht auf die allgemeine Umstellung der Vermögensstrafen auf Goldmark wird auch das StM. der Justiz, wenn es einem Verurteilten gnadenweise gestattet, die Vollstreckung einer Freiheitsstrafe durch die Zahlung einer Geldstrafe abzuwenden, oder wenn es einem Verurteilten bei Bewilligung einer Bewährungsfrist eine Geldbuße auferlegt, den Betrag in Goldmark festsetzen. In gleicher Weise haben die Gerichte bei Auferlegung einer Geldbuße anläßlich der Bewilligung einer Bewährungsfrist zu verfahren. Die Art. IV und V der Verordnung vom 23. November 1923 sind dann entsprechend anzuwenden.

Für die Umrechnung von Goldmarkbeträgen in Reichswährung ist nach Art. IV der Verordnung der Goldumrechnungssatz für die Reichssteuer maßgebend. Er wird vom Reichsfinanzminister täglich den Telegraphenanstalten und Postagenturen mitgeteilt und dort durch Aushang öffentlich bekannt gemacht.

J. V.: Dr. H. Schmitt.

Bekanntmachung des Bayer. Staatsministeriums der Justiz vom 22. Februar 1924 zu der Reichsverordnung über Vermögensstrafen und Bußen vom 6. Februar 1924.

(Bayer. StAnz. Nr. 46.)

I. Die Reichsregierung hat auf Grund des Ermächtigungsgesetzes am 6. Februar 1924 eine neue Verordnung über Vermögensstrafen und Bußen erlassen, die am 9. Februar 1924 im Reichsgesetzblatt (Teil I S. 44ff.) verkündet worden und eine Woche nach der Verkündigung in Kraft getreten ist.

Die Verordnung ist im wesentlichen eine Zusammenfassung des geltenden Rechtes, nämlich der Vorschriften des Gesetzes zur Erweiterung des Anwendungsgebiets der Geldstrafe und zur Einschränkung der kurzen Freiheitsstrafen vom 21. Dezember 1921, des Geldstrafengesetzes vom 27. April 1923, des Gesetzes über Vermögensstrafen und Bußen vom 13. Oktober 1923 und der Verordnung auf Grund des Gesetzes über Vermögensstrafen und Bußen vom 23. November 1923 (RGBl. 1921 S. 1604; 1923 I S. 254, 943, 1117).

Neu sind — von einigen geringfügigen sachlichen Änderungen und Fassungsänderungen abgesehen — die Vorschriften in Art. VII über die Umrechnung der vor dem 8. Dezember 1923 in Reichswährung festgesetzten und noch nicht gezahlten Vermögensstrafen und Bußen in Goldmark.

II. Auf die bei der Bewilligung von Bewährungsfristen von den Gerichten auferlegten Geldbußen bezieht sich die Verordnung über Vermögensstrafen und Bußen nicht. Es wird jedoch anheimgegeben, solche Bußen, soweit sie in Reichswährung festgesetzt worden und noch nicht bezahlt sind, in entsprechender Anwendung des Art. VII der Verordnung über Vermögensstrafen und Bußen in Goldmark umzurechnen.

III. Zur Erleichterung der Umwertung wird die in der Anlage abgedruckte Tabelle dienen. Die zu zahlende Goldmarkstrafe oder -buße wird gefunden, indem der aus der Spalte 2 sich ergebende Reichsmarkbetrag auf der Grundlage eine Billion Reichsmark = eine Goldmark in Goldmark umgerechnet wird. Der Endbetrag ist auf volle Goldmark nach unten abzurunden. Vermögensstrafen und Bußen die auch nach der Umrechnung weniger als eine Goldmark betragen, sind niederzuschlagen. Wegen der Gerichtsgebühren bei Verurteilungen zu einer Geldstrafe wird auf Art. VII Abs. 4 verwiesen.

J. A.: Dr. H. Schmitt.

Sachregister.

(Die fettgedruckten Ziffern mit einem vorangestellten S. beziehen sich auf die Seiten der Einleitung, die anderen Ziffern auf die Anmerkungen der Erläuterungen.)

MIX
Papier | Fördert gute Waldnutzung
FSC® C083411

Kolibri 360 GmbH
Ferdinand-Jühlke-Straße 7
99095 Erfurt, Deutschland
produktsicherheit@kolibri360.de